EMIL CARLEBACH

Zensur ohne Schere

Die Gründerjahre der „Frankfurter Rundschau" 1945/47

Ein unbekanntes Kapitel Nachkriegsgeschichte

RÖDERBERG-VERLAG FRANKFURT AM MAIN

ISBN 3-87682-807-4

Inhalt

Mehr als 7000 Journalisten sind in der deutschen journalisten – union in der IG Druck und Papier organisiert. Aber wer von ihnen kann bei Tarifauseinandersetzungen den gewerkschaftlichen Standpunkt in „seiner" Zeitung vertreten?

Rund 1000 Journalisten der Bundesrepublik arbeiten in der Initiative „Journalisten gegen Atomkrieg". Aber wer von ihnen kann den Standpunkt der Friedensbewegung in diesen Zeitungen dem Leser vermitteln?

Hunderte Journalisten verurteilen empört, daß der Springer – Konzern sein Gift unter der Etikette „Journalismus" verbreiten kann. Aber alle „unabhängigen" Zeitungen nehmen die Schande hin; die Besitzer sind glücklich, wenn Springer in ihrer Hausdruckerei produzieren läßt — es bringt Geld.

Keine Verhaftung, kein Verbot, keine Zensurschere waren nötig, um die 1945 entstandenen neuen, demokratischen Zeitungen in Druckerei – Unternehmungen dieser Art umzuwandeln. Berufsverbote auf der einen, Millionengeschenke auf der anderen Seite genügten, um dieses Werk zu verrichten: Zensur ohne Schere.

Eine deutsche demokratische Zeitung wird geboren

Die Bundesrepublik Deutschland tut sich schwer mit ihrer Entstehungsgeschichte. Die Tatsachen der Jahre 1945–1949, lange Zeit tabu, hielte man offiziell noch heute am liebsten unter Verschluß. Über das alte Rom, über Sparta und Athen gibt es ganze Bibliotheken. Aber:

Wer erfährt etwas darüber, daß überall in Deutschland — in den Westzonen wie in der Ostzone — SPD und KPD gemeinsame Ausschüsse für die Zusammenarbeit bildeten, und daß diese Ausschüsse schließlich von den Militärgouverneuren in den Westzonen verboten wurden?

Wer erfährt etwas darüber, daß nach Hitlers Untergang die CDU proklamierte, der Privatkapitalismus habe sich überlebt, er komme für den Neuaufbau Deutschlands nicht in Frage (Ahlener Programm der CDU von 1947)?

Wer weiß noch, daß der Vorsitzende der SPD, Dr. Schumacher, den „Sozialismus als Tagesaufgabe" proklamierte?

Wer weiß noch, daß die Verfassungen der Bundesländer von CDU (bzw. CSU), SPD und KPD (z. T. unter Mitarbeit der LDP, heute FDP) geschaffen und verabschiedet wurden?

Wer weiß heute, daß in den Länderregierungen der damaligen Zeit SPD, KPD und CDU zusammen die Minister stellten, daß der Antifaschismus den Grundkonsens in den westlichen Besatzungszonen, ebenso wie in der sowjetischen Zone, darstellte?

Solche Tatsachen passen nicht zur Politik von heute — also werden sie vertuscht, verleugnet. Und vor allem: verschwiegen.

Es schweigen die etablierten Parteien. Und ihre Politiker. Und wie die Parteien, so schweigen die Medien. Unangenehme Tatsachen erwähnt man lieber nicht.

Es war nicht immer so. Eine neue Demokratie sollte 1945 auf deutschem Boden entstehen, eine reale, engagierte Demokratie, die die Fehler der Weimarer Zeit nicht wiederholen würde. Deutsche antifaschistische Journalisten gingen daran, eine neue Presse aufzubauen, die nicht die Interessen des großen Geldes, sondern die Interessen des kleinen Mannes vertreten sollte. Für ein friedliches Deutschland traten wir ein, von dessen Boden nie mehr ein Krieg ausgehen sollte; für einen sozialen Rechtsstaat, den kein milliardenschwerer „Wirtschaftsführer" mehr erpressen dürfe; für Zusammenarbeit aller Antifaschisten und Demokraten; für Freundschaft mit den Völkern in Ost und West.

Es ließ sich gut an. Denn was wir wollten, stimmte überein mit den Vereinbarungen der Großmächte in Jalta und Potsdam; die Faschisten, Militaristen und „Wirtschaftsführer" saßen entweder im Zuchthaus oder hielten sich versteckt, ihre Macht schien gebrochen —

— bis das große Geld aus Übersee seinen Freunden in Deutschland zuhilfe kam. Denn in Washington hatte man sich zu der Haltung entschlossen: Lieber das halbe Deutschland ganz, als das ganze Deutschland halb! Dazu brauchte man Deutsche als Helfer. Die Mittäter Hitlers waren dazu bereit. Also wurden sie aus den Zuchthäusern amnestiert und von neuem in ihre alten Machtpositionen gebracht. Wir waren nicht dazu bereit, also wurden wir verdrängt, verdächtigt, ausgegrenzt. Als Spaltung und Restauration wirkte sich das in der Politik aus, als „Zensur ohne Schere" in der Presse.

Einige Bücher sind über jene Zeit erschienen, aber alle berichten aus zweiter oder dritter Hand. Keiner, der an den damaligen Vorgängen beteiligt war — aktiv oder passiv — hat darüber berichtet. Viele sind inzwischen verstorben, andere schwiegen aus gutem Grunde.

Als letzter überlebender Mitbegründer und Chefredakteur der ersten in der amerikanischen Besatzungszone geschaffenen deutschen Zeitung lege ich darum diesen Bericht aus erster Hand vor. Er behandelt einen wichtigen Abschnitt deutscher Nachkriegsgeschichte und einen wichtigen Abschnitt der Geschichte der Presse in unserem Lande. Er soll helfen, eine Lücke in der Geschichtsschreibung über die Entstehungsgeschichte der Bundesrepublik zu schließen.

Der Startschuß:

US-General McClure mit den sieben Lizenzträgern am 31. Juli 1945 auf der Plattform der Rotation, beim Anlaufen der Nr. 1 der neugegründeten „Frankfurter Rundschau". Von links nach rechts: Rudert, Rodemann, Knothe, Grossmann, Gerst, Etzkorn, Carlebach.

8

Und das war zwei Jahre später:

Offener Brief an General Clay

Am 15. November 1947 erhielt ich Ihren Brief, dessen Inhalt sich auf folgenden einzigen Satz beschränkt:

„Sehr geehrter Herr Carlebach, nach reiflicher Überlegung Ihrer persönlichen Appellation um Wiederverleihung Ihrer Lizenz für die Schriftleitung der ‚Frankfurter Rundschau' muß ich Sie davon unterrichten, daß ich nicht in der Lage bin, Ihrem Ersuchen stattzugeben."

Am 8. September dieses Jahres hatten Sie, Herr General, mir persönlich zugegeben, daß es „unfair" gewesen sei, mich ohne Angabe von Gründen und ohne Möglichkeit der Rechtfertigung aus der Zeitung, die ich mitgegründet hatte, zu entfernen. Ich hatte Sie darauf hingewiesen, daß dieses Verfahren den Methoden einer Geheimpolizei entspreche und demokratischen Grundsätzen zuwiderlaufe, und erhielt von Ihnen die Zusicherung einer neuerlichen Untersuchung. Ihr obiger Brief beläßt die gesamte Angelegenheit in jenem Zustand, den Sie selbst als unfair bezeichnet hatten. Ich könnte mich damit zufriedengeben, daß Ihre Beauftragten in drei Monaten nicht in der Lage waren, ein einziges Argument gegen mich vorzubringen, das dem Licht der Öffentlichkeit standhalten würde. Wenn ich mich dennoch erneut an Sie wende, so geschieht dies nicht mehr in meiner persönlichen Angelegenheit, sondern im Hinblick auf die Lage, in die inzwischen — besonders nach der Ankündigung des sogenannten antikommunistischen Feldzuges — alle meine Kollegen in der Presse der amerikanischen Besatzungszone gekommen sind. Ist Ihnen bekannt, Herr General, daß der amerikanische Gouverneur für Hessen, Dr. Newman, bereits am 22. August in einem Brief an mich die Lizenzzeitungen als „our newspapers" bezeichnete, d. h. also als *amerikanische* Zeitungen, während wir alle unsere Arbeit aufgenommen hatten in der Überzeugung, als Deutsche an *deutschen* demokratischen Presseorganen zu wirken? Ist Ihnen bekannt, Herr General, daß sämtliche Lizenzzeitungen der amerikanischen Besatzungszone so aufgebaut wurden, daß sie sich auf die Dauer nicht selbst finanziell tragen können, und daß bereits vor Monaten zuerst der DENA und dann den

Zeitungen das Angebot gemacht wurde, Anleihen bei der Militärregierung aufzunehmen?

Ist Ihnen bekannt, Herr General, daß nach meiner Entlassung und der Ankündigung des antikommunistischen Feldzuges die Gesinnungsfreiheit in der amerikanischen Besatzungszone so weit aufgehoben wurde, daß die wenigen Reporter und Redaktionsassistenten der Lizenzzeitungen, die Mitglieder der KPD. sind, vor der Frage stehen, ihre Überzeugung aufzugeben oder ihren Beruf zu verlieren?

Ist Ihnen bekannt, Herr General, daß Artikel, in denen die Zeitungen Frankfurts den bizonalen Aufbau propagieren, nicht durch freien Entschluß der Redakteure und Journalisten zustande kamen?

Ist Ihnen bekannt, Herr General, daß die Zurücknahme von vier Lizenzen binnen weniger Monate allein in Frankfurt im Leserpublikum den Eindruck weitgehend zerstörten, daß es der Presse erlaubt sei, im Rahmen demokratischer Gesetze frei ihre Meinung zu äußern?

Sind Sie sich dessen bewußt, Herr General, daß in der amerikanischen Zone, die als einzige in Deutschland die Herausgabe von Parteizeitungen verbietet, die als überparteilich bezeichnete Presse nur eine einzige Richtung vertritt — die Richtung der Militärregierung?

Sind Sie sich dessen bewußt, Herr General, daß die Lizenzträger und Redakteure der amerikanischen Besatzungszone auf diese Weise zwangsläufig in den Verdacht kommen, nur ausführende Organe der Besatzungsmacht zu sein?

Ich sehe mich veranlaßt, diesen Brief einer überparteilichen Zeitschrift außerhalb der US-Zone zur Verfügung zu stellen, damit er nicht den Zensurmaßnahmen verfällt, gegen die er sich wendet.

Mein Brief, Herr General, ich wiederhole es, bezweckt nicht mehr die Rückgängigmachung des Lizenzentzuges; er soll vielmehr, soweit möglich, dazu beitragen, die Pressefreiheit in jenem Teil Deutschlands, in dem ich beheimatet bin, wiederherzustellen.

Emil Carlebach
Abgeordneter des Hessischen Landtages.

(Aus „Weltbühne" 23/47)

Damit begann es:

MILITARY GOVERNMENT-GERMANY

MILITÄRREGIERUNG DEUTSCHLAND

INFORMATION CONTROL - NACHRICHTENKONTROLLE

LICENSE

ZULASSUNG

NR. 2

1. Subject to the conditions set forth in Paragraph 2, the following-named person	1. Gemäß den im Paragraph 2 festgesetzten Bedingungen, ist die folgende Person

Emil Carlebach

hereinafter referred to as "licensee" is authorized to engage in the following activities:	welche im Nachfolgenden als „Zulassungsinhaber" bezeichnet wird, autorisiert, folgende Tätigkeit auszuführen:
To publish in Frankfurt the newspaper "Frankfurter Rundschau"	*Die „Frankfurter Rundschau" in Frankfurt zu veröffentlichen*

2. *This license is granted subject to the following conditions:*

a) That all laws, ordinances, regulations and instructions of Military Government are complied with.

b) That this license be prominently displayed on the premises of the licensee at all times.

c) That all newspapers, books, periodicals, pamphlets, posters, printed music or other publications, sound recordings or motion picture films published or produced under this license shall bear in such manner as may be prescribed the legend: Published (or produced) under Military Government Information Control License No. 2.

d) That no person, not reported on the application for this license as having a financial interest in the business enterprise conducted under this license, shall be given nor shall receive any part of the profits of the business enterprise, nor shall any interest in the business enterprise be held for any such person, except with the express written permission of Military Government.

e) Other conditions:

As stated in policy and operating instructions

2. Diese Zulassung ist erteilt unter folgenden Bedingungen:

a) Daß alle Gesetze, Verordnungen, Vorschriften und Anweisungen der Militärregierung befolgt werden.

b) Daß diese Zulassung im Betrieb des Zulassungsinhabers jederzeit öffentlich angeschlagen ist.

c) Daß sämtliche Zeitungen, Bücher, Zeitschriften, Broschüren, Plakate, Musikalien oder irgendwelche andere Veröffentlichungen, ebenso Schallplatten und sonstige Tonaufnahmen und Filme, die gemäß dieser Zulassung hergestellt oder veröffentlicht werden, folgende Aufschrift in vorgeschriebener Weise tragen: „Veröffentlicht (oder hergestellt) unter der Zulassung Nr. 2 der Nachrichtenkontrolle der Militärregierung".

d) Daß keine Person, die nicht in diesem Gesuch als an diesem Geschäftsunternehmen finanziell interessiert eingetragen ist, irgendeinen Anteil an dem Nutzen aus dem Geschäftsunternehmen erhält; ferner, daß kein finanzieller Anteil an dem Geschäftsunternehmen für eine im Gesuch nicht erwähnte Person ohne ausdrückliche schriftliche Erlaubnis der Militärregierung zurückbehalten wird.

e) Sonstige Bedingungen:

Wie in Richtlinien und Betriebsanweisungen festgelegt

3. *This license is not granted for a stated term, is not a property right, is not transferable and is subject to revocation without notice or hearing.*

3. Diese Zulassung wird für keine bestimmte Zeitfrist erteilt und stellt kein Eigentumsrecht dar; sie ist nicht übertragbar und kann ohne Kündigungsfrist oder Untersuchung rückgängig gemacht werden.

Anthony F Kleitz

ANTHONY F. KLEITZ
LT. COL., CAVALRY
COMMANDING OFFICER
INFORMATION CONTROL BRANCH

Nein, damit begann es nicht.

Sondern: Für Wilhelm Karl Gerst, den katholischen Publizisten aus der Zeit der Weimarer Republik, begann es damit: Die Amerikaner erfuhren, daß er unter der Hitlerdiktatur als Antifaschist Schreib- und Berufsverbot hatte, und befreiten ihn aus dem Gestapogefängnis in Bensheim.

Für Arno Rudert, kommunistischer Redakteur vor 1933, begann es, als die Amerikaner ihn aus einem Arbeitslager herausholten.

Für Willy Knothe, als die Amerikaner erfuhren, daß er als Sozialdemokrat von den Nazis eingesperrt worden war.

Und für mich begann es eigentlich im KZ Buchenwald:

Wegen der Abfassung illegaler Gewerkschaftszeitungen war ich als Neunzehnjähriger nach der Unterdrückung der Freien Gewerkschaften 1934 als „Hochverräter" zu drei Jahren Gefängnis verurteilt, 1937 nach Dachau und 1938 nach Buchenwald geschafft worden, wo ich in der illegalen Widerstandsorganisation vor allem für die jüdischen Gefangenen verantwortlich war. Als wir im April 1945 den von der SS befohlenen Todesmarsch der 6000 Juden sabotierten und mehr als 3000 Kameraden retten konnten, setzte mich der Rapportführer, SS-Hauptscharführer Hofschulte, auf die Liste der 46, die noch im letzten Augenblick gehängt werden sollten. Das Internationale Lagerkomitee ließ uns verstecken.

Dann kam, am 11. April 1945, der bewaffnete Aufstand. Wir waren gerettet. Als zwei Tage später die US-Armee das Lager übernahm, wählten die Befreiten ihre Sprecher, die die Heimkehr organisieren sollten. So wurde ich zum Sprecher meiner Kameraden aus Hessen gewählt.

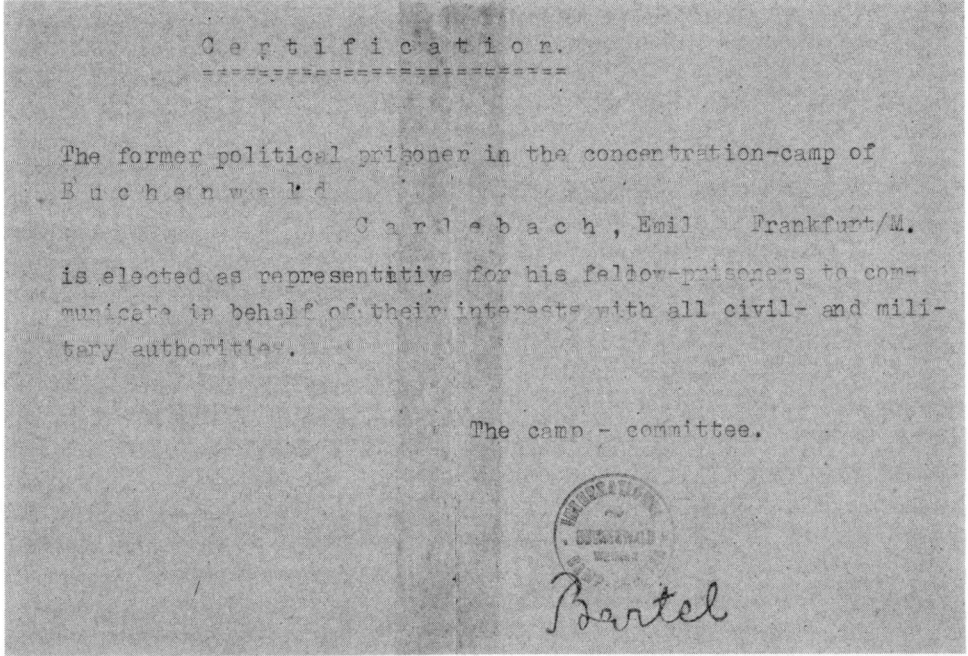

Und — mußte unsere Heimreise nach Hessen illegal betreiben und durchführen! Denn die Offiziere des US-Generals Patton wollten die Antifaschisten von der Neuorganisation der deutschen Verwaltung fernhalten. Sie internierten uns im selben Lager Buchenwald, das einige Tage zuvor noch Konzentrationslager gewesen war.

Wir kamen dennoch nach Hause. Otto Roth, einer der Führer des Aufstandes vom 11. April, schlug sich nach Frankfurt durch, gewann den Kommunisten Moritz Pause aus Griesheim, mit einem „Holzgaser" (einem mit Schwelgas aus Holzscheiten angetriebenen LKW) und einem Ausweis der Militärregierung nach Buchenwald zu fahren und uns zu holen.

Diese Fahrt und dieser Ausweis haben wahrscheinlich bewirkt, daß ich Lizenzträger der „Frankfurter Rundschau" wurde.

Denn: einem Fetzen einer US-Armeezeitung hatte ich entnommen, daß bei der US–Militärregierung in Frankfurt ein Dr. Adelsberger zum „Berater in jüdischen Angelegenheiten" ernannt worden war. Ich gab Otto Roth einen Brief an diesen Mann mit, in dem ich darauf hinwies, daß die jüdischen Gefangenen in Buchenwald ihr Überleben der Solidarität der „arischen" Kameraden verdankten, und darum ansuchte, diese Kameraden aus Hessen — Namensliste legte ich bei — heimzuholen. Dr. Adelsberger reagierte sofort. Er erwirkte ein Schreiben des Stadtkommandanten, Colonel Criswell, der unter Nennung aller unserer Namen uns „für den Wiederaufbau" anforderte. In der von der US-Armee herausgegebenen deutschsprachigen „Frankfurter Presse" wurde die Namensliste veröffentlicht und unsere Heimkehr angekündigt.

Heimkehr aus der Hölle

Die folgenden Insassen des Konzentrationslagers Buchenwald werden, wie die „Frankfurter Presse" erfährt, in absehbarer Zeit zurückerwartet

Achten, Johann, Walamühl (Niederrhein), Kirchstraße 5; Adam, Edmund, Ffm., Reuterweg 7; Anlauft, Rolf, Wiesbaden, Schiersteiner Straße 5; Baiz, Jacob, Oppenheim, Turnstr. 1; Bardel, Peter, Ffm., Oscarvon-Miller-Straße 9; Bauer, Emil, Ffm., Unterweg 24; Baumgärtner, Willi, Wiesbaden, Hirschgraben 24; Becker, Karl, Darmstadt, Heimstättenweg 111; Becker, Theodor, Steinsper, Kr. Biedenkopf; Becker, Otto, Steinsper, Kr. Biedenkopf, Rollstr. 92; Beiner, Josef, Ffm., Hemmerichsweg 7; Berger, Kurt, Mainz-Niederroden, Schulstr. 99; Bergerhoff, Ludwig, Ffm., Uhlandstraße 10; Bischof, Karl, Ffm.-Niederrad, Kesselbergstraße 5; Blum, Kurt, Mainz, Augustinergasse 3; Bohling, Kurt, Gießen, Asterweg 72; Borst, Willy, Klein-Krotzenburg (Han. Siedlung 5); Brehm, Georg, Offenbach, Kurfürstenstr. 52; Buchner, Maximilian, Ffm., Mainzer Gasse 3; Bukowsky, Clemens, Ffm., Am Geistpförtchen 2; Burger, Hans, Ffm., Schwanthalerstr. 57; Carlebach, Emil, Ffm., Geußstr. 12; Conn, Richard, Ffm.; Colombell, Heinr., Hadamar (Wiesb.), Alte Chausseestr. 27; Creder, Heinr., Gießen, Schottstr. 42; Dambacher, Otto, Gersfeld, Ursulinstraße 25; Degenhardt, Friedrich, Ffm.-Bonames, Gonsenheimer Straße 58; Diehl, Heinr., Sprendlingen bei Bingen-Rhein, Schulstr. 19; Eberts, Georg, Heppenheim, Briefmeistr. 6; Eckardt, Heinr., Hanau; Eichhorn, Ludwig, Ffm., Im Burgfeld 2; Emig, Peter, Fürth-Erdenbach, Odenwald; Escales, Erich, Wiesbaden, Nassauer Straße 19; Fischer, Karl, Steinbach, Garbenteicherweg 3; Flöter, Günther, Wiesbaden, Dotzheimer Str. 63; Fringes, Josef, Wetzlar, Michaelsplatz 2; Fuchs, Christian, Wiesbaden, Adelheidstraße 11; Fuchs, Emil, Ffm., Schützenstraße 11; Fuchs, Firmin, Beinheim, Georgenstr. 5; Geina, Jean, Heidesheim, Ernst-Ludwig-Straße; Göls, Heinrich, Mehlbach, Kr. Friedberg; Götz, Georg, Balkhausen i. O., Hauptstr. 65; Graf, Josef, Offenbach a. M., Nordring 60; Graumann, Heinz, Wiesbaden, Jahnstr. 58.

Hammann, Wilhelm, Groß-Gerau; Harat, Oscar, Bad Homburg, Mühlgasse 2; Hassinger, Raymond, Mainz, Nieder-Saulheim; Hergert, Ludwig, Bad Orb, Friedrichsthaler Straße 2; Herzog, Herbert, Ffm., Heß, Wilhelm, Marburg-Lahn, Dreihausen; Hild, Willi, Ffm.-Höchst, Oberweg 42; Groning, Paul, Montabaur, Elisabethenstr. 8; Gußmann, Heinr., Schwarzberg b. Mainz, Backhausstraße 2; Haaß, Wilhelm, Worms, Bärengasse 14; Hahn, Lorenz, Gießen, Am Ringelpind 24; Haskel, Tydor-Heinr., Ffm., Habsburger-Allee 16; Häberle, Josef, Pfeddersheim bei Worms, Kirchstr. 2; Heilmann, Hans, Ffm.-Nied, Sauerstr. 44; Henß, Jacob,

Niederrodenbach b. Darmstadt, Neustr. 20; Herzog, Fritz, Ffm.-Heddernheim, Nassauer Straße 21; Heß, Karl, Tiefenbach b. Wetzlar; Hingel, Otto, Wiesbaden, Karl-Ludwig-Straße 5; Hock, Friedrich, Ffm., Wittelsbacher-Allee 190; Hodes, Herm., Ffm., Musikantenweg 12; Hofmann, Willi, Ffm., Taunusstr. 12; Hürten, Heinr., Ffm., Textorstr. 82; Jacobi, Kurt, Ffm.-Höchst, Alt-Höchst 4; Kaiser, Karl, Wiesbaden-Bierstadt, Rombacher Straße 25; Kalbfleisch, Heinr., Gießen, Liebigstraße 66; Kaufhold, Karl, Schwickershausen, Weilstraße 12; Katz, Gustav, Wiesbaden, Horst-Wessel-Straße 20; Kiesler, Leopold, Ffm., Heimatring 40; Kindinger, Jakob, Bensheim, Darmstädter Landstraße 39; Koch, Heinz, Ffm.-Bonames, Hainstr. 14; Kohl, Herm., Ffm., Gr. Rittergasse 43; Kohl, Philipp, Vilbel, Homburger Straße 17; Lenz, Wilhelm, Gießen-Wieseck, Gießener Straße 90; Lind, Heinr., Wetzlar; Lind, Johann, Ffm.-Niederrad, Schwarzwaldstr. 2; Link, Stefan, Ffm., Heimatring 40; Lücke, Georg, Ffm.-Bonames, Am Burghof 37; Maier, Hans, Ffm.-Praunheim, Kolbenbergstraße 14; Markowitsch, Wolf, Ffm., Uhlandstr. 54; Marx, Julius, Ffm., Schützenbrunnen 13; Mayer, Hans, Hadamar b. Wiesbaden, Hammelburg 3; Müller, Jakob, Neuborn b. Wetzlar, Eckartsloh 6; Müller, Karl, Oberroden i. Odenw., Odenwalderstr. 20; Müller, Theo., Offenbach, Hermannstr. 4; Müller, Wilh., Ffm.-Schwanheim, Am Auerborn 7; Muth, Karl, Hanau, Blücherstraße 24; Münchheimer, Bernh., Ffm., Waldschmidtstraße 72; Nachmann, Fritz, Hanau, Hirschstr. 10; Naring, Hubert, Hanau, Lamboystr. 17a; Nees, Wilhelm, Ffm., Gutzkowstr. 34; Neumann, Julius, Ffm., Moselstraße 32.

Obenauer, Hermann, Klein-Krotzenburg, Hauptstraße 45; Obmann, Georg, Offenbach, Geleitstr. 32; Odenbach, Georg, Ffm.-Höchst, Kasinostr. 5; Ohlof, Fritz, Mainz, Preußstr. 44; Packeisen, Emil, Ffm., Uhlandstr. 1; Perl, Georg, Ffm., Allerheiligenstr. 41; Persson, Erich, Langen, Schweingartenstr. 24; Pfaffendorf, Kurt, Ffm., Seilerstr. 20; Reidel, Karl, Langenselbold, Rosenstr. 7; Reinhardt, Friedrich, Ffm., Eppsteiner Straße 4; Reinhardt, Ludw., Ffm., Kruppstr. 14; Reinhardt, Rudolf, Ffm. (Rhön), Schützenstraße 7; Reusch, Karl, Ffm., Bornheimer Landstraße 2; Reuter, Peter, Goddelau, Hospitalstr. 6; Roth, Fred, Ffm., Gr. Rittergasse 41; Roth, Otto, Ffm.-Praunheim, am alten Schloß; Roth, Wilhelm, Ffm., Kaiserstr. 2; Roder, Wilh., Bad Vilbel, Hochfeldstr.; Römhild, Ferdinand, Oberroden, Post Offenbach; Schade, Bruno, Ffm.-Höchst, Schützenbleiche 8; Schleiert, Julius, Ffm., Schützenstr.; Schmidt, Fritz, Ffm., Hartmann-Ibach-Straße 65; Schmidt, Heinr., Ziehnhain (?), Westerwald; Schmieder, Albert, Offenbach, Domstr. 68; Schmitz, Friedr., Ffm.-West Ginnheimer Landstraße 7; Schraats, Theodor, Ffm., Luisenstr. 16; Schreiber, Jean, Am Tiergarten 7; Schulz, Edmund, Heppenheim, Briefelstr. 8; Schulz, Erwin, Wiesbaden, Schachtstr. 19; Schulz, Fritz, Wiesbaden, Bertramstr. 17; Schwarz, Siegfried, Ffm., Tiergarten 18; Schwarz, Adolf, Offenbach, /Odenwaldring 62; Schwarzwald, Josef, Offenbach, Kaiserstr. 106; Schwarzwald, Moritz, Offenbach, Kaiserstr. 106; Siegfried, Johann, Ffm., Bockenheimer Anlage 2; Simon, Herbert, Ffm.; Sittig, Karl, Königstein, Herzog-Adolf-Straße 2; Spranz, Ludwig, Ffm., Gr. Rittergasse 41; Stahl, Friedmann, Alpenrod (Westerwald); Staubach, Karl, Mainz-Gonzenheim, Oranienstr. 10; Steinmüller, Karl, Fellinghausen; Strohmenger, Josef, Ffm., Musikantenweg 8; Studer, Heinr., Ffm., Leipziger Straße 77; Stumpf, Ludw., Ffm., Herbartstr. 42.

*

Tietz, Horst, Marburg (Lahn), Violastr. 12; Tyson, Heinr., Offenbach, Kaiserstr. 106; Uffelmann, Fritz, Groß-Gerau, Am Schlag 43; Ulrich, Karl, Wiesbaden-Biebrich, Jahnstr. 14; Voltz, Rudolf, Bad Homburg, Lechfeldstr. 18; Wagner, Georg, Fellinghausen b. Wetzlar, Helenenstr. 7; Weigand, Karl, Ffm., Scheffelstraße 1; Walter, Christian, Ffm., Ludwigstraße 10; Wehners, Karl, Hersfeld, Breitestr. 55; Weisbecker,

Ludwig, Mainz, Ertaler Straße 10; Weißenberger, Karl, Ffm., Alt-Rödelheim 32; Wenz, Erich, Ffm., Hardenbergerstr. 10; Wettmann, Erwin, Ffm., Bebelsheim 42; Wiesenberg, Arthur, Fulda, Nicoleistr. 3; Wiesenberg, Hermann, Fulda, Nicoleistr. 3; Willecke, Kurt, Bensheim, Heilbrstr. 6; Willems, Franz, Friedberg i. H., Usergasse 29; Wolf, Ludwig, Ffm., Schloßborner Straße 36; Wühr, Eduard, Ffm., Brauhausgasse 10.

*

Die genannten politischen Häftlinge wurden im Hauptlager Buchenwald aufgefunden. Die Listen der in den Außenlagern befindlichen Häftlinge können erst später erscheinen.

Als Otto Roth und Moritz Pause mit ihrem Holzgaser und Col. Criswells Schreiben wieder in Buchenwald ankamen, erlebte ich zum erstenmal, welche Gegensätze es innerhalb der US-Armee gab. Der Chef der Entlassungskommission, ebenfalls ein Colonel, wischte Criswells Brief beiseite: „Der Kommandant von Frankfurt ist im Vergleich zu mir ein kleiner Schreiber (a little clerk)", schnauzte er mich an.

Als ich darauf hinwies, daß die ausländischen Kameraden durch Vertreter ihrer Regierungen heimgeholt würden, er uns aber hier festhalten wolle, wurde er deutlich: „Die Ausländer sind durch euch Deutsche hierhergebracht worden. Ihr aber, ihr seid selbst Deutsche!"

Nun riß mir die Geduld: „Dann will ich Ihnen einmal etwas sagen, Colonel: Wir haben als Deutsche schon gegen Hitler gekämpft, da haben Sie noch nicht gewußt, ob sie für oder gegen ihn in den Krieg ziehen werden!"

Er war sichtbar schockiert. Und dann — entschuldigte er sich bei mir. Er habe mich nicht kränken wollen! Aber uns entlassen? Nein, das könne und dürfe er leider nicht ...

Der Zusammenstoß war typisch für das, was sich damals oft abspielte. Die Amerikaner trafen stets nur auf „Hitlergegner" — jeder hatte einmal einem Juden die Hand gegeben oder bei einer Hitlerrede das Radio abgestellt; Nazi war angeblich keiner. Sie krochen den Siegern buchstäblich in den Hintern. Daß es auch Deutsche gab, deren Rückgrat nicht gebrochen war, mußten diese Offiziere erst erleben. Und dann, das muß ich sagen, hatten sie auch meist Respekt vor solchen Antifaschisten (bis „von oben" der Gegenbefehl kam. Dann kuschten die meisten von ihnen ebenfalls).

Der Colonel „durfte uns nicht entlassen"? Nun, so fuhren wir wieder illegal. Das Schreiben des Kommandanten und die ehrliche Sympathie der GIs an den Straßensperren (es war immer noch Krieg!), zusammen mit dem Draufgängertum unseres „Fahrers", des Genossen Pause, bewirkten, daß wir in drei abenteuerlichen Fahrten zwischen Buchenwald und Frankfurt schließlich alle Kameraden aus Hessen noch vor dem 8. Mai 1945 nach Hause bringen konnten.

Dabei aber war naturgemäß die Militärregierung in Frankfurt auf mich aufmerksam geworden. Der Adjutant des Kommandanten, ein Frankokanadier, Captain Lafleur, wollte mir befehlen, für Military Government (MG) zu arbeiten. Als ich das ablehnte, weil ich kein Angestellter der Besatzungsmacht sein wollte, kam es wieder zu einem Zusammenstoß. Aber auch hier zeigte der Offizier schließlich Respekt vor dem Antifaschisten.

In jenen Tagen lernte ich auf bezeichnende Weise Frankfurter Journalisten kennen. Die US-Kommandantur, zusammengesetzt aus Truppenoffizieren ohne politische Kenntnisse, hatte die provisorische Stadtverwaltung mit Leuten besetzt, die „keine NSDAP-Mitglieder" waren. Dabei hatte sich Herr Hollbach, zuvor Chefredakteur des „Illustrierten Blatts", anzubiedern gewußt. Er war tatsächlich kein Parteimitglied; daß er aber bis zum letzten Tag die wüstesten Hetzartikel veröffentlicht hatte, das nahmen die Offiziere erst nach einigen Wochen zur Kenntnis und lösten ihn ab.

Neben der Unterschrift des US-Kommandanten die Unterschrift von Walter Bartel, dem Vorsitzenden des Internationalen Lagerkomitees. Die Vertreter von 16 Nationen hatten den deutschen Kommunisten einmütig zu ihrem Vorsitzenden gewählt, in Anerkennung der solidarischen Hilfe, die die deutschen Antifaschisten für die ausländischen Kameraden geleistet hatten. Daß die Unterschrift eines Deutschen gleichberechtigt neben der des US-Kommandanten erschien, ist ein Symptom dafür, was möglich gewesen wäre, hätte es viele solcher Beispiele aktiven Widerstandes durch Deutsche gegeben.

Ich lernte diesen Mann kennen, als mich Cpt. Lafleur in eine Sitzung des provisorischen Magistrats führte und anklagend — ich wog noch rund 90 Pfund — den Herren präsentierte. Aber Hollbach hatte kein Wort der Sympathie. Nur eine Frage: „Weswegen sind Sie verhaftet worden?"

Als ich antwortete, wegen Herausgabe von Gewerkschaftszeitungen, kam nur ein: „So? Danke." Es reichte ihm . . .

Das genaue Gegenteil war Richard Kirn. Er, Feuilleton- und Sportredakteur beim „General-Anzeiger", war von Hollbach zum „städtischen Beamten" gemacht worden. Ich stieß auf ihn, der in einem Ruinenkeller beim Opernplatz „amtierte", als ich weitere LKW für den Heimtransport unserer Kameraden suchte. Wir wurden gute Freunde, er wurde mein engster Mitarbeiter in der Lokalredaktion der „Rundschau" — bis ihn die Amerikaner zwangen wegzugehen. Aber dazu kommen wir noch . . .

Nun also, es war Mai geworden, waren wir alle „zuhause" — das heißt, soweit wir noch ein Zuhause hatten. Meine Eltern waren tot; ermordet. Die Wohnung ausgebombt. So quartierte man mich im Hotel „Nürnberg" in der Moselstraße ein. Tatsächlich hauste ich aber in einem Dachstübchen in einem kleinen Haus in der Wiesenhüttenstraße, das ursprünglich das Verwaltungsgebäude des nebenan gelegenen Gewerkschaftshauses gewesen war.

Meine Tätigkeit: Ich fuhr — es gab ja weder Bahn noch private Autos — auf abenteuerlichste Weise, z.B. hoch oben auf der Ladung eines LKW sitzend, durchs Land, um meine Partei, die Kommunistische Partei Deutschlands, aufbauen zu helfen. Die US-Militärregierung ließ noch keine demokratischen Parteien zu. Wir waren wieder — genauer gesagt: immer noch — illegal.

So kam ich eines Abends von einer solchen Fahrt zurück und fand unter meiner Türschwelle einen Fragebogen. Mit über 200 Fragen. Punkt für Punkt füllte ich die Antworten aus und zog zum Sitz des MG im beschlagnahmten „Lurgi-Haus", Ecke Opernplatz und Reuterweg. Man schickte mich von Zimmer zu Zimmer, niemand wollte den Ursprung des Fragebogens kennen. Schließlich wußte doch einer etwas: „Der ist nicht von uns. Da müssen Sie in die Schillerstraße gehen, ins Haus des ‚General-Anzeigers', zur PWD."

PWD (Psychological Warfare Division) — das war die Abteilung für psychologische Kriegführung gegen den Nazismus. Nun, ich ging dorthin und sah mich zwei Männern in amerikanischer Uniform gegenüber. Der eine, so erfuhr ich bei der Vorstellung, hieß Cedric Belfrage und stand im Rang eines Majors, der andere, Sohn Frankfurter Emigranten, war sein Adjutant und Sekretär, Sergeant Ernest W. Adler.

Es begann die übliche Befragung über Person, Lebenslauf, Verhaftung, KZ. Und dann kam die überraschende Frage, ob ich wohl an einer neuzugründenden demokratischen Zeitung mitarbeiten wolle? Ob ich journalistische Erfahrung hätte?

Nun, ich wollte, so überraschend auch die Frage kam. Aber von meiner gewerkschaftlichen Aktivität sagte ich lieber nichts, mein Mißtrauen gegen die US–Politik war zu groß. Ich erfand statt dessen eine Geschichte, ich hätte vor 1933 ab und zu Leser-Briefe im „Dortmunder General-Anzeiger", einer demokratischen Zeitung des Ruhrgebiets, veröffentlicht. Das schien Belfrage zu gefallen. Ich war, was ich ich erst später feststellte, in gewissem Sinn ein Idealtyp für diese Abteilung, die inzwischen nicht mehr PWD, sondern ICD, Information Con-

Major Cedric Belfrage. **Sergeant Ernest W. Adler.**

15

trol Division, hieß; zuständig für die Gründung deutscher Zeitungen. Solch einen Mann suchten sie: eindeutig nicht belastet, im Gegenteil sogar KZler, hat Abitur, spricht englisch, ist jung, nicht ganz unerfahren im Journalismus — kurzum, der passende Mann.

Ich wurde wieder bestellt: Ob ich bereit sei, mit Demokraten anderer Richtung zusammenzuarbeiten. Natürlich! Die antifaschistische Einheitsfront entsprach der Politik der KPD, wir hatten sie in Buchenwald geschaffen, wir verdankten dem gemeinsamen Kampf unser Leben.

Was ich denn als Redakteur schreiben wolle, fragte Belfrage weiter. Und ich, unbeschwert durch Kenntnisse über Redaktionsinterna oder durch Bescheidenheit, antwortete: „Leitartikel". Belfrage verkniff sich offensichtlich das Lachen: „Nun, gehen Sie doch einmal hinüber ins Zimmer soundsoviel, dort sitzt Herr Gerst, der ist für die Zeitung vorgesehen, er wird mit Ihnen sprechen."

Ich ging also hinüber und fand einen weißhaarigen Herrn vor, der mich mit meinen 30 Jahren etwas erstaunt musterte. „Sie wollen mitarbeiten? Dann gehen Sie einmal hinunter in den Keller zu Herrn Montag. Der ist dabei, ein Archiv aufzubauen, Sie können ihm helfen."

Freundlich aber eindeutig machte ich Herrn Gerst, der mein Vater hätte sein können (und journalistisch einer meiner Lehrer wurde) klar, daß ich gedächte, mit ihm zusammen in der neuen Zeitung zu arbeiten, nicht aber als Archiv-Helfer. Er schluckte seine Antwort hinunter.

Wir wurden Freunde, und ich bewundere heute noch seine Fähigkeiten, seine Energie, seinen Einsatz. Daß die „Rundschau" binnen weniger Monate buchstäblich weltbekannt wurde, verdankt sie niemandem mehr als diesem Mann, den die Amerikaner später davonjagten, und dem die deutschen Nutznießer seines Erbes mit schnödem Undank vergalten, was er für die Zeitung, und damit für sie, geleistet hat.

Ich sagte schon, Gerst und ich wurden Freunde, und er wurde einer meiner Lehrer. Aber die Spannung zwischen dem Älteren, Erfahrenen, und dem jungen Hüpfer, der da für voll genommen werden will, die blieb zwischen uns. Ohne unserer Freundschaft zu schaden.

Nun wurde ich auch mit den anderen Anwärtern bekannt, die die Amerikaner für die neue Zeitung ins Auge gefaßt hatten:

Willy Knothe, Sozialdemokrat, erheblich älter als ich; ein Mann, den seine Gefühle bis zu Tränen hinreißen konnten. Er wurde Landesvorsitzender der SPD Hessen, zeitweise Stellvertreter des Parteivorsitzenden Schumacher, aber dieses Postens wieder enthoben, weil er mit Kommunisten zusammengearbeitet hatte.

Paul Rodemann (SPD) war vor 1933 schon SPD-Redakteur, ein ruhiger, kollegialer Mitarbeiter, der sich nie hervortat.

Hans Etzkorn, den die Amerikaner als dritten Sozialdemokraten auswählten, weil er angab, sein Vater sei Vorsitzender der Friseurgewerkschaft gewesen. Sein journalistisches Unvermögen machte es mir zum Rätsel, wieso er die Lizenz erhielt. Jahrzehnte später ersah ich aus dem Buch „Karrieren eines Außenseiters" (Dietz-Verlag, Bonn), daß er von der Redaktion aus Kontakt zum US–Geheimdienst unterhielt.

Den drei Sozialdemokraten sollten paritätisch drei Kommunisten zugesellt werden, denn die von General Eisenhower herausgegebenen Direktiven legten fest: es werden keine Parteizeitungen zugelassen, sondern es werden überparteiliche Zeitungen geschaffen, die das gesamte Spektrum des Antinazismus abdecken sollen. Belfrage und seine Kollegen hielten sich korrekt an diese Direktiven.

Dafür wurden sie später beschuldigt, „antiamerikanisch" gehandelt zu haben. Ein Mann wie der Amerikaner Hurwitz nennt in seinem Buch „Die Stunde Null der deutschen Presse" Belfrage einen Kommunisten, was eindeutig gelogen ist[1] — aber es paßt in die Geschichtsdarstellung, die die Tatsachen der Jahre 1945–1949 leugnen oder verschweigen will.

Die drei Kommunisten also. Das war eine seltsame Zusammenstellung:

Arno Rudert, bis 1933 Redakteur an der „Arbeiterzeitung" in Frankfurt, dann wegen Feigheit aus der Partei ausgeschlossen. Rudert, der jahrelang um das Leben seiner jüdischen Frau hatte zittern müssen, war ein gebrochener Mann. Ihn beherrschten nur zwei Gedanken: das Schicksal der verfolgten Juden und die Rettung durch die Amerikaner.

Der zweite von den Amerikanern benannte Kommunist war Otto Grossmann, ein netter, sympathischer Kollege, Mitglied der linkssozialistischen Organisation „Naturfreunde", aber im Grunde völlig unpolitisch.

Der dritte war ich.

Der siebte Lizenzträger war Wilhelm Karl Gerst, praktizierender Katholik, jahrelang Vorstandsmitglied katholischer Organisationen, zeitweise Direktor der Tobis-Film-AG, profilierter Journalist. Und fähiger Geschäftsmann, eine Eigenschaft, die umso wichtiger war, da keiner von uns anderen etwas von der Führung eines Unternehmes verstand.

Wieso nur e i n Repräsentant aus dem bürgerlichen Lager?

Die Erklärung ist ebenso einfach wie beschämend: weil alle, die nach ihrer Befähigung infrage gekommen wären, sich mit dem Hitler-Regime kompromittiert hatten. Vorneweg die Leute von der „Frankfurter Zeitung" mit den Herren Hollbach und Buetow an der Spitze. Sie kamen nicht durch mit ihrer Darstellung vom „inneren Widerstand", den sie „zwischen den Zeilen" geleistet hätten, als sie unter Goebbels ihre Zeitung herausgaben. Nach den Richtlinien Eisenhowers für eine neue demokratische deutsche Presse sah das anders aus: Wer nach 1935 weiter unter Goebbels publizierte, unterstützte damit das NS-Regime. Und die „Frankfurter Zeitung" gab mit ihrem weltbekannten Namen der Goebbels-Propaganda geradezu ein Alibi im Ausland. Das war jedenfalls die Auffassung von ICD. Meiner Meinung nach war sie richtig. Zehn Jahre später, 1954, hat Belfrage in seinem Erinnerungsbuch „Seeds of Destruction" aus den damaligen internen Papieren der US-Stellen veröffentlicht:

„Die ‚Frankfurter Zeitung' unterschied sich von den anderen Blättern durch ihre pseudointellektuelle Fassade. Dies, weil Goebbels ihr traditionelles Prestige für das Ausland brauchte. 1936 ließ Goebbels sich die Bezieherliste der Zeitung vorlegen, die den Papst, Leon Blum in Frankreich und andere prominente Persönlichkeiten in aller Welt einschloß. Die ‚Frankfurter Zeitung' wurde für den Export produziert. Durch das Herunterspielen der barbarischen Aspekte des Nazismus seit 1933 hat sie eine besonders wirksame Arbeit für Goebbels geleistet, indem sie die Beschwichtigungspolitik (appeasement) und prodeutsche Haltung rechtfertigte."

So wurde also die Leitung der künftigen Zeitung geboren. 3 : 3 : 1 würde das Zahlenverhältnis der gleichberechtigten Herausgeber und Chefredakteure sein, die, da sie für die Herausgabe des Blattes eine Lizenz von der US-Militärregierung erhielten, Lizenzträger genannt wurden.

„Geburt eines Kollegiums" nannte Belfrage diesen Akt, den er unter dem 28. Mai 1945 aus Wiesbaden, der künftigen Landeshauptstadt, meldete. Belfrage berichtete:

„Wir haben unsere Suche in Frankfurt mit der Empfehlung für ein Herausgebergremium (oder -kollegium, wie die Deutschen es nennen) aus sieben Männern beendet. Fünf davon waren eingesperrt, und keiner hat den Doktortitel ...

Sobald wir den ersten Mann fanden, den wir für geeignet hielten, den redefreudigen Sozialdemokraten Knothe, setzten wir ihn in ein Büro nächst dem unseren, damit er uns helfe, die anderen Kandidaten zu prüfen. Wenn wir einen Zentrumsmann oder einen Kommunisten fanden, der uns gut schien, schlossen wir ihn mit Knothe ein ... Wenn sie die Aussprache ohne Streit über Politik oder Religion durchstanden, setzten wir uns mit ihnen zusammen und beobachteten sie zusammen ...“[3]

Belfrage berichtet, wie er die einzelnen Kollegiumsmitglieder einschätzt:

Etzkorn, „groß, schlank, blond und ehrgeizig, scheint intelligent, aber kaum sehr stark“.

Grossmann, „der einzige unauffällige in der Gruppe, hat schon der SPD und der KPD angehört, neigt heute zur KPD“.

Gerst „hat mehr getan und mehr gelitten, als Etzkorn und Grossmann ... Er ist ein energischer kleiner Mann von 57 Jahren, mit intelligentem Gesicht, einer Brille, die ständig nach vorn rutscht, und einem Schopf weißer Haare, die er vergeblich im Nacken zu bändigen sucht. Redegewandt, begabt und gebildet, hat Humor ... Seine Fähigkeiten für die Geschäftsleitung sind kaum zu ersetzen. Er ist der einzige in der Gruppe, der früher hoch bezahlt war und erfolgreich im Geschäftsleben ... Ein gewitzter Geschäftsmann, der sein Jesuitentum von A bis Z beherrscht.“

Knothe und Rodemann, „zwei alte Sozialdemokraten, aufgewachsen in der deutschen sozialistischen Tradition. Knothe, außergewöhnlich aktiv, 57, sieht jünger aus —, Rodemann, 58, die man ihm auch ansieht. Knothe war schon lange Parteifunktionär, Rodemann kam als Arbeiter zum Journalismus, war 1933 schließlich Chefredakteur der SPD-Zeitung in Offenbach ... Knothe ist voller Theorien über Demokratie, und es ist unmöglich, ihn zu stoppen, wenn er damit anfängt ... Wir glauben, daß er auf organisatorischem Gebiet nützlich sein kann, und er ist schon nützlich gewesen bei der Auswahl der Kandidaten für die Zeitung ... Rodemann hat eine Art Minderwertigkeitskomplex. Er schrieb mutig gegen die Nazis bis 1933 und ist stolz darauf, daß in Offenbach sogar in der damaligen letzten Wahl die SPD mehr Stimmen erhielt als die Nazis.“

„Rudert, 52 Jahre, war KPD-Redakteur in Frankfurt bis 1933 ... Als er uns berichtete, wie die Amerikaner ihn aus dem Arbeitslager in Klausthal befreiten, liefen ihm die Tränen übers Gesicht ... Als er geendet hatte, bat er bescheiden, das noch einmal berichten zu dürfen, und wieder rannen ihm die Tränen herunter ... Er ist kaum als typischer Kommunist zu bezeichnen. Er ist übersensitiv ... ohne großes Selbstvertrauen oder Vertrauen in seine Mitmenschen ... Wenn man gut zu ihm ist, fließt er vor Dankbarkeit über.“

„Carlebach, demnächst 31 Jahre alt, ist ein ungewöhnlicher Typ. ... In dem heutigen Deutschland der Schwächlichkeit und des Opportunismus ist er eine auffällige Erscheinung ... 1933, nach seiner ersten Verhaftung, kehrte er aus Frankreich zurück, weil er das Emigrantendasein haßte ... Seine Rückkehr trotz der Gefahr spricht für seine Haltung. Elf Jahre im Nazikerker haben ihm den letzten Rest von Sentimentalität ausgetrieben. Für eine reibungslose Arbeit des Kollegiums wäre es besser, wenn er nicht soviele Gelegenheiten für ironische Bemerkungen fände, aber keiner der anderen scheint interessiert, einen Wortwechsel mit ihm zu führen ... Er ist ebenso realistisch, wie Rudert sentimental ist im Hinblick auf die Befreiung durch die Amerikaner: Es geschah, er hat seine Dankbarkeit ausgesprochen — ‚und was tun wir jetzt?‘. Er ist an nichts anderem interessiert, als daran, den Kampf gegen das, was Buchenwald darstellte, weiterzuführen. Und er hat nicht die Absicht, dabei Handschuhe zu tragen."[4]

So war also das Kollegium vollzählig. Zum 1. Juli sollte die neue Zeitung, die erste demokratische deutsche Zeitung in der US-Zone nach zwölf Jahren faschistischer Propaganda, erscheinen.

Aber zunächst kam es anders:

Plötzlich kamen meine ehemaligen Buchenwald-Kameraden einer nach dem anderen zu mir: „Emil, da läuft etwas gegen Dich. Ich bin zur Militärregierung geladen worden, und da hat man mir so komische Fragen gestellt: In Buchenwald gab es doch Kapos? Und die haben doch geschlagen? Und der Carlebach war doch auch Kapo? Hat der auch geschlagen? Was wissen Sie über ihn?"

Aus dem noch immer von den Amerikanern besetzten Buchenwald schickte mir Stephan Heymann, ein alter Kommunist, die Botschaft: Das CIC (Counter Intelligence Corps), der gefürchtete, mit unbeschränkten Vollmachten versehene militärische Geheimdienst, hatte über den Lagerlautsprecher ausrufen lassen, wer etwas über Emil Carlebach aussagen könne, solle sich melden. Es hatte sich zwar niemand gemeldet, aber es sei offensichtlich, daß gegen mich etwas geplant sei. Heymann riet mir, vorsichtshalber zunächst einmal unterzutauchen.

Aber das lehnte ich ab. Ich war inzwischen eine Art Vorzeigeperson für die (noch immer illegale) KPD geworden. Wäre ich geflüchtet, dann hätte das wie ein Schuldgeständnis gewirkt, ich hätte nicht nur mich, sondern alle unsere Genossen diskreditiert.

Ich tat etwas anderes. Zunächst bat ich die Kameraden, schriftlich niederzulegen, was sie über mich zu sagen hatten. Und dann meldete ich mich bei Belfrage:
„Ich komme, mich verhören zu lassen."

„Verhören? Über was?"

„Nun, über meine Verbrechen."

„Wie kommen Sie darauf?"

„Sie verhören doch alle möglichen Leute über meine Verbrechen in Buchenwald. Da wäre es doch nur fair, auch den Beschuldigten zu hören."

Belfrage wurde sichtbar verlegen: „Wir wollen mit Ihnen zusammenarbeiten, da müssen wir uns ein korrektes Bild von Ihnen machen."

„Ohne mich selbst zu hören? Ich will Ihnen einmal etwas sagen, Mr. Belfrage: Wissen Sie, wann ich zum erstenmal einen Begriff von den USA bekommen habe? Das war, als ich 14 Jahre alt war. Das war, als die USA den Justizmord an den beiden Arbeitern Sacco und Vanzetti begingen. Die ganze Welt war empört. Auch ich. Und seit damals habe ich einen ganz festen Begriff von der Bezeichnung ‚USA'. Sie können mich jetzt einsperren, und nach einem Jahr können Sie die Zellentür öffnen und sagen: ‚Entschuldigen Sie, Herr Carlebach, es war ein Irrtum, Sie sind tatsächlich kein Kriegsverbrecher, Sie sind frei.' Aber Sie dürfen nicht glauben, daß Sie einen Mann, der 11 Jahre bei SS und Gestapo hinter sich hat, damit imponieren können."

Belfrage stand auf, kam hinter seinem Schreibtisch hervor und hielt mir die Hand hin: „Seien Sie versichert — so ist es nicht!"

Er sprach die Wahrheit. Er verzögerte den Erscheinungstermin der ersten Ausgabe der „Frankfurter Rundschau" vom 1. Juli auf den 1. August, um Gelegenheit zu nehmen, die Anwürfe gegen mich vollständig überprüfen zu lassen.

Das war, wie sich zeigen sollte, keine Frage, die nur den Ex-KZler Carlebach persönlich anging. Es war — schon vor Erscheinen der ersten Ausgabe — der Beginn des Kampfes um die Linie der künftigen Zeitung: Entweder Organ und Sprachrohr aller antifaschistischen Kräfte, die ein neues Deutschland, ohne Wiederholung der Fehler der Weimarer Zeit wollten — oder („Zensur ohne Schere" durch entsprechende Personenauswahl) Organ für den „American way of life", für die Interessen der USA, was immer das auch in Zukunft bedeuten würde.

Wegen kommunistischer Haltung konnte man 1945 unmöglich einen Deutschen ablehnen. Die Kommunisten hatten in der ganzen Welt an der Spitze des Kampfes gegen den Faschismus gestanden, die Sowjetunion hatte ungeheure Blutopfer in diesem Kampfe gebracht, 20 Millionen Menschen verloren; „Uncle Joe" (Josef Stalin) war der gefeierte Held des Sieges. Die Faschisten und ihresgleichen waren verachtet, gehaßt, isoliert, nicht aber die Kommunisten.

Da man gegen den Kommunisten Carlebach also nichts sagen konnte, wurde der SS-Kollaborateur Carlebach erfunden. Wochenlang dauerte diese Schmierenkomödie, bis der „Fall" geklärt war; nichts mehr blieb von den Erfindungen übrig.

30 Jahre lang bemühten sich Antikommunisten aller Schattierungen dennoch, die Lüge immer von neuem vorzubringen: zuerst der Wiener Trotzkist Federn, dann die USA-Schriftstellerin Utley, dann Herr Nannen im „stern", dann der Altnazi Schönborn, dann der Neonazi Heidenfelder. Jedesmal, wenn ich den ersten zum Schweigen gebracht hatte, begann der Nächste — und berief sich scheinheilig auf den Vorigen: die Utley auf Federn, Nannen auf die Utley, Schönborn auf Federn und Utley, Heidenfelder auf Schönborn. Und, um das Bild abzurunden: Hurwitz hat in seinem Buch „Stunde Null der deutschen Presse" zwar die Lügen sorgsam aufgezählt, aber „vergessen" zu erwähnen, daß sie sich als freie Erfindungen erwiesen haben.

Die Namen der beiden Denunzianten sind inzwischen bekannt, da Belfrage in seinem Buch den Schriftwechsel veröffentlicht hat, den ICD damals um diesen Fall führte. Zu Ehren meiner Kollegen vom Lizenzträgergremium sei erwähnt, daß Belfrage berichtet:

„Die sechs anderen Mitglieder der von uns empfohlenen Gruppe erneuerten ihre Vertrauenserklärung für ihn, nachdem sie in großen Zügen über die Art der Vorwürfe informiert worden waren. Sie sprachen die Hoffnung aus, daß er in die Gruppe aufgenommen werden würde; andernfalls würden sie keinen anderen Vorschlag (für einen eventuellen Nachfolger) unterbreiten."[5]

Ein anderer US-Presseoffizier, James Aronson, der bei der übergeordneten ICD-Dienststelle in Bad Homburg tätig war, schildert:

Für Frankfurt schien alles in Ordnung. Dann, vierundzwanzig Stunden bevor die Rotation anlaufen sollte, gab es Durcheinander. Der Fall gegen Emil Carlebach wurde noch einmal aufgerollt. Seine politischen Gegner schienen entschlossen, ihn aus dem ‚Rundschau'-Projekt hinauszuwerfen, unter der Beschuldigung der ‚Kollaboration' mit den Wächtern von Buchenwald. Die andere Seite der Sache: er war einer der hervorragendsten Führer der Widerstandsorganisation, deren Erfolg naturgemäß davon abhing, wie raffiniert sie sich verstellen konnte. Für den 31. Juli wurde eine Vollsitzung des ICD-Kommandos angesetzt, um die Vorwürfe zu prüfen. Die Sitzung dauerte den ganzen Tag. Das Material wurde überprüft, die Berichte der ICD-Intelligence vorgelegt, und ebenso das Ergebnis einer beeindruckenden Untersuchung der Frankfurter Stelle von ICD. Die kommandierenden Offiziere zogen sich in Klausur zurück, um ihr Urteil abzufassen. Es kam am späten Abend: Carlebach war außer Verdacht (‚C. was cleared'), die ‚Rundschau' konnte in Druck gehen.

Es war ein seltsames und amüsantes Schauspiel: Ein Westpointgeneral und sein Stellvertreter, ein Republikaner, der zuvor stellvertretender Gouverneur von New Jersey war, stimmten für die Ernennung eines aus dem KZ kommenden Kommunisten als Mitglied der Leitung der ersten freien Zeitung in der US-Zone des Nachhitlerdeutschland . . .

20

Belfrage ergänzt: „Sogar Murphy und Kirkpatrick, die 'politischen Botschafter' Englands und der USA, befaßten sich mit den Dokumenten, um zu sichern, daß alles in genauester Übereinstimmung mit den Direktiven ablief. Und dies obwohl ICD selbständig geworden war, und Frankfurt garnicht zur britischen Zone gehörte."[5]

Ein Westpointgeneral und ein führender Mann der Republikanischen Partei – man sieht, wie unsinnig es ist, die Zusammensetzung des Rundschau-Kollegiums als „kommunistische Machenschaft" hinzustellen. Aber diese Geschichtsmanipulation hat ihren Zweck: Die Politik des kalten Krieges soll als einzig mögliche geschildert werden, die immer schon galt. Deshalb wurde Belfrage durch berüchtigten Senator McCarthy verfolgt und in Ketten aus den USA deportiert. Deshalb sollen die Gründungsjahre der Rundschau im Dunkel bleiben: Nicht sein kann, was nicht sein darf.

Ein Westpointgeneral und ein früherer stellvertretender Gouverneur aus der Republikansichen Partei, so eindeutig war der antifaschistische Konsens damals. Das hindert einen Mann wie den erwähnten Hurwitz und andere nicht, aus meiner Lizenzierung eine „kommunuistische Verschwörung" und – damit es „ganz rund" wird – aus Belfrage einen Kommunisten zu machen.

Der Ärger, den ich durch diese Machenschaften hatte, war aber nur eine Kleinigkeit gegenüber dem, was Belfrage angetan wurde. Er war einer der ersten fünf, die der berüchtigte Senator McCarthy von der Tribüne des Senats herab als „kommunistischen Agenten Moskaus" denunzierte. Belfrage wurde von McCarthys Inquisition in die Mangel genommen und anschließend als „unerwünschter Ausländer" (er hatte die britische Staatsangehörigkeit) in Ketten gefesselt nach Mexiko deportiert.

Auch Aronson geriet in McCarthys Mühle. Und beider schreckliches Verbrechen war, daß sie dem Kommunisten Carlebach, der 11 Jahre KZ und Gefängnis hinter sich hatte, zu der Möglichkeit verhalfen, in der Presse tätig zu sein.[6] Das übrigens wurde, obwohl ich nicht ein einziges Mal gegen die Lizenzbedingungen verstoßen hatte, nach zwei Jahren durch Hinauswurf per Militärorder „korrigiert". Dabei – wir schrieben inzwischen das Jahr 1947 – hielt es kein Mensch für nötig, darauf anzuspielen, ob ich vielleicht SS-Kollaborateur gewesen wäre – jetzt reichte es wieder völlig, daß ich Kommunist war. Denn von der Unterschrift unter das Potsdamer Abkommen, von einem demokratischen, entmilitarisierten und entnazifizierten Deutschland war nun nicht mehr die Rede. Die Kriegsverbrecher kamen aus den Zuchthäusern; der Staat der Globke, Oberländer, Adenauer, Strauß, Siemens, Flick und IG Farben wurde über den Gräbern und Trümmern des Hitlerkrieges errichtet. Doch das ist bereits das nächste Kapitel ...

Zurück zum Juli 1945. Nun stand also das Kollegium. Die technischen und journalistischen Vorbereitungen begannen auf Hochtouren zu laufen.

Technisch: Wir saßen in den provisorisch hergerichteten Räumen des früheren „Generalanzeigers" in der Schillerstraße (heute Gebäude der „Frankfurter Neuen Presse"). Die Druckerei befand sich gegenüber in dem weitgehend zerstörten Gebäude der „Frankfurter Zeitung". Deren Maschinen hatte die Militärregierung beschlagnahmt, wir konnten sie treuhänderisch benutzen. Da begann schon der erste Kampf: der frühere Geschäftsführer der FZ, ein Mann namens Hecht, klemmte sich hinter die Wirtschaftsabteilung der Militärregierung und machte Eigentumsrechte für die alten Besitzer geltend, die auf diese Weise – von der ökonomischen Seite her – die Wiederaufname der journalistischen Tätigkeit durchsetzen wollten, von der sie ausgeschlossen waren. Jahrelang dauerte dieses

Tauziehen, bis 1949 die Lizenzbedingungen aufgehoben wurden und die alten Nazi-Verleger in den Genuß dessen kamen, was sie triumphierend „Pressefreiheit" nennen. Die ist so weitgehend, daß auch der Verleger des antisemitischen Hetzblattes „Der Stürmer" in Nürnberg, ein gewisser Wilmy, den Verlag zurückbekam – vier Jahre nachdem der Herausgeber des „Stürmer", Julius Streicher, als Verbrecher gehängt worden war. Die „Freiheit", auch die „Pressefreiheit", zeigt sich oftmals von der seltsamsten Seite.

Papier war knapp, die FR konnte zunächst nur zweimal, später dreimal wöchentlich erscheinen. Sie war ein Artikel, um den sich die Menschen rissen: inzwischen hatten alle begriffen, daß sie 12 Jahre lang schändlich belogen worden waren, daß man unter Goebbels und Hitler dem Volk die elementarsten Tatsachen vorenthalten, unterschlagen hatte. Obwohl wir bis zu 500 000 Exemplare pro Ausgabe druckten, konnte die FR die Nachfrage nicht befriedigen. Wir wurden manchmal auf der Straße angehalten von Bürgern, die hofften, vielleicht bei dem Redakteur Fürsprache für Zuteilung eins Abonnements zu erhalten.

Autos, Rundfunkapparate, Schreibmaschinen lieferte wieder die Militärregierung aus beschlagnahmtem Gut, das den Nazi-Aktivisten weggenommen wurde. Gerst fuhr stolz einen großen Buick, während ich mir den kleinsten PKW aussuchte, einen „Adler Junior", mit dem ich denn auch einen gefährlichen Unfall erlebte, als die Bremse versagte. Die KZ-Mentalität, daß Funktionäre sich keine persönlichen Vorteile verschaffen sollten, veranlaßte mich auch mir ein besonders kleines Redaktionszimmer einrichten zu lassen (mit dem ich übrigens sehr zufrieden war).

Jeder Lizenzträger konnte eine Sekretärin und einen Chauffeur engagieren. Ich nahm eine Genossin, die ich seit 1932 aus der Gewerkschaftsjugend kannte, und als Fahrer einen Genossen, Erich Händler, den seine Eltern aus dem Hause geworfen hatten, weil er Anti-Nazi war. Sein Bruder war SS-Oberscharführer im KZ Buchenwald und endete als Kriegsverbrecher am Galgen.

Während unsere Arbeit sich in wenigen Wochen einspielen sollte, konstituierte sich das Kollegium. Gerst wurde einstimmig als „Primus inter pares" gewählt, erhielt Geschäftsvollmacht und den Titel „Vorsitzender des Aufsichtsrats". Es gab zwar keinen Aufsichtsrat, aber irgendeinen Titel sollte er für Verhandlungen ja haben. Die Ressorts wurden folgendermaßen aufgeteilt:

Politik: Rudert, Knothe und Rodemann;
Kultur: Gerst (der auch in der Politik fleißig schrieb);
Feuilleton: Etzkorn;
Sport: Grossmann;
Lokales: Carlebach.

Ziemlich von oben herab teilten mir meine Kollegen mit, ich hätte noch die geringste Erfahrung, da sollte ich mir im Lokalteil erstmal die Sporen verdienen. Belfrage nahm alles zur Kenntnis, was wir beschlossen, und griff höchstens mit einer Frage oder einer Empfehlung ein.

Der Beschluß, mich in den Lokalteil abzuschieben, hatte unerwartete Folgen: Im politischen Teil – zu dem auch die Wirtschaft gehörte – waren wir gezwungen, fast ausschließlich von Meldungen zu leben, die über den Hellschreiber von der amerikanisch kontrollierten Agentur DANA kamen. Ich dagegen konnte draußen im Land Korrespondenten einstellen und mehr und mehr eine von den US-Meldungen unabhängige Berichterstattung aufbauen.

Das brachte aber auch Reibungen verschiedener Art. Wir waren der Meinung, daß eine demokratische Presse den Behörden und sonstigen Instanzen notfalls auch mit Kritik begegnen muß. Belfrage bestärkte uns darin. Im politischen Teil

23. Juli 1945: Wilhelm Karl Gerst (zweiter v. l.) unterzeichnet den ersten Vertrag über den Postversand (oben rechts, stehend: Belfrage).

war nun fast jede Meldung von DANA übernommen, also von den Amerikanern im voraus abgesegnet. Die Lokalmeldungen aber stammten von uns selbst – und da glaubten Bürgermeister und andere Honoratioren, wir würden ihre „allerheiligsten Interessen" verletzen. An der Spitze stand dabei zweifellos Herr Blaum in Frankfurt, aber auch Landräte und andere standen im Clinch mit uns. Meine Lokalreporter erzählten spaßeshalber, sie würden sich im Landratsamt mit der Vorstellung melden: „Ich komme – verzeihen Sie das harte Wort – von der Frankfurter Rundschau."

Als im Lokalteil einmal von einem Streit in einem Ortsverband der CDU berichtet wurde, kam postwendend eine Beschwerde. Unsere Antwort war eine Lokalglosse unter dem Titel „Dürfen Tatsachen gemeldet werden?". Wir gefielen damit den Lesern – aber nicht den Zaunkönigen der Politik.

Am 6. November 1945 veröffentlichen wir einen „offenen Brief" des Bezirksvorstehers und der SPD, der CDU und der KPD aus Frankfurt-Praunheim an OB Blaum, in dem scharfe Kritik an der Wohnraumbeschaffung und an der Begünstigung von Naziaktivisten geübt wurde. Blaum bestritt. Darauf führten wir eine Besprechung in Praunheim selbst durch; anschließend bestätigten wir, mit den Unterschriften der Lizenzträger, in der Ausgabe vom 13. November die Angaben aus Praunheim.

Aber es fiel meinen Kollegen bei alldem doch schwer, mich als vollwertigen Mitherausgeber zu sehen – ich war „zu jung"! Als ich gar nach einiger Zeit den Anspruch anmeldete, ebenfalls Leitartikel zu schreiben, gab es Erstaunen, Widerspruch, Ausflüchte – aber schließlich setzte ich mich durch.

Eines Tages, es war noch in den Wochen vor Erscheinen der Nr. 1, kam ich in meinen Redaktionsraum und fand auf dem Schreibtisch eine Aktennotiz: das Monatsgehalt jedes Lizenzträgers betrage 1000,– Mark, für Herrn Carlebach aber 500,–. Ich ging zu Belfrage, um ihm Vorhaltungen zu machen, Er wehrte ab: „Das haben Ihre Kollegen beschlossen, damit habe ich nichts zu tun." Man hatte also in meiner Abwesenheit getagt und beschlossen. Ich verlangte eine neue Konferenz und machte den Herren klar: Ich bin eingestellt nicht wegen größerer oder geringerer journalistischer Erfahrung, sondern wegen klarer antifaschistischer Haltung, so wie jeder von uns. Ich habe 11 Jahre lang ohne Bezahlung schuften müssen; ich bin bereit, auch für 50 Pfennig pro Tag zu arbeiten — aber nicht für einen Pfennig weniger als jeder andere Lizenzträger.

Verlegenes Schweigen. Es sei wohl ein Mißverständnis gewesen. Selbstverständlich erhielte auch ich dasselbe wie die anderen.

Geplänkel dieser Art störten aber die Zusammenarbeit nicht. Knothe, Rodemann, Rudert, Grossmann und ich waren vom ersten Tage an, wie es in der Arbeiterbewegung üblich ist, per du. Und wenn auch im Verkehr mit Gerst beiderseits die Anrede „Herr" blieb, so rückten wir doch, was die Zusammenarbeit betraf, immer enger zusammen.

Für den Lokalteil, der mir unterstand, galt die Überparteilichkeit ebenso selbstverständlich. Meine Mitarbeiter wählte ich ausschließlich nach dem Prinzip der journalistischen Fähigkeit aus. Es waren Kirn, den ich schon erwähnte, und der mir viele journalistische Erfahrungen vermittelte; Alois Kern, der von den rechtsbürgerlichen „Frankfurter Nachrichten" kam; und Rudi Eims, ein gestandener Sozialdemokrat, bis 1933 Mitarbeiter des SPD-Organs „Volksstimme", dann von der SA in ihrem Ginnheimer Folterkeller mißhandelt. Er hatte sich als Korrektor während der NS-Herrschaft durchgeschlagen und ergänzte sich mit den beiden erstgenannten Kollegen ausgezeichnet. So war, ohne daß ich mir darüber Gedanken gemacht hätte, auch innerhalb des Lokalteils die „Ausgewogenheit" gewährleistet, über die manche so viele Redensarten machen.

Interessant ist, wie der Geheimdienst der US-Armee die politische Zusammenarbeit im Umfeld der FR sah. Die „Field Intelligence Study" vom 18. Juni 1945, die im Archiv in Washington erhalten blieb, gibt an:

Aus Knothes Erklärungen geht hervor ... er wolle eng mit der KPD zusammenarbeiten ... Treibende Kraft scheint Kallenbach zu sein, ein junger Mann, der erst kürzlich aus Buchenwald zurückgekehrt ist. Kallenbach hat mit Knothe u.a. bei folgenden Fragen zusammengearbeitet: Errichtung eines Beirats für den Bürgermeister, Aufbau einer Einheitsgewerkschaft und Bildung mehrerer antinationalsozialistischer „Überwachungsausschüsse", die auf den einzelnen Polizeistationen eingerichtet werden sollen ... Pläne zur Gründung einer Einheitsgewerkschaft werden mit informeller Billigung des MG weiterverfolgt ... Eines der Ergebnisse der Verhandlungen zwischen Kallenbach und Knothe war die Vereinbarung, daß die Mitglieder der Betriebsräte jeweils zur Hälfte von SPD und KPD gestellt werden sollen, bis eine freie Wahl durch die Arbeiter möglich sei ...

Als Ergebnis dieser Zusammenarbeit scheint sich eine neue Einheitsfront herauszubilden, die mehr oder weniger bewußt ein gemeinsames Vorhaben der KPD und SPD ist ...[7]

In der Sache stimmt dieser Bericht, wenn es auch eine gewaltige Überschätzung meiner Rolle ist, mir allein das zuschreiben zu wollen, was die Haltung der KPD war. Allerdings waren Parteien noch immer nicht zugelassen, so daß vieles als persönliche Abmachung Knothe/Carlebach wirken mochte, was in Wahrheit eine Vereinbarung zwischen den beiden Parteiführungen SPD und KPD war – wie in Dutzenden anderen Städten. Denn von Hamburg bis München vereinbarten SPD und KPD damals diese Zusammenarbeit praktisch fast überall mit dem Ziel der Gründung der Einheitsgewerkschaft und der Einheitspartei der Arbeiterschaft. Erst der Druck von seiten der westlichen Besatzungsmächte, mit Kollaboration solcher Sozialdemokraten wie Dr. Schumacher, führte dazu, daß diese Pläne nur im Osten Deutschlands Wirklichkeit wurden, während in den Westzonen die Spaltung mit allen ihren Folgen erzwungen worden ist.

Hessen und Frankfurt wurden in jenen Monaten Dreh-und-Angel-Punkt für viele politische Vorgänge. Und die Zeitung wurde – schon bevor die erste Ausgabe überhaupt erschien – ein Treffpunkt für viele Aktivisten aus dem Antinazilager. Die Genossen, die aus den Lagern oder aus der Emigration kamen, liefen in meinem Büro an, es war eine Art halblegale Parteizentrale. Walter Fisch, Wolfgang Langhoff, Karl Bittel, Hans Mayer und viele andere kamen; bei Knothe war es wohl mit den Sozialdemokraten ähnlich.

Mir bescherte dieser Zustand zwei Erlebnisse besonderer Art. Das eine „schilderte" die FR, die sonst so schweigsam über jene Zeit ist, viele Jahre später – aber falsch[8]:

„Eine ‚Volksfront' erwies sich nun als Illusion. Das zeigte sich beispielsweise in jener Aussprache im Juni 1946 zwischen Dr. Kurt Schumacher und Emil Carlebach in den Räumen der ‚Frankfurter Rundschau' in der Schillerstraße. Auf der Basis der KZ-Kameradschaft von Buchenwald ließ sich keine gemeinsame Politik aufbauen. Schumacher sah das sehr klar." (Die Jahreszahl ist falsch; es war im Juni 1945.)

In einem Leserbrief aus der neuerlichen Illegalität (die KPD war seit 1956 wieder verboten) stellte ich den Vorgang richtig – der Brief wurde nie veröffentlicht. Die Zensur ohne Schere tat längst ihr Werk. Tatsache war folgendes:

Eines Tages im Juni 1945 kam Knothe, dessen Büro neben meinem lag, zu mir herüber:

„Emil, Dr. Schumacher ist in Frankfurt, bist du bereit, dich mit ihm zu treffen?"

Natürlich war ich bereit. Wir waren 1937/38 zusammen im KZ Dachau, wir Kommunisten hatten ihm, dem Invaliden, zu einem Arbeitsplatz in der Bücherei verholfen, da er bei schwerer körperlicher Arbeit in Todesgefahr gekommen wäre. Jetzt war er in Hannover und wurde durch die britische Besatzungsmacht systematisch als kommender Vorsitzender der SPD aufgebaut.

Am nächsten Tag holte mich Knothe in sein Büro: „Dr. Schumacher ist da." Ich sehe noch heute vor mir, wie Schumacher, er saß neben der Tür, sich erhob (er hatte damals noch beide Beine) und mir die Hand bot: „Schön, daß du es überlebt hast." Wir tauschten kurz Erinnerungen aus, dann fragte er:

„Was denkst du nun, wie es weitergeht?"

„Das brauchst du doch nicht zu fragen, du weißt, daß ich Funktionär der KPD bin, dann weißt du auch, was ich mir für die Zukunft denke. Wir werden weiter zusammenarbeiten, bis es wieder zu einer einheitlichen deutschen Arbeiterpartei kommt. Die Fehler von früher dürfen sich nicht wiederholen."

„Ach, das ist doch gar nicht möglich", antwortete er, ganz ruhig, fast im Plauderton. Ich begann mich zu ereifern. Ich legte dar — was er natürlich mindestens so gut wußte wie ich —, daß Kommunisten und Sozialdemokraten nicht nur in allen vier Besatzungszonen zusammenarbeiteten, sondern daß auch in allen Ländern, von Finnland im Norden bis Italien im Süden, diese Zusammenarbeit der Arbeiterparteien das politische Gesicht Europas prägte.

Er antwortete, wieder ganz ruhig, als spräche er von belanglosen Kleinigkeiten:

„Es wird zum dritten Weltkrieg kommen, ihr werdet auf seiten Moskaus kämpfen, wir werden auf seiten Londons kämpfen, was redest du da von Einheit?" Er sprach vom dritten Weltkrieg — da war in Fernost der zweite Weltkrieg noch nicht beendet!

Er sagte „London". Washington war damals noch nicht der Anführer der antisowjetischen Pläne. Churchills Haß gegen die UdSSR stand im Vordergrund.

Nun wurde ich echt aufgeregt: „Ich will dir mal was sagen: Es wird nicht zum dritten Weltkrieg kommen! Unter anderem deshalb nicht, weil niemand noch einmal kämpfen will, auch eure Leute nicht auf seiten Londons und unsere Leute nicht auf seiten Moskaus."

Er lächelte vielsagend, reichte mir die Hand: „Also dann mach's gut" und verließ das Zimmer.

Er war der nationalistische Offizier geblieben, als der er aus dem ersten Weltkrieg gekommen war. Sein Traum: niemals mehr dürfe eine Rechtspartei Anhaltspunkte finden, die SPD als „vaterlandslos" zu bezeichnen; im Nationalismus dürfe sich seine SPD von niemandem übertreffen lassen.

Ich veröffentliche diesen Dialog in der „Weltbühne" und schickte ihm den Artikel zur Stellungnahme — er schwieg. Aber er sprach später öffentlich aus, wie er darüber dachte. Über seine Rede vom 23. August 1950 berichtete der sozialdemokratische „Telegraf" (Westberlin) am nächsten Tag, dem 24. August:

„Eine offensive Verteidigung Deutschlands nach dem Osten durch eine monumentale Konzentration militärischer Macht mit westlichen Divisionen entlang der Elbe ist die Voraussetzung für eine Wiederaufrüstung im Bundesgebiet. Die strategische Entscheidung sei von vornherein und mit allen Mitteln an der Weichsel-Njemen-Linie zu suchen."

Der von den Amerikanern gegründete Westberliner „Tagesspiegel" kommentierte diese Rede am selben 24. August mit dem Satz: „Der Sozialdemokrat Schumacher verlangt eine so umfassende Remilitarisierung, daß eine offensive Freikämpfung Berlins, Mittel- und Ostdeutschlands möglich sein wird." Das war fünf Jahre vor der Aufstellung der Bundeswehr durch die Regierung Adenauer!

Mit dieser Einstellung machte er die SPD zu einer Partei, deren Führung sich tatsächlich jahrzehntelang in unrealistischem Antisowjetismus kaum übertreffen ließ, die den Antikommunismus schließlich bis zum Ja zur ursprünglich bekämpften Aufrüstung, zu den anfangs ebenfalls abgelehnten Notstandsgesetzen und den Berufsverboten praktizierte und damit die Chancen für eine Politik, wie sie die SPD-Mitglieder 1945 wollten, verspielte und vernichtete.

Später betrieb Schumacher bei US-General Clay meinen Lizenzentzug. Sein Antikommunismus war stärker als die Dankbarkeit für die Hilfe, die er im KZ von uns erhalten hatte.

Viele Jahre später erwähnte ich gegenüber dem Vorsitzenden des DGB Hessen, Philipp Pless, meine Unterhaltung mit Schumacher. Ich erwartete, er werde schockiert sein. Statt dessen sagte er zu meiner Überraschung: „Schumacher hat doch recht gehabt: Er konnte ja nicht wissen, daß die Russen so bald die Atombombe haben würden." So überrascht ich war, er hatte recht. Erst als die UdSSR auch in der Atomrüstung gleichgezogen hatte, war die US-Strategie des neuen Weltkriegs schachmatt gesetzt, die Schumacher als gegeben vorausgesetzt hatte.

Das andere Erlebnis in Knothes Zimmer ereignete sich im Herbst 1945. Ich trat unangemeldet ein und sah einen älteren, hageren Mann bei ihm sitzen. Während ich einige Schritte ins Zimmer machte, hörte ich diesen sagen: „Das ist falsch, was die in der Ostzone machen, daß sie die großen Rittergüter unter die Bauern aufteilen. Da hätte man große sozialistische Landwirtschaftsbetriebe draus machen sollen."

Knothe hatte mich inzwischen bemerkt: „Emil, darf ich dir den Genossen ..."

da hatte der mir schon die Hand entgegengestreckt und ich hatte sie ergriffen „... Gustav Noske vorstellen."

Wäre der Blitz vor mir eingeschlagen, ich hätte nicht erschrockener sein können. Noske! Der Mann, mit dessen Namen sich für mich der Meuchelmord an Karl Liebknecht und Rosa Luxemburg verband, der sich selbst offen einen „Bluthund" nannte! Der Mann, der Tausende meiner Genossen hatte niedermetzeln lassen. Der Mann, der dann, 1933, bei Göring seine Pension erbettelte.

Und diesem Mann hatte ich die Hand gegeben. Instinktiv wischte ich die Handfläche am Hosenbein ab, beide bemerkten es. Ohne Gruß verließ ich das Zimmer.

Es sei ergänzt, daß Schumacher beim Gründungsparteitag der SPD in Hannover den Delegierten eben diesen Gustav Noske als „Träger der sozialdemokratischen Tradition" präsentierte.

Doch zurück zu den Vorarbeiten für das Erscheinen der Zeitung. ICD vertrat den Standpunkt, demokratische Zeitungen müßten den Journalisten selbst gehören, kein Verleger dürfe befehlen oder verbieten, was im Blatt zu stehen habe. Deshalb war der Lizenzträger geschaffen worden: der Journalist gleichzeitig als Herausgeber. Wir waren begeistert von diesem Plan.

Bald spürten wir allerdings, daß die Geschäftsleute in Offiziersuniform, die mehr und mehr die Militärregierung beherrschten, ganz anders dachten. Was wir damals wollten, die Freiheit des Journalisten von Anordnungen des Verlegers, das gehört heute zu den immer noch unerfüllten Forderungen der gewerkschaftlich organisierten Journalisten.

Es war klar, daß wir nicht ewig beschlagnahmte Maschinen und Gebäude benutzen könnten. Also gründeten wir auf Gersts Vorschlag eine „GmbH", in die jeder symbolisch 1000,— Mark einzahlte. Die Einnahmen — bei der großen Auflage waren sie ebenfalls groß — wurden auf deren Konto eingezahlt, um später die Technik kaufen zu können. Ein schöner Plan — zu schön, um wahr zu werden: Mit der Währungsreform, die eine riesige Enteignungsaktion war, wurden auch diese Summen weitgehend wertlos gemacht. Die FR mußte 1951 „freiwillig" einen Millionenkredit bei den Amerikanern aufnehmen. Ergebnis: Zensur ohne Schere. In meinem offenen Brief an General Clay habe ich darauf hingewiesen (inzwischen kamen andere Kreditgeber hinzu).*

Wir aber waren damals voller Tatendrang und Selbstvertrauen. Eine Zeitung, die von mehr als einer Million Menschen gelesen wurde, die mehr Einfluß hatte, als die Behörden in Stadt und Land — wer hätte noch Wochen vorher davon zu träumen gewagt!

Nun mußten wir Regeln für unsere journalistische Arbeit festlegen. Wir stellten klar:

Oberstes Prinzip ist die antifaschistische Zusammenarbeit.

Jeder ist in seinem Ressort selbständig, hat aber Partei- und andere Sonderinteresssen dieser Zusammenarbeit unterzuordnen. Der Leitartikel muß aber vor

---

* Vgl. im Anhang: „Über Pressefreiheit in der Bundesrepublik".

Drucklegung von allen Lizenzträgern gelesen und gebilligt — oder einvernehmlich abgeändert werden.

Belfrage, ein Mann mit jahrzehntelanger Erfahrung in der angelsächsischen Presse, schlug vor: Kein Leitartikel länger als 90 Zeilen. Wir akzeptierten, aber vor allem Gerst fiel es schwer, den Beschluß einzuhalten.

Und dann kam die Legende: „Trennung von Nachricht und Kommentar." Selbst Belfrage betete uns das vor. Obwohl jeder weiß, daß die Kommentierung damit beginnt, daß der Redakteur die eine Meldung druckt, die andere aber im Papierkorb landen läßt. Aber, und dies wurde — ausnahmsweise — sogar angeordnet: Auf Seite 1 nur Meldungen, auf Seite 2 der Leitartikel und gegebenenfalls auch andere Kommentare. Jedoch — auch die strikte Einhaltung dieser Regel konnte auf Dauer die US-Militärs nicht befriedigen. Denn es stellte sich mit der Zeit heraus, daß sie — trotz allen Geredes über den Unterschied von Nachricht und Kommentar — durchaus nicht geneigt waren, die Veröffentlichung solcher Nachrichten zu tolerieren, die ihnen nicht in den Kram paßten. Doch zunächst einmal lief alles bestens.

Ich hatte keine Ahnung davon, daß sich 24 Stunden vor Erscheinen der ersten Ausgabe ein Westpointgeneral mit seinem Stab noch einmal bemühte, meine Vergangenheit und meinen Charakter zu überprüfen; das erfuhr ich erst Jahrzehnte später aus dem erwähnten Buch. Aber präzise an dem Tag, da die Rotation zu arbeiten begann, meldeten sich „zwei Herren" in der Redaktion, die Herrn Carlebach zu sprechen wünschten. Sie gehörten zum OSS, dem US-Geheimdienst unter General Donovan, dem Vorläufer der heutigen CIA. Die Aktennotiz, die ich noch am selben Tage anfertigte, lautete wie folgt:

Frankfurt/Main, den 1.8.1945

Gegen 10 Uhr wünschten mich 2 amerikanische Offiziere zu sprechen. Es ergab sich, daß die Herren zur O.S.S. und dem Stab von Mr. Murphy gehören. Die Unterhaltung selbst spielte sich so ab, daß der eine der beiden Herren — blond und etwas rundlich — die Fragen stellte, während der andere — ziemlich groß, dunkel — nur zweimal zum Sprechen ansetzte, beide Male jedoch sich selbst das Wort wieder abschnitt und dem anderen das Reden zuschob. Aus der Art des Verhaltens beim Hinausgehen konnte ich aber bemerken, daß gerade er der Vorgesetzte war.

Die erste Frage bezog sich darauf, daß ich der Leiter der antifaschistischen Gruppen von Frankfurt sein solle. Auf meine Feststellung, daß erstens mein Name nicht korrekt erwähnt wurde, zweitens der Antifaschistische Ausschuß hier schon verboten war, als ich von Buchenwald zurückkam, drittens, daß von mir als dem Leiter irgendeiner Bewegung oder Organisation gar nicht gesprochen werden könne, ergab sich, nach einigem Hin-und-her-Reden, daß ich doch der von ihnen gesuchte Mann sei, obwohl alle die obigen Annahmen unrichtig waren. Die Offiziere gaben an, durch 2 andere O.S.S.-Offiziere auf mich aufmerksam gemacht worden zu sein, deren Namen ihnen aber nicht bekannt seien.

Die erste der an mich gestellten Fragen betrafen Kollektivschuld des deutschen Volkes am Kriege, Wiedergutmachung — auch Form und materieller Inhalt — Neuaufbau der Verwaltung, Säuberung. Dann ging die Unterhaltung auf das Gebiet über, das offensichtlich das zentral interessierende war: Wie stehen Sie zur Frage der Wiedererlaubnis der Parteien, welche positive Politik soll durch die negative Tätigkeit der Ausmerzung des Faschismus in die Wege geleitet werden? Wie stehen Sie zu den amerikanischen Maßnahmen im besetzten Gebiet allgemein und im besonderen? Was halten Sie von der amerikanischen Propaganda? Schließlich kamen wiederGewissensfragen persönlicher Natur: Einstellung zu Rußland, zum russisch besetzten Ostdeutschland, zum Marxismus. — Begriffe wie Bolschewismus, Kommu-

nismus etc. schienen die Herren ängstlich zu vermeiden. —

Meine Antworten bewegten sich insgesamt etwa auf folgender Linie: Schuld des deutschen Volkes bedingt Wiedergutmachung, bedingt gleichzeitig politische Unreife. Daher Selbstverwaltung und andere demokratische Freiheiten nur schrittweise zu erteilen, gestützt auf und in Zusammenarbeit mit antifaschistischen Gruppen in Deutschland. Hier großer Mangel der amerikanischen Politik. Neueingesetzte Beamte zwar keine NSDAP-Mitglieder, wohl aber meist genau die alten Typen des preußisch-deutschen Berufsbeamten, der als ziviler Militarist bereit ist, jeder Regierung — auch einem neuen Hitler — seinen Diensteid zu leisten oder ihn auch zu brechen.

Zulassung der antifaschistischen Parteien wäre nicht nur gut und für die USA vollständig ungefährlich, sondern würde eine ganze Reihe von negativen Erscheinungen der heutigen Form beseitigen können. Umerziehung des deutschen Volkes zur Demokratie kann nicht durch Leitartikel, Rundfunkreden und Theoretisieren erreicht werden, sondern nur durch schrittweise Mitbeteiligung an der Verantwortung und dadurch Herbeiführung einer selbständigen Tätigkeit im demokratischen Sinn; was zwar eine Reihe von Fehlern mit sich bringen wird, aber die einzige Möglichkeit ist, eine fortschrittliche Entwicklung in die Wege zu leiten.

Von den Herren unklar angedeutete Gefahr einer aus der militaristischen Mentalität geborenen antifaschistischen Diktatur konnte ich nicht einsehen, halte sie vor allen Dingen für unsinnig im Hinblick auf den Machtapparat der Besatzung, der jederzeit in der Lage ist, Dinge zu unterbinden, die sich nach undemokratischen Grundsätzen entwickeln wollen.

Die Fragestellung, was ich dazu sagen würde, wenn die Hetzgerüchte über Berlin und Ostdeutschland doch auf Wahrheit beruhten, konnte ich nur damit beantworten, daß ich dann nicht verstehen könne, wieso die USA sich mit Rußland verbündet haben.

Ich wurde noch gefragt, ob ich Verbindung nach auswärts hätte, und ob ich die Herren Specht und Ficker in München kenne, sowie Peter Fischer in Höchst.

Mr. Murphy, der in der Aktennotiz genannt wird, war der wirkliche politische Chef der US-Zone, ein Mann im Range eines Botschafters, der zuvor schon, nach der Landung der US-Truppen in Algier 1944, versucht hatte, General de Gaulle als französischen Regierungschef durch den reaktionären Admiral Darlan ersetzen zu lassen, der von Vichy (der Marionetten-Regierung, die Hitler diente) nach Algier übergewechselt war. Murphys Plan wurde damals auf typisch amerikanische Wiese konterkariert: Darlan wurde von einem „jungen Mann" — Bonnier de la Chapelle — kurz nach seiner Ankunft in Algier erschossen und anschließend der „junge Mann" selbst, so daß der Fall ebenso ungeklärt blieb wie Jahrzehnte später die Ermordung des US-Präsidenten Kennedy. Ich erwähne Murphy so ausführlich, weil er zwei Jahre später auf der Bildfläche erscheinen wird, um sich nur persönlich mit mir „zu unterhalten". (Heute, im Zeichen der Berufsverbote, würde man sagen, er kam, um eine Anhörung durchzuführen. Es war der endgültige Akt der Zensur ohne Schere.)

Frankfurter Rundschau

Herausgeber und Verlag der „Frankfurter Rundschau". Frankfurt
Schillerstraße 15. Fernruf: Sammelnummer 4095. Monatsbezug...
preis RM 1.50 zuzüglich RM 0.55 Post- bzw. Zustellgebühr – RM...

Veröffentlicht unter Lizenz Nr. ... Nachrichtenkontrolle der Militärregierung

Jahrgang 1, Nummer 1   Mittwoch, den 1. August 1945   Einzelpreis: RM 0.20

IMPRIMATUR : NIHIL OBSTAT

Ehrenvolle Begrüßung der Frankfurter Rundschau durch die Militärregierung

Zum erstmaligen Erscheinen unserer Zeitung erhielten wir von seiten der Militärregierung folgendes Schreiben:

„Diese Entstehung der Frankfurter Rundschau stellt einen wichtigen Schritt in der Rehabilitierung Frankfurts dar. In vieler Beziehung ist das Erscheinen einer deutschen Zeitung redigiert und herausgegeben von Frankfurtern mehr ein Zeugnis für den Fortschritt der Wiederbelebung einer demokratischen, friedliebenden deutschen Nation, als andere bemerkenswerte Leistungen der letzten paar Monate, wie z. B. die Wiederaufbau einer fast normalen Arbeiten der öffentlichen Betriebe, die langsame aber stetige Erhöhung der Lebensmittelzuteilungen, die Wiederaufnahme von Handel und Industrie.

Das Erscheinen der Zeitung, der ersten deutschen Zeitung, die von Deutschen in der amerikanischen Besatzungszone herausgegeben wird, zeugt von dem Vertrauen, das die Militärregierung in die deutsche Volk setzt, daß es sich auf...

Clement Richard Attlee

Das Ergebnis der englischen Unterhauswahlen

Absolute Mehrheit der Arbeiterpartei
Attlee — der neue Premierminister

LONDON, 31. Juli. Die Namen der wichtigsten Minister in der neuen britischen Regierung wurden noch am Freitag in später Abendstunde bekanntgegeben.

Zum Premierminister wurde Attlee wird gleichzeitig Verteidigungsminister. Er setzt damit die Tradition der nationalen Koalitionsregierung fort, in der Churchill Premierminister war.

Zum Außenminister wurde Ernest Bevin ernannt, der in der nationalen Koalitionsregierung Arbeitsminister war. Bevin wird als Nachfolger Edens an der Dreimächte-Konferenz in Potsdam teilnehmen.

Weitere Ernennungen sind: Schatzkanzler Sir Stafford Cripps, der in der nationalen Koalitionsregierung Handelsminister war; Handelsminister Sir Stafford Cripps, der in der nationalen Koalitionsregierung Minister für Flugzeugproduktion war; Führer des Unterhauses und Präsident des Geheimen Kronrats Herbert Morrison, bisher Innenminister in nationalen Koalitionsregierung; Justizminister Sir William Jowitt, der in der nationalen Koalitionsregierung für Sozialversicherung war.

Die führenden Männer der neuen Regierung haben demnach als Vertreter der Arbeiterpartei in der nationalen Koalitionsregierung Churchills bereits verantwortungsvolle Ämter ausgeübt und bringen für die Aufgaben des Krieges gegen Japan gründliche Erfahrungen aus ihrer Amtstätigkeit während der...

Zählung der Stimmen

LONDON, 31. Juli. Die britische Arbeiterpartei ist siegreich aus den englischen Wahlen hervorgegangen und wird im neuen Parlament allein eine ausreichende absolute Mehrheit besitzen.

Churchill ist zurückgetreten, und der Führer der britischen Arbeiterpartei, Clement Attlee, wurde vom König mit der Regierungsbildung beauftragt. Die Ergebnisse in 624 Wahlkreisen, die drei Wochen nach dem Wahltag bekanntgegeben wurden, haben folgende Stärkeverhältnisse in den neuen Parlament: Arbeiterpartei 390 Sitze, gegenüber 163 im alten Parlament; Konservative Partei 194 Sitze, gegenüber 361 im alten Parlament; Mehrere kleinere Parteien, die mit der Arbeiterpartei zur Opposition gehören, haben zusammen 27 Sitze errungen, so daß die gesamte bisherige Opposition 416 Sitze auf sich vereinigt hat. Dazu gehören zwei Kommunisten, gegenüber einem Kommunisten im alten Parlament.

Kleinere Parteien, die zur Regierung Churchill gehörten, haben 43 Sitze errungen, so daß die bisherige Regierungskoalition in insgesamt 200 Sitze auf sich vereinigt. Die Ergebnisse in 16 Wahlkreisen, darunter der Universitäten, standen erst in...

Regierung. Churchill fehlen, die zu ihren Wahlkreisen eine Niederlage erlitten haben. Nicht wiedergewählt wurden u. a. der bisherige britische Munitionsminister Brendan Bracken, Kriegsminister Sir James Grigg sowie der Minister für öffentliche Arbeiten und Schwiegersohn Churchills, Duncan Sandys.

Churchill wurde mit einer Mehrheit von über 17 000 Stimmen wiedergewählt, sein politischer Gegner, der Landwirt Hancock erhielt rund 10 000 Stimmen. Der bisherige Außenminister Eden wurde mit einer starken Mehrheit wiedergewählt. Unter den folgenden Kandidaten befanden sich zahlreiche Frauen und Angehörige der britischen Streitkräfte.

Die Beteiligung an den Wahlen; den ersten englischen Parlamentswahlen seit zehn Jahren, war außerordentlich groß. Nach bisherigen Zählungen wurden über 25 Millionen Stimmen ab...

gegeben, davon über 9 Millionen für die Regierung Churchill und mehr als 14 Millionen für die Oppositionsparteien, darunter rund 11½ Millionen für die Arbeiterpartei.

In einer Erklärung über das Wahlergebnis sagte der Führer der Arbeiterpartei und Nachfolger Churchills als Premierminister, Clement Attlee, u. a.: „Zum ersten Male hat die Arbeiterpartei in England eine klare Mehrheit gewonnen, die uns in die Lage versetzen wird, die Politik der Sozialistischen Partei wirksam auszuführen. Ich bin überzeugt, daß die britische Demokratie einen gewaltigen Beitrag leisten wird zur Sicherung des Weltfriedens und des wirtschaftlichen Wohlstandes der Welt. Ich gebe mich keinen Illusionen hin über die Schwierigkeiten, die vor uns liegen, aber ich bin überzeugt, daß es gelingen, die regelmäßige Wiederkehr von Weltkriegen und Weltwirtschaftskrisen zu verhindern."

Der Eindruck in England

LONDON, 30. Juli. nach dem Regierungswechsel in England zeigt sich noch immer die Überraschung über den Umfang des Erfolges, den die britische Arbeiterpartei bei den Wahlen davongetragen hat. Wieder der Oppositionsparteien, noch die Anhänger der Arbeiterpartei hatten einen Erfolg dieses Ausmaßes vermutet. Kein Kenntnis der das erwartete eine klare Parlaments...tische Mehrheit von über 150...

Das große Ereignis

31. Juli 1945. Wir stehen auf der Plattform der Rotation – sieben deutsche Zivilisten und ein amerikanischer General in voller Uniform, General McClure, Chef der ICD für das gesamte Besatzungsgebiet der USA in Europa, für „US Forces European Theater", wie DANA in einer dreieinhalb Seiten langen Meldung in alle Welt berichtete. „Dies ist die erste Zeitung, die in der amerikanischen Besatzungszone in Deutschland lizenziert wird", hieß es in dem DANA-Bericht. Dann folgt ausführlich die Beschreibung aller sieben Lizenzträger. Und dann der Text der Ansprache des Generals an uns, in der es u.a. hieß:

„Sie begreifen, daß diese Art der Lizenzierung ein gewisses Experiment darstellt. Wir geben diese Lizenz an sieben Männer als Gruppe und nicht an einen einzelnen. Wir sind uns dessen bewußt, daß der Erfolg dieses Wagnisses von dem Grad abhängen wird, bis zu dem Männer verschiedener Herkunft und verschiedenartiger Persönlichkeit zusammenarbeiten können, für eine gemeinsame Sache und für einen gemeinsamen Wert (a common good)."

Es waren also nicht die Presseoffiziere der unteren Ebene oder gar „der Kommunist Belfrage", wie Hurwitz und seinesgleichen nachträglich glauben machen möchten. Es war die oberste Spitze der US-Besatzung auf dem „European Theater", die durch den Mund eines aktiven Generals ihre (damalige) Haltung zum Ausdruck brachte: Zusammenarbeit der Nazi-Gegner ungeachtet der verschiedenartigen Herkunft; das werde über den Erfolg oder Mißerfolg entscheiden.

Es sei schon vorweg gesagt: die Zusammenarbeit funktionierte. Bis Gerold erschien. Aber darüber später.

Der General drückte auf den Knopf, der die Rotation in Bewegung setzte. Die erste Ausgabe der „Frankfurter Rundschau" war geboren!

Spitzenmeldung: der sensationelle Wahlsieg der Labour Party in Großbritannien. Das englische Volk hatte Churchill, den Sieger im Kriege, abgewählt, es erwartete von Attlee soziale Gerechtigkeit und Frieden. Neben der Spitzenmeldung in schwarzumrahmtem Kasten: Namen von Antifaschisten, die dem faschistischen Terror zum Opfer gefallen waren; Namen von Kommunisten, Sozialdemokraten, Christen, jüdischen Mitbürgern.

Der Leitartikel unterstrich den Willen zur Zusammenarbeit aller Antifaschisten. „Wir wollen zusammenarbeiten", proklamierte er als Motto der Redaktion und als Appell an die Demokraten und Antifaschisten draußen im Lande. Für die Zusammenarbeit der Staaten unterschiedlicher Gesellschaftsordnung wollten wir eintreten, für diese internationale Koexistenz der kapitalistischen Regierungen mit der sozialistischen Sowjetunion, wie sie, wenn auch spät, unter dem Druck der gemeinsamen Gefährdungen, zustande gekommen war.

Aus den Worten, die US-Präsident Truman anläßlich der Unterzeichnung der Charta der Vereinten Nationen bei Gründung der UNO gesprochen hatte, zitierte der Leitartikel:

„...daß die Völker ebenso wie die einzelnen Menschen ihre Meinungsverschiedenheiten aussprechen und dennoch einen gemeinsamen Boden finden können, auf dem Platz für alle ist".

Hinter den Kulissen allerdings sah manches anders aus. Belfrage schildert seine Eindrücke und Gedanken bei jener Gedenkveranstaltung für die Opfer des faschistischen Terrors, die wir auf Seite 1 dokumentiert hatten:

Sonntag, der 29. Juli 1945. Drei- bis vierhundert Menschen in dem kleinen Saal des Rundfunks, den die Bomben verschont hatten. Die Militärregierung hat die Ge-

Der neuen Zeitung zum Geleit!

Eine neue Zeitung in Frankfurt am Main. Eine Zeitung, die man bei der Post oder beim Träger bestellt, bezahlt und zugestellt erhält. Es mußten viele Voraussetzungen erfüllt werden, ehe die erste Nummer gedruckt werden konnte. Aber nach wochenlanger zäher Vorarbeit präsentiert sie sich der Oeffentlichkeit — die „Frankfurter Rundschau".

Mit Erlaubnis der Militärregierung wird diese Zeitung von Deutschen auf demokratischer Grundlage herausgegeben und geleitet. Die Herausgeber haben dafür die Lizenz Nr. 2 der Nachrichtenkontrolle der Militärregierung erhalten, doch handelt es sich hier bis heute um die erste Lizenz im amerikanisch besetzten Gebiet, die für die Herausgabe einer Zeitung vergeben ist. (Lizenz Nr. 1 wurde in der jetzigen britischen Besetzungszone an die „Aachener Nachrichten" vergeben.)

Die Erscheinungsweise der Zeitung — zweimal wöchentlich — und ihr Umfang werden zunächst noch bestimmt von den riesigen Schwierigkeiten, in die das Zerstörungsregime Hitlers, seine wahnsinnige Kriegsführung das Gesamtwerk des deutschen Wiederaufbaus versetzt hat. Die Hauptschwierigkeit liegt im Papiermangel.

Das Verbreitungsgebiet unserer Zeitung ist sehr groß, weil es zunächst nicht möglich ist, selbständige Zeitungen auch in allen Nachbarstädten erscheinen zu lassen.

Es gibt im Pressewesen auch kein einfaches Anknüpfen an den Zustand, der vor dem 30. Januar 1933 bestanden hat.

Zwölf Jahre lang war unser Leben beherrscht von der Lüge des Goebbels' und seiner Kreaturen.

Die Lüge hat in den vergangenen zwölf Jahren den deutschen Volkscharakter in verheerender Weise angegriffen. Die Lüge ist eines der vielen Hindernisse bei den Anstrengungen zum Wiederaufbau. Die „Frankfurter Rundschau" wird ihren Beitrag leisten, um dieses Nazi-Uebel radikal auszumerzen.

Wir verbinden mit diesem Geleitwort unseren Dank an die „Frankfurter Presse", dem alliierten Nachrichtenblatt der amerikanischen 12. Heeresgruppe, das bisher die Nachrichtengebung an die Zivilbevölkerung unseres Gebietes in vorbildlicher und interessanter Weise durchgeführt hat. Die „Frankfurter Presse" hat eine schwere Aufgabe glänzend gelöst, und ihr Name wird in der Frankfurter Zeitungshistorie den Platz einnehmen, der ihr geschichtlich zukommt. — Und nun — Glückauf der „Frankfurter Rundschau"!

Die Herausgeber:

Emil Carlebach   *Wilhelm Knothe*
Hans Etzkorn   *Paul Rodemann*
Wilh. Karl Gerst   *Arno Rudert*
Otto Grossmann

nehmigung gegeben zu einer Gedächtnisfeier für die deutschen Opfer des Faschismus. Aber die Aufgaben dieser Majore und Obersten, gemeinsam mit der geschätzten Mitarbeit der Herren Hollbach und Buetow die Demokratie aufzubauen, sind zu dringend, als daß sie persönlich teilnehmen könnten. Oder würde es sie vielleicht in Verlegenheit bringen, daran erinnert zu werden, daß mehr Deutsche als Amerikaner ihr Leben im Kampf gegen den Faschismus opferten?

Nach Beethovens Coriolanouvertüre tritt ein antifaschistischer Schauspieler nach vorn und beginnt Namen zu verlesen; nur drei oder vier Namen von jeder der Gruppen – politische, religiöse, ‚rassische' – aus der Hekatombe von Opfern. Ein dumpfer Trommelwirbel folgt jedem der Namen: Albrecht Ege, hingerichtet in Frankfurt – Johanna Schmidt-Kirchner, hingerichtet in Berlin – Ernst Mulanski, umgebracht in Dachau — Paul Boehler, umgebracht in Dachau ...

Die Musik spielt den Trauermarsch aus der Eroica. Wilhelm Knothe, der Sozial-

demokrat, spricht über die Verpflichtung der antifaschistischen Überlebenden, alles zurückzuweisen, das den Aufbau der Demokratie behindert. Der Kommunist Oskar Müller, ein Überlebender von Sachsenhausen und Dachau, ruft zur Einigkeit auf.

Und weiter Belfrage:

Von einem Briten in der Informationskontrolle habe ich wieder etwas gelernt. Wir tauschen unsere Meinungen über Enttäuschungen und Rückschläge aus. Er meinte, die wirklichen Gewinner des Krieges würden möglicherweise IG Farben, General Motors und Ford sein. „Mein persönlicher Leidensweg", sagte er, „begann, als Churchill die ELAS-Partisanen in Griechenland zusammenschießen ließ, die zu organisieren ich geholfen hatte."[10]

Auch wenn wir ähnliches spürten – unser Einsatz litt nicht darunter, vielleicht spornte es nur noch mehr an, alle Möglichkeiten zu nutzen, die wir nun zur Verfügung hatten. Aus Belfrages Gedanken spricht der engagierte Journalist, der mit Leib und Seele bei der Sache ist. Er notiert[11]:

29. Juli 1945 abends. Möge kein Zeitungsmann behaupten, daß er sein Geschäft versteht, wenn er nicht eine Zeitung mit 500 000 Auflage in einer zerstörten Stadt hat aufbauen können mit sieben Herausgebern, die politischen Parteien angehören, die einst einander bekämpften!

Ohne Telegraf, praktisch ohne Telefonverbindung, nur mit einem Halbdutzend Fahrzeugen aller Art kommt mit Ächzen und Krachen die Redaktion für lokale Nachrichten unter Carlebach ins Leben. Etzkorn redigiert Material fürs Feuilleton. Rodemann und Rudert bearbeiten internationale Nachrichten aus London, die über den amerikanischen Hellschreiber hereinkommen. Aus Knothes Büro, wo eine Gruppe von Sozialdemokraten diskutiert, schallt immer wieder das Wort „Demokratie" durch den Korridor. Grossmann hängt am Telefon und versucht, ein paar Nachrichten für den Sportteil zusammenzukriegen. Rudert hat den ersten Leitartikel über Demokratie geschrieben, und Gerst findet – während er gleichzeitig 50 verschiedene Verwaltungsaufgaben erledigt – die Zeit, um einen Artikel zu schreiben, der die neuen Gesetze über die Informationskontrolle erklären soll. Deutsche, die von Prügelknaben für SS-Peitschen in Träger von Autorität und Verantwortung verwandelt worden sind, laufen in wilder Hast durch die Büros.

Und nun begann es. Aufmacher der Nr. 2: Die Beschlüsse von Potsdam: Entmilitarisierung, völlige Austilgung der nationalsozialistischen Partei, Aufhebung aller NS-Gesetze, strenge Verfolgung aller Kriegsverbrecher, Zulassung aller demokratischen Parteien. Eine zentrale deutsche Regierung solle „vorläufig nicht" eingesetzt werden, wohl aber zunächst mehrere zentrale Verwaltungen für ganz Deutschland.

Daß wir zu diesen Beschlüssen standen, wurde später zum Konfliktstoff, als die USA beschlossen, sie nicht einzuhalten.

In dieser Nr. 2 der FR begann ich im Lokalteil mit einer Serie unter dem Titel „Deutschland so oder so?", in der ich jeweils einen Kriegsverbrecher und einen Gegner des NS-Regimes einander gegenüberstellte. Die Serie begann mit dem SA-Häuptling und Polizeipräsidenten unserer Stadt und dem Steinmetz Kindinger, der mich unter Lebensgefahr gerettet hatte:

„Ein nationaler Mann"

r.k. Herr Fritz Beckerle war ein großer Mann, Polizeipräsident von Frankfurt, Mitwirkender an der Geräuschkulisse — Reichstag genannt — schließlich auf dem Gipfel seines Lebens Gesandter in Sofia, behängt mit Orden und Bändern.

Im Trutz Nr. 12 lebte seit langen Jahren der Frauenarzt Dr. Osald Feis. Er war berühmt für seine Wohltätigkeit und seine Liebe zur Musik. Er pflegte arme Frauen kostenlos zu behandeln, gehörte dem Kuratorium des Hoch'schen Konservatoriums an und stiftete reiche Stipendien für Musikbeflissene. Im Trutz 12 gab es einen Musiksaal, in dem berühmte Künstler und Chöre Konzerte gaben. Es war ein glückliches Haus, ein Haus der Hilfe und der Kultur, alle guten Geister umschwebten es. Als es gebaut wurde, schrieb man das Jahr 1908.

Im Jahre 1932 verkehrte an einem Sachsenhäuser Stammtisch ein junger Mensch, der durch einen schäbigen Anzug und verworrene Reden auffiel. Seine Eltern hatten ihn, da er bei allem, was er seither betrieben hatte, gescheitert war, nach Südamerika geschickt. Aber auch Südamerika behagte dem jungen Herrn Beckerle nicht. Südamerika spie ihn wieder aus, es konnte ihn nicht gebrauchen. Der junge Mann fand zur SA. Er kletterte rasch. Zum ersten Male fühlte er sich. In den Tagen der „Machtergreifung" wurde er Frankfurts Polizeipräsident. Er hatte keine Ahnung vom Polizeidienst, indessen: er verfügte über einige Umgangsformen. Das Berufsbeamtentum sollte doch wiederhergestellt werden?! Ja, das war noch am 5. März so. Vom 6. März an wehte ein anderer Wind. Herr Beckerle stand am Beginn seiner Karriere. Wenn er mit seinem mächtigen Wagen durch den Westen fuhr — er war eitel wie ein Pfau — fiel ihm immer wieder ein Haus auf: Das Haus Trutz Nr. 12. Das Haus war ihm unerreichbar. Es hatte einmal 620 000 DM gekostet — es hatte ein Barockportal und Figuren aus dem Park von Veitshöchheim. Das Haus ging ihm nicht aus dem Sinn. Er zog Erkundigungen ein. Der Dr. Feis war Jude! Ah! Im November 1938 vertrieben die Progrome den Dr. Feis mit seiner Frau nach England. Das „dankbare" Frankfurt weinte ihm keine Träne nach. Das Ehepaar starb vor Jahresfrist. Herr Beckerle kaufte das Haus für 80 000 Mark. Der Besitzer hat nie etwas von dem Geld gesehen.

Ein Held ohne Ritterkreuz
E.C. Der Steinmetz Jakob Kindinger aus Bensheim an der Bergstraße muß wohl ein großer Verbrecher gewesen sein. Die Hitler-Regierung, die bekanntlich Deutschland mit so viel Erfolg zu Macht und Größe emporführte, hielt es für nötig, ihn ca. 10 Jahre lang als Volksfeind und Verräter einzukerkern; heute dient er bei der Polizei.

Seit geraumer Zeit war er bereits Blockältester der Baracke 56 im KZ Buchenwald. Da, am 4. April 1945, verlangte die Weimarer Gestapo die Auslieferung von 45 Schutzhäftlingen, die noch schnell erhängt werden sollten, da die Ankunft der amerikanischen Armee bevorstand. Mich selbst hatte der Rapportführer Hofschulte eigenhändig dieser Liste zugesetzt. Was tun? Sollten wir, in Reichweite der Befreier beinahe, uns noch dem Mordbefehl beugen? Ich rannte nach Block 56: „Jakob, sie suchen mich, ich soll umgelegt werden!" Ohne einen Moment auch nur zu zögern, zog mich Kindinger in den für ihn und seine Stubendienste abgeteilten Raum. Ich riß meine Kleider herunter und bekam andere, die als Verkleidung wirken sollten. Die Kameraden vom Stubendienst — russische Kriegsgefangene und französische Maquisards — halfen wortlos. Niemand kam auch nur auf den Gedanken, die Hilfe als zu gefährlich abzulehnen. Dann wurde eine kaum bemerkbare Falltüre geöffnet, durch die ich in den Schlamm unter dem Fußboden der Baracke verschwand. Beim Schließen der Öffnungen hörte ich Kindinger noch zu seinem Stubendienst sagen: „Wenn ein SS-Mann nachschauen will, schlag ihm ein Beil über den Schädel." Auf ähnliche Weise wurden allein in der Baracke, für die unser Landsmann verantwortlich war, weitere acht Kameraden verschiedener Nationalität versteckt. Die Leitung der Widerstandsbewegung Buchenwald hatte beschlossen, keinen der Gesuchten auszuliefern. Und ohne Wimpernzucken, ohne eine Frage nach der über ihn dadurch *heraufbeschworenen Gefahr setzte sich Jakob Kindinger für uns ein.*

Wie gesagt, er war nach Ansicht der damaligen Machthaber ein gemeingefährlicher Strolch, der strengstens von der „Volksgemeinschaft" isoliert werden mußte.

Ständen wir nicht besser da in der Welt, wenn der Durchschnitt unseres Volkes sich ebenso verhalten hätte?

Es sei ergänzt: Dieser Beckerle fiel in sowjetische Gefangenschaft, erhielt für seine Verbrechen 25 Jahre Freiheitsstrafe, wurde 1955 auf Intervention Adenauers vorzeitig entlassen und — zusammen mit anderen Kriegsverbrechern – vom Frankfurter Oberbürgermeister Kolb auf der Rathaustreppe feierlich als „Spätheimkehrer" mit Handschlag begrüßt und mit 6000 DM „Heimkehrerentschädigung" ausgestattet.

In dieser zweiten Ausgabe veröffentlichte Oskar Müller, ehemaliger KPD-Abgeordneter und bis 1933 Reichsleiter des „Kampfbundes gegen den Faschismus", die Schilderung der letzten Tage des KZ Dachau, dessen Lagerältester er gewesen war. Willy Knothe schrieb über die neuentstehenden Gewerkschaften unter der Überschrift „Motore des Friedens" u.a.:

„Eine der vordringlichsten Aufgaben wird sein, die Betriebe zu entnazifizieren ... jede nazistisch-militaristische Strömung im Betrieb bereits im Keim zu ersticken."

Nr. 3 vom 8. August: Botschaft General Eisenhowers an das deutsche Volk:

„Deutschland wird vollkommen entwaffnet – kurz, Deutschlands Macht zum Kriegführen wird zerstört werden... Ihr werdet Erlaubnis erhalten, lokale Gewerkschaften zu gründen... Die kommende Zeit wird eine Probezeit sein..."

Den Leitartikel dieser Ausgabe schrieb der künftige kommunistische Arbeitsminister Hessens, Oskar Müller. Er schloß mit der Aufforderung, daß „alle freiheitlichen, demokratischen und antifaschistischen Parteien sich zu einem Aufbaublock zusammenfinden und gemeinschaftlich ans Werk gehen.

Aufbau – darum ging es wirklich. Der anglo-amerikanische Bombenkrieg hatte auch in Frankfurt die Wohngebiete in Trümmer gelegt, während IG Farben und andere Konzerne fast unbeschädigt blieben. Die „Goldne Internationale" hatte, wie den Ersten, so auch den Zweiten Weltkrieg überstanden.

Eisenhower hatte von Gewerkschaften gesprochen, allerdings nur im lokalen Rahmen; die Amerikaner wollten sich die Kontrolle – vor allem die Auswahl der Personen, die sie für die Gründung von Organisationen „lizenzierten" – nicht aus der Hand nehmen lassen. Von der Gründung demokratischer Parteien war in der Erklärung des US-Befehlshabers überhaupt nicht die Rede, wohl aber in Oskar Müllers Artikel. Schon als mich eine Woche zuvor die OSS-Leute ausfragten, wollten sie meine Meinung dazu wissen, daß in der Ostzone die demokratischen Parteien – SPD, KDP, CDU und LDP – zugelassen worden waren. Hier begann auch in der US-Zone etwas, was den Amerikanern gar nicht recht war: Die Deutschen begannen sich zu rühren.

Die KPD, die trotz schrecklicher Menschenverluste den antifaschistischen Kampf nie eingestellt hatte, konnte nach dem Verschwinden der Gestapo in vielen Gebieten organisiert aus dem Untergrund heraustreten. Die SPD benötigte etwas länger, um sich zu sammeln. Die Auseinandersetzung um die SPD-Politik in der Zeit der Republik von Weimar spielte auch in Frankfurt eine Rolle. Die bereits erwähnte „Field Intelligence Study" berichtet:

„Die sozialdemokratischen Mitglieder der Antifa ... schlossen sich der heftigen Kritik an der ‚schwachen und bürokratischen' Führung der SPD vor 1933 ‚mit ihrem Haß auf die Kommunisten' an und sehen in sich eine neue Generation, die aus den Fehlern der SPD in der Vergangenheit gelernt habe".[12]

Knothe selbst vertrat ursprünglich die Ansicht, der Name SPD sei durch die Kapitulation vor dem Faschismus diskreditiert. In dem US-Bericht heißt es:

„Ende Mai begann Knothe formlos eine Gruppe zu organisieren, die er Union der Sozialisten nennt, eine politische Front mit Vertretern linker Splittergruppen und der SPD."[12]

Dies war wohl auch der Grund, warum Schumacher schnell in Frankfurt erschien. Er bot Knothe zunächst an, ihn zu seinem Stellvertreter zu machen, ein Angebot, das Knothe nicht ausschlug. Als dann die Dinge so liefen, wie Schumacher wollte, wurde Knothes Tätigkeitsbereich wieder auf Hessen beschränkt.

Die bürgerlichen Politiker konnten es nicht wagen, unter ihren alten Parteinamen wieder zu erscheinen. Sie hatten sich durch ihr Überlaufen zu den Nazis, durch ihr Mitläufertum und ihren Karrierismus so mit Schande bedeckt, daß sie nach neuen Aushängeschildern suchen mußten. So griffen sie – nach dem Vorbild aus der sowjetischen Besatzungszone. Statt der alten Zentrumspartei entstand nun die CDU, und was dort nicht unterschlüpfte, nannte sich LDP (Liberaldemokratische Partei).

Angesichts dieser Halblegalität der Parteien – sie bildeten sich mehr oder weniger sichtbar, durften aber offiziell nicht existieren – war die neue Zeitung ein, wenn nicht d a s Zentrum der parteipolitischen Aktivität. Die Zusammenarbeit zwischen Knothe und mir erleichterte naturgemäß auch das Zusammenkommen der sich bildenden Parteiführungen von SPD und KPD. Daraus entwickelte sich eine Zusammenarbeit, die trotz Schumachers Intervention und trotz des Drucks der US-Militärregierung bis Ende 1946 wirkte. Dieser Zusammenarbeit ist das Zustandekommen der Hessischen Landesverfassung zu danken.

Nach unserer Rückkehr aus Buchenwald waren aus dem KZ Dachau Kommunisten wie Oskar Müller und Ludwig (Luggi) Widmann gekommen, aus der Schweizer Emigration Walter Fisch, der schon 1932 zur Parteileitung in Hessen gehört hatte, und Leo Bauer, der aus Chemnitz stammte. Zusammen mit den „Buchenwaldern" Heiner Studer, Otto Roth und mir und zwei früheren Landesvorsitzenden der sozialdemokratischen Arbeiterjugend (SAJ), Emil Schmidt und Otto Weisspfennig, wurde dies der Kern der Landesleitung der KPD in Hessen. Schon im Sommer 1945 entstand auf Initiative von Walter Fisch der Einheitsausschuß SPD/KPD, der vorläufig im Haus der früheren Akademie der Arbeit im Zimmerweg zusammenkam. Dieses Haus hatte die Militärregierung treuhänderisch dem ehemaligen Gewerkschaftssekretär Willy Richter aus Darmstadt übergeben, der es uns zur Verfügung stellte.

Die Schaffung einer einheitlichen marxistischen Arbeiterpartei war nach damaliger Überzeugung der Sozialdemokraten wie der Kommunisten das gemeinsame Ziel. Die Fehler der Jahre vor 1933, die den Faschisten den Weg zur Macht ermöglicht hatten, durften sich nicht wiederholen. Die Zusammenarbeit im Einheitsausschuß führte im September 1945 zu der Vereinbarung, eine gemeinsame Erklärung in diesem Sinne abzufassen. Ihr Wortlaut:[13]

Die Kommunisten und Sozialdemokraten bilden die Aktionseinheit!
Am 3. September traten in Frankfurt am Main die Vertreter der Kommunistischen Partei Deutschlands und der Sozialdemokratischen Partei Deutschlands im Gebiet Frankfurt a.M. zu einer gemeinsamen Sitzung zusammen.

Als Vertreter der Kommunistischen Partei waren anwesend die Genossen: Walter Fisch, Oskar Müller, Ernst Eichelsdörfer, Emil Carlebach und Martin Kirsch.

Als Vertreter der Sozialdemokratischen Partei die Genossen: Willi Knothe, Rudolf

Die Kommunisten und Sozialdemokraten
bilden die Aktions-Einheit!

Am 3. September traten in Frankfurt am Main die Vertreter der Kommunistischen Partei Deutschlands und der Sozialdemokratischen Partei Deutschlands im Gebiet Frankfurt a. M. zu einer gemeinsamen Sitzung zusammen.

Als Vertreter der Kommunistischen Partei waren anwesend die Genossen:

Walter Fisch, Oskar Müller, Ernst Eichelsdörfer, Emil Carlebach und Martin Kirsch.

Als Vetreter der Sozialdemokratischen Partei, die Genossen:

Willi Knothe, Rudolf Meenzer, Franz Ullrich, Kurt Haenschler, Fritz Schäfer.

Die Aussprache bestätigt den schon bisher gezeigten Willen zur aufrichtigen Zusammenarbeit beider Parteien. Sie verlief im Geiste gegenseitigen Vertrauens.

Unter Wahrung der Selbständigkeit beider Parteien kamen die Vertreter überein, einen gemeinsamen Aktionsausschuß der beiden Leitungen zu schaffen, der aus je 5 Vertretern bestehen wird. Dieser Ausschuß wird ein Ausdruck der Aktionseinheit der Kommunistischen und der Sozialdemokratischen Partei sein und stellt sich folgende Aufgaben:

1. **Enge Zusammenarbeit bei der Durchführung der dringlichen Aktionsaufgaben zur Liquidierung der Überreste des Nazismus und zum Wiederaufbau des Landes auf einer festen demokratischen Grundlage. Als Voraussetzung hierfür wird der Aufbau einer Antifaschistischen demokratisch-parlamentarischen Republik betrachtet, die die Fehler und Schwächen der Vergangenheit vermeidet und dem schaffenden Volk alle demokratischen Rechte und Freiheiten sichert.**

2. **Es sind die erforderlichen Schritte zu unternehmen, um mit allen anderen antifaschistischen demokratischen Parteien Vereinbarungen über die Bildung eines festen antifaschistischen Blocks zu treten.**

3. **Gemeinsame Vertretung der Interessen des schaffenden Volkes in allen öffentlichen Institutionen, unter ihnen vor allem in den Organen der im Aufbau begriffenen kommunalen und provinzialen Selbstverwaltung, die sich mit dem Problem des demokratischen Aufbaus befassen.**

4. **Durchführung gemeinsamer Veranstaltungen beider Parteien, die sich mit den Problemen des demokratischen Aufbaus befassen.**

5. **Gemeinsame Beratung zur Klärung ideologischer Fragen.**

Die Vertreter beider Parteien bekunden ihren festen Willen, alles zu tun, um auf dem Wege kameradschaftlicher Zusammenarbeit in allen Fragen des antifaschistischen Kampfes und des Wiederaufbaus die Voraussetzungen für die politische Einheit des werktätigen Volkes zu schaffen.

Der gemeinsame Aktionsausschuß der Gebietsleitungen der Sozialdemokratischen und der Kommunistischen Partei fordert alle Organisationen beider Parteien auf, in ihrem Tätigkeitsbereich ebenfalls gemeinsame Ausschüsse zu schaffen und überall die Zusammenarbeit in der gleichen Weise herzustellen, wie dies in Frankfurt beschlossen wurde.

Frankfurt a. M., den 3. September 1945.

Kommunistische Partei Deutschlands, Frankfurt a. M.

Walter Fisch
Oskar Müller
Ernst Eichelsdörfer
Emil Carlebach
Martin Kirsch

Sozialdemokratische Partei Deutschlands, Frankfurt a. M.

Willi Knothe
Franz Ullrich
Rudolf Meenzer
Kurt Haenschler
Fritz Schäfer

Meenzer, Franz Ullrich, Kurt Haenschler, Fritz Schäfer.

Die Aussprache bestätigt den schon bisher gezeigten Willen zur aufrichtigen Zusammenarbeit beider Parteien. Sie verlief im Geiste gegenseitigen Vertrauens.

Unter Wahrung der Selbständigkeit beider Parteien kamen die Vertreter überein, einen gemeinsamen A k t i o n s a u s s c h u ß der beiden Leitungen zu schaffen, der aus je 5 Vertretern bestehen wird. Dieser Ausschuß wird ein Ausdruck der Aktionseinheit der Kommunistischen und der Sozialdemokratischen Partei sein und stellt sich folgende Aufgaben:

1. Enge Zusammenarbeit bei der Durchführung der dringlichen Aktionsaufgaben zur Liquidierung der Überreste des Nazismus und zum Wiederaufbau des Landes auf einer festen demokratischen Grundlage. Als Voraussetzung hierfür wird der Aufbau einer antifaschistischen demokratisch-parlamentarischen Republik betrachtet, die die Fehler und Schwächen der Vergangenheit vermeidet und dem schaffenden Volk alle demokratischen Rechte und Freiheiten sichert.

2. Es sind die erforderlichen Schritte zu unternehmen, um mit allen anderen antifaschistischen demokratischen Parteien Vereinbarungen über die Bildung eines festen antifaschistischen Blocks zu treffen.

3. Gemeinsame Vertretung der Interessen des schaffenden Volkes in allen öffentlichen Institutionen, unter ihnen vor allem in den Organen der im Aufbau begriffenen kommunalen und provinzialen Selbstverwaltung, die sich mit dem Problem des demokratischen Aufbaus befassen.

4. Durchführung gemeinsamer Veranstaltungen beider Parteien, die sich mit den Problemen des demokratischen Aufbaus befassen.

5. Gemeinsame Beratung zur Klärung ideologischer Fragen.

Die Vertreter beider Parteien bekunden ihren festen Willen, alles zu tun, um auf dem Wege kameradschaftlicher Zusammenarbeit in allen Fragen des antifaschistischen Kampfes und des Wiederaufbaus die Voraussetzungen für die politische Einheit des werktätigen Volkes zu schaffen.

Der gemeinsame Aktionsausschuß der Gebietsleitungen der Sozialdemokratischen und der Kommunistischen Partei fordert alle Organisationen beider Parteien auf, in ihrem Tätigkeitsbereich ebenfalls gemeinsame Ausschüsse zu schaffen und überall die Zusammenarbeit in der gleichen Weise herzustellen, wie dies in Frankfurt beschlossen wurde.

Frankfurt a.M., den 3. September 1945.

Kommunistische Partei
Deutschlands, Frankfurt a. M.
> *Walter Fisch*
> *Oskar Müller*
> *Ernst Eichelsdörfer*
> *Emil Carlebach*
> *Martin Kirsch*

Sozialdemokratische Partei
Deutschlands, Frankfurt a. M.
> *Willi Knothe*
> *Franz Ullrich*
> *Rudolf Meenzer*
> *Kurt Haenschler*
> *Fritz Schäfer*

Die SPD-Vertreter riskierten es unter dem Druck von Schumacher und der Amerikaner nicht, diesen Aufruf zu veröffentlichen. Andererseits aber vereinbarten sie alle Punkte des Aufrufs mit den Kommunisten – eine Zwiespältigkeit, die naturgemäß den rechten Kräften inner- und außerhalb der SPD die Spaltertätigkeit erleichterte.

Diese Zwiespältigkeit wurde mir noch bei einer anderen Gelegenheit offenbar. Eines Tages – die Sitzung des Ausschusses war beendet, es regnete, und außer mir war nur noch Willy Richter im Raum, der manchmal an den Beratungen teilnahm – sagte Richter, der gedankenverloren in den Regen hinausschaute, zu mir: „Weißt du, Carlebach, wenn die Amerikaner noch weiter die Bildung von Gewerkschaften nicht zulassen, dann gehe ich wieder in die Industrie. Dort habe ich sowieso immer mehr verdient."

Ich verkniff mir eine Antwort. Aber konnte man von einem solchen Kollegen erwarten, daß er in Zukunft konsequenter und mutiger handeln würde als 1933? Jedenfalls – Richter wurde nicht nur Vorsitzender des DGB in Hessen, sondern später auch Vorsitzender des DGB im Bundesmaßstab. Seine erste Sorge in Hessen war, den Namen der neuen Gewerkschaft von FDGB zunächst in FGB und dann in DGB umzuwandeln, um selbst eine äußerliche Gemeinsamkeit mit der Gewerkschaft jenseits der Elbe zu beseitigen, deren Namen man zunächst mit Selbstverständlichkeit übernommen hatte.

FR Nr. 4 vom 11. August: „Rußland erklärt Japan den Krieg", und: „Die Atombombe" lauten die Überschriften. Wir hatten pflichtgemäß den Text der vorgegebenen Agenturmeldungen übernommen, und ich muß gestehen, daß keinem von uns damals bewußt war, welcher Massenmord an Frauen und Kindern in Hiroshima stattgefunden hatte. Wir hatten noch die Bombenangriffe auf Hitler-Deutschland in Erinnerung, die erst einige Wochen zurücklagen, und glaubten, es sei etwas ähnliches, wenn auch wohl in gesteigerter Form, geschehen.

Eine Reihe kleinerer Meldungen aus dieser Ausgabe geben einen Eindruck von der damaligen Situation:

In München haben die Amerikaner 6000 Menschen freigelassen, die unschuldig eingesperrt waren.

Die vier Großmächte haben das Abkommen über die Einsetzung des Internationalen Tribunals gegen die Hauptkriegsverbrecher unterzeichnet.

In Belgien wurden 2117 Personen wegen Zusammenarbeit mit der NS-Besatzung zum Tode verurteilt.

Der Henker der Tschechoslowakei, Karl Hermann Frank, wurde den Gerichten der CSR übergeben.

Und aus Hessen bzw. Frankfurt:

Das erste öffentliche Konzert wird angekündigt.

Zulassungen für PKW können vorerst nicht weiter erteilt werden.

Das Landgericht ist wieder eröffnet worden.

In Groß–Gerau schlägt Landrat Hammann (ein Kommunist aus dem KZ Buchenwald) die Wahl eines Ernährungsausschusses vor.

Der Regierungspräsident von Darmstadt beruft den Lehrer Konrad von der Schmitt, der als Kommunist Berufsverbot hatte, zum Leiter des Kultur- und Schulwesens.

Unser Wille zur Zusammenarbeit

In dieser Ausgabe Nr. 4 begann auch die Serie, mit der die Herausgeber der FR ihre Position vor der gesamten Öffentlichkeit darstellen wollten; jeder einzeln, unter seinem Namen. Die Serie trug die Überschrift: „Unser Wille zur Zusammenarbeit" und begann mit folgendem redaktionellem Vorspann:

„Wir eröffnen mit dem nachfolgenden Aufsatz aus der Feder unseres Schriftleiters und derzeitigen Vorsitzenden der Herausgeberschaft der ‚Frankfurter Rundschau' eine grundsätzliche Aussprache, an der sich zunächst die übrigen Schriftleiter und Herausgeber unserer Zeitung beteiligen werden. Die Aussprache soll auch politisch führenden Persönlichkeiten offenstehen, die sich daran zu beteiligen wünschen und die wir darum bitten werden."

Gerst schrieb unter dem Motto „Ich spreche als Katholik":

Von hoher kirchlicher Stelle, deren Inhaber ich auch persönlich sehr hochschätze, erhielt ich kürzlich eine Zuschrift, in der in bezug auf meine Berufung in die Leitung der „Frankfurter Rundschau" u. a. ausgeführt wurde:

„Ein überzeugter Katholik und gewissenhafter Sohn seiner Kirche kann an einer Zeitung, deren Schriftleitung sich aus Männern von sehr entgegengesetzter Weltanschauung zusammensetzt, nur mitarbeiten, wenn

1. das Christentum nicht in seiner göttlichen Einsetzung bekämpft wird,

2. wenn die katholische Glaubens- und Sittenlehre nicht verletzt wird."

Ich habe darauf geantwortet:

„Was Sie hier aussprechen, ist der unwandelbare Standpunkt des kirchlichen Lehr- und Hirtenamtes. Dieser Standpunkt ist für mich im Gewissen bindend. Bei einer Zeitung, bei der ich an mitverantwortlicher Stelle stehe, wird weder das eine noch das andere geschehen. Das sage ich nicht, weil ich die Macht hätte, solches zu verhindern, wenn es gewollt wäre, sondern weil ich weiß, daß kein Mitglied unseres für die ‚Frankfurter Rundschau' verantwortlichen Kreises solches will. Wäre es anders, ich würde diesem Kollegium überhaupt nicht angehören.

Die Forderung, die Sie in Ihrem Schreiben an mich als Vertreter des kirchlichen Lehr- und Hirtenamtes an mich richten, stammt nicht von heute. Sie galt mit der gleichen Kompromißlosigkeit auch in den Jahren der Naziherrschaft. Deshalb erhebe ich die Frage: ‚Ist dieselbe Erinnerung seinerzeit auch an jene Katholiken gerichtet worden, die nach dem Jahr 1935 noch an Nazi-Zeitungen mitarbeiteten?' (...)

Dieser Tage wurde ich gefragt: ‚Wenn Ihnen angeboten würde, die Lizenz als Mitschriftleiter der „Frankfurter Rundschau" mit einer Lizenz für eine katholische politische Zeitung zu vertauschen, wie würden Sie sich entscheiden?' Ich antwortete: „Ich würde um eine Bedenkzeit von 48 Stunden bitten. In diesen 48 Stunden würde ich mir Tag und Nacht ausmalen, wie herrlich schön eine solche Zeitung wäre und – für mich – wie bequem. Ich könnte hineinschreiben und darin abdrucken, was ich wollte. Ich könnte meine politischen und kulturellen Ideen freien Lauf lassen. Nach

48 Stunden würde ich zu Ihnen kommen und sagen: Nein, ich will einer der sieben Lizentiaten der ‚Frankfurter Rundschau' bleiben. Und wenn Sie mich fragen, warum wollen Sie das so, würde ich antworten: In einer eigenen katholischen Zeitung könnte ich unentwegt und mit begeisterten Worten von der Pflicht zur Zusammenarbeit aller positiven Kräfte unseres Volkes reden, aber hier in der ‚Frankfurter Rundschau' muß ich diese Zusammenarbeit täglich erfüllen. Und das allein gilt."

In den drei Monaten, die ich nun wieder in meiner Vaterstadt Frankfurt a.M. und in Freiheit bin, habe ich mit gespannter Aufmerksamkeit alle Bemühungen verfolgt, an die Stelle der alten Parteien, die es vor 1933 gab, neue politische Willensträger zu setzen, besser gesagt, die Parteienbildung in kleinen Zirkeln vorzubereiten. In den Kreisen der früheren sozialdemokratischen und jenen der kommunistischen Partei hatte man sich bald auf einer neuen Linie befunden und den Willen zu Zusammenarbeit mit den außerdem noch vorhandenen antifaschistischen Kreisen eindeutig und überzeugend bekundet. In anderen Kreisen aber, einschließlich der früheren Zentrumspartei, herrscht Unschlüssigkeit. Man überlegt und probiert die verschiedensten politischen Kombinationen und findet zu keiner großzügigen Konzeption der gegenwärtigen und einzigen politischen Aufgabe, nämlich der Zusammenarbeit. Viele, die Zusammenarbeit sagen, meinen nur Koalition, Koalition nach altem parlamentarischen Muster, oder sie meinen Zusammenarbeit auf Kündigung, Zusammenarbeit, weil es im Augenblick und unter den Augen der Besatzungsmacht vermeintlich nicht anders geht. Das aber ist eine Verkennung oder gar ein Mißbrauch des Begriffs Zusammenarbeit.

Wo eine Zusammenarbeit wirklich gewollt ist und erfüllt werden soll, muß eine gemeinsame Grundlage vorhanden sein. Wenn ich als Katholik und gleich mir viele Katholiken sich die Frage nach der gemeinsamen Grundlage mit Sozialisten und Kommunisten vorlege – bei den evangelischen Christen ist die Fragestellung die gleiche – so erscheint sie mir in drei Punkten gegeben:

1. in einer gemeinsamen antifaschistischen und antimilitaristischen Haltung,

2. in dem gemeinsamen und bedingungslosen Bekenntnis zur Demokratie,

3. in der gemeinsamen Forderung nach Wirtschaftsformen, in denen einzig das Wohl des Volkes, ohne Rücksicht auf kapitalistische Interessen maßgebend ist.

Jene Katholiken, für die ich zu sprechen berechtigt bin, empfinden diese Grundsätze keineswegs und irgendwie in einem Widerspruch zur katholischen Glaubens- und Sittenlehre. Die Vertreter der anderen Gruppen sind aus anderen geistigen Räumen, auf Grund anderer Theorien oder Lehren, die wir nicht teilen, zu den gleichen Ergebnissen gekommen. Nicht der Weg, den diese oder jene Gruppe bisher zurückgelegt hat, geht uns in dieser Stunde an. Wir sind keine Historiker, wir sind Politiker. Wir sprechen nicht von dem, was gestern war, sondern von dem, was heute ist und was morgen sein soll. Der Punkt, an dem wir heute stehen, auf dem wir uns getroffen haben und in dem wir die gemeinsame Grundlage erkennen, ist entscheidend. Er bestimmt unsere politische Konzeption, und diese heißt:

Zusammenarbeit aller Antifaschisten, Zusammenarbeit mit den Sozialisten aller Gruppen, also auch mit Kommunisten.

Mit meiner politischen Haltung werde ich nicht auf die Zustimmung oder gar auf die Gefolgschaft jener Kreise – auch innerhalb der Katholiken – rechnen können, die in irgendeiner Weise noch von der Nazipropaganda infiziert sind. Diese Kreise können aber auch nicht die Träger des neuen politischen Willens sein. Diesen in der Vergangenheit Befangenen, durch die Vergangenheit Gehemmten oder auch durch die Vergangenheit zur politischen Schau unfähig Gewordenen setzen wir mit unserem groß gedachten Programm der Zusammenarbeit ein neues politisches Wollen entgegen. Es bedrückt uns, daß wir Katholiken der älteren Generation zur Stunde allein die Träger und Verkünder dieses Programms sein müssen, da die Mehrzahl der Männer der jungen Generation in den letzten zwölf Jahren nicht dazu geführt werden konnte, aus eigener Schau und eigenem Erleben zu einer solchen Konzeption zu kommen. Wir wollen und müssen ihre Lehrmeister und Erwecker sein, damit sie das politische Programm, das wir aufstellen, zu dem ihrigen machen, es aufgreifen und vollenden.

Unsere Ziele sind einfach und klar:

Wir wollen ein deutsches Volk, das nicht durch Parteien zerrissen, sondern nach Parteien gegliedert in der Demokratie geeint ist.

Wir wollen ein deutsches Volk, das sich Wirtschaftsformen schafft, in denen kapitalistischer Egoismus nicht mehr durchbrechen kann und ein nach Überwindung der gegenwärtigen Notzeit entstehender Wohlstand allen gleichmäßig zugute kommt.

Wir wollen ein deutsches Volk, das den Sinn des Lebens in der Erfüllung seiner geistigen Aufgaben sieht und diesem geistigen Leben alles andere unterordnet.

Mein persönlicher Glaube ist, daß nach Erfüllung dieses politischen Programms es im deutschen Volke keinen Antiklerikalismus mehr geben wird, weil die gegenseitige Achtung und das gegenseitige Vertrauen jede Voraussetzung dafür beseitigen. Ich glaube weiter, daß nur in einem Volke, das seine Wirtschaft und sein soziales Leben in solcher Art geordnet hat, die Möglichkeiten für ein wirklich religiöses Leben gegeben sind und die Kirche ihren göttlichen Auftrag an allen Menschen ungehindert erfüllen kann, die sich ihrer Führung anvertrauen und sich zu ihren Lehren bekennen.

Die nächsten Ausgaben meldeten, worauf wir alle solange hatten warten müssen:

„Der zweite Weltkrieg ist zu Ende!" (Japan kapituliert).

„Die ganze Welt feiert den Frieden".

„Der Schlußakt in Fernost".

In der Nr. 6 wurde unsere Serie fortgesetzt, diesmal schrieb Rodemann. Unter der gemeinsamen Überschrift „Unser Wille zur Zusammenarbeit" führte er u.a. aus:

Bei dem Vielparteiensystem der Vergangenheit ging das Verständnis für die historische Bedeutung der Parteien völlig verloren, insbesondere durch das Herausstellen der reinen Interessenpolitik der bürgerlichen Parteien. Die Parteipolitik wurde umgebogen in vorgespiegelte Illusionen (z. B. Steuerfreiheit, Kreditgewährungen), die den Splitter- und Interessenparteien lediglich zum Stimmenfang dienten, aber nie in Erfüllung gehen konnten. Durch die Propaganda der Nationalsozialisten wurde diese Form noch übersteigert, der politische Sinn des ganzen Volkes vergiftet und nur diejenigen konnten davon nicht angegriffen werden, die in fester Überzeugung zu ihren Parteien standen.

Besonders die bürgerlichen Parteien wurden von diesem Gift völlig zersetzt, minder angegriffen, geschwächt wurde das Zentrum, die Staatspartei fast aufgerieben, stark blieben noch SPD und KPD, aber nicht so stark, zudem noch uneins, um dem terroristischen Sturm standzuhalten.

Gewiß gibt es nun heute immer noch Zweifler, die an die Möglichkeit einer Zusammenarbeit der vier demokratischen Parteien nicht glauben wollen, und zwar in allen vier Parteien. Diesen Zweiflern das Mißtrauen zu nehmen und sie von der Möglichkeit der Zusammenarbeit zu überzeugen, kann nur geschehen durch ein offenes Bekenntnis der Parteien und klar widerspruchslose Darlegung ihrer Zielstrebung. Nicht aber Koalitionen, geleimt von Kompromissen, oder ein Kuhhandel um

Frankfurter Rundschau

Herausgegeben und Verlag der „Frankfurter Rundschau", Frankfurt a. M.

Veröffentlicht unter Lizenz Nr. 2 der Nachrichtenkontrolle der Militärregierung

Jahrgang I, Nummer 8   Samstag, den 18. August 1945   Einzelpreis: RM 0.20

Die ganze Welt feiert den Frieden

Nach sechs langen Jahren ...

LONDON, 17. August (APD). Japan ist bedingungslos kapituliert. Dies wurde in der Nacht von Dienstag auf Mittwoch gleichzeitig in Washington, London und Tschungking bekanntgegeben.

General Douglas MacArthur (rechts) und Vizeadmiral Thomas C. Kinkaid (links)

Neue Regierung in Japan

Unterzeichnung verzögert

Freudenkundgebungen überall

LONDON, 17. August (APD). In den vermeintlichen Sieges- und Friedenstaumel der Kapitulation Japans.

JERUSALEM

MOSKAU

KAPSTADT

PARIS

ROM

DELHI

Nur in Lissabon

Thronrede des englischen Königs

Schluß mit allen Kriegen! — Das Regierungsprogramm des Kabinetts der britischen Arbeiterpartei

LONDON, 17. August (APD). In der heutigen Thronrede vor beiden Häusern des Parlaments.

Attlee und Churchill

sprechen über die kommenden Aufgaben des Wiederaufbaus

LONDON, 17. August (APD). Die Probleme des Wiederaufbaus in England und in der Welt.

Ohne Koalition Arbeitslosigkeit grundsätzlich

Freiheit und Fair Play

Pétains letzte Worte an seine Richter

Todesurteil gefällt!

PARIS, 17. August (APD). Der Hohegerichtshof verurteilte Marschall Pétain zum Tode.

Präsident Tschiang Kai-schek

Demokratien ohne Führer!

PARIS, 17. August (APD).

Freispruch

LONDON, 17. August (APD).

Generalfeldmarschall Marcel

Funkmeldungen

WASHINGTON, 17. August (APD).

NEW YORK, 17. August (APD).

HELSINKI, 17. August (APD).

WASHINGTON, 17. August (APD).

BRÜSSEL, 17. August (APD).

MELBOURNE, 17. August (APD).

MOSKAU, 17. August (APD).

BASEL, 17. August (APD).

MÜNCHEN, 17. August (APD).

BELGRAD, 17. August (APD).

Letzte Nachrichten

Französische Besetzung der Berliner Zone

BERLIN, 17. August (APD).

Der „Anschlußgedanke"

INNSBRUCK, 17. August (APD).

Salzbergwerke arbeiten wieder

AUSSIGEN, 17. August (APD).

Griechische Regierung umgebildet

ATHEN, 17. August (APD).

Beschlagnahmtes Nazi-Vermögen

BERCHTESGADEN, 17. August (APD).

Erdöl im Hohen Norden

NEW YORK, 17. August (APD).

parteipolitische Prestigefragen können eine ersprießliche Zusammenarbeit ermögli-chen.

Am 22. August meldet die FR auf Seite 1, daß Oberbürgermeister Dr. Blaum in sein Amt eingeführt wurde. Hollbach war entlassen, die Amerikaner hatten endlich begriffen, was für einen „Nicht-Pg" sie da ernannt hatte. Aber – Blaum war nicht anders. Auch er „Nichtparteimitglied", aber: Kontrolloffizier der Wehrmacht für die Rüstungsproduktion des Klöckner-Konzerns – man konnte sich an den Kopf fassen! Als Mitarbeiter schleppte er ein Fossil aus der Kaiser-zeit heran: Exzellenz von Schwander, ehedem Gouverneur des Kaiserreichs im okkupierten Elsaß-Lothringen.

Die Auseinandersetzungen ließen nicht lange auf sich warten. Sie erhielten ih-ren besonderen Charakter dadurch, daß sie auch die Militärregierung betrafen. Denn hinter uns stand ICD, hinter Blaum der Stadtkommandant Major (später Colonel) Sheehan. Aber es gab auch einen Lichtblick: Polizeipräsident wurde der Sozialdemokrat Weyand, ein Mann, der schon 1920 im Ruhrgebiet auf der Seite der kämpfenden Arbeiter gegen die faschistischen „Freikorps" gestanden hatte.

Vieles, was damals geschah, ist in den Spalten der FR nicht zu finden, denn es berührte zu eng die Interessen der Militärregierung. Wie kam Weyand ins Amt? Sein Vorgänger, Polizeipräsident Schwalm, von CIC eingesetzt, sollte – so trug man mir zu – ein Nazi sein. Durfte ich das melden? Ich ging mit der Frage zu Belfrage. Der sagte mir, wie man das macht: „Fragen Sie ihn doch, ob das stimmt."

Ich hängte mich ans Telefon, verlangte den Herrn Präsidenten: „Stimmt es, daß Sie Mitglied der NSDAP gewesen sind?" Er knallte den Hörer auf die Ga-bel. Eine Viertelstunde später stand der CIC-Chef, ein Mr. Ihlefield, in meinem Büro, um mich zu verhaften. Belfrage ging dazwischen. Es war ein Bild für Göt-ter: Zwei US-Offiziere in Uniform in heftigem Streit, hinter jedem ein Deut-scher, dort der Faschist, hier der KZler.

Der CIC-Mann verlor die Auseinandersetzung, Schwalm verschwand in der Versenkung, Weyand wurde Präsident. Sein erster Besuch galt mir, aber auch er blieb nicht lange. Linke Sozialdemokraten waren weder bei Schumacher noch bei den Amerikanern beliebt.

Die Amerikaner! Manchmal hätte man brüllen können. Major Sheehan mußte langsam die Zulassung der demokratischen Parteien vorbereiten. So bestellte er auch einige Kommunisten zu sich, um sich über die KPD zu informieren. Walter Fisch, Oskar Müller und ich erschienen also bei dem Offizier, der von Schwarz-handel mehr wußte als von Politik. Walter Fisch schilderte Entstehung und Ent-wicklung der KPD, von dem historischen Nein Karl Liebknechts gegen den Er-sten Weltkrieg bis zu unserem Kampf gegen Hitler und seinen Krieg. Sheehan war völlig überrascht. Wir konnten uns vorstellen, was er bisher von „Kommu-nismus" gehört und gelesen hatte. „Es wäre für Deutschland besser gewesen, wenn es mehr Karl Liebknechts gegeben hätte", sagte er bei der Verabschiedung. (Glaube aber niemand, daß er in diesem Sinn gehandelt hätte.)

In diese Zeit fällt noch ein anderer Vorgang, der nicht in der Zeitung stand. Auf Vorschlag von Walter Fisch ergriff der Einheitsausschuß SPD/KPD die In-itiative zur Bildung eines Gremiums der vier demokratischen Parteien (die es le-gal noch gar nicht gab). Für die kommende CDU traten der 80jährige katholi-sche Stadtpfarrer Herr und ein junger Mann namens Schmitt auf, der sich als

„Persönlicher Beauftragter des Bischofs von Limburg" vorstellte, eine Angabe, die unter den damaligen Verhältnissen niemand überprüfen konnte. Für die kommende LDP fungierten Prof. Ernst Beutler, Direktor des Goethe-Hauses, und der Fabrikant Fertsch. Wir tagten „konspirativ" in der Stiftstraße, im Hause des Katholischen Gesellenvereins, das uns der Stadtpfarrer zur Verfügung stellte. Dieser Vierparteienausschuß entsprach in seiner Zusammensetzung den Ausschüssen des „Antifaschistisch-demokratischen Blocks" in der Ostzone, was wir alle durchaus wollten. Die Verteufelung solcher Zusammenarbeit kam erst später.

Unsere Sitzungen verliefen meist derart, daß Walter Fisch, zweifellos der Fähigste in der Runde, einen Vorschlag machte, dem Knothe und seine sozialdemokratischen Freunde zustimmten. Pfarrer Herr aber hörte schlecht. Darum erhob sich der „Beauftragte des Bischofs" und brüllte in das Widderhorn, das Herr als Hörrohr benutzte, jedes Wort einzeln skandierend: „Der – Herr – Bischof ist auch dieser Meinung." Wir anderen nahmen das zunächst mit Erstaunen, dann mit Humor zur Kenntnis. Dem Herrn Pfarrer aber genügte es: die CDU stimmte zu. Und ihr schloß sich die LDP an ...

(Dieser Herr Schmitt machte dann übrigens einen bemerkenswerten Weg durch die Politik. Als er glaubte, daß die SPD Oberwasser erhalten würde, ließ er den „Beauftragten des Bischofs" fallen und ging als frischgebackener Sozialdemokrat ins hessische Innenministerium. Und dann begab er sich, auf dem Weg nach Bonn, auf den äußersten rechten Flügel der SPD: dem Bundestags-Vizepräsidenten Schmitt-Vockenhausen hätte niemand zugetraut, wie „links" er 1945 im Vierparteienausschuß aufgetreten war. Von links unten nach rechts oben – ein Weg, den viele Karrieristen gegangen sind. Und gehen.)

25. August 1945, Carlebach schreibt in der „Zusammenarbeits"-Serie unter dem Titel „Der Weg zur nationalen Freiheit":

... ist es möglich, Kommunisten und Sozialdemokraten, Katholiken und bürgerliche Demokraten unter einen Hut zu bringen? Ist es möglich, eine friedliche Zusammenarbeit der Völker zu erreichen? Man hat uns doch nach der Lehre erzogen, daß es „immer Kriege gegeben hat und immer Kriege geben wird".

Ich spreche auf Grund der Erfahrungen, die wir in jahrelanger Arbeit in der Hölle von Buchenwald gemacht haben. Ich spreche als Sohn bürgerlicher Eltern, der heute zum Kommunismus steht. (...)

Wenn im Konzentrationslager Buchenwald die Zahl der Opfer der SS sich „nur" auf 51 000 beläuft, so betonen wir mit Stolz, daß das nicht zum wenigsten die Folge des jahrelangen, unermüdlichen, durch Sabotage im dunkeln geführten Kampfes gegen die Befehle und gegen die Lagerordnung der Naziführer gewesen ist. Wenn vom 4. April 1945 ab das Lager eine Woche lang durch passive Resistenz die Auslieferung von 3000 jüdischen Kameraden aller Nationen verweigerte, die zwischen den übrigen versteckt wurden, ohne daß sich auch nur ein Verräter fand, so beweist dies die erfolgreiche Abwehr des faschistischen Rassenwahns. Und wenn am 11. April die amerikanischen Panzer nicht eine Masse demoralisierter Kretins vorfanden, sondern ein Lager, dessen kampffähige Insassen durch einen lange vorbereiteten Aufstand den Stacheldraht zerstört hatten und mit der Waffe in der Hand im Umkreis von drei Kilometern ihre halbverhungerten Kameraden vor der etwaigen Rückkunft der SS sicherten, und wenn darüber hinaus in dieser Belegschaft von 21 000 Befreiten neben dem Franzosen und Holländer, dem Österreicher oder Russen der deutsche Antifaschist gleichberechtigt und geachtet, ja sogar größtenteils in führender Funktion stand, obwohl doch für alle diese Tausende von Ausländern „der Deutsche" es war, der ihr Haus zerstört, ihr Kind gemordet, ihre Nation versklavt hatte, so war dies die Frucht einer Zusammenarbeit, in der sich erwies, daß *wir* den deutschen Namen und gute deutsche Art hochgehalten hatten und nicht der Tyrann vom Obersalzberg.

Die Arbeiterparteien haben weitestgehend bereits die Lehren gezogen. Die kommenden großen Massenorganisationen: Gewerkschaften, Jugend, Sport etc. werden gemeinsam aufgebaut werden. Die noch vorhandenen Meinungsverschiedenheiten werden in kameradschaftlicher Aussprache behandelt und überwunden. Aber wir können die uns hinterlassenen Zerstörungen nur überwinden, wenn sich darüber hinaus alle ehrlichen Demokraten an dieser Einheitsfront beteiligen. (. . .)

So wird sich in Deutschland e i n e n e u e D e m o k r a t i e entwickeln, die nicht eine Staatsform nach Weimarer Muster sein darf –, deren Macht da endete, wo sie in Konflikt mit der feudalen und vertrusteten Reaktion, mit den Klöckner und Thyssen, den IG-Farben oder den Ostelbiern geriet –, sondern eine wirkliche V o l k s - h e r r s c h a f t , in deren Rahmen der Privatbesitz nur so viel Macht und Einfluß haben darf, daß er die Auswirkung des demokratischen Volkswillens nicht behindern kann.

Dann wird die deutsche Nation in freier Entscheidung ihr weiteres Schicksal selbst bestimmen i m R a h m e n d e r Z u s a m m e n a r b e i t m i t d e n f r i e d - l i e b e n d e n V ö l k e r n d e r W e l t .

5. September, Nr. 11, Knothes Bekenntnis zur Zusammenarbeit:

Wir aber haben uns zu einer Schicksals- und Arbeitsgemeinschaft zusammengefunden, die es sich zur Aufgabe gestellt hat, die Mühen und Lasten, die mit dem Aufbau unseres Landes verbunden sind, auf ihre Schultern zu nehmen. Wir wissen, daß wir ein furchtbares Erbe übernommen haben, und sind von der Erkenntnis durchdrungen, daß es wiederum n u r Tatmenschen sein können, die die Konkursmasse Hitlers zu liquidieren in der Lage sind. Unser gemeinsamer Weg führt über den Trümmerhaufen Deutschland zu dem Aufbau eines neuen demokratischen Staates (. . .)

Ist es denn etwas absolut Neues, so Außergewöhnliches, daß wir es immer wieder betonen müssen und noch erhärten, daß wir, die wir aus verschiedenen politischen Lagern stammen, einträchtig zusammenarbeiten? Tun w i r das denn erst jetzt, seit wir uns in der „Frankfurter Rundschau" zusammengefunden haben? Haben wir uns wirklich erst jetzt zu einer Einheit zusammengetan, erst jetzt eine Schicksals- und Kampfgemeinschaft gebildet? Nein! Diese antinazistische Einheit wurde geboren schon 1933, nach Hitlers Machtübernahme.

Sie war und konnte damals kein Machtfaktor sein und werden, aber sie war vorhanden. Es waren Männer und Frauen d e r Kreise, die sich jetzt trotz ideologischer Gegensätze noch enger zusammengefunden haben, um gemeinsam den Aufbau Deutschlands zu betreiben: Menschen, die vor Hitlers Ende in der Illegalität wirksam gewesen sind.

Es war die K o a l i t i o n d e r V e r s c h w o r e n e n ; waren die Menschen, die zuerst noch parteigemäß gebunden gegen das Hitlerregime ankämpften, um später an Widerstandsbewegungen teilzunehmen, die sich aus den verschiedenen Schichten der Bevölkerung zusammensetzten. Kommunisten, Sozialdemokraten und politisch linksgerichtete bürgerliche Männer und Frauen waren es, die im stillen zähen Kampfe gegen die zusammengeballte Kraft des Nazismus standen. Sie alle wußten, daß es dabei um ihre Freiheit, ja um ihr Leben ging. (. . .)

Heute steht vor uns in riesigen Lettern das Menetekel der Zukunft! Dieses „Ich *warne euch" gilt uns allen! Es gilt dem ganzen deutschen Volke. Wir wissen, daß sich die Nazisten in den Trümmern ihrer Politik bereits wieder zu konservieren versuchen, daß sie glauben, „mit einem blauen Auge" davonzukommen. Sie spekulieren auf die möglicherweise überspitzte Anwendung des demokratischen Humanismus. Die Reaktion räuspert sich und sucht nach irgendeinem politischen Schlupfwinkel. Sie sitzen noch hier und sitzen noch dort, sei es in der Verwaltung oder in der Wirtschaft und grinsen insgeheim, wenn andere den durch ihre Politik verursachten Schutt hinwegräumen. Immer noch haben sie ihre Gönner, diese „armen" Menschen. Und sie träumen davon, daß die Zeit die Spuren des Nazismus hinwegschwemmt, daß das Volk bald vergessen haben wird.*

Die Geburtsstunde der neuen deutschen demokratischen Gestaltung käme ihrer Todesstunde gleich, würde sie nicht stark und hart werden in ihrem Wollen.

So stehen und arbeiten wir zusammen, trotz allem, was uns noch trennen mag. Wenn auch die Parteien getrennt marschieren, sie werden aber geeint zu schlagen wissen und im kommenden politischen Kampfe so schlagen, daß den Nazisten und Reaktionären Hören und Sehen vergeht. Wir kennen nur e i n Gebot: alle Kraft für den Aufbau unseres zerschlagenen Deutschlands und der Welt, die Hitler verwüstete, konzentrisch geeint zur Sicherung der Demokratie. Wer sich diesem unserem geeinten Willen entgegenstellt, ist unser Feind.

Nr. 12, 8. September, Etzkorn. Er verstand es, das Thema umzufunktionieren:

Viele Künstler und Wissenschaftler haben dem Nationalsozialismus Konzessionen gemacht, auch wenn sie im Herzen nicht das geringste mit dieser, jeder Freiheit feindlichen Bewegung zu tun hatten. Diese Feststellungen ergeben jedoch Konsequenzen. Neben der persönlichen Seite dieser Angelegenheit steht die politische. Da ist der Wissenschaftler neben dem Künstler, der die Öffentlichkeit, vor allem die Jugend in einem offensichtlich nationalsozialistischen Sinn beeinflußte, obwohl es nicht gewollt war. Was aus dieser Haltung geworden ist, weiß jeder: Es wurde praktisch mehr als eine Tolerierung des Nationalsozialismus daraus, auch wenn der Eintritt in die Partei vermieden wurde (...)

Millionen Jugendlicher haben in diesen Männern Idealisten gesehen – soll man ihnen heute begreiflich machen, es war alles nur eine Verbeugung gewesen? Glaubt man, daß es heute keine Ideale mehr gibt? Wie kann ein junger Mensch Professoren achten, die gestern „Hosianna" und heute „Kreuziget ihn" predigen?

Es ist gewiß bitter für viele, die diesen Tag des Zusammenbruchs der Diktatur mit allen Fasern des Herzens herbeigesehnt haben und nun, da dieses Joch zerbrochen ist, abseits bleiben müssen. Ungerechtigkeiten wird es auch hier geben. Maler, Bildhauer, Musiker konnten sich absolut apolitisch betätigen, schwieriger hatten es Schriftsteller, Textdichter, Intendanten: auf dem Gebiet der Wissenschaft konnte der Ägyptologe auf seinem Gebiet im alten Gleise weiterarbeiten – wie aber der Volkswirtschaftler, der Pädagoge? Sie alle, die heute belastet vor der Öffentlichkeit stehen, haben 1933 die Konsequenzen vermieden – sie müssen, so bitter es auch ist, diese heute gegenüber der Öffentlichkeit ziehen.
Hier rufen wir trotzdem zur Zusammenarbeit auf. Es soll sich jeder ernstlich prüfen, ob er berufen ist, weiter in der Öffentlichkeit zu wirken – er muß prüfen, ob seine wohlgemeinten Arbeiten nicht mehr Schaden als Nutzen stiften, weil sie ohne überzeugende Kraft geboren werden, weil das gestern Geschriebene noch zu frisch, noch zu fest in der Erinnerung der Öffentlichkeit haftet.

22. September, Nr. 16, Otto Grossmann: „Zusammenarbeit auch im Sport":

Ein Kreis von Männern aus dem ehemaligen Arbeiter-Turn- und Sportbund, den früheren Vereinen des Reichsausschusses für Leibesübungen und der Deutschen Jugendkraft fand sich zusammen, um das sportliche Leben in Frankfurt zu neuem Leben zu erwecken. In ständiger Fühlungnahme mit Vertretern aller Sportarten kamen sie zu dem Entschluß, in den einzelnen Stadtbezirken die Sportler zusammenzurufen und ihnen ihre Ideen vorzutragen (...)

Heute ist kein Raum mehr für kleinliche Vereinsmeierei. Wäre sie doch schließlich nur der Nährboden für faschistisch-militaristische Elemente, die in der unüberblickbaren Zahl von Vereinen hier und dort einen Unterschlupf fänden. Aus der neuen Sportbewegung aber wird jeder militärische Drill, jedes Kriegsspielen verbannt sein

Vereint werden die vorbildliche Breitenwirkung und Erziehungsarbeit des Arbeiter-Turn- und Sportbundes mit den Erfahrungen der bürgerlichen Verbände auf dem Gebiet der Spitzenleistungen und internationalen Beziehungen. Das ernsthafte Streben der DJK auf dem Gebiete der Jugenderziehung wird zusammen mit den anderen Gruppen etwas Vorbildliches darstellen. Dem Wettkampf soll derselbe Raum gegeben werden wie früher, auf größerer Basis wird sich sogar eine bessere Auswahl der Begabten ergeben. Sportlehrgänge und gemeinsame Übungsstätten stehen nunmehr allen offen (...)

Die Frankfurter Sportler sehen in dem Begriff Sportgemeinschaft weniger einen neuen Namen als ein Programm. Dieses Programm heißt, sich zusammenzusetzen, woher wir auch kommen mögen; das, was uns bisher getrennt hat, beseitezuschieben und an das Gemeinsame zu denken, das die Arbeiter wie die bürgerlichen und katholischen Sportler verbindet. Es ist der wahrhaft demokratische Sport, in dessen Haus sich alle heimisch fühlen.

Inzwischen wurde immer deutlicher, daß die Politik der Besatzung und der von ihr eingesetzten „Nichtnazis" und „unentbehrlichen Fachleute" ganz andere Ergebnisse zeitigte, als behauptet. Schon in Nr. 19 vom 29. August druckte die FR auf der ersten Seite zweispaltig Zuschriften ab: „KZ-Häftlinge darben weiter" und: „Keine Wintermäntel". Wir brachten dazu auf Seite 2 einen Leitartikel, der „Entnazifizierung" und „Wiedergutmachung" kritisierte. Die Militärregierung zu kritisieren war verboten, also kritisierten wir den von ihr eingesetzten OB Blaum und seine Leute:

Wir spüren jedenfalls Sand im Getriebe, und wir glauben, daß die F r a n k f u r - t e r S t a d t v e r w a l t u n g darauf achten muß, daß dieser braune Sand nicht noch ganz anderes Unheil anrichtet.

Seit vielen Monaten sind Bemühungen im Gange, einen aus allen Kreisen der Frankfurter Bevölkerung zusammengesetzten Bürgerrat oder B ü r g e r a u s s c h u ß zu schaffen, eine demokratische Institution, die Mittlerrolle einnehmen soll zwischen Einwohnern und Selbstverwaltung. D i e F r a n k f u r t e r I n i t i a t i v e s o l l d a - d u r c h g e s t ä r k t w e r d e n! In allen anderen Städten und an vielen Orten sind solche Institutionen bereits fest und ergebnisreich an der Arbeit. Die Frankfurter Stadtverwaltung müßte eine solche Hilfe begrüßen, und es entspräche wohl den großen demokratischen Traditionen unserer Stadt, daß damit die Frage der Z u s a m - m e n a r b e i t auch in der Lindenstraße positiver zur Geltung käme. Frankfurt ist Vorort eines riesigen Gebietes der amerikanischen Besatzungszone. Frankfurt muß d e m o k r a t i s c h e Z e i c h e n geben, die weit ins Land hinaus beachtet und verstanden werden! F r a n k f u r t m u ß V o r b i l d s e i n, F r a n k f u r t g e h ö r t a n d i e S p i t z e!

Natürlich wußte Belfrage, daß wir den Sack schlugen und den Esel meinten. Aber er nahm es zur Kenntnis. Die (interne) scharfe Reaktion Sheehans wies er zurück: für die Presse gebe es nicht nur das Recht, sondern die Pflicht, Mißstände zu kritisieren. Und alle unsere Forderungen basierten auf Erklärungen der USA-Behörden. ICD erkannte das an, die FR erhielt keine Verwarnung, der Stadtkommandant war abgeblitzt.

Aber schon in der nächsten Ausgabe – ausgerechnet am 1. September – hatten wir auf der Titelseite (natürlich ohne Kommentar) zu berichten:
Frankfurter Wohlfahrtspflege = Neuregelung.

Der Leiter der Fürsorgeabteilung, Major Alden Bevier, bemerkte dazu: Dadurch, daß wir die Deutschen dazu zwingen, so wie in den Vereinigten Staaten für alle Fürsorgefälle die gleichen Grundsätze anzuwenden, werden wir auf dem Gebiet der Fürsorgeverwaltung ein gerechtes Wohlfahrtprinzip einführen. So wird z.B. eine jüdische Witwe genau die gleichen Zuwendungen erhalten wie die Witwe eines an der Front gefallenen SS-Offiziers.

War dieser Major nur ein primitiver Landsknecht, der die Deutschen zwignen wollte, eine „Gerechtigkeit à la USA" einzuführen? Jedenfalls faßte er die Politik seines Präsidenten Truman klar zusammen. Was sollten wir dagegen tun? Kritik war verboten, auch Belfrage hätte einen kritischen Kommentar wegzensiert. So antwortete ich also mit einer „Meldung". Im Lokalteil erschien ein von mir gezeichnetes Interview mit dem Präsidenten der Frankfurter Anwaltskammer, Rechtsanwalt Burmann, mit den gesperrt gedruckten Sätzen:

„Ich appelliere an alle meine Berufskollegen, nie zu vergesen, daß die erste Aufgabe der gegenwärtigen Zeit die Wiedergutmachung der unerhörten Rechtsfrevel gegenüber den Gegnern und Opfern des Faschismus ist. Demgegenüber müssen alle formalen Fragen zurücktreten."

Es waren Tatsachen, die wir meldeten, und keine Propagandaerfindungen. Und es waren amerikanische Meldungen. Die Gegensätze, die Ungerechtigkeiten, die die FR aufzeigte, stammten nicht von uns, die stammten aus der USA-Politik, die sich anschickte, das preiszugeben, was Washington bis dahin vertreten hatte. Hätten wir das vertuschen sollen? Da war mit der Zensurschere nichts zu machen, denn wir hielten uns strikt an die Anweisungen und Verbote, die uns auferlegt waren. Also bedurfte es der Zensur ohne Schere – aber soweit war es 1945 noch nicht.

5. September: Bürgerrat für Frankfurt! Und: Bildung von demokratischen Parteien erlaubt. Hatten die Nazis und Reaktionäre sich bei der Erklärung des Major Bevier die Hände gerieben, so freuten sich nun die Demokraten. Und die FR mit ihnen; es waren ja unsere Forderungen.

8. September: Erste Bürgerratssitzung. Vierspaltige Überschrift auf der Titelseite,

Die erste Bürgerratssitzung in Frankfurt

zwei Fotos von der Tagung. Und (korrekte Meldung, kein eigener Kommentar): OB Blaum „bedauerte" die Entfernung von Nazis aus der Stadtverwaltung; mehrere Bürgerratvertreter kritisierten ihn deshalb und verlangten Vorschläge vom OB, was er denn selbst zu leisten gedenke.

Im Lokalteil wurden die Mitglieder des Bürgerrats vorgestellt: je vier von LDP, CDU, SPD und KPD. Darunter drei Lizenzträger der FR: Knothe, Etzkorn und Carlebach. Weiter die späteren Minister Dr. Wilhelmi (CDU), Müller (KPD), sowie Arndgen (CDU, später Staatsskretär in Bonn), Meenzer (SPD, später Bürgermeister in Frankfurt) und Walter Fisch (KPD, später Bundestagsabgeordneter). Dieses Gremium war durchaus geeignet, Herrn Blaum auf die Finger zu schauen.

12. September, Spitzenmeldung: „Landreform in der Provinz Sachsen beseitigt Brutstätten des Militarismus." Es war eine Meldung der US-kontrollierten Agentur DANA. Wer etwa heute glaubt, diese Meldung hätte „eine kommunistische Tendenz", der sei erinnert, daß die Durchführung der Landreform, die Zerschlagung des Großgrundbesitzes der Junker, eine der Festlegungen des Potsdamer Abkommens ist – mit Trumans Unterschrift; und daß die Landreform auch in der Hessischen Verfassung, Artikel 42, zum Verfassungsgebot erhoben wird.

„Berlin als gutes Beispiel" meldet die FR auf Seite 2: die Zusammenarbeit der antifaschistisch – demokratischen Parteien funktioniere, die Arbeiter hätten begonnen, gegen Widerstand und Sabotageversuche, die Betriebe, z. B. Daimler-Benz, wieder in Gang zu setzen.

Nr. 14 vom 15. September: Knothe, Etzkorn und vier andere beantragten die Zulassung der SPD. In Offenbach werden Teilnehmer des Judenpogroms von 1938 („Kristallnacht") freigesprochen. „Erstes Todesurteil im KZ-Prozeß Bergen-Belsen." Und OB Blaum schickt eine Berichtigung: Er habe nicht die Entlassung der Nazis bedauert, sondern nur (!), daß diese Fachkräfte ihm jetzt fehlten ... Knothe gibt im Bürgerrat eine Erklärung gegen Blaum ab, in der er die Haltung der FR vorbehaltlos unterstützt. Im Lokalteil steht aus seiner Rede:

Wir stimmen mit Oberst Smith vollkommen darin überein, daß die Säuberung g r u n d s ä t z l i c h g e b o t e n sei und daß es sich lohnt, vorübergehende Verwaltungsschwierigkeiten, die sich daraus ergeben, in Kauf zu nehmen. Unsere Vorschläge sowie das Anbieten von qualifizierten Kräften dem Herrn Oberbürgermeister Hollbach gegenüber bewiesen, daß wir uns der Verantwortung bezüglich der Verwaltung von vornherein bewußt waren. Wir von uns aus wollen weder eine Opposition noch irgendwelche Gegensätze herbeiführen, die die positive Arbeit nur stören könnten. Beweise dafür sind mit die Artikel, die meine Kollegen in der Frage der Zusammenarbeit in der „Frankfurter Rundschau" veröffentlichten. Die Dissonanz, die eingetreten ist und die zweifellos einige Beunruhigung in der Bevölkerung verursacht hat, wurde hervorgerufen durch Äußerungen des Herrn Oberbürgermeisters, die in objektiver Form im Bericht zum Ausdruck kamen und nicht verschwiegen werden konnten.

Von jetzt an kommen die einzelnen Gruppen der Bevölkerung mehr zu Wort: „Ein Wort an die Frau"; „Gewerkschaftsrundschau"; und: „Ihr habt uns niemals die Wahrheit gesagt, Klage eines jungen Menschen".

Auch die Redaktion vervollständigt sich. Die Frauenseite macht Helli Knoll, die später Pressesprecherin des Magistrats wird. Gerst stellt für das Feuilleton Dieter Fritko ein, einen jungen Mann, der bisher nur Schule und Wehrmacht erlebt hatte. Im Lokalteil kommt ein anderer junger Mann hinzu, der bei Kriegsende Deserteur war und sich im Stadtwald versteckthielt; seine Mutter, eine überzeugte Pazifistin, brachte ihm heimlich das Essen hinaus. Aus diesem Mitarbei-

Frankfurter Rundschau

Veröffentlicht unter Lizenz Nr. 2 der Nachrichtenkontrolle der Militärregierung

Jahrgang I. Nummer 13   Mittwoch, den 12. September 1945   Einzelpreis: RM 0.20

Die Demokratie bezwingt Hochburgen preußischer Junker

Landreform in der Provinz Sachsen beseitigt Brutstätten des Militarismus

BERLIN, 11. September (DANA) Nach einer Verfügung der Provinzverwaltung der in der russischen Zone gelegenen Provinz Sachsen, die in allen Berliner Zeitungen abgedruckt war, werden die Großgüter und andere Grundstücke in der Provinz zur Aufteilung unter Kleinbauern beschlagnahmt. Diese tiefschneidende Verfügung, die mit ihren Ausführungsgesetzen etwa am 3. September in Kraft tritt, bildet den Grundstein des Übergreifens. Die Hochburgen, die stärksten preußischen Oberjunkertums. Siewert und Trapp sowie der Feldmann, Roehm und Lohmann. Die Verwirklichung dieser Tat...

40 Ruhrindustrielle verhaftet

HERFORD, 11. September (DANA) Vierzig führende Ruhrindustrielle wurden im Zuge der Bewegung den Nazi-Einfluss in der Industrie zu entfernen verhaftet.

Das Kriegsverbrechen an russischen Gefangenen

Wie die deutsche Wehrmacht im Jahre 1941 in Luzk russische Soldaten verhungern ließ – Ein Zeuge meldet sich

Russische Kriegsgefangene bei Erdarbeiten im Gefangenenlager Luzk, wo man ihnen sogar Wasser und Brot verweigerte

Neuerwachendes politisches Leben

FRANKFURT, 11. September (DANA) Im Zuge der politischen Erklärungen unter der Zulassung von politischer Parteien...

Gesuch der KPD um Wiederzulassung in Frankfurt

FRANKFURT, 11. September (DANA) Wie wir erfahren, wurde ein Gesuch um Wiederzulassung der Kommunistischen Partei in Frankfurt von Herrn Bürgen...

Tarnung hilft nichts

FRANKFURT, 11. September (DANA)...

Wiederweihe des ersten jüdischen Gotteshauses in Frankfurt a. M.

Amerikanische Soldaten in Tokio

TOKIO, 11. September (DANA) Die amerikanische Armee im Anmarsch...

Japans Uebergabedokumente

WASHINGTON, 11. September (DANA)...

Jüdisches Neujahr in Berlin

BERLIN, 11. September (DANA) Zum ersten Male seit 1933 feierte die jüdische Gemeinde Berlins anzusetzen ihr Neujahrsfest in 20 Synagogen stehen den Gläubigen zur Verfügung.

David Frankfurter in Haifa

Funkmeldungen

TOKIO, 11. September (DANA) Die japanischen Gesamtverluste im Krieg betragen rund 5 015 000...

Letzte Nachrichten

Neue Direktion im Kohlensyndikat

Das Ende des Verräters Quisling

OSLO, 11. September (DANA) Der norwegische Rundfunk meldet, daß Vidkun Quisling...

Veröstentlichungen in Oesterreich

WIEN, 11. September (DANA)...

Sprengstoffverbrecher verhaftet

FRANKFURT, 11. September (DANA)...

ter, der oft die lustigen Lokalglossen schrieb, wurde später der Rundfunkredakteur Kickhefel.

Innenpolitische Meldungen beherrschen am 19. September (Nr. 15) die Titelseite: Im Januar werden Wahlen stattfinden; die Börse ist wieder eröffnet. Und: in Marburg und in Stuttgart wurden weitere Zeitungen lizenziert.

Mit Fotos aller sieben Lizenträger berichtet die FR am 22. September stolz: „Frankfurter Rundschau / Gemeinnütziges Unternehmen". Gerst hatte den Gedanken geboren, wir waren begeistert eingestiegen. Auch die Presseoffiziere waren einverstanden, sah die Lizenzierung doch vor, daß die Journalisten unabhängig und nicht unter dem Befehl des Verlegers ihre Zeitung machen sollten.

„Frankfurter Rundschau" / Gemeinnütziges Unternehmen

Emil Carlebach   Hans Etzkorn   Wilh. Karl Gerst

Otto Grossmann   Wilhelm Knothe   Paul Rodemann   Arno Rudert

Aber wir täuschten uns. Die Wirtschaftsabteilung der Militärregierung schaltete sich ein, zog den Vertrag „zur Prüfung" an sich. Wir sollten ihn nie wieder sehen. Die Entscheidung wurde erst 1947 bekanntgegeben, als die unbequemen Lizenzträger hinausgeworfen waren, die Zensur ohne Schere ihr Werk getan hatte: dann wurde das Unternehmen mit dem Segen der Besatzungsmacht den verbliebenen Lizenzträgern als Eigentum in Millionenwert geschenkt.

Aber noch kämpften wir um die Öffnung neuer demokratischer Wege. Wieder war es Gerst, der erreichte, daß aus Gewinnen der FR eine „Stiftung ‚Arbeiterjugend soll studieren'" geschaffen wurde, die manchem Jugendlichen aus nichtbegütertem Elternhaus den Weg zur Universität ebnete.

Am 26. September auf Seite 2 eine kurze Meldung ohne Kommentar: In Friedberg hatte Dr. Heinrich Leuchtgens die Gründung der „Nationaldemokratischen Partei" beantragt. Er bezeichnet sie selbst als Rechtspartei, als „Gegengewicht gegen KPD und SPD". Leuchtgens ist seit Jahrzehnten als Antisemitenführer bekannt, Leute seines Schlages glauben schon jetzt, wenige Wochen nach Zerschlagung der NSDAP, ihre Zeit sei wieder gekommen . . .

29. September. General Eisenhower ordnet an: Kein ehemaliger Nazi darf Leiter oder Geschäftsführer eines Unternehmens sein. „Nur als gewöhnliche Arbeiter" dürfen solche Leute arbeiten. Gleichzeitig: Eisenhower hat den Gouverneur von Bayern, General Patton, aufgefordert, „ihm persönlich über den Fortgang der Säuberung Bayerns von den Nazis Bericht zu erstatten". (Wir Buchenwalder kennen diesen Patton seit April, als er uns nach unserer Selbstbefreiung sofort wieder internieren ließ.)

Die FR veröffentlicht lange Auszüge aus dem Prozeßprotokoll gegen den Frankfurter Stadtoberinspektor Langheld, Hauptmann der Wehrmacht, der in Charkow Kriegsgefangene umbringen ließ. Urteil: Erhängen an demselben Galgen, an dem er zuvor seine Opfer aufhängen ließ.

Nr. 19, 3. Oktober: Dr. Schäffer wird als Ministerpräsident Bayerns abgesetzt, der Sozialdemokrat Wilhelm Hoegner sein Nachfolger. Drei Tage später, 6. Oktober: General Patton ist nicht mehr Gouverneur von Bayern! Kommentierung war nicht zulässig, aber jeder begriff die Zusammenhänge. Damals jedenfalls waren Faschisten und ihre Gönner noch nicht wieder salonfähig.

Inzwischen hatte die Rote Armee vereinbarungsgemäß den westlichen Teil Berlins an die Truppen der drei Westmächte übergeben, und die Amerikaner hatten, wie es beschlossen war, der Sowjetunion ihr Besatzungsgebiet in Thüringen übergeben. Belfrage wurde nach Berlin delegiert, um dort ebenfalls eine demokratische Zeitung im amerikanischen Sektor zu gründen. Man war „oben" mit

```
                    HEADQUARTERS                        JMA/vm
         UNITED STATES FORCES, EUROPEAN THEATER
                Information Control Division
                    APO 757  U. S. Army


                                              7 September 1945


FILE  :  BIC 230.1 (PrS)



TO WHOM IT MAY CONCERN:


     As authorized by the cable to this Division, copy of which is
attached, the following named German civilians are travelling to Berlin
to attend a special service for concentration camp victims to be held
on Saturday and Sunday, September 8th and 9th: Emil CARLEBACH and Hans
ETZKORN, editors of the FRANKFURTER RUNDSCHAU, and Eric HANDLER, driver.

     Any assistance which may be given these men will be sincerely
appreciated by this Division.

             For the Chief, Information Control Division:




                          J. H. HILLS,
                          Colonel, A.G.D.,
                          Asst. Chief of Division, (Adm.)
```

seiner Arbeit zufrieden. Nach wenigen Wochen aber kehrte er an seinen Platz in Frankfurt zurück. Ein anderer war an seiner Stelle in Berlin beauftragt worden: Peter de Mendelsohn, der nun eine Zeitung aus der Taufe hob, den „Tagesspiegel", der für viele Jahre das deutsche Sprachrohr der USA im Kalten Krieg gegen den bisherigen Verbündeten Sowjetunion werden sollte.

Ob Belfrage wußte, was mit ihm gespielt wurde? Jedenfalls merkten wir nichts. Es schien alles seinen Gang zu gehen. Für mich hatte seine Reise nach Berlin allerdings eine besondere Auswirkung: Er brachte mir die Einladung, an der ersten Demonstration der befreiten Gefangenen im September teilzunehmen. Es wurde eine abenteuerliche Fahrt. Deutsche konnten die Demarkationslinie damals nur heimlich überqueren, sowohl Amerikaner wie Sowjets schossen auf alles, was sich bewegte, offizielle Reisepapiere gab es nicht. Belfrage verschaffte mir einen provisorischen Ausweis vom US-Hauptquartier, und für die russische Seite erhielt ich einen Paß von dem Verbindungsoffizier der UdSSR in Fulda, Major Kaltschin; er war wenige Monatge zuvor noch Gefangener in Buchenwald gewesen, wie ich. Wir fuhren mit zwei PKW, denn Etzkorn wollte mit, wie er sagte, um nach seinen Kindern in Berlin zu sehen.

Ahnungslos balancierte ich in diesen Tagen auf dem Drahtseil zwischen der Antihitlerkoalition und ihrem Bruch. Daß ich überhaupt fahren konnte – was zur damaligen Zeit nur alliiertem Personal gestattet war – verdankte ich auf amerikanischer Seite meinem Presseoffizier und jenem Sowjetmajor Kaltschin in Fulda; auf der sowjetischen Seite der Demarkationslinie der Tatsache, daß der persönliche Dolmetscher des Kommandanten von Thürigen, des Generals Kolesnitschenko, ein Sowjetbürger war, der ebenfalls mit mir in Buchenwald gesessen hatte. So bekamen wir den Ausweis mit der Fahrerlaubnis nach Berlin. Und dort wieder gab mir Ottomar Geschke, Stadtrat und Mitglied des ZK der KPD (und ehemaliger „Buchenwalder") den Passierschein, daß ich mit meinem

Wagen – der mit seinem westlichen Kennzeichen auf die sowjetischen Posten „exotisch" wirken mußte – wieder zurückfahren konnte.

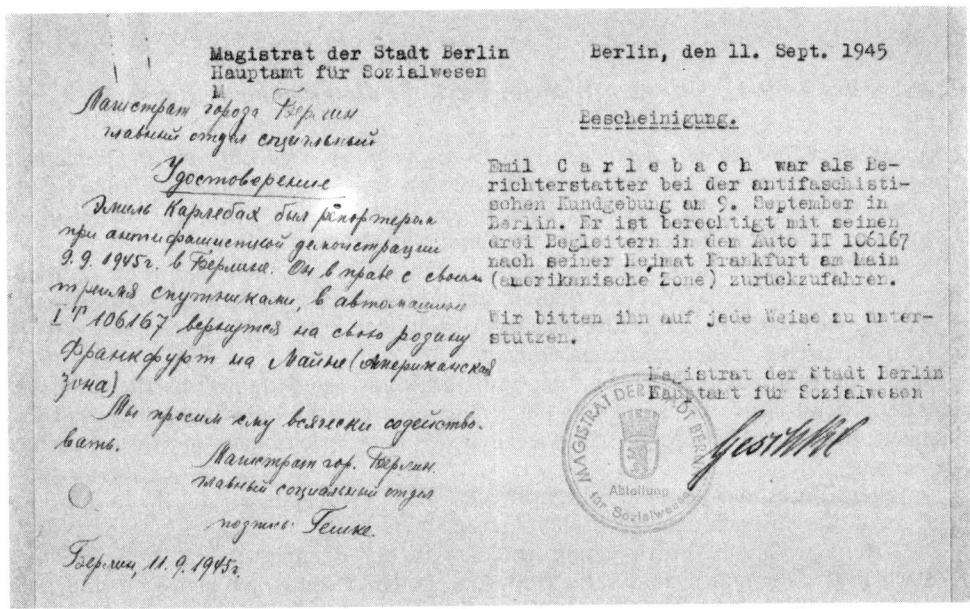

Das alles war Ergebnis der antifaschistischen Zusammenarbeit der Besatzungsmächte mit deutschen Hitlergegnern und untereinander. Die andere Seite: Als erster deutscher Journalist aus dem Westen konnte ich Originalinterviews der führenden Persönlichkeiten der Sowjetzone mitbringen – aber sie durften nicht gedruckt werden. Hier sind sie:

Interviews von Pieck, Grotewohl und Koch

Interview des KPD-Vorsitzenden Wilhelm Pieck für die Frankfurter Rundschau

Frage: Welches sind die entscheidenden Voraussetzungen des Wiederaufbaus Deutschlands?
Antwort: Die entscheidende Voraussetzung für den Wiederaufbau Deutschlands ist die Schaffung der Einheit des gesamten werktätigen Volkes, der Arbeiter und Bauern, der Angestellten und Handwerker, der Beamten und werktätigen Intelligenz.

Das größte Unglück für unser Volk war seine innere Zerrissenheit, daß es den reaktionären Kräften gelang, das Volk zu spalten, um darauf ihre Herrschaft zu begründen. Es ist jetzt die wichtigste Aufgabe aller antifaschistsich-demokratischen Parteien, unser Volk in allen praktischen Lebensfragen zu einigen.

Dazu gehört vor allem die Ausrottung des Faschismus und Militarismus, die Entmachtung der Kriegstreiber, die Bestrafung der Kriegsverbrecher und die Säuberung des kommunalen und staatlichen Apparates wie auch der Betriebsleitungen von faschistischen Elementen.

Vor allem gilt es, das gesamte Bildungswesen vom Faschismus zu säubern und die Jugend im antifaschistisch-demokratischen Geiste zu erziehen.

Die zweite wichtige Voraussetzung sehe ich in der demokratischen Neugestaltung Deutschlands. Die neue Demokratie muß vom Antifaschismus getragen sein und dem werktätigen Volk den ihm auf Grund seiner wirtschaftlichen Bedeutung und seiner Zahl zustehenden Einfluß in der Kommune und im Staat verschaffen. Die demokratischen Rechte auf allen Gebieten des politischen und geistigen Lebens müssen im weitesten Sinne entwickelt und gesichert werden.

Ferner ist es notwendig, in allen Fragen der Wirtschaft die fortschrittlichsten Kräfte zu fördern und ihren Einfluß auf die Gestaltung der Wirtschaft zu steigern. Dazu gehört auch die Verbesserung der wirtschaftlichen Lage der werktätigen Volksmassen, denen ein wachsender Anteil an dem Arbeitsertrag gesichert werden muß. Hier steht vor den Gewerkschaften eine große Aufgabe.

Zur Durchführung dieser Aufgaben ist die engste Zusammenarbeit aller antifaschistisch-demokratischen Parteien eine unerläßliche Bedingung.

Die Einsicht in diese Notwendigkeit ist unverkennbar im Volke und bei den Parteien vorhanden. Die unerhörte Not unseres Volkes, die durch die Hitlerherrschaft herbeigeführt wurde, und die Notwendigkeit, unser Volk aus dieser schweren Lage herauszuführen, ist der Kitt, der die Parteien aneinander bindet. Es handelt sich hierbei nicht um irgendwelche taktischen Manöver der einzelnen Parteien, sondern um eine absolute Notwendigkeit. An dieser Notwendigkeit werden alle Versuche scheitern, die alte Spaltungspolitik wieder aufzunehmen, oder die Parteien gegeneinander auszuspielen. Jedenfalls nehmen wir Kommunisten die Schaffung und Sicherung dieser Einheit sehr ernst. Wir verfolgen keinerlei Sonderinteressen, sondern wir sehen nur die große Aufgabe des Wiederaufbaus Deutschlands.
Frage: Hat die Kommunistische Partei mit ihrer heutigen Einstellung zur Frage der Einheit und den Lebensfragen des Volkes eine Wandlung gegenüber der Zeit vor Hitler vollzogen?
Antwort: Ich weiß, daß unsere heutige Stellungnahme von vielen als grundverschieden von der vor 1933 angesehen wird, aber das ist ein Irrtum. Wir können aus der Entwicklung unserer Partei nachweisen, daß sie seit ihrer Gründung im Jahre 1918 konsequent den Kampf für den Frieden und gegen den Militarismus, für die Demokratie und Freiheit, gegen die Reaktion, für die Verbesserung der Lage des werktätigen Volkes und gegen die Ausbeutungssucht des Großkapitals, für die Einheit und gegen die Spaltung des Volkes geführt hat.

Ich erinnere besonders daran, welche Bemühungen wir unternahmen, um den einheitlichen Kampf des werktätigen Volkes gegen die Anschläge der Reaktion in der Weimarer

Republik herbeizuführen. Wir haben immer wieder dahingehende Einheitsfrontangebote gemacht. Daß der einheitliche Kampf nicht zustande kam und damit die Reaktion und der Faschismus schon im Sommer 1932 bei dem Sturz der Preußenregierung siegte und schließlich der Hitler-Faschismus zur Macht kam, hatte seine tiefen Ursachen in dem Einfluß, den die militaristisch-imperialistischen Kräfte in Deutschland auf das werktätige Volk ausübten und sehr gefährliche Illusionen hervorriefen. Aber es ist richtig, daß auch die Kommunistische Partei in ihrer damaligen Politik eine Reihe taktischer Fehler beging, die vor allem das Zusammengehen der kommunistischen und sozialdemokratischen Arbeiter erschwerten. Wir haben offen darüber in unseren Konferenzbeschlüssen gesprochen. Auch strategisch wurde von uns der Fehler begangen, daß wir damals unter der Zuspitzung der Klassengegensätze die Frage des Sturzes des Kapitalismus und der Aufrichtung des Sozialismus durch die Diktatur des Proletariats als aktuelle Kampffrage stellten.

Frage: Worin besteht jetzt das Wesentliche der Einheitspolitik der antifaschistisch-demokratischen Parteien?

Antwort: Die große Katastrophe, in die unser Volk durch die Hitlerherrschaft und den Hitlerkrieg gestürzt wurde, stellt die höchste Aufgabe des Wiederaufbaus, die nur gelöst werden kann in der einheitlichen gemeinschaftlichen Arbeit aller Antifaschisten und Demokraten.

Dieser Erkenntnis kann sich niemand verschließen, der unserem Volke helfen will. Selbstverständlich sind damit auch wesentlich andere Voraussetzungen für die Zusammenarbeit der Parteien geschaffen, die früher sich feindlich gegenüberstanden. Es ist selbstverständlich, daß auch die Kommunistische Partei sich in ihrer Politik neu orientieren und auf die Zusammenarbeit mit den anderen Parteien umstellen mußte.

Aus dieser Erkenntnis heraus, die auch bei den anderen Parteien maßgebend ist, wurde die Arbeitsgemeinschaft zwischen den beiden zentralen Parteileitungen der Kommunisten und Sozialdemokraten geschaffen, die in allen wichigen politischen Fragen zusammenarbeiten. Die Aufgaben wurden in einer gemeinsamen Erklärung vom 19. Juni 1945 niedergelegt und ein gemeinsamer Arbeitsausschuß gebildet. Der Drang der Mitgliedermassen der beiden Parteien ist auf die schnellste Vereinigung der beiden Parteien gerichtet. Es ist nur noch eine Zeitfrage, wann diese Vereinigung zustande kommt. Schon jetzt treten die Mitglieder beider Parteien zu gemeinsamen Verhandlungen zusammen, um über eine Reihe von ernsten Fragen des Wiederaufbaus zu berate und zu beschließen. Ich verweise hierbei auf die wichtige Frage der Durchführung einer dewmokratischen Bodenreform. Der Wille zur Einheit und der gemeinsamen Durchführung dieser großen Aufgaben hat auch in einer engen persönlichen Zusammenarbeit mit den Mitgliedern des Zentralausschusses der Sozialdemokratischen Partei, insbesondere mit den beiden Vorsitzenden Otto Grotewohl und Max Fechner geführt. Ich sehe in dieser Zusammenarbeit eine Garantie des Zustandekommens der vollsten Einheit beider Parteien.

Ein weiteres, sehr erfreuliches Resultat ist das Zustandekommen der Einheitsfront der vier antifaschistsich-demokratischen Parteien, wie sie in einer gemeinsamen Erklärung vom 14. Juli 1945 zum Ausdruck gebracht wurde. In dem gemeinsamen Ausschuß wurde eine Reihe wichtiger Fragen beraten und vollste Übereinstimmung erzielt. Das betrifft sowohl den Kampf gegen den Faschismus, den Ausbau der Demokratie, der Ausgestaltung der Selbstverwaltungsorgane und jetzt vor allem der Durchführung einer demokratischen Bodenreform.

Wenn auch in der Einschätzung der Lage und der durchzuführenden Aufgaben gewisse Nuancen bestehen, so ist doch das Entscheidende die Übereinstimmung in den Grundfragen. In den gemeinsamen Beratungen wird von den führenden Männern der Liberal-Demokratischen Partei, den Herren Koch, Schiffer, Külz und den Herren von der Christlich-Demokratischen Union, Hermes, Lemmer, Kaiser immer wieder das ernste Bemühen der völligen Verständigung mit den Vertretern der Kommunistischen und Sozialdemokratischen Partei zum Ausdruck gebracht.

In dieser Zusammenarbeit der vier Parteien, die ihre Widerspiegelung auch in der Zusammenarbeit der Angehörigen dieser Parteien innerhalb der Gewerkschaften und ihren Willen zur Schaffung einheitlicher freier Gewerkschaften findet, liegt die Garantie für den Wiederaufbau Deutschlands und seiner demokratischen Neugestaltung und der

Schaffung und Sicherung vor jeder weiteren Aggression von deutscher Seite, wie auch der Schaffung freundschaftlicher und friedlicher Beziehungen zu den anderen Völkern.

Die kommunistische Partei setzt alles an die Erreichung dieser Ziele und ist entschlossen, die Einheitlichkeit und Zusammenarbeit mit den anderen antifaschistisch-demokratischen Parteien unter allen Umständen zu fördern.
12.9.45

W. Pieck

Interviewpartner Pieck (links) und Grotewohl.

Interview des SPD-Vorsitzenden Otto Grotewohl für die Frankfurter Rundschau 14.9.1945

Frage: Welches sind die entscheidenden Voraussetzungen des Wiederaufbaus Deutschlands?
Antwort: Die entscheidenden Voraussetzungen für den Wiederaufbau Deutschlands sind:

Es muß gelingen, Deutschland zu einem wahrhaft demokratischen Staate umzuformen. Dieser Umformungsprozeß ist notwendig, um das Vertrauen des Auslandes, insbesondere das Vertrauen der organisierten Arbeiterschaft der Welt, wieder zu gewinnen. Es muß gelingen, das werktätige deutsche Volk wieder zum politischen Denken zu erziehen und es zur Erkenntnis seiner geschichtlichen Aufgabe zu bringen, daß die Arbeiterklasse die Trägerin des neuen Staatsgedankens ist.

Es muß gelingen, das höchte und wertvollste Gut der Arbeiterklasse, die E i n h e i t der Arbeiterschaft herbeizuführen. Die neue Demokratie muß kraftvoll sein und unnachsichtig alle niederschlagen, welche die Demokratie nur nutzen, um sie zu schmähen und zu zertrümmern. In der neuen antifaschistisch-demokratischen Republik können demokratische Freiheiten nur denen gewährt werden, die sie rückhaltlos anerkennen. Die Freiheit der Meinungsäußerung in Wort, Bild und Schrift hat vor den Selbsterhaltungsinteressen des Staates und vor der Ehre und Achtung des einzelnen Staatsbürgers Halt zu machen. Vor dem deutschen Volke steht die große Aufgabe der Wiedergutmachung jener Schäden und Verwüstungen, die das Hitler-Regime über alle Staaten Europas vom Westen bis zum Osten, vom Norden bis zum Süden gebracht hat. Die Sozialdemokratische Partei Deutschlands anerkennt diese Pflicht, die das deutsche Volk nach Maßgabe der Leistungsfähigkeit aller seiner Schichten zu tragen hat. Dabei erwartet und hofft sie, daß die Welt dem deutschen Volk so viel Lebensmöglichkeit und Existenzgrundlage läßt, daß es diese schwere Aufgabe erfüllen kann. Die Verpflichtung zur Wiedergutmachung erwächst aus der Schuld des deutschen Volkes am Hitler-System und dem von Hitler im Namen des deutschen Volkes entfesselten Raubkrieg. Weite Kreise der deutschen Arbeiterschaft sind frei von p e r s ö n l i c h e r Schuld, weil sie Gut und Blut im Kampf gegen den Nazismus geopfert haben, aber die p o l i t i s c h e Schuld und Verantwortung wendet sich nicht an den einzelnen, sondern an das g a n z e d e u t s c h e V o l k . Diese politische Gesamtschuld muß das Volk in seiner Gesamtheit tragen und anerkennen, weil es daraus allein die Kraft für eine verantwortliche Wiedergutmachung schöpfen kann.

Der Idealismus der Jugend und der kommenden Generation ist mobil zu machen zu einem Kreuzzug gegen Hakenkreuz- und Gamaschenknopfgesinnung. Die Jugend muß wieder Achtung vor den Großtaten edler Menschlichkeit, vor dem Heldentum friedlicher Eroberung, Forschung und Entdeckung bekommen. Die Sozialdemokratische Partei Deutschlands will die Jugend erziehen zu aufrechten, freien und geraden Menschen, zu einer Generation im demokratischen sozialistischen Geiste. Menschliche Anständigkeit, Vertragstreue, Zuverlässigkeit und Achtung vor den Lebensrechten anderer Nationen sollen die Fundamente für eine deutsche Politik der Zukunft werden, die Deutschland einmal gleichberechtigt unter die Völker dieser Erde zurückführen soll.

Die aus der Uneinigkeit der Arbeiterschaft entstandenen Fehler von 1918 dürfen niemals wiederholt werden.

In der Einheit liegt die größte Kraftentfaltung der arbeitenden Bevölkerung und aller freiheitsliebenden Kreise. Die Sozialdemokratische Partei Deutschlands ist darum bereit und entschlossen, mit allen gleichgesinnten Menschen und Parteien zusammenzuarbeiten.
Frage: Hat die Sozialdemokratische Partei Deutschlands mit ihrer heutigen Einstellung zur Frage der Einheit und den Lebensfragen des Volkes eine Wandlung gegenüber der Zeit vor Hitler vollzogen?
Antwort: Die Sozialdemokratische Partei Deutschlands hat seit ihrem Bestehen die Einheit der Arbeiterklasse gewünscht. Seit den Tagen der unseligen Spaltung hat sie sich stets bemüht, die gefährdete Einheit wieder herbeizuführen. Dieses Ziel steht heute so im Vordergrunde wie vor 1933. Aufmerksame Beurteiler der politischen Linie der Sozialdemokratischen Partei werden feststellen müssen, daß die Sozialdemokratische Partei Deutschlands bis 1933 konsequent zur Forderung der Einheitsfront der Arbeiterschaft stand und diese Forderung auch dann noch erhob, als die Grundlagen für eine Einigung, bedingt

durch die verschiedenartige Einstellung der beiden Arbeiterparteien zur Demokratie, als nicht mehr gegeben angesehen werden konnte.

Durch die Erklärung der Kommunistischen Partei Deutschlands in ihrem Aufruf vom 11. Juni 1945 ist eine Grundlage zur übereinstimmenden Beurteilung des demokratischen Prinzips und damit zu einer gemeinsamen Arbeit beider Parteien geschaffen. Die Erklärung der KPD lautet:

„Wir sind der Auffassung, daß der Weg, Deutschland das Sowjetsystem aufzuzwingen, falsch wäre, denn dieser Weg entspricht nicht den gegenwärtigen Entwicklungsbedingungen in Deutschland. Wir sind vielmehr der Auffassung, daß die entscheidenden Interessen des deutschen Volkes in der gegenwärtigen Lage für Deutschland einen anderen Weg vorschreiben, und zwar den Weg der Aufrichtung eines antifaschistischen, demokratischen Regimes, einer parlamentarisch-demokratischen Republik mit allen demokratischen Rechten und Freiheiten für das Volk."

Es ist erfreulich, heute feststellen zu können, daß die Führungen beider sozialistischen Arbeiter-Parteien im Kampf für die Schaffung einer wahrhaften Demokratie zusammenstehen. Sie stehen zusammen für eine Demokratie, die nicht nur ein Lippenbekenntnis ist, sondern der Weg zum wahren Volksstaat. Die Sozialdemokratische Partei Deutschlands setzt sich heute so wie vor 1933 für die Schaffung eines Volksstaates ein. Die Fehler von damals, die im wesentlichen in einer Unterschätzung der Breitenwirkung der Ideologie des Nazismus bestanden, dürfen nicht wieder begangen werden. Die Sozialdemokratische Partei Deutschlands hat dem Nazismus in jeder Form schärfsten Kampf angesagt. Sie wird diesen Kampf schonungslos führen. Das deutsche Volk muß wieder hingeführt werden zu der Erkenntnis, daß wahrhaftes Menschentum, Wahrhaftigkeit der Gesinnung und Sauberkeit des Handelns nur möglich sind in einem Staate, der demokratisch aufgebaut und sozialistisch verwaltet wird.

Eine Wandlung zu den wirtschaftlichen Lebensfragen des deutschen Volkes hat die Sozialdemokratie gegenüber der Zeit vor Hitler nicht vollzogen. Wo das der Fall zu sein scheint, ergibt es sich aus der Eindeutigkeit der aus der Vernichtung und dem Zusammenbruch erstehenden zwangsläufigen Fragen. Darum fordern wir und arbeiten wir zur Zeit für die Sicherung der Ernährung und den lebensnotwendigen Bedarf der breiten Volksmassen an Wohnung, Kleidung und Heizung. Das alles brennt uns auf den Nägeln. Darum lassen wir aber unsere weiter gesteckten Ziele, die auf einen klaren und einfachen Neubau der Verwaltung und Wirtschaft gerichtet sind, nicht aus dem Auge, wie schließlich überhaupt alle Fragen der Wirtschafts-, Sozial- und Kulturpolitik ausgerichtet werden auf unser Fernziel: den Sozialismus.

Frage: Worin besteht jetzt das Wesentliche der Einheitsfront der antifaschistisch-demokratischen Parteien?

Antwort: Es ist die Aufgabe aller antifaschistisch-demokratischen Parteien, den Wiederaufbau Deutschlands mit allen Kräften zu betreiben. Aus der Zusammenarbeit so verschiedenartiger politischer Parteien und deren Zielsetzungen entstehen Probleme, an deren Lösung mitzuarbeiten der Sozialdemokratischen Partei höchste Pflicht ist.

Die Mitarbeit wurde in zweifacher Hinsicht aufgenommen.

Zwischen dem Zentralkomitee der Kommunistischen Partei Deutschlands und dem Zentralausschuß der Sozialdemokratischen Partei Deutschlands wurde am 19.6.45 ein gemeinsamer Arbeitsausschuß gebildet, der mit einem Aufruf vom gleichen Tage sich an das deutsche Volk wandte. In dem Aufruf werden insbesondere die Arbeiterorganisationen in Stadt und Land zu gemeinsamer Arbeit aufgerufen. Alle maßgeblichen politischen Fragen sollen in voller Gleichberechtigung beraten und durchgeführt werden. Alle ideologischen Probleme sollen in freundschaftlicher Aussprache geklärt werden, bis aus gemeinsamer Arbeit und gemeinsamem Gedankengut, gleichsam zwangsläufig, die Parteischranken fallen und sich die Einheit der Organisation entwickelt. Die Einheitsorganisation der deutschen Arbeiterschaft kann nicht aus Deklamationen, sondern muß aus Aktionen heraus erwachsen. Auf breiteste Basis wurde die antifaschistische Arbeit gestellt durch die Schaffung der Einheitsfront der antifaschistisch-demokratischen Parteien. Diese traten am 14. 7. 45 zu einer gemeinsamen Sitzung zusammen und wandten sich mit einem Aufruf vom gleichen Tage an das deutsche Volk. Die Hauptaufgaben, die sich der

Ausschuß der vier antifaschistischen Parteien stellte, sind:
- Zusammenarbeit im Kampf gegen den Hitlerismus,
- gemeinsame Anstrengungen zur Durchführung eines raschen Wiederaufbaus,
- Herstellung der Rechtssicherheit
- Sicherung der Freiheit des Geistes und des Gewissens und der Achtung vor jeder religiösen Überzeugung
  Wiedergewinnung des Vertrauens der Welt und Bereitschaft zur Durchführung der Maßnahmen der Besatzungsbehörden und Anerkennung der Pflicht der Wiedergutmachung.

Die Zusammenarbeit der vier Parteien erfährt ihre Ergänzung in der Zusammenarbeit mit dem Freien Deutschen Gewerkschaftsbund.

Die Sozialdemokratische Partei Deutschlands ist bereit und willens, mit allen aufbauwilligen Kräften des deutschen Volkes den Kampf gegen den Faschismus

– für die F r e i h e i t des Volkes
– für die D e m o k r a t i e und
– für den S o z i a l i s m u s

zu führen.

Otto Grotewohl

Interview des Vorsitzenden der Liberal-Demokratischen Partei, Dr. Waldemar Koch, für die Frankfurter Rundschau

Welches sind die entscheidenden Voraussetzungen des Wiederaufbaus Deutschlands?
Als vordringlich sehe ich die Wiederherstellung der Wirtschaftseinheit an. Die Produktionsstätten in Deutschland sind nicht gleichmäßig über das gesamte Reichsgebiet verteilt, so daß eine Trennung nach den verschiedenen Besatzungszonen sich auf die Dauer immer nachteilig auswirken müßte. Die Potsdamer Beschlüsse sehen ja erfreulicherweise die Wirtschaftseinheit vor. Darüber hinaus halte ich die Wiederherstellung des uneingeschränkten Bankwesens für notwendig. Der jetzt gewährte 200 Millionen Kredit zum Wiederaufbau der Wirtschaft dürfte noch nicht genügen. Die bis jetzt durchgeführte Produktion stützt sich auf die Restbestände, und nach deren Aufzehrung besteht die Gefahr wachsender Arbeitslosigkeit.
Wie sehen Sie die politische Lage innerhalb Deutschlands, vor allem die Zusammenarbeit der vier demokratischen Parteien?
Die Zusammenarbeit der vier antifaschistischen Parteien ist eine Tatsache, die sich weitgehend auswirkt. Selbstverständlich haben wir verschiedenartige Meinungen, sonst brauchten wir ja nicht mehrere Parteien. Aber Besprechungen im Antifaschistischen Block verlaufen in demokratischer Weise: als Beschluß gilt nur das, was von allen vier Parteien einstimmig gebilligt wurde. Ich bin der Überzeugung, daß die Zusammenarbeit aufrechterhalten bleiben wird, daß sie etwa kommende Wahlen überdauert und weiterhinin fortschrittlichem Sinne wirkt. Das gemeinsame Vorgehen der vier antifaschistischen Parteien wird alle Überreste des Nazitums aus Deutschland austreiben.

Ich kann feststellen, daß die Verbindungsoffiziere, die von seiten der Roten Armee zu den einzelnen Parteien bestehen, uns in sehr vieler Hinsicht helfend beistehen, vor allen Dingen bei der Schaffung technischer Möglichkeiten und Erleichterungen. Wir stellten überhaupt mit einiger Überraschung fest, wie außerordentlich aktiv die russische Besatzungsmacht ist.
Wie stehen Sie als Vertreter der Liberal-Demokraten zur Frage des Berufsbeamtentums und des Militarismus?
Da ich selbst Hochschullehrer, also Berufsbeamter bin, glaube ich versichern zu können, daß das deutsche Berufsbeamtentum nicht mit dem preußischen Militarismus identifiziert werden kann. Ich bin der Meinung, daß man nur das Offizierskorps und sehr eng beschränkte Kreise darüber hinaus als Militaristen in Deutschland bezeichnen kann. Meiner Meinung nach sind auch die Vertreter der Großindustrie durchaus nicht mit dieser Clique gleichzusetzen.

Was halten Sie von der Enteignung der Großgrundbesitzer gerade im Hinblick auf die Ausrottung des Militarismus?

Wir als Liberal-Demokraten stehen durchaus auf dem Boden der Boden-Reform und der Siedlungspolitik. Wir sind der Meinung, daß die Latifundien verschwinden müssen. Allerdings wollen wir immer bei jeder zu treffenden Maßnahme die Auswirkung auf die Ernährungslage im Auge behalten. Die Versorgung mit Lebensmitteln ist ungenügend, und wir möchten vermeiden, daß die Aufteilung so durchgeführt wird, daß der Lebensstandard unseres Volkes dadurch herabgesetzt wird. Wir sind durchaus der Meinung, daß man die Kriegsverbrecher und Naziaktivisten entschädigungslos enteignen soll.

Es bestanden und bestehen gewisse Meinungsverschiedenheiten innerhalb des antifaschistischen Blocks über Umfang und Form der jetzt durchzuführenden Bodenreform, doch haben wir bis jetzt immer einen gemeinsamen Nenner gefunden, und wir Liberal-Demokraten haben auch durchaus einmal im Interesse der Einheit unsere eigenen Ansichten zurückgestellt.

Wie stehen Sie zur Frage der Konfessionsschulen?

Wir stehen durchaus auf dem Boden der absoluten Trennung von Kirche und Staat. Wir halten es für notwendig und keineswegs kirchenfeindlich, wenn das Erziehungswesen ausschließlich auf der Basis der Simultanschulen aufgebaut wird; damit wird keinem das Recht genommen, sein Kind der eigenen religiösen Überzeugung gemäß erziehen zu lassen. Aber es entspricht ebenso dem Grundsatz der Glaubens- und Gewissensfreiheit, daß die öffentlichen Schulen selbst keine religiöse Tendenz enthalten.

Keine acht Wochen war die FR alt, keine acht Wochen aren seit der Unterzeichnung des Potsdamer Abkommens vergangen – da durften bereits die Erklärungen von Parteivorsitzenden nicht erscheinen, die vorbehaltlos auf dem Boden eben jenes Potsdamer Abkommens standen. Es war sicherlich nicht Belfrage, von dem das Verbot ausging. Aber mehr noch traf mich die Feststellung, daß unter den sechs Kollegen im Lizenzträgerkollegium nur Gerst für die Veröffentlichung eintrat. Es wäre eine journalistische Sensation gewesen. Aber vor dem „No" der Amerikaner kuschten meine Kollegen. Heute, 40 Jahre später, sind diese Interviews Dokumente aus einem bedeutsamen Zeitabschnitt deutscher Geschichte.

Ihr Zustandekommen hat ebenfalls seine eigene Geschichte. Im Olympiastadion, während der Großkundgebung der Opfer des Faschismus, erfuhr Wilhelm Pieck, Vorsitzender der Kommunistischen Partei Deutschlands nach der Ermordung Ernst Thälmanns, daß ein Genosse aus dem Westen anwesend sei. Er ließ mich kommen. Nie werde ich dieses erste Zusammentreffen mit ihm vergessen. Er fragte mich nicht nach Politik, nicht nach den Amerikanern; er fragte nach Genossen, die er kannte, ob sie noch lebten, ob sie die schrecklichen Jahre überstanden hätten. Seine Menschlichkeit und Güte nahmen mich vom ersten Augenblick an gefangen.

Am nächsten Tage besuchte ich ihn im ZK-Gebäude in der Wallstraße. Er entschied sich, meine Fragen schriftlich zu beantworten, so blieb das „Interview für die Frankfurter Rundschau" bis heute erhalten. Ich ging nun auch zum Vorsitzenden der SPD, Otto Grotewohl. Es bedurfte einiger Mühe, zu ihm vorzudringen, aber auch dort bekam ich schließlich meine Antworten. Der Vorsitzende der CDU, Dr. Hermes, wich einem direkten Interview aus. Ja, er arbeite durchaus mit den Russen zusammen, er kannte sie schon aus seiner Zeit in der Weimarer Republik (nach ihm sind die „Hermes-Kredite" bei Außenhandelsgeschäften benannt). Es war unverkennbar, daß er damit rechnete, auf die Dauer, mit den USA im Rücken, die Russen überspielen zu können. Daß wir in der FR „mit Kommunisten zusammenarbeiteten" (daß ich selbst einer war, kam ihm nicht in den Sinn), erstaunte ihn. Er ging auch bald in den Westen, ohne allerdings in den antisowjetischen Feldzug einzusteigen, wie manche anderen.

Dr. Koch wiederum, der Vorsitzende der LDPD, gab mir die Antworten schriftlich, so daß sie erhalten blieben. Der Leser mag aus den Übereinstimmungen und den Verschiedenheiten selbst ersehen, wie die Entwicklung in jenem Teil Deutschlands begann, aus dem vier Jahre später die Deutsche Demokratische Republik wurde, mit Wilhelm Pieck als Staatspräsident und Otto Grotewohl als Ministerpräsident.

Ich nahm noch an der SPD-Kundgebung in der Hasenheide als Grotewohls Gast teil. Über 1000 SPD-Funktionäre bejubelten Piecks Grußworte und Grotewohls Referat; die Einheitspartei war auf dem Wege.

Stolz fuhr ich mit meinen Interviews nach Hause. Wurde in Potsdam und in Vacha zweimal von Rotarmisten verhaftet, die meine seltsamen Reisepapiere nicht anerkennen wollten – und blieb dann mit meinen unveröffentlichten Interviews sitzen. Es sollte nicht das letzte Beispiel von „Pressefreiheit" sein, das ich erlebte.

Unter dem Titel „Die Angst vor dem Kommunismus" schrieb dann Rudert am 6. Oktober seinen Artikel zur Zusammenarbeit. Es war unschwer zu erkennen, daß er weder mit sich noch mit seiner Umwelt (und schon gar nicht mit der Partei, der er erst seit ein paar Wochen wieder angehörte) ins reine kam:

„Ich spreche als Katholik" – so hatte Kollege Wilhelm Karl G e r s t den von ihm hier publik gemachten Willen zur Zusammenarbeit signiert, und der Widerhall, den diese Publikation fand, hat uns alle stark beeindruckt. Nicht minder stark war die Resonanz, die Wilhelm K n o t h e , der sich der Öffentlichkeit inzwischen als Führer der neugegründeten Sozialdemokratischen Partei in Frankfurt vorstellte, mit dem stark betonten Willen zur Zusammenarbeit gefunden hat. I c h s e l b s t s p r e c h e a l s K o m m u n i s t , und wir alle sind uns darüber klar, daß der Rolle der Kommunisten bei dem politischen und praktischen Werk des Wiederaufbaus auf dem Boden der Zusammenarbeit starke Aufmerksamkeit geschenkt wird – nicht nur in Frankfurt am Main. Die Kommunisten haben im Rahmen der Demokratie eine a u ß e r - o r d e n t l i c h e V e r a n t w o r t u n g , und es kommt wesentlich gerade darauf an, daß sie durch ihre Politik und ihre Praxis unter Beweis stellen, daß das Bekenntnis zur Zusammenarbeit und zur Demokratie k e i n L i p p e n b e k e n n t n i s ist und nicht etwa nur ein „taktisches Manöver" (...)

Ich bin 1933 stets durch „Kommunisten" in die faschistische Gewalt ausgeliefert worden und verdanke mein Leben einem Sozialdemokraten und – Zufällen. Ich habe das Wort Kommunist in diesem Zusammenhang stets in Anführungsstriche gesetzt. W a r e n e s w i r k l i c h K o m m u n i s t e n ? Nein, natürlich nicht. Natürlich waren das gar keine Kommunisten. Es waren asoziale Elemente, die sich in die Reihen der Kommunistischen Partei gedrängt hatten zu einer Zeit, als man die Frage der Prüfung neuaufzunehmender Parteimitglieder n i c h t so hart stellte, wie das heute der Fall ist. „Nicht jeder Nationalsozialist ist ein Lump, aber jeder Lump wird Nationalsozialist", drückte es der Volksmund etwas derb aus. Aber solche Erscheinungen vermochten es nicht, die Fahne derjenigen Partei, deren Mitglieder überall die härtesten Schläge des faschistischen Terrors auszuhalten hatten, in den Staub zu ziehen. Es waren ihre illegalen Kader, aus deren Reihen jene aktiven Kämpfer gegen Hitler hervorgingen, die dann zu Hunderten aufs Schafott mußten oder in den Konzentrationslagern umgebracht wurden. Gegen den ehemaligen KPD-Stadtverordneten A s c h e n b r e n n e r , dem das Nazi-„Volksblatt" einen Nachruf widmete, als er gestorben war, zeugen Hunderte von aufrechten Funktionären, die zusammen mit ihren Familien Not und Tod auf sich nahmen, ohne zu Verrätern zu werden. Der frühere KPD-Funktionär Karl Lahr war sofort der Verachtung aller Frankfurter Kommunisten preisgegeben, als er nach Haftentlassung in einem Leitartikel des Frankfurter Nazi-Organs eine widerwärtige Lobhudelei auf Hitler von sich gab.

Wir alle haben in diesen 12 Jahren manches Gespräch geführt. Die Abneigung gegenüber dem Kommunismus, die in solchen Gesprächen bei vielen Partnern zum Ausdruck kam, entpuppte sich meist als Angst vor dem Lumpenproletariat, und jeder ehrliche Kommunist wird zugeben, daß die schwersten Stöße, die er in der Zeit auszuhalten hatte, als die Fahne in den Staub zu sinken drohte, aus der Richtung herkamen, in der das Lumpenproletariat zu suchen war – u n d   d a s   s i c h   f ü r   e i n e   N S V - B e t t e l s u p p e   a n   H i t l e r   v e r d i n g t   h a t t e. Die Nazis hatten leider richtig spekuliert, als sie auf diese Karte setzten. Und wir Kommunisten halten es für opportun, bei rückschauenden Betrachtungen auch über solche Erscheinungen o f f e n   zu sprechen.

Unter dem Eindruck langer Diskussionen hat er diesen Artikel mehrmals geändert, ich besitze noch die Druckfahnen der „Urfassung". Über seine eigene Desertion aus dem Kampf gegen den Nazismus schrieb er allerdings kein Wort. Er glaubte, durch Angriffe gegen andere – die nicht mehr lebten – die Kritik ablenken zu können. Eines war klar: dieser Mann war keiner harten Auseinandersetzung mehr gewachsen, er war „Ton in Töpfers Hand" geworden. Und wer der Töpfer war, stellte sich bald heraus.

Heiße Eisen

Am 10. Oktober packte die FR gleich zwei heiße Eisen an: Aufmacher auf Seite 1: „Thomas Mann antwortet Walter von Molo". Es ging um die Selbstentschuldigung der „Inneren Emigration". Thomas Mann dazu: „Wenn damals die deutsche Intelligenz, alles was Namen und Weltnamen hatte, Ärzte, Musiker, Künstler, sich wie ein Mann gegen die Schande erhoben, den Generalstreik erklärt, das Land verlassen hätte — das hätte Eindruck gemacht, draußen

Thomas Mann antwortet Walter von Molo

LOS ANGELES, im Oktober (DANA). In einem an Walter von Molo gerichteten „Offenen Brief nach Deutschland" erklärte Thomas Mann, er wolle sein Lebenswerk in den Vereinigten Staaten beenden und könne aus diesem Grunde eine dauernde Rückkehr nach Deutschland nicht in Betracht ziehen.

Diese Erklärung ist die Antwort auf einen kürzlich in der deutschen Presse veröffentlichten Artikel des Schriftstellers Walter von Molo, in dem dieser an den Dichter appellierte, durch seine Rückkehr an dem geistigen Wiederaufbau Deutschlands mitzuwirken. Der Text des Briefes hat folgenden Wortlaut:

Offener Brief für Deutschland

Lieber Herr von Molo!

[Spaltentext des Offenen Briefes, teilweise schwer lesbar]

Wie das Gesetz es befahl ...!

▶ *FRANKFURT, 9. Oktober.*

Die „Frankfurter Rundschau" erhielt einen langen Brief von Frau Schütz aus Niederschlesien, die von ihrem Sohn hängt. Er war Soldat in der Hitler-Armee, und seine Mutter hat seit langer Zeit kein Lebenszeichen mehr von ihm erhalten.

[weiterer Spaltentext, teilweise schwer lesbar]

Thomas Mann (DANA-Bild)

Frau Marga Stein

und drinnen, manches hätte anders kommen können, als es kam."

Das zweite heiße Eisen, der Leitartikel. Der Katholik Gerst schrieb über „Trennung von Kirche und Staat":

Ein katholischer Schriftleiter, der im Jahre 1919 den Standpunkt vertrat, die Trennung von Kirche und Staat sei politisch richtig und durch die Verhältnisse geboren (der Verfasser dieser Zeilen hat es – vielleicht als einziger – damals getan), mußte sich schwere Vorwürfe gefallen lassen, und seine Katholizität war starken Anzweiflungen ausgesetzt. Wenn heute der Ministerpräsident Bayerns die Trennung von Staat und Kirche ankündigt, so kann er sich darauf berufen, daß sehr viele Katholiken und Protestanten dieses Vorhaben billigen. So wird zum Beispiel in den Frankfurter Richtlinien der neuen „Christlich-Demokratischen Union" eine reinliche Abgrenzung der Zuständigkeit der staatlichen und der kirchlichen Autorität verlangt, und es ist gesagt, „die Selbständigkeit und Handlungsfreiheit der Kirchen soll auch nicht durch finanzielle Abhängigkeit vom Staat beeinträchtigt werden. In diesem Geiste seien die notwendigen vertraglichen Vereinbarungen zwischen Staat und Kirche abzuschließen". Für diese Leitsätze zeichneten unter anderen katholischen und evangelischen Männern fünf katholische Redakteure verantwortlich, die teilweise früher in der Zentrumspressse tätig waren. Wenn in diesen Leitsätzen auch nicht direkt von einer „Trennung" gesprochen wird, in der Sache ist es dasselbe. Eine Trennung etwa in dem Sinne, daß Kirche und Staat gar nichts mehr miteinander zu tun haben sollten, wird auch nicht von anderer Seite verlangt, und ebensowenig braucht Trennung Feindschaft oder Kulturkampf zu bedeuten.

Das Kesseltreiben gegen die Zeitung und nun vor allem gegen Gerst nahm zu, die Bischöfe schalteten sich ein, liefen bei der Militärregierung Sturm gegen den „Ketzer"; er sei noch gefährlicher als der Kommunist Carlebach.

Da kam ein neuer Konflikt hinzu. 17. Oktober: auf Seite 1 prangt das Foto des neuernannten Militärgouverneurs für „Groß-Hessen", Colonel Newman, mit der Mitteilung, daß er unter dem Ministerpräsidenten Geiler „Die Provisorische Regierung von Groß-Hessen" ernannt habe; in der nächsten Ausgabe (19. Oktober) sah man die Fotos der Minister auf Seite 1. Aber eine Woche später schon (26. Oktober) erfolgte der Schlag ins Kontor: SPD und KPD verkündeten öffentlich, daß sie die Regierung boykottieren würden, wenn die Arbeiterparteien nicht den gebührenden Einfluß erhielten! Denn Geiler hatte eine Regierung aus Konservativen, z. T. stockreaktionären Ministern gebildet, mit je einem Sozialdemokraten und einem Kommunisten als Alibianhängsel.

Der Brief wirkte Wunder: die Geiler-Regierung No. 1 flog auf, kaum daß sie gebildet war. Wie war es dazu gekommen?

Walter Fisch und Willy Knothe hatten gemeinsam den Brief entworfen. Nachts wurde er nach Wiesbaden gefahren und Herrn Geiler unter die Tür geschoben. Gleichzeitig wartete ich in der FR ab, bis die Presseoffiziere das Haus verlassen hatten, und setzte dann den Text groß auf die erste Seite. Das war ein glatter Verstoß gegen die Lizenzbedingungen. Aber ich erhielt nicht einmal eine Verwarnung! Wir hatten eine Mehrheit in der Bevölkerung, vor allem natürlich in der Arbeiterschaft hinter uns; die Militärregierung tat, als ginge sie das nichts an (obwohl Newman mit einer pathetischen Rede die nun gestürzten Minister ins Amt eingeführt hatte) und überließ Geiler das Rückzugsgefecht.

Es war das einzige Mal, daß sich Deutsche gegen den Willen der Militärregierung durchsetzen konnten — weil die Arbeiterparteien zusammenhielten. Alle

Offener Brief

der Sozialdemokratischen und der Kommunistischen Partei an den Ministerpräsidenten Groß-Hessens, Herrn Professor Dr. Geiler

Sehr geehrter Herr Ministerpräsident!

Aus Anlaß der Bildung der ersten Regierung für Groß-Hessen haben die unterzeichneten Parteien Erklärungen abgegeben, in denen sie übereinstimmend wesentliche Einwände gegen das bei der Zusammensetzung des Kabinetts angewendete Verfahren erhoben. Insbesondere wiesen die Erklärungen unserer Parteien darauf hin, daß die von den demokratischen Parteien geltend gemachten Vorschläge nur ungenügend berücksichtigt wurden. Die unterzeichneten Parteien haben aus diesem Grunde deutlich zu erkennen gegeben, daß sie das ohnehin noch nicht vollständig gebildete Kabinett nur unter gewissen Vorbehalten unterstützen werden.

Die weitere Entwicklung der Regierungsbildung hat unsere Befürchtungen bestätigt. Ihre Bemühungen, Herr Ministerpräsident, das Kabinett zu vervollständigen, gehen offensichtlich darauf hinaus, den Einfluß derjenigen Kreise zu stärken, die keine Freunde eines klaren antifaschistischen Kurses sind. Die unterzeichneten Parteien stehen auf dem Standpunkt, daß nur solche Männer eine demokratische Regierung repräsentieren können, die sich in der Vergangenheit durch eine mutige antifaschistische Stellungnahme ausgezeichnet haben. Der Umstand, daß bestimmte, von Ihnen vorgeschlagene Personen zwar nicht NSDAP-Mitglieder gewesen sind, kann besonders dann nicht als genügende Qualifikation zum Ministerium betrachtet werden, wenn sie in ihrem Verhalten während der letzten zwölf Jahre das Nazi-Regime toleriert oder sogar in irgendeiner Form unterstützt haben. Die Methode, nach der Sie, Herr Ministerpräsident, Ihre Mitarbeiter auswählen, werden einseitig von Ihrem persönlichen Ermessen bestimmt. Sie läßt nicht erkennen, daß Sie den Wünschen gerade d e r Parteien und Bevölkerungsschichten Rechnung zu tragen gewillt sind, die in der Vergangenheit den Nationalsozialismus von Anfang an kompromißlos bekämpft haben und darum heute in erster Linie dazu berechtigt sind, bei dem Aufbau eines neuen Deutschland eine führende Rolle zu spielen.

Wir betonen mit aller Entschiedenheit, daß wir nur in einer solchen Regierung mitzuarbeiten in der Lage sind, die durch ihre personelle Zusammensetzung eine eindeutige antifaschistische und demokratische Politik garantiert. Sollte es Ihnen nicht möglich sein, bei der endgültigen Zusammensetzung Ihres Kabinetts diejenigen Korrekturen vorzunehmen, die diese Voraussetzungen erfüllen, so wären wir n i c h t imstande, Sie und Ihre Regierung weiterhin zu unterstützen.

Wir hoffen, daß Sie, Herr Ministerpräsident, sich der Erkenntnis nicht verschließen, daß die Regierung Groß-Hessens von der Zustimmung der antifaschistischen Bevölkerung getragen sein muß und daß Sie im Interesse der Schaffung einer wirklich arbeitsfähigen Regierung unseren Forderungen Rechnung tragen werden.

Mit vorzüglicher Hochachtung

Für die Sozialdemokratische Partei:
I. A.: Willi *K n o t h e*

Für die Kommunistische Partei:
I. A.: Walter *F i s c h*

Versuche der SPD-Führung, ihre Parteiwünsche allein durchzusetzen, scheiterten dagegen. Das war so bei den Intrigen gegen die Rundschau, die nicht die erhofften SPD-Zeitungen brachten, sondern die Herrschaft der Kommerzpresse. Das war so, als 1947 Schumacher glaubte, die Führungsposten im bizonalen Wirtschaftsrat erobern zu können — und der Sieg Adenauers herauskam. Und das war schließlich so bei der Gründung der Bundesrepublik, als die SPD wieder erleben mußte, daß sie mit einer Haltung, die die Linke spaltet, immer der Reaktion unterliegt.

In Hessen selbst erlebten wir, daß auch noch nach dem Erfolg des gemeinsamen „offenen Briefes" vom Oktober 1945: die Zusammenarbeit von SPD und KPD schuf eine Landesverfassung, die in vielen Bestimmungen bis heute vorbildlich ist: Recht auf Arbeit, paritätische Mitbestimmung, Gleichberechtigung für Frauen und Jugendliche, Verbot der Aussperrung, Überführung der Grundindustrien in Gemeineigentum, Ächtung des Krieges, Verbot der Kriegsvorbereitung, um nur einige zu nennen. Aber – kaum hatte im Dezember 1946 die SPD die Zusammenarbeit mit der KPD abgebrochen, wurden alle diese Bestimmungen zu leerem Papier – bis heute.

30. Oktober: Geiler schickt der FR eine lendenlahme Erklärung, daß er die Regierung umbilden werde und immer nur das Beste gewollt habe. Über dieser Erklärung auf Seite 1 erscheint ein „Bericht unseres Sonderkorrespondenten aus Wiesbaden", in dem es heißt:

Zum erstenmal seit mehr als einem Jahrzehnt hatten führende Vertreter politischer Organisationen in Deutschland wieder von dem selbstverständlichen Recht der Demokratie Gebrauch gemacht, öffentlich ihre Meinung gegenüber Absichten einer Regierungsstelle auszusprechen. Nach den uns vorliegenden Informationen war dieser Schritt nicht wirkungslos. Die Militärregierung hat in der vorigen Woche die Bestätigung von drei durch den Ministerpräsidenten vorgeschlagenen Kandidaten aufgeschoben, und in dem endgültigen Kabinett werden die Vertrauensmänner der politischen Parteien, deren fachliche Qualifikation selbstverständliche Voraussetzung ist, weit stärker vertreten sein, als es ursprünglich beabsichtigt war. Diese Entwicklung beweist, daß der demokratische Gedanke sich auch hier durchgesetzt hat und die amerikanische Besatzungsbehörde der demokratischen Einwirkung bei wichtigen Entscheidungen Raum geben will.

Die Freude bei der Militärregierung über diese „Anerkennung" war sicher groß – insbesondere, da der „Sonderkorrespondent" demonstrativ mit den Initialen ec gezeichnet hatte.

Obwohl Rudert zitterte – Gerst war mit Knothe und mir einverstanden – stand in der Ausgabe vom 19. Oktober noch eine besondere Meldung zweispaltig auf Seite 1:

„Einheitliche Arbeiterpartei gefordert — Auf einem Landesparteitag der Sozialdemokratischen und der Kommunistischen Partei in Leipzig wurde eine einheitliche deutsche Arbeiterpartei gefordert. Auf der Parteitagung, die sich über drei Tage erstreckte, sprachen u.a. der frühere Reichstagspräsident Paul Löbe, der Leipziger Oberbürgermeister Zeigner" (beide waren führende Sozialdemokraten).

Die Geiler-Regierung Nr. 2, die am 2. November bekanntgegeben wurde, setzte sich aus vier SPD-Ministern, einem Kommunisten und je einem CDU-, LDP- und parteilosen Minister zusammen. Der CDU-Minister war Dr. Werner Hilpert — bis zur Befreiung Häftling im KZ Buchenwald.

Zwei Staatssekretäre stellte die KPD, vier die CDU. Der „offene Brief" hatte wahre Wunder bewirkt. Wäre die Zusammenarbeit der Linken nicht gesprengt worden, was hätte alles erreicht werden können!

Inzwischen beherrschte die Anklageschrift gegen die Hauptkriegsverbrecher die Seiten der Zeitung. Dazu noch: „Deutsche Bankiers verhaftet" (8. November). Ein paar Dutzend Herren der Deutschen, der Commerz-, der Dresdner Bank und anderer Banken „schuldig der Beteiligung an Kriegsverbrechen". Aber ihre guten Verbindungen sollten sie bald alle wieder auf ihre alten Posten bringen.

Zwei Druckseiten am 23. Oktober sind einem Ereignis gewidmet, das uns Zeitungsleute in erster Linie anging, und doch von eminent politischer Bedeutung war: Die erste Tagung der Lizenzträger der US-Zone in Marburg. Es wurde viel über Freiheit der Presse gesprochen. Noch waren Herausgeber aller demokratischen Parteirichtungen zusammen, aber die Risse zeigten sich. Theodor Heuss, der spätere Bundespräsident, damals Lizenzträger der „Rhein-Neckar-Zeitung" Heidelberg verlangte die Bildung eines „starken Lizenzträgerverbandes als Gegengewicht gegen die Gewerkschaften". Ich trat ihm heftig entgegen; mit meinem blutdurchtränkten Turban auf dem Kopf (ich hatte kurz zuvor einen Autounfall) muß ich seltsam gewirkt haben. Zweifach wies ich Heuss zurück: Erstens, weil ein Zonenverband den Anfang der Spaltung Deutschlands bedeuten könne; zweitens, weil eine Konfrontation gegen die Gewerkschaften für uns nicht in Frage kommen dürfe, wir seien Journalisten und keine Verleger. In dem Bericht heißt es darüber:

Erste Konferenz

der

NEUEN DEUTSCHEN PRESSE

in der

AMERIKANISCHEN BESATZUNGSZONE

MARBURG/LAHN

20.- 21. Oktober 1945

PROGRAMM DER KONFERENZ

(*Verantwortlich für die Durchführung der Konferenz Mr. A. J. Aronson*)

Sonnabend, 20. Oktober 1945

9:00-12:00   Einschreibung bei der „Marburger Presse", 21-23 Marktplatz

12:30   Mittagessen im Europäischen Hof.

14:00   Generalversammlung, Marburger Universität.

Redner:

Eugen Siebecke, Oberbürgermeister von Marburg.

Oberstleutnant John B. Stanley, Kommandeur der 6871. Nachrichten Kontroll-Abteilung, Westlicher Militärdistrikt.

Major Shepard Stone, Chef des Nachrichtendienstes 6871. DISCC.

Luther Conant, Chef der Presseabteilung, Nachrichten-Kontroll-Division, USFET.

Dr. Julius Ebbinghaus, Rektor der Marburger Universität.

Oberstleutnant James G. Chesnutt, Chef der Presseabteilung der 6871. DISCC.

Heinrich Hollands, Herausgeber der „Aachener Nachrichten".

Wahl und Ernennung eines Vorsitzenden der Konferenz.

Anschließend - Freie Diskussion.

18:00   Vertagung der Sitzung.

19:30   Empfang durch den Oberbürgermeister, Europäischer Hof.

Sonntag, 21. Oktober 1945

9:00   Fortsetzung der Generalversammlung, Marburger Universität.

Redner: Eugene Jolas, Chefredakteur von DANA: „Das deutsche Nachrichtenwesen."

Redner: Wilhelm Karl Gerst, „Frankfurter Rundschau": „Ausbildung junger Journalisten."

Redner: Dr. Theodor Heuss, „Rhein-Neckar-Zeitung": „Gründung eines freien Deutschen Verlegerverbandes."

Wahl der Ausschüsse zur Behandlung der drei Themen...

12:30   Mittagessen im Europäischen Hof.

14:00   Zusammenkunft der Ausschüsse.

18:30   Abendessen im Europäischen Hof.

20:00   Schluß der Versammlung, Marburger Universität.

Berichte der Ausschüsse,

Diskussion der Ausschußberichte,

Beschlüsse.

Vertagung.

Aufstellung der genehmigten Zeitungen und Lizenzträger in der Amerikanischen Besatzungszone

WESTLICHER MILITÄRDISTRIKT

Aachener Nachrichten, Aachen
(jetzt britische Besatzungszone)
Heinrich Hollands

Frankfurter Rundschau, Frankfurt/Main
Emil Carlebach
Hans Etzkorn
Wilhelm Karl Gerst
Otto Grossmann
Wilhelm Knothe
Paul Rodemann
Arno Rudert

Rhein-Neckar-Zeitung, Heidelberg
Dr. Rudolf Agricola
Dr. Theodor Heuss
Dr. Hermann Knorr

Marburger Presse, Marburg/Lahn
Hermann Bauer
Karl Bremer

Stuttgarter Zeitung, Stuttgart
Dr. Karl Ackermann
Henry Bernhard
Josef Eberle

Weser Kurier, Bremen
Hans Hackmack

Hessische Nachrichten, Kassel
Wolfgang Bartels
August Heinrich Berning
Dr. Wolfgang Poeschl
Gustav Roemer
Friedrich Schmidt

Wiesbadener Kurier, Wiesbaden
Fritz Otto Ulm
Georg Alfred Mayer

Fuldaer Volkszeitung, Fulda
Heinrich Kierzek

ÖSTLICHER MILITÄRDISTRIKT

Süddeutsche Zeitung, München
Edmund Goldschagg
Dr. Franz Josef Schöningh
August Schwingenstein

Hochland-Bote, Garmisch
Anton Lutz

Nürnberger Nachrichten, Nürnberg
Dr. Josef Eduard Drexel

Frankenpost, Hof
Hans Seidel
Tibor Jost

BERLIN

Der Tagesspiegel, Berlin
Walther Karsch
Edwin Redslob
Erich Reger
Heinrich von Schweinichen

Besonderer Dank gebührt Herrn Oberbürgermeister Siebecke und Herrn Oberleutnant Baum für ihre Mitarbeit und Hilfeleistung am Zustandekommen der Konferenz in Marburg.

1837 1045   Wiesbadener Kurier — Wiesbadener Verlag GmbH.

Demgegenüber unterstrich die andere Gruppe, vertreten vor allem durch Emil C a r l e b a c h von der „Frankfurter Rundschau", daß die neue Organisation sich auf keinen Fall ein Programm stellen dürfe, das auch nur die Möglichkeit eines Gegensatzes zu den Gewerkschaften zuließe. Die Aufgaben des freien Verlegerverbandes bestünden in der Interessenvertretung bei der Geschäftsabwicklung liquidierter Nazibetriebe, in der Beschaffung von Papier und anderen Mangelwaren, damit die Herausgebertätigkeit von diesen Hemmungen Zug um Zug befreit werde. Darüber hinaus habe sich der Verband vor allem ideelle Aufgaben zu stellen. Die Schaffung von Unternehmerverbänden in Deutschland werde nicht nur von der Arbeiterschaft abgelehnt, sondern auch von den alliierten Behörden, nachdem die Welt und das deutsche Volk zur Genüge erfahren haben, daß die deutschen Unternehmerorganisationen immer wieder Keimzellen der Kriegspolitik gewesen sind. Es wurde deshalb vorgeschlagen, die Gewerkschaften mit einer paritätischen Vertretung in die Leitung der Organisation zu berufen.

Heuss wurde von einem Dr. Peters vom Bremer „Weser-Kurier" unterstützt. Der aber war nur das Sprachrohr eines anderen, der hinten, als Zuhörer auf dem Eselsbänkchen saß: Felix von Eckart, ohne Rederecht, weil er Filme für Goebbels gedreht hatte. Er wurde später Chef des Bundespresseamtes der Regierung Adenauer.

Unsere Gruppe aber hatte (noch) die Mehrheit: Gerst wurde zum Vorsitzenden des Verbandes gewählt.

Aus Belfrages Tagebuch:

„Marburg, 20. Oktober 1945. Konferenz der Lizenzträger der US-Zone. Die Konferenz fiel zufällig mit dem Geburtstag von Fritz Schmidt zusammen, einem der Herausgeber aus Kassel, der die vergangenen zehn Jahre als Kommunist im KZ verbracht hat; es wäre in elf Jahren der erste Geburtstag gewesen, den er mit seiner Familie hätte verbringen können. Die Amerikaner hatten Schmidt versprochen, daß der Tag gefeiert würde, und auf ihre Anregung hin hielt Heuss die Rede, mit der Schmidt gefeiert wurde. Mein sozialdemokratischer Freund aus Bremen, Hans Hackmack, brach fast in Tränen aus. Als er aufgefordert wurde zu sprechen, sagte er, sein Herz fließe über; er konnte nicht reden... Im Hinblick auf die Erfahrung dieses Wochenendes glaube ich, es ist nicht unmöglich, daß der deutsche Wille, ein ehrenwertes Land in der Bruderschaft der Nationen zu werden, triumphieren kann."[14]

Gastgeber war offiziell der Marburger Oberbürgermeister Siebecke, ein Sozialdemokrat. Mit einem langen ideologischen Artikel, der schon damals darauf berechnet war, aus der Arbeiterpartei SPD eine „Volkspartei" zu machen, wurde er herausgestellt. Kurz darauf war er verschwunden, nicht mehr auffindbar — bis sich ergab: Er war in die sowjetische Zone geflüchtet, da er in Marburg für sein Leben fürchtete. Die Vorgeschichte:

Aus einem Museum waren wertvolle Bilder gestohlen worden. Die Spuren führten in Offizierskreise der US-Armee. Eines Morgens wurde der deutsche Ermittler, den CIC auf die Spur angesetzt hatte, vor seiner Wohnungstür tot aufgefunden: eine Kugel war ihm in den Rücken geschossen worden. Aus den Akten verschwand dann auch noch das Geschoß, so daß die Waffe des Mörders nicht ermittelt werden konnte. Und dann verschwand der Oberbürgermeister, aus Sorge um sein Leben. Es waren „bewegte Zeiten".

Auch Heuss spielte später für mich noch eine Rolle. Sergeant Adler holte mich in sein Zimmer: „Uns wird berichtet, Heuss habe für die Zeitung von Goebbels' 'Das Reich' geschrieben. Das hat er in seinem Fragebogen nicht angegeben.

Kann man das überprüfen?"

Es war ein ernster Vorwurf; denn wer nach 1935 noch für die Nazis geschrieben hatte, konnte keine Lizenz erhalten. Und das Verschweigen einer solchen Tatsache war Fragebogenfälschung; darauf stand Freiheitsstrafe bis zu zehn Jahren.

Was war zu tun? „Im Keller der Börse ist ein Zeitungsarchiv. Es ist von der Militärregierung versiegelt. Wenn Sie die Siegel öffnen lassen können", sagte ich zu Adler, „dann können wir unseren Archivar, Hermann Hodes (er hatte mit mir in Buchenwald gesessen) dorthin schicken, um die Sache zu prüfen."

So geschah es. Und Hodes kam mit fünf Artikeln von Heuss im Leibblatt des Dr. Goebbels wieder! „Der ist erledigt", meinte Adler, als er vor meinen Augen seinen Report an das Hauptquartier versiegelte. Er irrte — der Mann wurde Bundespräsident. Vielleicht war es den Amerikanern gar nicht unlieb, einen Mann auf diesem Posten zu sehen, den man unter Druck setzen konnte?

26. Oktober: Die FR meldet die Gründung der UNO. 51 Regierungen hatten die Urkunde ratifiziert. Zusammenarbeit sollte das Motto auch für die Weltpolitik werden.

Knapp ein halbes Jahr war vergangen seit der Niederwerfung des Hitlerstaats, knapp drei Monate seit Gründung der „Rundschau". Vieles hat sich geändert in dieser kurzen, stürmischen Zeit. Aber auch für die Zeitung selbst änderte sich manches. Mit der Bildung der Hessischen Regierung wurde naturgemäß diese das politische Zentrum des Landes, für die Zeitung traten die rein journalistischen Aufgaben mehr in den Vordergrund. Kritik an der mangelhaften Lebensmittelversorgung, an Schlamperei und Sabotage, an der verschleppten Entnazifizierung, Auseinandersetzungen mit Blaums Stadtverwaltung in Frankfurt nehmen mehr und mehr Raum ein. Pflastersteine fliegen durch unsere Fensterscheiben: „Du dreckige Judensau weißt wohl nicht, was eine SS-Halskrause ist!" Nun, ich weiß es, ich weiß auch, daß das Gesindel, das sich monatelang feige verkrochen hat, leider nicht ohne Anlaß wieder frech wird.

Gleichzeitig läuft die Wühltätigkeit gegen uns weiter. Belfrage notiert:

„Gersts Artikel ‚Ich spreche als Katholik' enthält mehr Christentum, als die Bischöfe schlucken wollen. Sein Aufruf für Christentum in Aktion muß Männer in Verlegenheit bringen wie den Erzbischof Groeber aus Freiburg, der in der SS war, und den Bischof von Fulda, der seine Gemeinde aufrief, die Vergewaltigung Österreichs ‚mit einem freudigen Ja' gutzuheißen. Die Hierarchie ist entschlossen, diesen Mann zum Schweigen zu bringen, dessen Stimme sie beschämt."[15]

Die „Schweizer Illustrierte Zeitung" wußte am 28. November 1945 in einem mit „W.M." gezeichneten Reisebericht aus Frankfurt gar folgendes zu berichten:

„In der Redaktion der ‚Frankfurter Rundschau' (vom Volksmund bündig ‚Schundschau' genannt) sitzt beispielsweise ein Mann, der seine Privilegien als Redakteur nur dem Umstande verdankt, daß ihn die Nazis geraume Zeit in ein KZ-Lager gesteckt hatten. Inzwischen hat sich herausgestellt, daß dieser Herr einst Reichsamtsleiter und Pg gewesen ist und sich im Lager von seinen Wächtern zum SS-Büttel heranziehen ließ, in welcher Eigenschaft er auf höheren Befehl zahlreiche Mitgefangene umbringen mußte. Als einzige Entschuldigung führt er an, daß er nur die Hälfte all der Menschen getötet habe, die man ihm zugemutet habe."

Wer wollte in der Schweiz im Jahre 1945 nachprüfen, ob diese idiotischen Lügen stimmten? Hauptsache, es blieb etwas hängen. Aber schon konnte man auch wieder die „kommunistische Platte" spielen. Belfrage notiert:

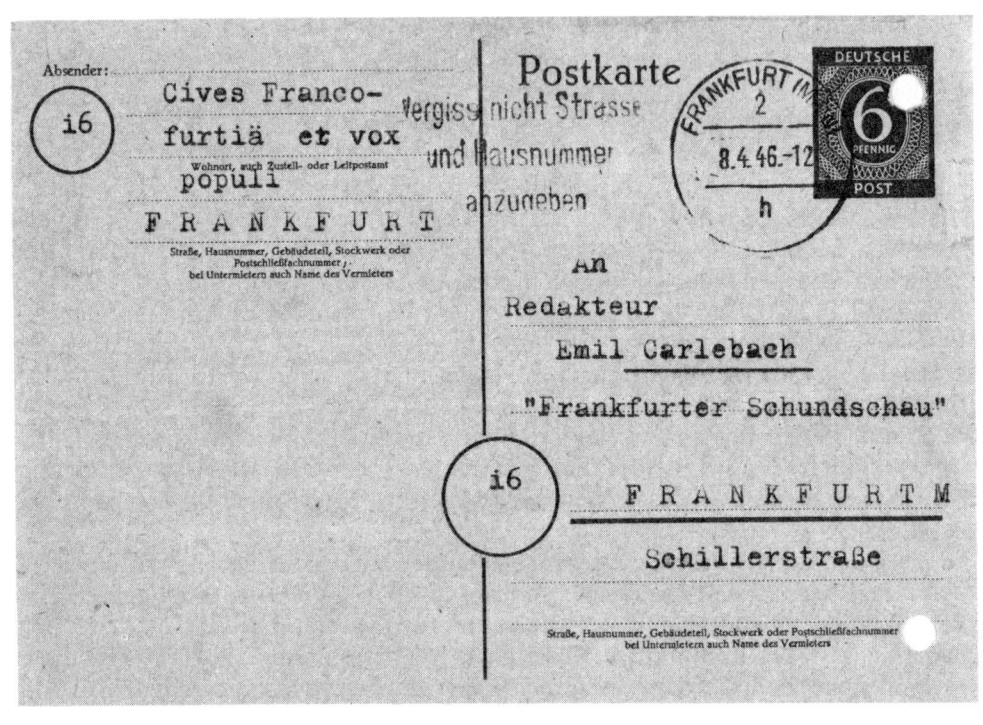

Absender:

(i6) Cives Franco-
furtiä et vox
populi

Wohnort, auch Zustell- oder Leitpostamt

F R A N K F U R T

Straße, Hausnummer, Gebäudeteil, Stockwerk oder
Postschließfachnummer;
bei Untermietern auch Name des Vermieters

vergiss nicht Strasse
und Hausnummer
anzugeben

Postkarte

FRANKFURT (M)
2
8.4.46.-12
h

DEUTSCHE
6
PFENNIG
POST

An

Redakteur

Emil Carlebach

"Frankfurter Schundschau"

(i6)

F R A N K F U R T M

Schillerstraße

Straße, Hausnummer, Gebäudeteil, Stockwerk oder Postschließfachnummer
bei Untermietern auch Name des Vermieters

Hast Du schon einmal etwas von der

"S.S.-H A L S K R A U S E"

gehört?

Falls nein, so wirst Du die "Halskrause"
bald in natura kennen lernen, Du Judenlümmel!
Alsdann werden Deine "Mitarbeiter" ebenso "baumeln"
wie Du.

Zuletzt wird Dein "Wurstblättchen" dieses
Volksvergiftungs - Käseblatt, auf den Scheiter-
haufenkommen , wohin Du widerliches Drecksau

eher noch hingehörst als an den Galgen

Mit „Cives Francofurtiae et vox populi" hat der – natürlich anonyme – Absender unterschrieben. Er stammt aus den „gebildeten Kreisen" und hat Latein gelernt.

„Colonel S. von der Militärregierung in Frankfurt, der kein Wort Deutsch versteht, sagte zu mir, er habe sich einige Artikel aus der Rundschau übersetzen lassen. Er sagte: ‚Ich kann nichts Kommunistisches darin finden, außer den offiziellen Parteierklärungen der KPD, die veröffentlicht werden wie die Erklärungen aller Parteien.' Ich antwortete, daß das stimmt. ... Ich fügte hinzu, daß Deutsche mit Nazieinstellung so antirussisch sind, daß man ihnen gegenüber keine kommunistischen Ansichten äußern muß, um als Kommunist zu gelten; man braucht bloß darauf zu verzichten, provokativen Unsinn über Rußland zu erzählen. Ich war so klug, nicht hinzuzufügen, daß das ebenso für viele US-Offiziere in Deutschland gilt."[16]

Hurwitz gibt eine ICD-Untersuchung wieder:

„Interview mit führenden Persönlichkeiten der Kirchen, der CDU und der LDP enthüllen einen weitverbreiteten Unwillen über die Tatsache, daß die ICD die Zeitung Männern anvertraut hatte, von denen fast alle während des NS-Regimes eine Zeit im Gefängnis oder in Konzentrationslagern verbracht hatten. Die Forderung nach der Lizenzierung einer zweiten Zeitung in Frankfurt machte sich immer stärker bemerkbar."[17]

Was Gewerkschafter, Betriebsarbeiter, Jugendliche oder Nazi-Opfer von der Zeitung hielten, war offenbar bei der Auswahl der „Interviewpartner" uninteressant. Der interne US-Bericht stellte immerhin bei einigen der Befragten „deutschen Nationalismus ... Absicht, die Westmächte und Rußland auseinanderzubringen ... fehlende Bereitschaft zur Zusammenarbeit bei der Lösung von gemeinsamen Problemen" fest.[18]

Noch nachdem dann die von den Rechten geforderte zweite Zeitung, die „Frankfurter Neue Presse", gegründet war, die dem CDU-Mann und früheren Polizisten Stenzel übergeben wurde, vermerkt Hurwitz:

„Im ganzen war die Leserschaft der FR vom Juni 1946 bis April 1947 nicht zurückgegangen, sondern eher gestiegen."[19]

Aber es ging nicht um die Tatsachen — es ging um die Richtung der Zeitung; da wurde alles, was nicht antikommunistisch war, als „kommunistisch" eingestuft. Der Sozialdemokrat Rodemann schrieb im Leitartikel über das Gejammer von angeblich „unschuldigen kleinen Nazis" (23. Oktober):

Wenn Millionen büßen und opfern mußten dafür, daß die Nazis 1933 unbeschädigte Städte und ein unzerstörtes Reich übernehmen konnten, wie groß müßte dann die Buße, die Strafe zu bemessen sein für die, die mitschuldig sind an der furchtbaren Zerstörung aller Zivilisation und Kultur des deutschen Volkes. Wären Vergeltung und Rache die Leitmotive in der Untersuchung und Feststellung der Schuld und Mitschuld, und würde nach Nazimethoden heute gehandelt werden, dann müßten sämtliche Pgs nach der von ihnen gewollten und bewußt geduldeten Rechtsauffassung Himmlers ohne Urteil gerichtet werden. Als Demokraten lehnen wir aber die Nazimethoden ab, wir stehen fest auf dem Boden der Gerechtigkeit. Wir sind es deshalb den Opfern des Nazismus schuldig, Sühne zu fordern und die Schuld, die dem ganzen deutschen Volk auferlegt wird, in dieser Weise zu verteilen und zu tilgen, daß ihre geringste Last von denen getragen wird, die dem Nazismus haben erzwungenermaßen Opfer bringen müssen. Weil die Demokratie auf der Basis menschlicher und sozialer Gerechtigkeit aufgebaut werden soll, müssen die aus Nazigewaltpolitik erwachsenen Folgen nach den Grundsätzen der Gerechtigkeit auch getragen werden.

Das war nach Meinung von Bischöfen, Fabrikanten und ihren Freunden in der Militärregierung „kommunistisch".

Der Katholik Gerst im Leitartikel vom 2. November 1945, gegen den OB Blaum, der den Wiederaufbau denselben Konzernen (Holzmann und Wayss & Freytag) zugespielt hatte, die den Krieg über am Bau von Hitlers „Westwall" profitiert hatten:

Aus gemeinsamer Arbeit müssen unsere neuen Wohnstätten und die anderen Bauten entstehen und in neuen Formen des Besitzes an ihnen. Auch hier wollen wir nicht mehr den Boden- und den Häuserspekulanten oder den großkapitalistischen Bauunternehmer sehen. Die Bewohner der Häuser sollen in geeigneter Form auch die Auftraggeber, die Bauherren und die Bauenden sein. Zu den Kosten müssen alle herangezogen werden, deren Eigentum der Krieg nicht zerstört hat. Mit anderen Worten: Wir wollen Gemeinwirtschaft zum Wiederaufbau unseres wirtschaftlichen Lebens. Darüber wölbe sich in Harmonie unser gemeinsames kulturelles Leben, denn gemeinsam wollen wir auch hier arbeiten. Wie abwegig ist es, wenn Dr. Blaum von den Kirchen spricht und von ihnen nur zu sagen weiß, ihnen falle die Aufgabe zu, in den bevorstehenden Notjahren Trost und seelische Erhebung zu geben. Den C h r i s t e n i s t g e s a g t, sie seien das S a l z d e r E r d e. Deshalb müssen sie in der vordersten Reihe stehen, wenn um diese neue Form gerungen wird, und die Kirchen müssen ihnen und allen Menschen die Botschaft der Liebe verkünden, die ihnen den seelischen Halt und den Eifer gibt, zusammen mit den Vertretern anderer Weltanschauungen dem Volk als Ganzem zu dienen und jeden Egoismus zu verbannen.

Das war natürlich „kommunistisch".

Der SPD-Vorsitzende Willy Knothe im Leitartikel vom 16. November:

Es kann und darf nicht mehr sein, daß eine Minderheit von Industriekapitänen und Großgrundbesitzern Nutznießer der Wirtschaft werden, während die schaffenden Volksstände die Lasten der deutschen Not schleppen. Sie würden ihre Gewinne wieder anlegen in politischen Hypotheken, um die ihnen wesensfremde Demokratie erneut abwürgen zu können. Das werdende demokratische Deutschland wird sich deshalb vorsorglich Sicherungen schaffen müssen, die notwendig sind, seine Entwicklung und seinen Bestand zu festigen. Hand- und Kopfarbeiter aller Berufsstände werden u n t e r s o z i a l i s t i s c h e r F ü h r u n g Deutschlands sichernder politischer Machtfaktor sein.

Das Bewußtsein demokratischer Gebundenheit in dem ernsten Willen, die Welt davon zu überzeugen, daß es ein anderes Deutschland als das der Militaristen und Chauvinisten gibt, wird zur großen E i n h e i t führen, die wir brauchen, um den uns gebührenden Platz im Verband der Völker zu erringen. Alle aufbauwilligen Kräfte, die nach dem festen Angelpunkt in der wirtschaftlichen und sozialen Umschichtung der Gegenwart suchen, werden ihn nur finden können im Wollen der Demokratie.

All das erschreckte, alarmierte diejenigen, die aus dem Zusammenbruch „ihres" Staates Macht und Reichtum in die nächste Periode hinüberretten wollten. Und sie fanden ihre Verbündeten in den Stäben der Besatzungsarmee. Offiziere wie Belfrage und auch die meist politisch unbedarften Truppenkommandeure wurden mehr und mehr ersetzt durch Männer in Oberstenuniform oder Generalsrang, die in den USA Direktoren oder Justitiare großer Konzerne waren, und deren Horror vor dem „Bolschewismus" sie zu Verbündeten der deutschen Reaktionäre und Faschisten machte. Die Zeitung geriet unter zunehmenden Druck.

Zunächst aber hatten wir mit einer anderen Schwierigkeit zu tun. Die Zusammenarbeit von sieben Gleichberechtigten brachte Reibungen, auch wenn man in der Sache einig war. Täglich mußte zum Redaktionsschluß alles unter Dach und Fach sein, aber oft waren einzelne abwesend oder kamen erst im letzten Augenblick. So wurde beschlossen: Zwei Lizenzträger scheiden aus, paritätisch je ein Kommunist und ein Sozialdemokrat; jeder erhält eine neue Lizenz: Rodemann gründet das „Darmstädter Echo", Grossmann den „Neuen Sport". Alle waren zufrieden — nur nicht die Gegner unserer Zeitung. Denn diese Lösung war nicht die „Zensur ohne Schere", die Kastrierung der Rundschau.

Noch gewannen wir an Boden. Spitzenmeldung am 27. November: „Abkommen der politischen Parteien in Frankfurt über Zusammenarbeit". Mit der Unterschrift ihrer Vorsitzenden Husch (CDU), Fisch (KPD), Landgrebe (LDP) und Knothe (SPD) forderten die vier Parteien „ihre Mitglieder und Anhänger auf, unter Zurückstellung von Meinungsverschiedenheiten kameradschaftlich zusammenzuarbeiten und gemeinsam den Wiederaufbau unseres zerstörten Landes in materieller und moralischer Hinsicht durchzuführen".

Abkommen der politischen Parteien in Frankfurt über Zusammenarbeit

FRANKFURT, 26. November.
Folgende bedeutsame Erklärung der vier in Frankfurt zugelassenen politischen Parteien wird uns zur Veröffentlichung zugestellt. Die Erklärung hat folgenden Wortlaut:

Die Leitungen der Christlich-Demokratischen Union, der Kommunistischen Partei, der Liberal-Demokratischen Partei und der Sozialdemokratischen Partei beschließen die Gründung eines Aktionsausschusses, für den jede Partei fünf Vertreter stellt.

Der Aktionsausschuß hat die Aufgabe, alle wichtigen politischen Probleme zu beraten, um eine gemeinsame Lösung zu finden, die mit vereinten Kräften durchzusetzen ist.

Fragen, bei denen eine unüberbrückbare Verschiedenheit der Meinung besteht, werden zurückgestellt.

Bei allen Angelegenheiten, für die der Aktionsausschuß ein gemeinsames Vorgehen der vier Parteien beschließt, verzichten die Parteien auf Einzelaktionen.

Die vier Parteien fordern ihre Mitglieder und Anhänger auf, unter Zurückstellung von Meinungsverschiedenheiten, kameradschaftlich zusammenzuarbeiten und gemeinsam den Wiederaufbau unseres zerstörten Landes in materieller und moralischer Hinsicht durchzuführen.

Zur Geschäftsführung: Der Aktionsausschuß wählt einen Vorstand, bestehend aus je einem Vertreter der vier Parteien. Dieser bestimmt

einen Vorsitzenden. Der Vorsitzende ladet den Vorstand oder den Aktionsausschuß nach Bedarf zu Sitzungen ein. Vertreter des Landesausschusses, des Bürgerrats oder Fachleute können nach Beschluß des Vorstandes zu den Sitzungen hinzugezogen werden.

Frankfurt/Main, den 19. November 1945.

Für die Christlich-Demokratische Union
gez.: J. Husch

Für die Kommunistische Partei
gez.: W. Fisch

Für die Liberal-Demokratische Partei
gez.: E. Landgrebe

Für die Sozialdemokratische Partei
gez.: W. Knothe

Die Parteien bildeten einen Aktionsausschuß, einen Vorstand, und gaben ihrem Ausschuß eine Geschäftsordnung. Unter der Überschrift „Positive Entwicklung" schrieb Gerst, der als einziger von uns keiner Partei angehörte, im Leitartikel:

Es gab für die Politiker, die sich mit allem Nachdruck für die Idee der Zusammenarbeit einsetzten und die verlangten, daß sie sich nicht auf gelegentliche Manifestationen beschränken, sondern in geeigneter Weise auch organisatorische Form finden und sich vor allen Dingen in der praktischen Arbeit erweisen sollte, Situationen, in denen man sie m i ß v e r s t a n d oder mitunter sogar ihre Absichten recht feindselig mißdeutete. Hoffen wir, daß dieses Mißverstehen durch den vollzogenen Schritt der vier Parteien in unserem Raum überwunden ist. Es wird von nun an, so hoffen wir weiter, keine Zuschriften mehr geben, etwa aus katholischen Gruppen, in denen katholische Verfechter der nun zur Tatsache gewordenen Zusammenarbeit als „angebliche" Katholiken angesprochen und angegriffen werden. Die politischen Notwendigkeiten, die Einsicht der Parteiführer hat diesen Politikern recht gegeben. Das sei nicht aus Rechthaberei hier verzeichnet, sondern aus einem anderen Grund. Wir wissen um viele Katholiken und um manchen Evangelischen, die sich durch diese Auseinandersetzungen und die Ungewißheit über den politischen Kurs der Frankfurter Christlich-Demokratischen Union abhalten ließen, dort ihre Mitarbeit zur Verfügung zu stellen. Die Frankfurter Leitsätze dieser Partei, klug abgefaßt und überaus geschickt stilisiert, ließen für die Verfechter einer entschiedenen und gegen die Reaktion scharf abgegrenzten Politik noch manche Frage offen, von deren Beantwortung sie ihre Zustimmung und Mitarbeit abhängig machen mußten. In bezug auf die Christlich-Demokratische Union unseres Bezirkes ist zu sagen, daß auch die in der jüngsten Zeit endgültig berufene Parteiführung in ihrer personellen Zusammensetzung — und auch die Vertretungen in den gemeinsamen Aktionsausschüssen der Parteien — einen klaren, von uns zu begrüßenden Kurs erkennen ließen.

Ja, wir freuten uns des Erfolgs. An der Spitze der CDU standen (damals!) Männer wie der ehemalige Buchenwaldhäftling Hilpert, der christliche Betriebsrat Fleckenstein; Else Epstein, deren Mann in Auschwitz ermordet worden war; der Postbeamte Husch. Die „Frankfurter Leitsätze" waren, getragen von der Idee eines christlichen Sozialismus, formuliert worden durch Katholiken wie Eugen Kogon und Walter Dirks. Politchristen vom Schlage der Dregger und Strauß waren noch nicht gefragt.

Aber den US-Behörden fiel durchaus etwas ein, diese Politik zu konterkarieren. Und zwar ganz „freiheitlich-demokratisch": sie befahlen, zu wählen. Zu wählen unter Voraussetzungen, die ihren Wünschen entsprachen.

4. Dezember 1945. Die FR meldet: „Landgemeindewahlen im Januar". Sie meldet gleichzeitig: „Frankfurter Parteien wünschen Verschiebung des Wahltermins". Der Aktionsausschuß hatte am 30. November mit Ministerpräsident Geiler eine Beratung und hatte ihn im Namen aller vier Parteien gebeten, bei den Amerikanern wegen einer Verschiebung des Wahltermins zu intervenieren. Aus der Begründung:

„Die kurze Frist, die für die Wahlvorbereitungen zur Verfügung steht, die beinahe undurchführbare Aufgabe, Nationalsozialisten und sonstige Aktivisten auszusieben, sowie die bisher ungenügende Möglichkeit, die Tätigkeit der demokratischen Parteien im Landesmaßstab wirksam werden zu lassen, veranlaßt uns zu diesem Wunsche."

So diplomatisch das auch formuliert war, alle wußten, worum es ging: Parteiorganisationen im Landesmaßstab waren durch die Militärregierung erst vor Tagen erlaubt worden, in den Dörfern und Kreisen bestimmte der Kommandant durch Lizenzerteilung weitgehend, wer als Vorsitzender einer Partei amtieren durfte. SPD und KPD konnten zwar dennoch über eine recht feste Parteibasis verfügen — aber wie viele Nazis würden als „demokratische" Wähler mitentscheiden? Oder als „Freie Wählergemeinschaften" aufmarschieren?

Den (damaligen) Vertretern der CDU und LDP war es ein Alptraum, daß sich hinter ihrem Parteinamen vielleicht alte Faschisten verbergen könnten. Und gegen die KPD hatten die Amerikaner noch zusätzlich eine besonders heimtückische Anordnung getroffen: Es durften zunächst nur die Gemeinden unter 20 000 Einwohner wählen, also die Orte, in denen fast mit Sicherheit die Kommunisten ausgerottet worden waren. Um ganz sicher zu gehen, hatten die Amerikaner überdies befohlen, daß zunächst, am 20. Januar, nur die kleinen Gemeinden Nord- und Mittelhessens wählen dürften; Gebiete also, die traditionell rechts standen, so daß das erste Wahlergebnis stimmungsmäßig gegen die beiden Linksparteien wirken würde. Die Arbeitergemeinden in Südhessen sollten erst eine Woche später wählen.

Obendrein hatte die Militärregierung eine 15-Prozent-Sperrklausel verordnet. Das bedeutete, daß die KPD mit Sicherheit in fast keinem dieser Orte auch nur einen einzigen Gemeindevertreter durchbringen würde.

So, liebe Deutsche, nun wählt — die Demokratie kann beginnen ...

In einem diplomatisch abgefaßten Leitartikel, der von mir gezeichnet war, unterstützten wir den Antrag der Parteien. Vergebens. Indessen bemühten wir uns, das, was wir als reale Demokratie betrachteten, in die Tat umzusetzen. Am 7. Dezember, in der Ausgabe, die der Bekanntgabe der Wahltermine folgte, meldet die

FR auf Seite 1 ein fast revolutionäres Ereignis:

„Arbeiter in der Betriebsleitung – Betriebsversammlung der Frankfurter Rundschau". Gerst unterstrich das Bemühen der Betriebsleitung, „das Unternehmen sozial vorbildlich auszugestalten". Nachdem schon im September beschlossen worden war, die FR zu einem gemeinnützigen Unternehmen zu machen, war nun der Militärregierung folgender Antrag übergeben worden:

Arbeiter in der Betriebsleitung
Eine Betriebsversammlung der „Frankfurter Rundschau"

ec FRANKFURT, 6. Dezember (Eig. Ber.). Anläßlich einer kleinen, durch musikalische und rezitatorische Darbietungen umrahmten Vorweihnachtsfeier im Betrieb der „Frankfurter Rundschau" wurden seitens des Aufsichtsrates wie auch des Betriebsratsvorsitzenden wichtige Erklärungen abgegeben. Wilhelm Karl G e r s t wies darauf hin, daß die Bemühungen der Betriebsleitung, das Unternehmen sozial vorbildlich auszugestalten, weitergingen. Nachdem die „Frankfurter Rundschau" sich Anfang September als g e m e i n n ü t z i g e s U n t e r n e h m e n erklärt hatte, gelang es durch vorbildliche Zusammenarbeit zwischen Betriebsleitung, Betriebsrat und Arbeitsamt, eine vorbildliche B e t r i e b s o r d n u n g aufzustellen. Nunmehr hat der Aufsichtsrat beschlossen, an die amerikanische Aufsichtsbehörde folgenden A n t r a g zu stellen:

„Die mit der Herausgabe und Betriebsführung der „Frankfurter Rundschau" beauftragten Lizenziaten beantragen die Genehmigung, daß bei allen Fragen der Betriebsleitung und Geschäftsführung drei von der Belegschaft gleichzeitig und im Turnus mit dem Betriebsrat gewählte Vertreter mit allen Rechten und Pflichten mitwirken."

Wilhelm Karl Gerst wies darauf hin, wie die Arbeiterschaft nach 1918 vergeblich versucht hatte, sich ein solches M i t b e s t i m m u n g s r e c h t in den Betrieben zu sichern. Eine wirkliche Betriebsdemokratie, als Vorstufe zum Sozialismus, käme nur zur Verwirklichung durch bewußte Mitarbeit und Initiative der Arbeiter und Angestellten.

Der Betriebsratsvorsitzende Otto P i t z unterstrich die vertrauensvolle Zusammenarbeit im Betrieb, ohne die es nicht möglich gewesen wäre, in den wenigen Monaten den Wiederaufbau des Zeitungsbetriebs so weit voranzutreiben. Dieses gegenseitige Vertrauen hat Arbeitslust und Arbeitswillen aller angefacht. So müsse beim Neuaufbau überall vorgegangen werden. Er beklagte, daß das Wiedererstehen der Gewerkschaftsorganisationen nicht von vornherein durch die Belebung des Betätigungswillens und Verantwortungsbewußtseins der Belegschaften vor sich gegangen sei, und daß man den Mitgliedern keine Gelegenheit gegeben habe, die vorgelegten Satzungen in Ruhe zu überprüfen. Es sei durchaus möglich, die E i n h e i t innerhalb der Arbeiterschaft, als Voraussetzung für jede Leistung, zu schaffen. Das beste Beispiel dafür sei der Betriebsrat der „Frankfurter Rundschau", in dem es noch nicht ein einziges Mal zu Meinungsverschiedenheiten zwischen den Angehörigen der verschiedenen Parteien gekommen sei.

Ueber die Schuldfrage

HAMBURG, 6. Dezember (DANA). Der Vorsitzende der Hamburger Sozialdemokratischen Partei, Karl Meitmann, untersuchte in einer Ansprache die Frage der Schuld des deutschen Volkes am Kriege. „Wir können," so führte er aus, „von den Alliierten n i c h t erwarten, daß sie uns gefüllte Suppenschüsseln an den Tisch stellen, nachdem das deutsche Volk jahrelang seine Nachbarvölker ausgeplündert hat. Wir Sozialdemokraten sind bereit, unseren Teil an der Wiedergutmachung zu tragen. Aber die Alliierten müssen dem deutschen Volke die Möglichkeit geben, zu arbeiten. Alle, die das Nazi-System unterstützten, Hitlers Erfolge mit Beifall begrüßten, ihre Kinder in die SA und SS schickten, um wirtschaftliche Vorteile damit zu erreichen, und die mit den Achseln zuckten, wenn Anschläge ein neues Todesurteil wegen ,Volksverrats' verkündeten, sind für den Krieg v e r a n t w o r t l i c h."

„Die mit der Herausgabe und Betriebsführung der ,Frankfurter Rundschau' beauftragten Lizenziaten beantragen die Genehmigung, daß bei allen Fragen der Betriebsleitung und Geschäftsführung drei von der Belegschaft gleichzeitig und im Turnus mit dem Betriebsrat gewählte Vertreter mit allen Rechten und Pflichten mitwirken."

In dem Bericht heißt es weiter:

„W.K. Gerst wies darauf hin, wie die Arbeiterschaft nach 1918 vergeblich versucht habe, sich ein solches Mitbestimmungsrecht in den Betrieben zu sichern. Eine wirkliche Betriebsdemokratie als Vorstufe zum Sozialismus käme nur zur Verwirklichung durch bewußte Mitarbeit und Initiative der Arbeiter und Angestellten".

Aus der Antwortrede des Betriebsratsvorsitzenden Otto Pitz wird zitiert:

„So müsse beim Neuaufbau überall vorgegangen werden … Es sei durchaus möglich, die Einheit innerhalb der Arbeiterschaft, als Voraussetzung für jede Leistung, zu schaffen. Das beste Beispiel dafür sei der Betriebsrat der ‚Frankfurter Rundschau', in dem es noch nicht ein einziges Mal zu Meinungsverschiedenheiten zwischen den Angehörigen der verschiedenen Parteien gekommen sei."

Die Initiative zu unserem Beschluß war von Gerst ausgegangen. Knothe und ich stimmten sofort zu. Etzkorn verhielt sich passiv wie immer. Unsere Presseoffiziere waren zuerst schockiert. Bei all ihrer fortschrittlichen Gesinnung gingen sie doch, gut amerikanisch, mit Selbstverständlichkeit davon aus, daß alles Positive von vernünftigen Bürgern oder Intellektuellen kommen müsse. Arbeiter? An die wurde dabei allenfalls als Objekt guter Taten gedacht. Immerhin, sie ließen sich überzeugen und akzeptierten unseren Entschluß.

Rudert sollte den Leitartikel dazu schreiben. Wir wollten ja ein Beispiel geben. Es war alles noch im Werden, wir wollten andere ansporten, mitreißen. Aber Rudert verbreitete sich über „Demokratie" in den verschiedenen Ländern, über die Schuld des deutschen Volkes — von unserem Beschluß kein Wort! Ob er schon davon träumte, einmal Besitzer der Zeitung werden zu können, in deren Leitung er jetzt nur treuhänderisch tätig war? Auf jeden Fall: Er exponierte sich nicht.

Immer neue Probleme tauchten auf. Der Aufbau einer deutschen Polizei ging zügig voran, und zwar in der Weise, daß (wie 1918/19) die früheren Wehrmachtsangehörigen nun als polizeiliche Schützer der Demokratie figurierten. Unter der Überschrift „Polizei und Vertrauen" warnte Knothe im Leitartikel am 11. Dezember. Er hatte als Sozialdemokrat nicht vergessen, wohin solche Praxis führte. Er wies auf die amerikanischen Entnazifizierungsfragebogen hin, die nach Parteimitgliedschaft in der NSDAP fragten, was keinen Hitleroffizier traf, da diese ausdrücklich nicht in die NSDAP eintreten durften. Denn Wehrmacht und NSDAP galten nebeneinander als die „Säulen des Staates". Knothe schrieb sehr deutlich:

Heute geschieht es bereits, daß auf Grund dieser „weißen" Fragebogen die ungeeignetsten Vertreter des Berufssoldatentums in die Polizei aufgenommen werden. Soll der Teufel mit Beelzebub ausgetrieben werden? In den Offiziersberuf ist von 1933 bis 1939 niemand gezwungen worden! Gerade der Berufsoffizier wußte, wohin der Kurs geht.

Und diese Nazis, die keine Pgs waren, sollen in der Polizei des neuen Staates verantwortliche Plätze einnehmen? Hier muß sofort und radikal Abhilfe geschaffen werden, sonst wird Reaktion und Militarismus an einer der wichtigsten Stellen im Volksganzen erneut verankert.

Auf Seite 1 berichtete die FR, daß Knothe auf dem ersten Landesparteitag der SPD unter großem Befall zum Vorsitzenden gewählt wurde. Und daneben von der Rede des Arbeitsministers Oskar Müller vor den Gewerkschaftsfunktionären der hessischen Kreise:

Die Demokratisierung der Wirtschaft bezeichnete der Minister als eine Forderung, die schnellstens realisiert werden müsse. Andernfalls würden die reaktionären Kräfte, die zweifellos noch vorhanden seien und sich zur Zeit sehr geschickt tarnten, ihre Positionen verstärken, und damit würde sich das Spiel wiederholen, das wir nach 1918 erlebt haben. Hier entstehe den Gewerkschaften eine gewaltige Aufgabe. Angefangen von den Arbeitnehmervertretungen im Betrieb, der Keimzelle der Wirtschaft, deren Funktionen erweitert und die beim Wiederaufbau der Betriebe, der Gestaltung und Planung der Produktion wie der Sicherung gegen alle Versuche, Neuaufrüstung vorzubereiten, mitarbeiten müßten, werde die Frage der Wirtschaftsgestaltung und Wirtschaftsplanung unter der verantwortlichen Mitarbeit der Gewerkschaften in An-

griff genommen werden müssen. Es werde die gemeinschaftliche Aufgabe von Regierung und Gewerkschaften sein, die zweckentsprechenden Organisationsformen demokratischer Wirtschaftspolitik auszuarbeiten und zu verankern. Das frühere Betriebsrätegesetz werde eine der heutigen, wirklich demokratischen Wirtschafspolitik entsprechende Fassung erhalten. Der weitere Aufbau werde sich organisch nach oben in demokratischen Organisationsformen entwickeln müssen, in denen die Gewerkschaften, mitbestimmend für die Wirtschaftspolitik, anteilmäßig vertreten sein müßten. Nur so werde es möglich sein, den wirtschaftsreaktionären und damit auch den politisch reaktionären Einfluß interessierter Kräfte auszuschalten. Von diesem Gesichtspunkt aus gesehen dürfte es ausgeschlossen sein, jemals wieder Arbeitgeberverbände alten Schlages, deren unheilvoller Einfluß auf die deutsche Politik jedem noch in übelster Erinnerung sei, zuzulassen.

Auf Seite 5 aber schrieb Gerst einen der Artikel, die zu seinem Verhängnis wurden. Er zerriß die Legende von dem frommen Klerus, der gegen den Faschismus gewesen sei, und dokumentierte die tatsächliche Haltung der deutschen Bischöfe:

Goebbels, der Satan, kannte die Schwäche der kirchlichen Position. Bestimmt wußte er — so gut, wie wir es wissen —, daß der Bischof von Münster seinen jungen Klerikern, die grundsätzlich gegen den Krieg waren und die Niederlage Hitlers wünschten, gesagt hatte:

„Wir müssen den Sieg der deutschen Waffen wünschen, die Folgen einer Niederlage wären nicht auszudenken."

Umgekehrt, die Folgen eines Hitlersieges wären nicht auszudenken gewesen, und der Bischof von Münster wäre bestimmt nicht der einzige Bischof geblieben, den die Nazis aufgehängt hätten zum Lohn dafür, daß sie sich von Goebbels hätten bestimmen lassen, den Nazisieg zu wünschen.

Unsere Fehler und unsere Mitschuld reichen zurück bis in die Frühjahrstage 1933. Damals gaben die Bischöfe ihre ablehnende Haltung gegen den Nationalsozialismus preis, öffneten die Kirchen für Festgottesdienste (Parlamentseröffnungen usw.), veranstalteten Totenmessen unter Einladung der Nazibonzen, tauschten bei Inthronisationsfeiern mit Nazigauleitern Ergebenheitsadressen aus und anderes mehr.

Bis zum 30. Januar 1933 gab es im katholischen Deutschland eine Einheitsfront gegen den Nazismus. Nur wenige Katholiken waren ausgebrochen. Durch den Stellungswechsel der Amtskirche wurde dieser Front das Rückgrat gebrochen. Die Katholiken waren plötzlich führungslos und ratlos, besonders, als bald darauf die Zentrumspartei das Führerprinzip einführte und sich dann auflöste. Jeder mußte für sich allein versuchen, sich irgendwo neu zu orientieren, und viele machten dabei schlimme Fehler.

Auch der Schreiber dieser Zeilen wurde damals für kurze Zeit irritiert und unterließ es, sein innegehabtes Amt sofort niederzulegen. Wenige Wochen darauf begann er eine klare antinazistische Arbeit aufzubauen und, bis zu seiner Verhaftung, durchzuhalten. Sein erstes Zaudern machte ihn politisch mitschuldig. Tausende junger Katholiken — und nicht die schlechtesten — gingen damals in die Partei, in die SA, in die SS. Sie glaubten richtig zu handeln, auch im Sinne der Kirche, gab es doch selbst einen Bischof, der von 1934 an förderndes Mitglied der SS war, bis er im Jahre 1938 ausgeschlossen wurde.

Die letzten Ausgaben des ersten Jahrgangs der FR werden beherrscht von Berichten über den Prozeß gegen die Hauptkriegsverbrecher in Nürnberg; von Lokalmeldungen, die von Lebensmittelmangel, Kälte und Not berichten; und von dem immer wiederkehrenden Wunsch der Menschen, daß Frieden bleiben möge. In der Ausgabe vom 20. Dezember ein Bericht aus der Landeshauptstadt Wiesbaden: Dort haben unter dem Einfluß des Innenministers Venedey (SPD) und des Arbeitsministers Müller (KPD) die beiden Arbeiterparteien bereits gemeinsame Funktionärskonferenzen durchgeführt.

Die Losung, unter der dann die Ausgabe vom 31. Dezember des Jahres 1945 erschien, war eine Kampflosung: „Für die deutsche Einheit". Denn schon zeigte sich, was die USA mit ihrer Forderung nach Föderalisierung wollten. Das böse Wort aus Washington: „Lieber das halbe Deutschland ganz als das ganze Deutschland halb" kursierte bereits hinter vorgehaltener Hand in „gut informierten Kreisen".

Formell polemisierte unser Spitzenartikel — Gerst hatte ihn gezeichnet — gegen separatistische Tendenzen aus Bayern. Tatsächlich aber war er gegen die gerichtet, die das Potsdamer Abkommen untergraben und aushebeln wollten:

Für die deutsche Einheit
Unsere Parole für 1946 und für alle Zeiten

Noch einmal schauen wir am letzten Tage des zu Ende gehenden Jahres zurück.

Immer wieder quälten uns in all den Jahren des Hitler-Terrors und des Hitler-Krieges die Gedanken: Warum hat dies alles über uns kommen können? Wer sind die Schuldigen? Sind wir alle mitschuldig?

Vor unserem Gewissen, vor unserem Volke, vor der Weltöffentlichkeit haben wir uns diese Frage vorgelegt. Wir begriffen unseren Schuldanteil als Volk. Je tiefer die sittliche Verantwortung reicht, je mehr wir um das Geheimnis wissen, daß ein Volk in allen seinen Gliedern mitverantwortlich ist für jede böse Tat, die in seinen Reihen und in seinem Namen geschieht, desto würdiger ist sein Schuldbekenntnis.

Aber wir wissen auch um den anderen Teil dieses Geheimnisses. Daß wir teilhaben an jeder Großtat, die aus unseren Reihen geleistet wird, an jedem guten Werk, an jeder positiven Leistung. Daß wir uns ihrer treuen dürfen und Anerkennung dafür verdienen.

Das vor uns liegende Jahr 1946 verlangt viele Großtaten von uns. Jetzt wird die eigentliche Aufbauarbeit beginnen. Jetzt muß sich das staatliche, wirtschaftliche und kulturelle Leben neu aus den Trümmern erheben. Jetzt wird von allen die Hergabe der letzten Kraft und des letzten Vermögens verlangt.

Aber jetzt werden wir auch im Schweiße unseres Angesichts die letzte Schwere und Bitterkeit des Zusammenbruches erleben. Obwohl wir alle schwer arbeiten müssen, werden wir sehen, wie wir immer ärmer werden. Besser gesagt, wir werden uns unserer Armut als Folge des Hitler-Krieges immer bewußter werden. Das wird hart sein, denn es wird Illusionen zerstören, denen sich viele Deutsche noch immer hingeben.

Wenn uns die ganze Schwere unseres Unglücks vor Augen steht, dann muß auch Klarheit zwischen uns sein. Aus dieser gemeinsamen Not und aus dieser gemeinsamen Verpflichtung darf es keine Flucht geben.

Keiner darf sagen: Ich trage keine Schuld, also brauche ich auch keinen Anteil an Arbeit und Opfer zum Wiederaufbau tragen. Keiner, keine Gruppe und kein Land darf sich der gleichen Pflicht entziehen und sich in irgendeiner Weise von der gemeinsamen Pflicht distanzieren wollen. Ueber allem steht die Pflicht zur deutschen Einheit.

Die Paulskirche beim Einzug der Nationalversammlung am 18. Mai 1848

Wir können zur Zeit noch nicht beurteilen, wie die staatliche Neuordnung Deutschlands im einzelnen beschaffen sein wird. Zuerst ist die Verwaltung in den einzelnen Gebietsteilen aufzubauen und interimistisch mit Hoheitsrechten auszustatten, die in normalen Zeiten nur der Zentralregierung zustehen. Dann wird es eine Art Zentralparlament geben. Dieses wird die neue Verfassung Deutschlands zu beschließen haben.

Es hat in den letzten Wochen ernste Auseinandersetzungen zu diesen Fragen gegeben, die durch Aeußerungen des bayerischen Ministerpräsidenten Dr. Hoegner veranlaßt waren. Darüber wird noch zu sprechen sein.

Alle anderen Aeußerungen der führenden Staatsmänner und der politischen Parteien enthalten das klare Bekenntnis zur deutschen Einheit, nicht nur in lockerer Form, sondern in fester Bindung, wenngleich im einzelnen Unterschiede in bezug auf die Struktur und die Kompetenzen sichtbar geworden sind. Unsere „Frankfurter Rundschau", die zuerst die Parole der Zusammenarbeit gegen alle Widerstände ausgesprochen und verfochten hat, sieht ihre besondere Aufgabe darin, auch Vorkämpferin der deutschen Einheit zu sein, getreu der Tradition unserer Stadt und ihrer demokratischen Bevölkerung. Wir wollen keine lockere Verbindung der einzelnen Glieder zu einem Staatenbund, wir wollen eine wirkliche Einheit, geführt von einer starken zentralen Regierung. In diesem Sinne sind wir Zentralisten und werden das in Für und Wider in den nächsten Wochen begründen.

Für die deutsche Einheit — das ist unsere Parole für 1946. Sie ist eine heilige Verpflichtung. Ihre freiwillige Erfüllung wird unsere Generation von dem Fluch des Hitlertums befreien, der Volk und Staat ... Ihre Erfüllung wird unserer Generation den Ruhm eintragen, in schwerster Stunde treu gewesen zu sein und als echte Antifaschisten, Demokraten und Sozialreformer kein Glied des Volkes aus seiner brüderlichen Liebe und der Gemeinsamkeit ihres Schaffens ausgeschlossen zu haben.

Deutsche Einheit, das bedeutet: Einheit aller Deutschen.

W. K. G.

„Unsere ‚Frankfurter Rundschau', die zuerst die Parole der Zusammenarbeit ausgesprochen und verfochten hat, sieht ihre besondere Aufgabe darin, auch Vorkämpferin der deutschen Einheit zu sein, getreu der Tradition unserer Stadt und ihrer demokratischen Bevölkerung. Wir wollen keine lockere Verbindung der einzelnen Glieder zu einem Staatenbund, wir wollen wirkliche Einheit, geführt von einer starken zentralen Regierung. In diesem Sinne sind wir Zentralisten."

Die Weichen werden gestellt: 1946

Das Jahr 1945 endete mit dem ersten öffentlichen Angriff auf uns. Aus der französischen Zone, wohin sich die Hollbach und Buetow zurückgezogen hatten, attackierte uns der in Konstanz erscheinende „Südkurier". Im Leitartikel wurde eine nicht unmittelbar genannte Zeitung als „Schundschau" charakterisiert, weil sie „mehr die antifaschistischen Tendenzen als Können und Talent" zum Ausdruck bringe. Das war die Haltung der abgeschmetterten Herren der „Frankfurter Zeitung", die sich um ihre Pöstchen betrogen sahen.

Das Getriebe der Rundschau, so schreibt Belfrage in seinen Erinnerungen, *verbesserte sich allmählich, lief aber noch ziemlich holprig. Zu viele Herausgeber treiben sich in den mit allem möglichen überfüllten Kellerräumen herum und stehen den Metteuren im Wege. Ich habe schon mehrere Ansprachen an die Gruppe gehalten und sie daran erinnert, daß Demokratie nichts mit Wirkungslosigkeit zu tun hat — daß sie nicht wirksam werden kann, wenn jeder seinen Finger in jeden Brei hineintaucht, sondern daß sie nur wirksam wird durch die Delegierung spezifischer Aufgaben mit Autorität an einzelne. Diejenigen, die das am wenigsten zu verstehen scheinen, sind die Sozialdemokraten. Sie können nicht davon geheilt werden, sich gegenseitig Reden zu halten und mir Reden zu halten, wenn sie lieber eine Zeitung herausgeben sollten. Sie sind unerträglich langatmig in ihren Artikeln, und wenn es um Sätze ohne Ende gehen sollte, wären sie zweifellos die Sieger. Aber das ist eine Krankheit, an der alle Deutschen in verschiedenem Maß leiden, und Gerst ist fast genauso schlimm.*[20]

Nun, das waren unpolitische Komplikationen, die auf Dauer mit Leichtigkeit überwunden werden konnten. Aber Belfrage hatte noch eine andere Sorge. Sein Team gründete in der amerikanischen Zone mehr als 30 Lizenzzeitungen. Überall (mit Ausnahme von Bremen, wo nur ein einzelner Sozialdemokrat als Lizenzträger gefunden werden konnte) wurde das Prinzip der Zusammenarbeit durchgesetzt; das heißt, es wurden Herausgeber mit verschiedenen Partei- oder Weltanschauungsrichtungen lizenziert. Dabei, das mag festgehalten werden, gab es insgesamt ganze drei Kommunisten: Dr. Agricola in Heidelberg, Fritz Schmidt in Kassel und mich selbst in Frankfurt.

Alle anderen Zeitungen waren nur von bürgerlichen oder sozialdemokratischen Lizenzträgern herausgegeben — was nicht hinderte, daß Belfrage und seine Mitarbeiter der „kommunistischen Verschwörung" beschuldigt wurden. Erst aus Belfrages Erinnerungsbuch wird bekannt, daß schon im September 1945 eine Anordnung von General McClure vorlag, Gerst die Lizenz zu entziehen. Hintergrund: Die Bischöfe hatten zwei Beauftragte geschickt, die ein Material vorlegten, Gerst habe 1933 mit den Nazis zusammengearbeitet. Belfrage dazu: „Einer dieser Beauftragten war bis 1945 Mitglied der NSDAP gewesen, aber das schadete offenbar gar nichts."[21]

Es wurde schnell klar, was Gerst getan hatte: 1933 erlaubten die Bischöfe den Katholiken ausdrücklich, der NSDAP beizutreten; die Parlamentarier der katholischen Zentrumspartei rannten scharenweise in die NSDAP. Der Vatikan schloß ein Konkordat mit Hitler und machte damit das faschistische Regime außenpolitisch salonfähig. In dieser Situation hatte Gerst wie mancher andere Katholik geglaubt, mit den Nazis zusammenarbeiten zu sollen, um den Faschismus katholisch zu unterwandern.

Als wir in der Redaktion den Fall vorgetragen bekamen, so berichtet Belfrage, wies Knothe darauf hin, daß Gersts Taktik ähnlich der gewesen sei, mit der sozialdemokratische Reichsbannerleute in die SA eintraten, um da ihre Antinazipolitik getarnt fortsetzen zu können. Carlebach, so berichtet Belfrage weiter, wies darauf hin: „Die Katholiken arbeiteten mit Hitler zusammen, und wenn man die allerschlimmste Interpretation wählen will, so war Gerst einer von denen, die früh vom Zug absprangen, während seine Ankläger bis zum Ende darauf blieben."

Die Lizenzträger waren sich darüber klar, daß der Plan, das Feuer auf Gerst zu konzentrieren, das Ziel hatte, die bürgerlichen Elemente aus der Zeitung herauszubringen, um damit die links eingestellten Herausgeber zu isolieren und den Amerikanern sagen zu können, „die Rundschau ist eine kommunistisch-sozialistische Zeitung, es ist unmöglich, daß allein diese Zeitung in Frankfurt erscheint. Es muß eine zweite Zeitung herausgegeben werden."[22]

Endergebnis: Gerst blieb, der ICD hatte sich von uns überzeugen lassen. Das Problem blieb: die ICD-Leute mußten feststellen, daß gegen eine ganze Reihe der von ihnen ausgesuchten bürgerlichen Lizenzträger durchaus unangenehmes Material vorlag. Belfrage schreibt über diese Männer:

Wenn sie verdammt werden sollen, weil sie unterhalb unserer Richtlinien stehen, müssen wir entweder die Richtlinien ändern, oder wir müssen uns darauf einstellen, die neue deutsche Presse völlig in die Hand der Linken zu geben. Ich glaube kaum, daß das ist, was wir wollen, und ich wundere mich in zunehmendem Maß, ob die ICD-Spitze in Bad Homburg weiß, was sie will.[23]

Die politischen Probleme werden sichtbar. Belfrage notiert:

Knothe ist jetzt Chef der Sozialdemokratischen Partei in Frankfurt und verwendet seine meiste Zeit für Politik. Etzkorn arbeitet schlecht als Feuilletonherausgeber, produziert eine Menge Mist, die niemanden anspricht. Gerst und Rudert beschweren sich über Etzkorn, möchten ihn aber nicht zu stark kritisieren, damit das nicht als politisches Vorurteil aufgenommen wird. Ich mußte heute eingreifen und Etzkorn anweisen, das meiste Material, das er hatte, hinauszuwerfen und brauchbares Zeug zu beschaffen.

Die anderen fünf Herausgeber haben sich an eine reibungslose und wirksame Zusammenarbeit gewöhnt, aber die Tatsache, daß die Kommunisten sich als stärker und zuverlässiger als die Sozialdemokraten erweisen, bereitet mir vom politischen Standpunkt aus ein wenig Unruhe.

In Bad Homburg sind die Widerstände gegen Heuss und Bernhard zurückgezogen worden, nachdem wir uns stundenlang gestritten hatten. — Wir haben die Notwendigkeit betont, die bestmöglichen „Bourgeois" in die Zeitung zu bringen.[24]

In dieser Atmosphäre begann das Jahr 1946, das Jahr, in dem die Weichen gestellt wurden, und in dem für die Rundschau schwere Entscheidungen getroffen worden sind. Es war das Jahr des Übergangs von der Koexistenz zum kalten Krieg, das Jahr, bevor der amerikanische Besatzungsgouverneur, General Clay, „die Glacéhandschuhe auszog", das Jahr vor der endgültigen Umfunktionierung des Blattes. Bereits in der ersten Ausgabe des neuen Jahres steht eine lange Entschließung der SPD Großhessen, die Vorbehalte und Vorbedingungen gegenüber der Zusammenarbeit auf der Linken macht. In einer Antworterklärung der

Entschließung der SPD Groß-Hessen

Ueber die Versammlung der SPD-Funktionäre von Groß-Hessen haben wir in der letzten Ausgabe berichtet. Nachstehend veröffentlichen wir den Text der in dieser Versammlung angenommenen E n t s c h l i e ß u n g.

Die am 30. Dezember 1945 in Frankfurt/Main stattgefundene Konferenz der Funktionäre für das Land Groß-Hessen erklärt folgendes: Die Sozialdemokratische Partei Deutschlands ist seit ihrem Bestehen die Verfechterin und Künderin der demokratisch-politischen Willensbestimmung und führte mittels ihrer grundsätzlichen sozialen und demokratischen Einstellung und Haltung mit Erfolg den Kampf um die politische Gleichstellung aller Deutschen. Im Verfolg dieser ihrer zutiefst begründeten politischen Stellung ruft die Sozialdemokratische Partei für Groß-Hessen die gesamte Bevölkerung auf, sich zu diesen ihren demokratischen Grundsätzen zu bekennen; in der Ueberzeugung, daß ein Deutschland, geführt durch eine starke und mächtige Sozialdemokratie, sich in der gesamten Welt wieder Achtung und Anerkennung verschaffen wird. Die Machtübernahme des Nazismus im Jahre 1933 war nur möglich, weil sich das deutsche Volk nicht in dem Ausmaße, wie es notwendig war, zur aufbauenden Demokratie bekannte und sich daher nicht hinter die Sozialdemokratische Partei stellte. Wir bezeichnen es als eine unserer wichtigsten Aufgaben, die unbedingte Voraussetzung zur Demokratisierung unseres Volkes zu treffen, weil das deutsche Volk und Vaterland nur durch klare und vernunftgemäße sozialistische und demokratische Einstellung wieder aufwärts und vorwärts zu kommen vermag. Aus diesem Grunde ist die Sozialdemokratische Partei entschlossen, am Wiederaufbau Deutschlands mit allen positiv antinazistischen Kräften zusammenzuarbeiten. Unerläßliche Voraussetzung zur Festigung der Volksherrschaft ist der einheitliche demokratische Wille der deutschen Hand- und Kopfarbeiter. Die Landeskonferenz ist der Auffassung, daß alle Voraussetzungen zu einem einheitlichen positiven Bekenntnis der gesamten arbeitenden Klasse zur Demokratie geschaffen werden müssen. Die gegenwärtige Aufteilung Deutschlands in vier Zonen mit ihren unterschiedlichen psychologischen und politischen Merkmalen läßt eine Einheit in der politischen Willenskundgebung der Sozialdemokratischen Partei noch nicht zu. Deshalb kann sich die Sozialdemokratische Partei Groß-Hessen an Beschlüsse des Zentralausschusses Berlin nicht gebunden fühl.n; sie erwartet eine Stellungnahme seitens des Arbeitsausschusses der Partei für den übrigen Sektor. Die Frage der Vereinheitlichung der beiden Parteien kann erst dann beantwortet werden, wenn 1. die Reichseinheit hergestellt ist, 2. der Friedensvertrag abgeschlossen ist. 3. der Reichsparteitag und die Internationale dazu Stellung genommen haben. Die Funktionär-Landeskonferenz bestätigt den Beschluß des Landesparteitages, nachdem die Sozialdemokratische Partei in den kommenden Wahlkämpfen mit eigenen Listen hervortritt. Durch eigene Listen soll 1. die Stärke der Partei demonstriert werden, 2. das Ausland einen klaren Eindruck von der politischen Entwicklung in Deutschland erhalten. Das Bild der politischen Entwicklung Deutschlands würde ein Verschwommenes sein, wenn wir uns bereit erklärten, Listenverbindungen einzugehen. Sämtliche örtlichen sozialdemokratischen Parteiorganisationen sind verpflichtet, den Beschlüssen der Landesparteileitung und des Landesparteitages Folge zu leisten. Nur eine starke, disziplinierte, in sich geschlossene Sozialdemokratische Partei kann den politischen Erfordernissen gerecht werden, die im Sinne des demokratischen Wiederaufbaues Deutschlands liegen. Wir fordern unsere gesamte Mitgliedschaft auf, sich mit stärkster politischer Energie für den kommenden Wahlkampf vorzubereiten und alles daranzusetzen, damit unseren Listen zum Siege verholfen wird. Wir wenden uns an die Hand- und Kopfarbeiterschaft, an die Bauernschaft, die erkannt haben muß, daß sie nur in einer Gemeinwirtschaft lebensfähig bleibt, an die Frauen und Mütter, die so viel Leid durch die Blutschuld Hitlers zu ertragen hatten, an die Jungwähler, die durch den Hitlerismus verführt wurden und sich nunmehr zu den hehren Idealen der Demokratie und des Sozialismus bekennen sollen, an die politisch entwurzelten bürgerlichen Schichten, die einsehen müssen, daß auf Grund der politisch-ökonomischen Entwicklung der größte Teil ihrer Kreise proletarisiert wird. Alle diese Volkskreise rufen wir auf, sich zu uns zu bekennen in der Einsicht, daß die Sozialdemokratie allein in der Lage ist, Deutschlands Zukunft zu garantieren.

Eine Erklärung der KPD

Zur neuesten Entwicklung der Einheitsbestrebungen in der deutschen Arbeiterschaft erklärt die groß-hessische B e z i r k s l e i t u n g der Kommunistischen Partei:

Die Berliner Beschlüsse, die den Willen von Millionen zum Ausdruck bringen, entsprechen genau dem, was wir seit Monaten durchzuführen versuchen. Die Wiesbadener Einheitskonferenz bewies die Richtigkeit unserer Politik. Um so mehr bedauern wir die Hemmungen, die immer noch bei einigen sozialdemokratischen Funktionären bestehen, und die dazu geführt

KPD wird bedauert, daß die sozialdemokratische Führung seit längerer Zeit den gemeinsamen Aktionsausschuß nicht mehr hat zusammentreten lassen.

Zu den bevorstehenden Gemeindewahlen veröffentlichen die vier Parteien einen gemeinsamen Aufruf „Wahlkampf — aber keine Verhetzung", der am 15. Januar an der Spitze der Seite 1 erscheint. Rudert schreibt noch einmal einen Grundsatzartikel für Einheit und Zusammenarbeit. Und — ein erfreuliches Ereignis: Die Militärregierung hat offiziell genehmigt, daß die gewählten Betriebsräte im Aufsichtsrat des Unternehmens Sitz und Stimme haben.

Je eine viertel Seite gibt die Zeitung jeder der vier Parteien für ihre Wahlpropaganda. Die CDU tritt ein für „Sozialismus aus christlicher Verantwortung". Noch ein Jahr später, im Februar 1947, formulierte die CDU in ihrem „Ahlener Programm" wörtlich:

„Das kapitalistische Wirtschaftssystem ist den staatlichen und sozialen Lebensinteressen des deutschen Volkes nicht gerecht geworden. Nach dem furchtbaren politischen, wirtschaftlichen und sozialen Zusammenbruch als Folge einer verbrecherischen Machtpolitik kann nur eine Neuordnung von Grund aus erfolgen.

Inhalt und Ziel dieser sozialen und wirtschaftlichen Neuordnung kann nicht mehr das kapitalistische Gewinn- und Machtstreben, sondern nur das Wohlergehen unseres Volkes sein."

Die Liberaldemokraten propagieren eine Bodenreform und eine „neue Politik", was immer man sich auch darunter vorstellen mochte.

Am 20. Januar dann die ersten Gemeindewahlen in den Orten mit weniger als 20.000 Einwohnern. Das Ergebnis wie geplant: Nur in 569 von 1.700 Gemeinden konnte die SPD Listen aufstellen, die CDU in 393, die KPD in 121, die LPD in ganzen 29. Überdies blieben natürlich KPD und LPD fast überall unter 15 Prozent und waren damit ausgeschlossen aus der parlamentarischen Gemeindevertretung. Der zweite Wahlgang wurde aber um einige Monate auf unbestimmte Zeit verschoben.

Eine andere wichtige Mitteilung: Es wird ein Beratender Landesausschuß gebildet, der auch Vorarbeiten für die Hessische Verfassung übernehmen soll. Jede der vier Parteien wird paritätisch zwölf Vertreter in diesen Ausschuß entsenden. Der Ausschuß hat, wie sein Name sagt, nur beratende Funktion.

Was nicht in der Zeitung stand: Ministerpräsident Geiler hatte zuvor einen Ausschuß nach eigenem Gutdünken berufen, mit dem CDU-Mann und späteren Bundesaußenminister von Brentano und einigen bürgerlichen Professoren, die einen Verfasssungsentwurf abfassen sollten. Darin waren Zweikammersystem, Staatspräsident und ähnliche Dinge enthalten, aber fast keine sozialen Grundsätze. Dieser Ausschuß und sein Entwurf verschwanden sang- und klanglos in der Versenkung, als die Parteien das Zusammentreten des Beratenden Landesausschusses durchgesetzt hatten.

Am 25. Januar veröffentlicht Knothe einen Leitartikel „Wirtschaftsdemokratie". Darin schreibt er:

Es darf nicht mehr entscheidend sein, ob und was ein Fabrikant verdient, allein maßgebend ist nur noch die Tatsache, ob der zu erzeugende Artikel dem Bedarf der Gesamtheit entspricht ... Wirtschaftsdemokratie ist nicht mehr reiner Kapitalismus und auch nicht sozialistische Wirtschaft, sie ist Zwischenland zwischen Kapitalismus und Sozialismus, Vorstufe der Sozialisierung und ihr Wegbereiter.

Die „Demokratisierung der Organe der wirtschaftlichen Selbstverwaltung" und die Mitbestimmung der Betriebsräte und Gewerkschaften in den Betrieben verlangt Knothe weiterhin, um zu dem Schluß zu kommen:

Denn darüber muß Klarheit bestehen: das Ziel ist die Überführung der Produktionsmittel in Besitz der Gesamtheit. Für den Bergbau, die Schwerindustrie, die Energiewirtschaft und das Verkehrswesen sowie für die Versicherungen und Banken ist der Zeitpunkt der Verstaatlichung bereits gekommen. Der Großbesitz, der Deutschland dem Nazismus auslieferte, ist das stärkste Hemmnis für eine planmäßige Wirtschaftsführung ... In der Wirtschaftsdemokratie ist kein Platz mehr für die Trusts und Kartelle, Syndikate und Monopole, mit denen sich eine kleine, aber mächtige Ausbeuterschicht eigene Wirtschaftsformen schuf und durch irreguläre Manipulationen einen unverhältnismäßig großen Teil des allgemeinen Reichtums an sich zu ziehen vermochte.

Noch ein anderes Ereignis: Frauen aus allen vier Parteien und parteilose Frauen gründen den Frankfurter Frauenausschuß. Die Rundschau bringt von nun an regelmäßig eine Frauenseite.

Am Abend des 30. Januar 1946: Gedenkfeier in Frankfurt für die Opfer des Faschismus. Minister Dr. Hilpert für die CDU, Innenminister Venedey für die SPD und Arbeitsminister Oskar Müller für die KPD halten die Reden, zusammen mit dem Rabbiner Dr. Neuhaus. Noch ist auf diesem Gebiet von einer Spaltung nichts zu spüren. Aber aus Bayern kommt die Meldung, daß reaktionäre Studenten einen Vortrag von Pastor Niemöller in der Kirche störten und schließlich demonstrativ die Kirche verließen. Anordnung der Militärregierung: Die Erlanger Studentenschaft nochmals zu überprüfen.

5. Februar: Die Frankfurter Universität wird feierlich eröffnet. Für die nächsten Monate steht die Rundschau weitgehend im Zeichen der Berichterstattung über den Nürnberger Prozeß gegen die Hauptkriegsverbrecher. Im Leitartikel vom 12. Februar, den ich geschrieben habe, legt die Rundschau den Finger auf eine Reihe böser Erscheinungen in Hessen:

In scharfen Worten hat Landwirtschaftsminister Häring (SPD) darüber Klage geführt, daß die Beschlagnahme nationalsozialistischer Landgüter sabotiert würde ... Die Arbeiterparteien befürchten, daß Finanzminister Matthes nicht die notwendigen Rücksichten auf die Belange der arbeitenden Bevölkerung nehmen würde ... Mit Klarheit hat Arbeitsminister Müller (KPD) sich oftmals gegen Versuche gewandt, das in Vorbereitung befindliche Betriebsrätegesetz zu torpedieren, das den Arbeitnehmervertretungen das Mitbestimmungsrecht in ihren Betrieben geben soll ... Reaktionäre Bestrebungen halten an, besondere Klagen werden gegen das Erziehungsministerium erhoben.

Der Leitartikel weist darauf hin, daß in Göttingen und Erlangen die faschistische Reaktion gerade an den Universitäten ihr Haupt erhebt und ähnlich an der Lehrerschule in Weilburg in Hessen. In Weilmünster kommt die Hitlerjugend geschlossen mit ihren ehemaligen Führern in Wahlversammlungen und diskutiert entsprechend.

An anderer Stelle ein Bericht über das Auftreten des Arbeitsministers Oskar Müller vor der Belegschaft eines großen Metallbetriebes in Frankfurt:

1918 hätten jene entscheidenden Maßnahmen gefehlt, die uns eine wirkliche Demokratie gegeben hätten. Den Herren von Eisen, Stahl und Kohle, den Großbankbesitzern und den Herren der riesigen Güter habe man nicht die Möglichkeit ihrer Machtpolitik genommen. „Wir sind dafür, daß diese Voraussetzungen diesmal geschaffen werden ... Wir sind dabei, ein neues Betriebsrätegesetz auszuarbeiten. Dieser Beschluß war kaum bekanntgegeben, da wimmelte es wie in einem Ameisenhaufen: Das Unternehmertum versucht auf die vielfältigste Weise, das Gesetz zu Fall zu bringen, ehe es überhaupt da ist." Durch das Mitbestimmungsrecht der Betriebsräte, so der Minister, müsse dafür gesorgt werden, daß aus den finanziellen Mitteln des Betriebs nicht wieder riesige Beträge an faschistische und militaristische Verbände gegeben werden. Es müsse dafür gesorgt werden, daß in den Betrieben nie wieder Kriegsmittel und Waffen hergestellt werden können, sondern daß sie einzig der Friedensproduktion dienen; die Arbeitnehmerschaft müsse im Aufsichtsrat gleichberechtigt vertreten sein. Es dürfe auch keine Personalpolitik mehr geben, die nicht durch den Betriebsrat mitbestimmt werde.

Am 19. Februar Meldung an der Spitze des Blattes: Erziehungsminister Dr. Böhm, gegen den wegen der reaktionären Entwicklung im Erziehungswesen besonders scharfe Vorwürfe erhoben worden waren, ist zurückgetreten. Gleichzeitig beginnt in den Spalten der Rundschau eine wochenlange Diskussion „Student Wolf". Ein Student dieses Namens hat in einem langen, in der Rundschau veröffentlichten Brief in scharfer Form beklagt, welches Unrecht den Deutschen angetan werde, und daß die Aburteilung der Hauptkriegsverbrecher „Siegerjustiz" sei. In einer Leserbriefdiskussion, an der sich auch die Redaktion beteiligt, und die sich über Wochen hinzieht, wird darauf hingewiesen, daß die Studenten von heute zu einem erheblichen Teil die Offiziere der Hitlerwehrmacht von ge-

Delegation des Weltgewerkschaftsbundes in Frankfurt, 12. Februar 1946. Stehend Hillmann (AFL – CIO/USA), neben ihm der Präsident des WGB, Leon Jouhaux (CGT/Frankreich). Unter der Fahne (nach vorn gebeugt) Willi Richter, Vorsitzender des FGB Hessen. Ganz rechts am Tisch Arbeitsminister Oskar Müller. Unter der Lampe (im Trench) Emil Carlebach.

stern sind, die – da sie als Offiziere der NSDAP nicht angehören durften – mehr oder weniger automatisch die Zulassung zum Studium erhielten. Das Dominieren der Rechten und Rechtsextremisten an den Universitäten ist ein Warnsignal, auf das die Rundschau mehrfach hinweist.

1. März: Der erstmals zusammengetretene Beratende Landesausschuß Großhessen erklärt sich für die „politische und wirtschaftliche Einheit Deutschlands ... unter schärfster Ablehnung jeglichen Separatismus“.

DANA meldet: Ab 1. März wird der Dokumentarfilm „Die Todesmühlen“ in Hessen aufgeführt werden. Für uns hatte diese Meldung eine Vorgeschichte. Der Film war von amerikanischen Armeefotografen gedreht worden. Das Festhalten des unglaublichen Elends in den Konzentrationslagern, auf die die US-Armee gestoßen war, die Berge von Toten, die halb und ganz verhungerten Häftlinge — das alles sollte der Welt und auch der deutschen Bevölkerung den dokumentarischen Beweis dafür geben, was der Faschismus hinter dem Stacheldraht der Konzentrationslager mit den Menschen gemacht hatte. Unter dem Titel „Die Todesmühlen“ sollte dieser Film anlaufen. Aber zunächst hatten die Amerikaner Bedenken, wie die deutsche Bevölkerung einen solchen Film aufnehmen würde. Darum wurden Vertreter des Magistrats mit Oberbürgermeister Blaum an der Spitze, wir von der Frankfurter Rundschau, einige Parteipolitiker, einige Geistliche in ein Kino in Frankfurt-Bornheim bestellt, um im geschlossenen Kreis diesen Film anzuschauen. Anschließend fragte uns der zuständige Offizier nach unserer Meinung. Als erster meldete sich Oberbürgermeister Blaum und erklärte:

„Ich bin der Meinung, jeder Deutsche muß diesen Film sehen. Man sollte die Ausgabe von Lebensmittelkarten davon abhängig machen, daß der Betreffende die Eintrittskarte des Kinos vorweisen kann, um zu beweisen, daß er den Film gesehen hatte."

Ich war, als ich diesen Film sah, schon einige Monate wieder unter halbwegs normalen Lebensumständen in Frankfurt. Aber das Anschauen der grauenhaften Szenen in dem Film hatte schreckliche Erinnerungen wachgerufen. Die Heuchelei dieses Dr. Blaum, der den ganzen Krieg über dafür gesorgt hatte, daß sein Führer möglichst viele Waffen erhielt, um die Zustände in den KZs zu verewigen, diese Heuchelei empörte mich so, daß ich über den Tisch sprang, um dem Mann an den Hals zu gehen. Die Offiziere mußten mich von ihm wegreißen.

Nun also würde dieser Film überall anlaufen — und die Flüsterpropaganda lief: „Alles gestellte Aufnahmen! Alles nur antideutsche Propaganda."

Am 5. März schrieb ich den Leitartikel „Renazifizierung":

Im Frankfurter Polizeipräsidium werden Juristen beschäftigt, die zuvor wegen ihrer Naziaktivität aus dem Amt geworfen worden waren. An der Lehrerausbildungsschule in Weilburg aber entläßt der Direktor einen Schüler, weil dieser sich reaktionär betätigt hätte. Der Rüstungsoffizier und frühere Major Dr. Kurt Blaum wird es nicht über sich bringen, Antifaschist zu werden — während es ihm offenbar ohne Gewissensbisse gelang, noch 1940 für die „Evakuierung von Franzosen und Polen" einzutreten.

Ein Film und seine Besucher

"Die Todesmühlen" / "FR"-Umfrage in Frankfurt und in der Umgebung

An diesem Film scheiden sich die Geister. Wer ihm aus dem Weg geht, hat ein schlechtes Gewissen. (In ganz seltenen Fällen kann man schwache Nerven als Ausrede gelten lassen.) Wie ist der Film, der jetzt eine Woche in ganz Groß-Hessen läuft, in Frankfurt besucht, wie ist er aufgenommen worden?

rk Ich habe mit Kinobesitzern gesprochen, mit den Frauen an der Kasse und mit den Platzanweiserinnen, mit den Besuchern — und ich habe zwischen ihnen gesessen. Ich schreibe einfach auf, was ich erlebt habe.

„Wie war der Besuch?"

Der Kinobesitzer Langer in Bad Homburg läßt sich die Kassenrapporte herüberreichen. „Schlecht," sagt er. „Sehen Sie, am Sonntag hatte ich vier Vorstellungen, das Programm ist ja nur kurz, normal hatte ich zwei. Im Kz-Film waren 747 Besucher — in vier Vorstellungen. Sonst habe ich in zwei Vorstellungen bei irgendeinem Spielfilm schon 809 Besucher gehabt.

Dieses Kino schien mir besonders wichtig; es liegt halb auf dem Land. Der Besitzer kennt sein Publikum natürlich genau.

„Kommen die Leute aus den Dörfern?"

„Sie denken nicht daran. Hast du gesehen," sagt er zu seinem Angestellten, „ein Mann aus Nieder-Eschbach war da. Das war alles."

Die Gründe für den schwachen Besuch sieht Herr Langer in der Art der Ansetzung. Man hätte, seiner Ansicht nach, den Kz-Film mit einem ernsten Spielfilm koppeln sollen — und man müßte ihn, wie er meint, den Besuchern unvermutet zeigen. Vor allem aber müßte er hinaus aufs Land. Langer hat sich bereit erklärt, einen Vorführer mit dem Film wochenlang auf die Dörfer zu schicken, es fehlt nur an einer Maschine. „Da draußen sitzen doch die meisten Nazis, sie haben sich auf die Dörfer verkrochen."

*

Oberursel. Das sind bessere Nachrichten: Jede Vorstellung zu 90% besucht.

Vergessen wir nicht: es ist ein Städtchen der Arbeiter und Fabriken.

*

In einem westlichen Vorort Frankfurts. Ich sprach mit der Frau des Besitzers. „Nun, der Besuch an sich war nicht schlecht..."

„Sie sagen das so zögernd... an sich...?"

„Ich war nur acht Minuten in dem Film — aber ich bin fast zusammengebrochen. Meine zwei Frauen von der Kasse waren gestern drin, sie sind gelb und weiß vor Erschütterung herausgekommen. Aber..."

„Aber?"

„Aber das Publikum hat mich tief deprimiert. Ich habe keinen Seufzer gehört, ich habe keine Träne gesehen. Sie kommen aus dem Kino und halten Ausschau, ob es noch regnet. Sie sind verdorben durch zwölf Jahre Goebbels-Propaganda. Sie halten sogar die Leichenberge für Propaganda."

Die Frau, die mir dies erzählt, hat selber litten. Sie war Jahre im Kz, man hat ihre ganze Familie vergast. Vielleicht, frage ich, sieht sie deshalb so schwarz in ihrer Meinung über das Publikum? Sie schüttelt den Kopf.

*

Frühmorgens 10 Uhr, in dem Kino am Hauptbahnhof. Ich sitze zwischen Kriegsbeschädigten. Der Mann neben mir hebt bei besonders grausigen Bildern die Hand vor die Augen. Im Kino selber ist es still wie in einer Kirche. Man hört keinen Laut. Hier, wo das zusammengewürfeltste Publikum ist, das vom Zufall zusammengewehte Menge der Bahnhofsgegend, hier wird sonst gelacht, gemeckert, hier gibt es Gemurmel und Rufe... heute ist es still wie bei einem Begräbnis.

Und es ist ausverkauft, so früh am Tag schon. Die Wirkung auf die Menschen ist fraglos groß und erschütternd. Ich hörte beim Hinausgehen ein törichtes Wort. Hat mir nicht vorhin die Platzanweiserin gesagt, die Vorstellungen seien schwächer besucht als sonst, die Wirkung sei nicht gerade überwältigend, denn „die Leute haben wohl zuviel andere Sorgen?"

Seltsam.

*

Rödelheim. Das ist auch schon dort, wo die Großstadt langsam ins Ländliche übergeht. Wir schauen die Kassenrapporte durch. Der Besuch ist sehr matt. In vier Vorstellungen am Sonntag 648 Leute, am Sonntag vorher, in den „Fünf Hel-

den," bei nur drei Vorstellungen, waren es 1589. Das ist freilich kein Rekord. Der amerikanische Film „Fünf Helden" schlägt überall die Rekorde. Wie kommt es? Ein Mißtrauischer könnte meinen, schon der Titel nähere sich einer gewissen, in Deutschland beliebten Mentalität. Die Kinobesitzer sagen übereinstimmend: „Nein. Der Film ist der große Erfolg, weil er so wunderbare Kindersvenen hat, weil er so frisch ist, weil das Familienleben den Leuten so gefällt. Das Kriegerische an ihm ist den Besuchern nicht wichtig."

„Ja, der Eindruck des Kz-Films?"

„Der Eindruck ist stark. Sehr stark. Die, die noch mit einem leichtfertigen Wort ins Kino kommen, verlassen es geschlagen."

*

Niederrad. Der Besitzer ist gar nicht unzufrieden. „Gestern abend, also Montag, war sogar ausverkauft. Viele Pg dabei," sagt er. „Einige wollen ihre Karten abgestempelt haben, weil sie meinen, daß der Besuch für sie Zwang wird."

Aehnliches hört man in Sachsenhausen. Aber der Geschäftsführer dort meint, es sei nicht nur, die Pg fürchteten, sie würden zum Besuch gezwungen. „Ich habe welche gesehen, die waren sehr erschüttert. Nein, das ist zu schlimm. Das habe ich wirklich nicht gewußt," sagen sie.

Ich unterhielt mich mit einer Frau. Sie war am Samstagnachmittag in einem großen Kino. Es war zu Dreiviertel besetzt. Vor mir saßen zwei junge Mädchen. Als der Tennesse-Film zu Ende war, in der winzigen Pause, als der Kz-Film anlief, sagte die eine: „Jetzt gibt's Lewwerworscht!" Nach dieser geschmackvollen Bemerkung wurde es freilich ruhig. Im Hinausgehen hörte ich, wie eine Frau fassungslos sagte: „Dafür geht es uns wirklich noch zu gut..."

*

Was ist das Fazit? Die Theater werden nicht bestürmt. Die Wirkung des Films ist stark. Viele werden erschüttert, viele gehen stark zum Nachdenken angeregt. Viele aber gehen dieser erschütterndsten Reportage, die je auf der Welt gedreht wurde, aus dem Wege. Warum?

Es bleibt dieses dumpfe Warum.

Oben an der Spitze müsse man die Entnazifizierung durchsetzen, nicht gegen die kleinen PG's und Mitläufer unten an der Basis. In derselben Ausgabe wieder eine ganze Druckseite mit Auseinandersetzungen über die Auffassungen des Offiziersstudenten Wolf. Darunter ein Brief der Studentin Martens aus Jena, die u.a. schreibt:

Wer gibt Ihnen das Recht, im Namen der ganzen deutschen Studentenschaft zu reden? Das ist ja gerade das Tragische, daß die Welt die Demonstrationen in Erlangen, Göttingen, Aachen als einen Beweis sämtlicher Studenten ansieht, was in keiner Weise zutrifft ... Wir sind auch Deutsche, und vielleicht bessere als die Radaubrüder in Erlangen. Auch uns ist die Umstellung nicht leichtgefallen, aber niemals werden wir den Mord an abgeschossenen Fliegern und an Kriegsgefangenen zu rechtfertigen versuchen. Wir sehen die vergangenen 12 Jahre als die Zeit von Deutschlands tiefster Schmach an und wir wissen, wem wir die jetzige „erniedrigende Lage" zu verdanken haben.

In derselben Ausgabe eine kleine Meldung: „Kuratorium ‚Arbeiterjugend soll studieren'". Die Rundschau hat aus ihren Einnahmen für Stipendien an Studierende aus der Arbeiterbevölkerung 100 000 Mark zur Verfügung gestellt. Auch diese Initiative war von Gerst ausgegangen. In dem Kuratorium saßen neben ihm und mir Vertreter der vier Parteien, Vertreter des Gewerkschaftsbundes, Karl Tesch für den Bund für Volksbildung und Lore Wolf für die Betreuungsstelle für die Opfer des Faschismus.

8. März: Das Gesetz zur Befreiung von Nationalsozialismus und Militarismus ist in Kraft getreten. Die Entnazifizierung geht aus amerikanischen in deutsche Hände über. Spruchkammern aus Mitgliedern der vier demokratischen Parteien werden gebildet. Jeder erwachsene Deutsche muß sich diesem Verfahren stellen, Fragebogen ausfüllen, gegebenenfalls Fragen beantworten. Es sollte sich sehr bald herausstellen, daß diese formalistische Methode den Nazis und den Nutznießern des Nationalsozialismus mehr nützte als schadete. Ungezählte kleine Arbeiter, Angestellte, Beamte wurden durch die Mühlen gedreht, bis das ganze Verfahren bei der Bevölkerung in Verruf geraten war. Die Hintermänner des Faschismus, die hohen Beamten, die Offiziere, die Bankiers und Konzernherren verstanden es, die Verfahren, die gegen sie durchgeführt werden sollten, solange hinauszuziehen, bis kein Mensch mehr von der Entnazifizierung wissen wollte und sie sang- und klanglos unterging. Die KPD zog ihre Mitglieder bald aus den Spruchkammern zurück mit der Begründung, sie könne es nicht verantworten, daß die Kleinen verurteilt würden, während man die Großen laufen ließe.

Inzwischen geht die Auseinandersetzung um das „Justizbüro" beim Polizeipräsidenten, wo hinausgeworfene Nazijuristen auf Staatskosten weiterbeschäftigt werden, weiter. 12. März: Die Rundschau bringt ein Schreiben des Landgerichtspräsidenten und des Oberstaatsanwaltes, in dem anstelle einer Aufklärung der Tatsachen erklärt wird: „Die Verdächtigungen und Seitenhiebe ... zeigen eindeutig die Tendenz, allen Einrichtungen der Rechtspflege um jeden Preis etwas am Zeug zu flicken." Als diese Zuschrift veröffentlicht wird, ist allerdings der Oberstaatsanwalt bereits vom Amt suspendiert.

Seit dem 5. März — die meisten Leser werden es gar nicht beachtet haben — standen die Namen Wilhelm Knothe und Hans Etzkorn nicht mehr im Impressum. Nun aber, am 14. März, wird die Angelegenheit offenbar. Die Rundschau veröffentlicht am 15. März dreispaltig auf der ersten Seite einen Bericht „In eigener Sache":

In der gestrigen Sitzung des Frankfurter Bürgerrates wurde mit den Stimmen der SPD, LPD und CDU folgende, vorher abgesprochene Resolution nach vorausgegangener scharfer Kritik an der Frankfurter Rundschau angenommen:

„Der Bürgerrat Frankfurt am Main nimmt mit Befremden davon Kenntnis, daß

die Schriftleitung der Frankfurter Rundschau ausschließlich von kommunistisch orientierten Hauptschriftleitern (Lizenzträgern) geführt wird. Die Wahlen in Großhessen haben ergeben, daß nur ein sehr geringer Bruchteil der Wählerschaft sich zum Kommunismus bekennt. Um so mehr muß es erstaunen, daß die politische Ausrichtung der Frankfurter Rundschau mit einer Auflage von 500 000 Exemplaren bewußt im Sinne der Bestrebungen der KPD durchgeführt wird. Der Bürgerrat der Stadt Frankfurt wird gebeten, bei den zuständigen Abteilungen der Militärregierung geeignete Schritte zu unternehmen, um die Frankfurter Rundschau in der Schriftleitung entsprechend umzubesetzen oder aber das Aachener Beispiel auch für Frankfurt anzuwenden. In Aachen wurde bekanntlich das bisherige Einheitsblatt in drei Sektorenausgaben mit besonderem Titel aufgeteilt, so daß dort jeder Leser seine ihm genehme Zeitung beziehen kann."

Dazu erklärt die Redaktion:

Bis zum 1. 3. wurde die Haltung der Frankfurter Rundschau von allen Lizenzträgern, einschließlich der Herren Knothe und Etzkorn, vertreten. Ihre Tendenz hat sich auch seitdem nicht verändert. In ihrer antifaschistischen demokratischen Haltung hat sich die Frankfurter Rundschau genau an die ihr gegebenen Richtlinien gehalten.

Aus kollegialer Rücksicht haben wir es bisher unterlassen, der Öffentlichkeit die Gründe der Veränderungen in der Zusammensetzung unserer Schriftleitung mitzuteilen. In der erwähnten Sitzung hat Herr Etzkorn sich nicht veranlaßt gesehen, dem Bürgerrat Aufklärung über die Gründe seines Ausscheidens zu geben. Es ist uns überdies bekannt, daß Herr Wilhelm Knothe als Landesvorsitzender der SPD nicht Gelegenheit genommen hat, auch nur den SPD-Ministern in der Großhessischen Regierung die seinem Ausscheiden zugrundeliegenden Tatsachen zur Kenntnis zu geben. Sie ergeben sich aus folgendem Brief:

„Office of Military Government for Greater Hessen
Information Control Branch
Press Sektion Wiesbaden

11. 2. 1946

Betrifft: Einsetzung von Lizenzträgern bei der Frankfurter Rundschau.
An alle Lizenzträger der Frankfurter Rundschau

1. Gemäß der Zusammenkunft vom 29. 1. 1946 zwischen dem Kollegium der Frankfurter Rundschau und Offizieren der Nachrichtenkontrollabteilung, Dienststelle der Militärregierung für Groß-Hessen, wird dieses Schreiben, das die bei der Zusammenkunft erreichten Beschlüsse darlegt, allen Mitgliedern des Kollegiums der Frankfurter Rundschau überreicht.

2. Es wurde festgestellt, daß Wilhelm Knothe infolge des Umfanges seiner Tätigkeit als Vorsitzender der Sozialdemokratischen Partei Groß-Hessen nicht in der Lage war, die notwendige Zeit seinen Pflichten als Lizenzträger der Frankfurter Rundschau zu widmen. Da Herr Knothe selbst bestätigt, daß, wenn es zu einer Wahl zwischen seiner politischen Tätigkeit und seiner Arbeit als Lizenzträger komme, er seine politische Arbeit vorzöge, wurde Herr Knothe gebeten, als Lizenzträger aus der Zeitung auszuscheiden, da übereinstimmend festgestellt wurde, daß er beide Tätigkeiten nicht zur gleichen Zeit ausführen könne.

3. Da empfunden wurde, daß die Feuilleton-Abteilung der Frankfurter Rundschau hinter den anderen Abteilungen zurückblieb und die Mehrheit der Lizenzträger die Notwendigkeit eines energischeren Zeitungsmannes feststellte, wurde Hans Etzkorn, der diesem Teil der Zeitung vorstand, gebeten, als Lizenzträger auszuscheiden.

4. Herr Knothe wurde aufgefordert, die Namen von mindestens zwei tüchtigen Sozialdemokraten, die gleichzeitig erfahrene Journalisten sein sollten, zu nennen, da-

mit sie seine und Herrn Etzkorns Stelle übernehmen. Diese Namen sollen zur Nach-
prüfung durch die Nachrichten-Kontrollabteilung und die anderen Lizenzträger vor
dem 1. 3. 1946 vorgelegt werden, zu welchem Datum der Rücktritt von Herrn Kno-
the und Herrn Etzkorn wirksam werden soll.

5. Die Wahl von Herrn Knothe, die Nachfolger namhaft zu machen, zeigt, daß die
Nachrichtenkontrolloffiziere volles Vertrauen in die Redlichkeit von Herrn Knothe
hatten. Diese Entscheidungen wurden getroffen, um die Frankfurter Rundschau als
Zeitung zu stärken und ebenso, um zu sichern, daß der sozialdemokratische Teil der
deutschen Öffentlichkeit in der Zeitung in geeigneter Weise vertreten ist.

gez. Anthony F. Kleitz
Lt. Colonel
Chief, Information Controll Branch"

Der Übersetzung dieses Schreibens vom ICD fügt die Redaktion hinzu:
Bis zum 1. März hatte Herr Knothe noch keine Vorschläge eingereicht. Im Einver-
nehmen mit der Leitung der Presseabteilung der Nachrichtenkontrolle wurde die
Frist bis zum heutigen Tage verlängert. Inzwischen war es Herrn Knothe nur mög-
lich, einen Anwärter, der sich in der Schweiz befand, zu benennen. Er bat am ver-
gangenen Montag die beiden Leiter der Presseabteilung der Nachrichtenkontrolle,
sich selbst um einen zweiten sozialdemokratischen Lizenziaten zu bemühen, da er in
ganz Deutschland keinen weiteren Anwärter habe ausfindig machen können. Nur so
erklärt es sich, daß die Ergänzung unserer Schriftleitung, die auch zur Zeit nicht nur
aus Kommunisten besteht, noch nicht vollzogen wurde. Ein diesbezüglicher Beschluß
des Bürgerrates war also überflüssig.

Der Vorgang war nicht nur „überflüssig", er war hinterhältig! Denn Schumacher hatte von Hannover aus die Initiative ergriffen, um nun die Rundschau öffentlich und intern als „kommunistisch" zu denunzieren. Er glaubte, die Zulassung einer SPD-Parteizeitung zu erreichen. Er hatte Knothe verboten, Ersatz-
lizenzträger zu benennen. Auch unsere Angabe in vorstehender Erklärung, der
neubenannte Kollege sei von Knothe vorgeschlagen, war unkorrekt. Die Amerikaner hatten Karl Gerold ohne Zutun der SPD und Willi Knothes gefunden; in
der Schweiz gefunden.

Schon unter dem 3. März hatte Belfrage die Lage festgehalten:
Die Periode der antifaschistischen Zusammenarbeit wird in dem Maße zurückge-
drängt, wie die Politik sich verstärkt, die Welt in zwei Lager längs der Elbe zu tei-
len (...) Die Spaltungspolitik bereitet den Hollbachs Genugtuung und all den Deut-
schen, deren Anhänglichkeit an die Goebbels-Tradition nicht erlahmte. Von unserem
Standpunkt aus aber ist ernst zu nehmen, wie die Haltung der amerikanischen Spit-
ze auf die Sozialdemokaten vom Typ Knothe wirkt. Deren Wille zur Zusammenar-
beit schmilzt, wenn sie bemerken, daß die Wiederbelebung der Querelen von vor
1933 ihrem unmittelbaren Vorteil nützt. Die Amerikaner pfeifen, und die Knothes
tanzten. Die anglo-amerikanische Politik im Hinblilck auf die linken Parteien hat
sich dahin entwickelt, daß kommunistisch-sozialdemokratische Einheit auf politi-
scher Ebene jetzt praktisch illegal ist. Die Russen begünstigen diese, also ist dies
„kommunistisch" und wir sind dagegen.[25]

Als Wortführer der Kampagne gegen uns betätigte sich immer wieder die
„New York Herald Tribune", deren Ausgabe vom 18. März auf Seite 1 einen langen Artikel brachte: „Deutsche Zeitung als Organ der Roten attackiert". Darin
wurde dreist die Erfindung publiziert, „die beiden kommunistischen Lizenzträger haben ihre sozialdemokratischen Kollegen buchstäblich aus dem Kollegium

German Paper Is Assailed as Organ of Reds

City Council of Frankfurt Protests to Americans About Large Journal

NYHT

By John Elliott

Special to the European Edition

FRANKFURT, March 16. — The City Council of Frankfurt adopted a resolution yesterday protesting to the American authorities against what it called the Communist tendencies of the "Frankfurter Rundschau," the German-language newspaper which is published twice weekly in the capital of the American zone. It has a circulation of 500,000.

The resolution, passed by votes of the Socialists, Liberals and Catholics on the council, declared that the editorial board of this newspaper was "conducted solely by Communist-oriented editors." It went on to say that in view of the fact that the recent communal elections in Greater Hesse showed only a small fraction of the voters to be Communist it was "all the more astonishing" that the political direction of the "Frankfurter Rundschau" should be "carried on deliberately in accordance with the aims of the Communist party."

The American military authorities were requested to either make changes in the editorial board of the city's newspaper or to follow the precedent established in Aachen where the local newspaper is published in three editions—a separate edition for each of the three strongest parties, Socialist, Communist and Catholic.

Two on Board Withdrawn

The "Frankfurter Rundschau" at present consists of three men—one Catholic named Karl Wilhelm Gerst and two Communists, Arno Ruedert and Emil Carlebach. The Social Democratic party was formerly represented on the editorial board by Wilhelm Knothe, the party chief in Greater Hesse, and Hans Etzkorn, but they both withdrew early in February.

The "Frankfurter Rundschau" published a letter by Lieutenant Colonel Anthony Kleitz, chief of the Information Control Branch at Wiesbaden, stating that Knothe was asked to choose between retaining his party job or his editorial post as he did not have time to discharge both and that he had preferred to give up his newspaper position. Kleitz wrote that Etzkorn was asked to step out as editor of the feature page of the newspaper since this section was not keeping up with the standard set by other German newspapers. Knothe was requested to name two other Social Democrats as substitutes for the editorial board of the paper to be screened by the American authorities, but up to the present he has not done so. Franz Ullrich, executive secretary of the Social Democratic party in Greater Hesse, told this reporter that the two Communist editors had virtually forced their Socialist colleagues off the editorial board of the "Frankfurter Rundschau" and that the Social Democratic party intended to ask the American Military Government for permission to set up a newspaper of its own in Frankfurt.

Kampagne gegen die FR: „New York Herald Tribune" vom 18. März 1946.

vertrieben". Selbst Knothe und Etzkorn behaupteten nichts derartiges — aber welcher Besatzungsoffizier, der die NYHT las, prüfte solche „Informationen" nach! Das Gift wirkte.

Als sozialdemokratischen Nachfolger präsentierten die Amerikaner Karl Gerold. Er führte sich sofort als Kollege und Kamerad ein, bot uns das Du an, bemühte sich zu demonstrieren, wie vorbehaltlos er sich in die Zusammenarbeit einfügen wolle. Dennoch: Ich hatte im Konzentrationslager Gelegenheit, falsche und echte Freundlichkeit voneinander unterscheiden zu lernen. Und was ich all-mählich spürte, das hat Hurwitz in seinem schon zitierten Buch 25 Jahre später schwarz auf weiß bestätigt. Er teilt mit, daß Gerold „intern Gersts späteres Aus-scheiden zur Bedingung gemacht hatte".[26] Warum Gerst zuerst und ich erst hin-terher, auch das teilt Hurwitz mit: „Die Kontrolle der Rundschau lag in noch stärkerem Maße bei Gerst, als bei dem Parteiintellektuellen Carlebach."[26]

Die Ironie der Geschichte will es, daß in derselben Ausgabe vom 15. März 1946, in der die Erklärung „In Eigener Sache" steht, auch der "offene Brief der Gewerkschaften an den Frankfurter Oberbürgermeister" veröffentlicht wird, der genau die gleiche Kritik enthält, die die Frankfurter Rundschau in den Ruf des „Kommunismus" gebracht hat. Der FDGB (so nannte er sich noch immer, denn noch war die Anweisung nicht ergangen, sich von den Kollegen der Sowjetzone zu distanzieren) kritisierte schärfstens die mangelnde Trümmerbeseitigung, die Inschutznahme von Naziaktivisten gegenüber den Menschen, die „während der Hitlerherrschaft in Zuchthäusern und Konzentrationslagern schwere Erdarbei-ten verrichten mußten", und verlangt eine radikale Abänderung dieser Zustände.

Mit einer gewissen Überraschung werden die Leser auf der ersten Seite eben dieser Ausgabe vom 15. März eine DANA-Meldung gelesen haben, daß Stalin die Rede Churchills in Fulton als „gefährlichen Akt, der Frieden und Sicherheit gefährdet", bezeichnet hat. Denn eine Woche vorher, am 8. März, hatte die Rundschau zwar (ebenfalls in einer DANA-Meldung) über Churchills Rede be-richtet, aber diese Meldung war so „entschärft", daß ihr aggressiver Inhalt weg-gefallen war. Noch immer legten die Amerikaner — die auch bei DANA die Zensur ausübten — Wert darauf, daß Gegensätze nicht hochgespielt, sondern eher heruntergespielt wurden.

2. April: In Stuttgart hat die deutsche Polizei einen jüdischen Polen erschos-sen, mehrere andere verletzt, angeblich in Notwehr, bei Haussuchungen wegen Schwarzhandels. Andere Meldungen berichten von geschändeten jüdischen Friedhöfen und von Untergrundaktivität von Nazis. Auf Seite 2 die Zahlen von der Urabstimmung in der Westberliner SPD über ihre Einstellung zur Sozialisti-schen Einheitspartei, die in der sowjetischen Zone im Entstehen ist, und für die sich zahlreiche Einheitsausschüsse SPD/KPD auch in den drei Westzonen ein-setzen. Ergebnis: Von 23 755 SPD-Mitgliedern, die sich an der Abstimmung be-teiligen, stimmen 2937 für den sofortigen Zusammenschluß beider Arbeitspar-teien, 14 763 sprachen sich für ein enges Bündnis zwischen SPD und KPD aus.

Der Zusammenschluß war für Westberlin damit abgelehnt, das enge Bündnis gefordert. Dagegen sprach sich wenig später Dr. Schumacher aus, indem er neue Vorbedingungen stellte und seine Angriffe auf die KPD und auf die Sowjetunion verschärfte.

8. April. Hauptüberschrift auf der ersten Seite: „Bodenreform in Groß-Hes-sen". Ein solcher Beschluß wurde gefaßt im Länderrat der drei Länder der US-Zone (Hessen, Nordwürttemberg/Nordbaden und Bayern), aber nie durchge-führt.

9. April. Die Rundschau kann wieder einen Erfolg verbuchen: Auch auf der Konferenz der Lizenzträger aller Zeitungen Groß-Hessens, die in Fulda statt-fand, wurde nunmehr beschlossen, gleichberechtigte Belegschaftsvertreter in die Verbandsleitung aufzunehmen. In dem Bericht heißt es: „Die zweckmäßigste Form eines solchen Wirtschaftsverbandes wurde überlegt, und als es schien, daß das Für und Wider in offener, aber gegenseitig vertrauender Aussprache geklärt sei, schritt man zu einer Probeabstimmung mit dem Ergebnis einstimmiger An-nahme des Frankfurter Vorschlages."

Hinter der Formulierung „Für und Wider" allerdings versteckt sich ein beinahe grotesker Vorgang: Als Gerst, Vorsitzender des Verbandes, im Namen der Lizenzträger der Frankfurter Rundschau vorschlug, nun auch gleichberechtigt Betriebsräte in die Verbandsleitung aufzunehmen, gab es heftigen Widerspruch, vor allem von dem Herausgeber des „Wiesbadener Kuriers", Fritz O. Ulm. Es ging hin und her, und die erste Abstimmung endete mit unserer Niederlage. Die Mehrheit der Herren Kollegen fühlte sich schon so sehr als künftige Besitzer, daß sie mit Betriebsräten möglichst wenig zu tun haben wollten, schon gar nicht auf der Basis der Gleichberechtigung. Da meldete sich Gerst erneut zu Wort: „Aber meine Herren Kollegen, was soll ich denn jetzt machen? Ich war so sicher, daß Sie diesem Vorschlag zustimmen würden, daß ich die Betriebsräte schon eingeladen habe, hierher zu kommen. Sie stehen draußen vor der Tür und warten auf unsere Entscheidung."

Erstaunen und auch Erschrecken breiteten sich aus. Die Herren Lizenzträger trauten sich nicht, den Betriebsräten ins Gesicht zu sagen, daß sie nichts mit ihnen zu tun haben wollten. Die Abstimmung wurde wiederholt — und nun wurden die Betriebsräte einstimmig in die Verbandsleitung aufgenommen!

Ich bin sicher, daß Ulm in diesem Vorgang einen Beweis für „kommunistischen Terror" gesehen hat; andere werden Gerst einen Jesuiten gescholten haben — Tatsache aber ist, daß das Ergebnis der freien, gleichen und geheimen Abstimmung einstimmig zugunsten unseres Vorschlages ausging.

Und dann, am 12. April, Meldung auf der ersten Seite: „Zweite Zeitung in Frankfurt". Die „Frankfurter Neue Presse" war lizenziert worden. „Wir begrüßen den neuen Mitstreiter im Kampfe gegen Faschismus, Militarismus und Reaktion und geben unserer Meinung dahin Ausdruck, daß der Gedanke der Zusammenarbeit auch dort seine Berechtigung findet, wo Zeitungen im edlen Wettbewerb sich um die Probleme dieser Zeit bemühen", heißt es im Kommentar der Frankfurter Rundschau zu dieser Meldung.

Natürlich war die FNP gegen die Rundschau geschaffen worden. Sie sollte die konservativen und klerikalen Kreise besänftigen, die schon seit Monaten gegen uns Sturm liefern. Die Hoffnungen Schumachers und Knothes, eine SP-Zeitung zu bekommen, erwiesen sich als Illusion. Für die US-Politik war die sozialdemokratische Partei allenfalls ein nützliches Objekt, aber niemals ein Faktor, dessen Eigenentwicklung sie hätte fördern wollen.

Zu der Lizenzierungsfeier waren die Lizenzträger der Rundschau als Ehrengäste eingeladen. Wir saßen in der ersten Reihe, uns gegenüber Oberst Newman, der Militärgouverneur von Hessen, neben ihm als Dolmetscher mein spezieller Freund Mr. Kimmenthal von der Pressekontrolle.

Newmans feierliche Eröffnungsrede wurde von Kimmenthal übersetzt, der plötzlich aus irgendeinem Grund steckenblieb und nicht weiterkonnte. Aus der ersten Reihe der Zuhörerschaft begann ich nun, ohne dabei aufzustehen, weiter zu übersetzen. Nach einem Augenblick des Erstaunens fuhr Newman in seiner Rede fort. Kimmenthal schwieg mit rotem Kopf; ich übersetzte die Rede zuende. Dann beugte sich der Gouverneur über den Tisch, stieß mich mit seiner Reitgerte leicht an den Oberarm, und sagte, auf englisch natürlich: „Sie sind ein ausgezeichneter Dolmetscher." Ich antwortete auf deutsch: „Colonel, wenn Sie mich aus der Rundschau hinauswerfen, können Sie mich ja als Dolmetscher engagieren.". Alle verbissen sich das Lachen.

Kimmenthal, ein Angehöriger der Informationskontrolle, der seinen Sitz aber bei der Militärregierung am Reuterweg hatte, war einer der Amerikaner, die sich geschworen hatten, mit mir Schluß zu machen. Immer wieder bestellte er mich in die Militärregierung, um mir angebliche Verstöße vorzuhalten, wobei sich jedesmal seine Vorwürfe als unbegründet herausstellten, was ihn nur noch mehr in Wut brachte. Kimmenthal, Emigrant, Sohn eines jüdischen Holzhändlers aus Wien und wütender Antikommunist, machte buchstäblich Jagd auf mich.

Was für Dinge aber damals möglich waren, dafür folgendes Beispiel: Eines Tages bestellte mich Kimmenthal wieder. Als ich an seinem Schreibtisch saß, warf er mir einen Aktenordner zu. Ich blätterte ihn auf und stellte fest, daß es Belastungsmaterial gegen einen Frankfurter Schulrat war, der, wie sich aus den Papieren ergab, ein aktiver Nazi gewesen war. „Was soll ich damit?" fragte ich. „Das können Sie veröffentlichen." – „Dankeschön." Ich nahm den Aktenordner unter den Arm und ging. Wenn dieser Mann ausgerechnet mir etwas zur Veröffentlichung gibt, dann muß er dabei Hintergedanken haben. Ich ließ den Ordner liegen. Nach einigen Wochen bestellte mich Kimmenthal wieder: „Was ist mit dem Material, daß ich Ihnen damals gegeben habe?" – „Das können Sie wiederhaben." Ich reichte ihm die Papiere zurück.

„Warum veröffentlichen Sie das nicht?"

„Was bekommen wir dafür, wenn wir das veröffentlichen?"

„Wie meinen Sie das?"

„Ich sagte: Was bekommen w i r dafür, nicht etwa ich, Mister Kimmenthal. Wir, wir, die Kommunistische Partei Deutschlands?"

„Was wollen Sie damit sagen?"

„Das will ich Ihnen genau sagen! Wenn ich dieses Material veröffentliche, dann wird der Schulrat abgesetzt. Sein Nachfolger wird Dr. Michel, einer Ihrer

23. April 1946: Pressekonferenz mit US-Verlegern. Mittlere Reihe, 5. von links: W. K. Gerst, dann Carlebach, dann Major Sheehan, dann Colonel Newman. Ihnen gegenüber, von links: Kultusminister Schramm, Entnazifizierungsminister Binder, Dolmetscherin, Ministerpräsident Geiler.

CDU-Freunde. Das ist der erste Erfolg für Sie. Der zweite Erfolg für Sie ist, daß Sie einen internen Bericht machen: Der Kommunist Carlebach hat wieder einen Mann, der das Vertrauen der Militärregierung genoß, als Nazi abgeschossen, und damit bewußt das Ansehen der Militärregierung geschädigt. Das ist der zweite Erfolg, den Sie damit haben. Und das soll ich alles für Sie tun?"

Die Papierzuteilung für die Frankfurter Rundschau wurde halbiert zugunsten der neugegründeten FNP. Die Auflage mußte gesenkt werden. Das hatte eigenartige Folgen. Denn die Anforderungen nach Abonnements nahmen weiterhin zu. Wir aber mußten bisherigen Abonnenten kündigen, weil nicht genügend Papier da war. Wie sollten wir das tun? Unsere Methode war sicher nicht ideal, aber nicht zu umgehen. Wir übertrugen die Streichung der Abonnements an die Austräger. Sie sollten es so machen, daß in jedem Häuserblock immer noch so viele Zeitungen zugestellt würden, daß sich notfalls alle Anwohner durch gegenseitige Aushilfe mit der Zeitung versorgen könnten. Hierbei bestand natürlich wieder die Gefahr, daß die Austräger durch Trinkgelder korrumpiert werden könnten. Aber was anderes hätten wir tun können?

Die Berichte vom Nürnberger Prozeß gegen die Hauptkriegsverbrecher waren zum Teil entsetzlich, zum Teil widerlich. 19. April 1946: „Ich habe mich immer für die Juden eingesetzt", sagte der Chef des Reichssicherheitshauptamtes, Kaltenbrunner, bei seiner Vernehmung.

23. April. Die Frankfurter Rundschau meldet: „Vereinigung zur neuen Sozialistischen Einheitspartei Deutschlands in Berlin vollzogen." Eine später geschaffene Legende behauptet, diese angeblich „unter russischen Bajonetten vollzogene Zwangsvereinigung" hätte dazu geführt, daß die Sozialdemokratische Partei mit Kommunisten oder der SED keine Verbindung mehr halten konnte. Tatsache ist, daß mehr als ein Jahr später noch der sozialdemokratische Oberbürgermeister Walter Kolb im Parteihaus der KPD im „Heine-Saal" vor den versammelten Funktionären der Frankfurter KPD seine Kommunalpolitik erläuterte und um Unterstützung warb.

Nach der Wahl des ersten Frankfurter Magistrats. Oberbürgermeister Walter Kolb spricht im Parteihaus der KPD zu den kommunistischen Kommunalpolitikern und wirbt um Unterstützung. Am Vorstandstisch rechts von Kolb sein Referent, daneben Ludwig Widman, Kreisvorsitzender der KPD; ganz außen rechts Heinrich Letsch, Mitglied des Kreisvorstands der KPD.

Was sich in der sowjetischen Zone in jenem April 1946 ereignete, entsprach dem, worauf der Frankfurter Aktionsausschuß SPD/KPD im September 1945 hinarbeiten wollte, entsprach dem, was in allen Konzentrationslagern und Zuchthäusern Sozialdemokraten und Kommunisten gleicherweise geschworen hatten, entsprach dem, was Dutzende, wenn nicht Hunderte von Einheitsausschüssen in den Westzonen weiterhin vertraten — bis sie von den Militärgouverneuren der amerikanischen, englischen und französischen Besatzungsmacht verboten wurden und ihre Weiterführung mit Gefängnis geahndet wurde.

Wie bitterernst es den Westmächten mit dieser Unterdrückung war, das hatte sich schon am 5. April gezeigt, als kommunistische Funktionäre in Westberlin für ihre Parteitätigkeit eingesperrt wurden, darunter der Genosse Jurr, der neun Jahre in Hitlers Gefängnissen und KZs gesessen hatte und nunmehr vom amerikanischen Militärgericht wegen Tätigkeit für die legale KPD fünf Jahre Freiheitsstrafe bekam! Der kalte Krieg begann sich abzuzeichnen. Die Deutschen waren wie immer die ersten, die es zu spüren bekamen.

Ebenfalls April 1946: Der Zusammenschluß der Gewerkschaften der amerikanischen Zone auf Länderebene wird endlich genehmigt — neun Monate nach dem Einmarsch der US-Truppen. Die Industrie- und Handelskammern der Unternehmer sind längst in Tätigkeit.

Über die Kampagne dieser Unternehmerkammern gegen die Mitbestimmung hatte die Rundschau schon früher berichtet; die Kampagne sollte sich später auch gegen die Hessische Verfassung richten. Wer repräsentierte dieses Unternehmertum — ich erinnere mich an einen besonderen Fall. Bei der „public safety" war u.a. ein kommunistischer Genosse beschäftigt, Gustav Eichelsdörfer. Er kam eines Tages zu mir in die Rundschau und berichtete: Diese Stelle besitze die Kartei der V-Männer (Spitzel) der Gestapo. Nun sei ein Offizier gekommen und habe eine Karte mitgenommen, also beseitigt: die des Präsidenten der Industrie- und Handelskammer, Dr. Petersen.

Was sollte ich tun? Veröffentlichen durfte ich das nicht. Aber: zu mir kamen oft zwei Offiziere aus Wiesbaden, „um sich zu informieren". Bei ihrem nächsten Besuch schlug ich ihnen vor, ich wolle ihnen „ein Märchen erzählen". Und dann erzählte ich: „Es war einmal eine Stadt, und da gab es eine Abteilung . . . etc., etc." Mittendrin unterbrach mich der eine Offizier: „Das gibt es nicht; es gibt keine Kartei der Gestapo-V-Leute, sondern nur eine Liste!"

„Es ist doch nur ein Märchen", antwortete ich und erzählte weiter. Dann gingen die beiden. Als sie das nächste Mal kamen, fiel kein Wort über die Sache. Aber beim Weggehen dreht sich der eine unter der Tür noch einmal um: „Das Märchen, das Sie uns erzählt haben, das stimmt." Das war aber auch alles — Herr Dr. Petersen blieb. Nunmehr als Vertrauensmann der Militärregierung.

Am 19. April ein Leitartikel von Gerst, der nur andeuten konnte, was er wußte. Er schilderte die Unterhaltung einer „den gebildeten Ständen angehörenden, in der Politik nicht unbewanderten Katholikin mit einem amerikanischen Offizier", an der er teilgenommen habe. Diese Katholikin habe dem Amerikaner gesagt: Rußland sei der große Brandherd, und überall gebe es ihm verwandte Brandherde. Es könne nicht gut werden auf der Erde, so folgerte sie später, solange diese Brandherde nicht ausgelöscht seien. Wir Deutschen seien zu schwach geworden, wir könnten das nicht übernehmen. Es müsse aber getan werden, um der Religion wegen. Nur ein Staat in der Welt sei heute mächtig genug, den Brandherd Rußland auszulöschen: Amerika, also müsse Amerika diese Aufgabe vollbringen, es habe ja auch die Atombombe, da könne es doch gar nicht schwerfallen, den Bolschewismus zu vernichten.

Hinter diesem Zitat steckt etwas viel Ernsteres: Wilhelm Elfes, katholischer Oberbürgermeister von Mönchengladbach und enger Freund von Gerst, hatte uns bei einem Besuch berichtet, daß er im Anschluß an eine CDU-Konferenz in der britischen Zone beim Abendessen der Tischnachbar Konrad Adenauers gewesen sei. Konrad Adenauer hatte so ganz nebenbei gesagt: „Wenn ich Präsident Truman wäre, ich hätte schon längst die Atombombe auf Rußland geworfen." Elfes hatte es uns im Vertrauen berichtet, wir konnten es nicht veröffentlichen. So legte Gerst diese Äußerung einer anonymen Katholikin in den Mund, um dagegen zu polemisieren.

An diesem 19. April erscheint der Name Karl Gerold zum ersten Mal im Impressum der Frankfurter Rundschau.

1. Mai 1946: Den Spitzenartikel der ersten Seite schreibt Max Bock, Sekretär des FDGB Frankfurt am Main. Und gleichzeitig die Ergebnisse der Kreistagswahlen, die gerade stattgefunden haben. Wieder hat die 15-Prozent-Klausel dafür gesorgt, daß im wesentlichen nur SPD, CDU und sogenannte „Freie Wählergemeinschaften" in die Kreistage kommen konnten.

3. Mai. Die Rundschau bringt eine ganze Seite „Um die Idee des Sozialismus" mit einer Diskussion für oder gegen Arbeitereinheit. Auf dieser Seite eine Erklärung des SPD-Vorsitzenden von Hessen, Willi Knothe, gegen den Landesinnenminister Venedey, weil dieser sich positiv zur Einheit von SPD und KPD geäußert habe.

7. Mai. Aufgrund der Vorentscheidung im April wird der „Verband Großhessischer Zeitungsverlage" gegründet. Im Statut des Verbandes wird bestimmt, „daß die Mitgliederversammlung des Verbandes, der die Interessen der Zeitungen vertreten soll, von je einem Lizenzträger und einem Betriebsratsmitglied der angeschlossenen Zeitungen beschickt wird".

„Hierdurch machte zum ersten Mal in der amerikanischen Zone eine Wirtschaftsorganisation von der Möglichkeit Gebrauch, Mitbestimmungsrechte der Arbeitnehmervertreter zu verwirklichen", heißt es in dem Bericht. Gerst wird zum Vorsitzenden gewählt, Stellvertreter sind Heinrich Kierzek von der „Fuldaer Volkszeitung", ein Mann, der als katholischer Antifaschist jahrelang im Zuchthaus gesessen hat, und Gustav Römer von den „Hessischen Nachrichten" in Kassel. Wir konnten die Entscheidung als Erfolg betrachten.

10. Mai. Die Rundschau veröffentlicht auf der ersten Seite die Erklärung des Hitlerschen Reichswirtschaftsministers Walter Funk über die Geldgeber Hitlers. Von Kirdorf und Thyssen über Krupp, Stinnes, Schnitzler von den IG Farben, Winterfeld, Siemens, Stauss von der Deutschen Bank bis zu Tengelmann, Springorum sind die Millionäre fast vollzählig vertreten, die vom Kaiserreich über die Weimarer Republik bis zu Hitler an Krieg und Ausbeutung verdient haben.

17. Mai. Die Außenminister der vier Mächte einigen sich nicht über die Deutsche Frage. Die Dinge werden sich offensichtlich verschärfen.

28. Mai. Die Städte mit mehr als 20000 Einwohnern haben gewählt. Wieder hat die 15-Prozent-Klausel die kleineren Parteien ausgeschaltet. Von den mehr als 53000 Stimmen, die die Kommunistische Partei Hessens erhielt, fielen die weitaus meisten unter den Tisch, so 23000 in Frankfurt, 6300 in Kassel, 5200 in Offenbach, 8700 in Wiesbaden. Im Lokalteil protestieren alle vier Parteien, auch die SPD und CDU stellen fest, daß zahlreiche Wähler keine Wahlunterlagen hatten; in fast sämtlichen Stadtteilen fehlten in den Wählerlisten ganze Häuser und sogar Straßenzüge, stellt die KPD fest, die eine organisierte Sabotage vermutet. Tatsache ist: die Frankfurter Stadtverordnetenversammlung wird aus 32 Sozialdemokraten und 28 CDU-Vertretern bestehen. Die SPD hat die absolute Mehrheit, weil von der KPD 23000, bei der LDP 22000 Stimmen unter den Tisch fielen. An diese seltsame Wahl und ihr Ergebnis würden sich Folgerungen knüpfen, in die ich mit hineingezogen wurde.

In diese Tage fällt der Brief des SPD-Vorsitzenden Schumacher aus Hannover an den amerikanischen Besatzungsgouverneur General Clay, in dem er seinen

Zweimal besuchte Dr. Kurt Schumacher die Redaktion der Rundschau. Hier (Anfang 1946) im Kreis der Redakteure. Ganz links Alfons Montag, daneben W. K. Gerst, rechts hinten Carlebach.

bisherigen Parteifreund, den Landesinnenminister Hans Venedey, als „Feind" der SPD denunziert und seine Amtsentlassung betreibt. In diesem Brief heißt es:

Der gegenwärtige Innenminister von Groß-Hessen, Herr Venedey, ist aus der Sozialdemokratischen Partei ausgeschlossen worden, durch einen Beschluß sowohl des Zentralvorstandes als auch der Organisation von Groß-Hessen ... Ich möchte Sie davon informieren, daß Herr Venedey weder von uns noch von unserer großhessischen Parteiorganisation als ein Exponent der Sozialdemokratischen Partei betrachtet wird. Wir sehen einen Feind in ihm.[27]

Die Behauptung, die hessische SPD hätte Venedey ausgeschlossen, war frei erfunden. Da für die amerikanische Militärregierung Beschlüsse eines in Hannover — also in der britischen Zone — sitzenden Zentralvorstandes nicht von Bedeutung waren, diente die Erfindung dazu, Venedeys Absetzung zu sichern.

Im selben Brief denunzierte Schumacher auch uns. Die Bevölkerung sehe „mit Besorgnis den viel zu großen Einfluß, den die Kommunisten in den Zeitungen besitzen ... Besonders bemerkenswerte Fälle sind die Frankfurter Rundschau und die Zeitungen in Heidelberg, Stuttgart und Hof ... Wir sind nur an einer grundsätzlichen Änderung der Zeitungssituation in der USA-Zone interessiert. Ergebenst Ihr Dr. Schumacher."[27]

Einen Monat später wurde Venedey durch die Amerikaner amtsenthoben, vier Monate später Gerst. Die Denunziation war für die Militärregierung nützlich — der SPD half sie nicht.

28. Juni: Zum ersten Mal wird die Bestrafung einer Lizenzzeitung gemeldet: Die „Süddeutsche Zeitung" erhält für vier Wochen geringere Papierzuteilung und wird für die Zukunft mit Verlust der Lizenz bedroht, weil sie eine unzulässige Kritik an der Regierung der Tschechoslowakei veröffentlicht hat.

Eine Meldung vom Länderrat der US-Zone in Stuttgart: Die Militärregierung hat den Antrag abgelehnt, bei der polnischen Regierung gegen die Ausweisung von Deutschen zu intervenieren. Und sie hat den Vorschlag abgelehnt, Kriegsgefangene, die nicht politisch belastet sind, gegen ehemalige Mitglieder der NSDAP, der SA oder der SS auszutauschen.

28. Juni. Der Finanzminister der Landes Hessen bestätigt auf Anfrage der KPD, daß an das ehemalige großherzogliche Haus Hessen durch die Regierung Geiler 490 000 Mark gezahlt worden sind — während Prinz Philipp von Hessen als Naziaktivist im Internierungslager sitzt!

2. Juli. Die Verfassungsberatenden Landesversammlungen in drei Ländern der US-Zone sind gewählt worden. In Bayern hat die CSU die absolute Mehrheit. In Hessen Mehrheit der Linksparteien SPD und KPD. Das Verhältnis wird 50 zu 40 sein: 43 Sozialdemokraten und sieben Kommunisten gegenüber 34 CDU-Abgeordneten und sechs Liberaldemokraten. Damit ist eine Vorentscheidung für die künftige Hessische Verfassung gefallen.

Auf der gleichen Seite: 77,7 Prozent der Wähler in Sachsen haben am selben Tag für die Enteignung von 2000 Betrieben, die bisher Kriegs- und Naziverbrechern gehörten, gestimmt.

Erklärung des Generals McNarney
Amerikaner erwägen Zusammenarbeit mit notfalls nur einer oder zwei der übrigen Besatzungsmächte für Deutschland

Falls die Außenministerkonferenz in Paris nicht zu einem Uebereinkommen über die wirtschaftliche Zentralisation Deutschlands führt, erklärte General Joseph T. McNarney nach DANA am Dienstag bei einer Pressekonferenz in Frankfurt am Main, ist es möglich, daß die amerikanischen Behörden auch getrennt mit einer oder zwei der anderen Besatzungsmächte zusammenarbeiten. McNarney wies erneut auf die amerikanische Politik politischer Dezentralisation, aber wirtschaftlicher Einheit für Deutschland hin und erklärte wörtlich:

„Wenn sie kein Uebereinkommen über das erzielen, was wir für notwendig halten, werden wir irgend welche neuen Abkommen mit denen treffen müssen, die zur Zusammenarbeit bereit sind."

Während die Bildung der Wirtschaftseinheit Deutschlands im Augenblick das dringendste Problem ist, ist die Sicherung der Demokratisierung der deutschen Regierung eines der wichtigsten Ziele der Besatzung. Der General zählte die Mindestbedingungen auf, unter denen die amerikanischen Behörden anerkennen werden, daß eine deutsche Regierung demokratisch ist, und er sagte, daß die Länder auch dann noch unter jen Beschränkungen stehen werden, die sich aus dem Potsdamer Protokoll ergeben und die auf Grund weiterer Ministerbesprechungen aus neuen Viermächteabkommen erwachsen können, sowie ferner unter den Beschränkungen der Gesetze des Alliierten Kontrollrates, die für ganz Deutschland bindend sind. McNarney sagte, daß eine deutsche Regierung als demokratisch bezeichnet werden kann, wenn:

1. anerkannt ist, daß alle politische Macht vom Volke ausgeht und der Kontrolle durch das Volk unterliegt;
2. derjenige, der politische Macht ausübt, das Mandat hierzu durch häufige öffentliche Darlegung seines Programms aus öffentlichen Wahlen bezieht;
3. allgemeine Wahlen nach den Grundsätzen des freien Wettbewerbes durchgeführt werden, wobei wenigstens zwei Parteien unter tatsächlicher Erfüllung der Voraussetzungen des Wettbewerbes ihre Programme und ihre Kandidaten der Oeffentlichkeit unterbreiten;
4. politische Parteien als demokratische Einrichtung und als freiwillige Vereinigungen von Bürgern anerkannt werden, die sich klar von der Regierungsmaschine unterscheiden, statt mit ihr identisch zu sein;
5. die Grundrechte des Individuums einschließlich Redefreiheit, Religionsfreiheit, Versammlungsfreiheit, Freiheit der politischen Vereinigung und andere ebenso grundlegende Rechte freier Menschen anerkannt und garantiert werden;
6. die Ausdrucksmittel der öffentlichen Meinung, wie Rundfunk und Presse, nicht von der Regierung beherrscht werden;
7. unter den Einrichtungen, die dem Schutz der Person vor mutwilliger und willkürlicher Ausübung der Regierungsgewalt dienen, die Herrschaft des Gesetzes als das bedeutsamste anerkannt ist.

Zur Frage der politischen Zentralisierung sagte der General:

1. Die Macht wird in erster Linie durch die Länder ausgeübt werden und nur in ausdrücklich genehmigten und besonders angeführten Fällen durch die Bundesregierung.
2. Die Ausübung der Macht ist, wo es sich um grundlegende Angelegenheiten der Politik handelt, den Ländern vorbehalten. Verwaltungsbefugnisse werden, soweit sie zur Sicherung der wirtschaftlichen Einheit notwendig sind, dem Reich zugesprochen.
3. Alle übrigen Machtbefugnisse bleiben dem Volk vorbehalten, soweit nicht das Volk selbst sie den Ländern überträgt.
4. Eine beträchtliche Anzahl von Befugnissen wird von den Ländern auf die Kreise und Gemeinden übertragen. Diese werden alle Funktionen zu umfassen haben, welche am besten von den Kreisen und Gemeinden entschieden und durchgeführt werden können.

Frankfurter Rundsc[hau]

Schriftleitung u. Verlag der „Frankfurter Rundschau" Frankfurt a. M., Schillerstr. 19, Fernr.: 4039), Monatsbezugspreis: RM 1,85, durch Postüberweisung zuzügl. RM —,24 Postzustellgebühr, durch Streif band zuzügl. RM —,55 Portounkosten. Bestellungen nur beim Verlag oder einer örtlichen Geschäftsstelle

Anzeigenpreise für die zehngespaltene Nonpa[reille] ... Offenbach) RM 1,85.— für das übrige Verbre[itungsgebiet] ... RM 3.—; Amtliche Anzeigen der Stadt- ode[r] ...

Jahrgang 2, Nummer 52

Dienstag, den 2. Juli 1946

Ergebnis der Wahlen in der US-Zone

Absolute Mehrheit der CSU in der Verfassungberatenden Landesversammlung Bayerns — Mehrheit der Linksparteien unter SPD-Führung in Groß-Hessen

BAD-NAUHEIM, 1. Juli (DANA). Mit 2 609 899 Stimmen bei den Wahlen zur Verfassunggebenden Landesversammlung in den drei Ländern der amerikanischen Zone ist die CSU (CDU) die stärkste Partei, während die SPD 1 815 367 Stimmen auf sich vereinigen konnte.

An dritter Stelle steht die KPD mit 405 469 Stimmen, die LDP (DVP und FDP) konnte insgesamt 384 397 Stimmen für sich buchen, wogegen die WAV in Bayern 137 525 Stimmen und die Arbeiterpartei in Groß-Hessen 8323 Stimmen erhielten.

Mandatsverteilung in Groß-Hessen

wb WIESBADEN, 1. Juli. (Eig. Ber.) Bei den Wahlen für die Verfassungberatende Landesversammlung Groß-Hessens gaben von 2 191 757 Wahlberechtigten 1 558 927 (71,1 Prozent) ihre Stimme ab. Davon waren ungültig 80.554 (5,2 Prozent). Von den 1 478 373 gültigen Stimmen erhielten:

SPD 655 090 (44,3 Prozent) und 43 Sitze
CDU 550 342 (37,2 Prozent) und 34 Sitze
KPD 144 272 (9,8 Prozent) und 7 Sitze
LDP 120 346 (8,1 Prozent) und 6 Sitze
AP 8 323 (0,6 Prozent) keinen Sitz.

Auf die einzelnen Regierungsbezirke und die Landeslisten verteilen sich die insgesamt 90 Sitze wie folgt: Regierungsbezirk Darmstadt: SPD 10, CDU 7, KPD 2, LDP —. Regierungsbezirk Kassel: SPD 9, CDU 6, KPD 2, LDP 2. Regierungsbezirk Wiesbaden: SPD 12, CDU 11, KPD 2, LDP 2 Landesliste: SPD 12, CDU 10, KPD 2, LDP 2.

Während die SPD gegenüber den Kreistags- und Stadtverordnetenwahlen am 28. April und 26. Mai mit damals 648 314 Stimmen einen Gewinn von 6776 Stimmen erzielen konnte, hat die CDU bei damals 553 428 Stimmen diesmal einen geringen Verlust von 3086 Stimmen. Die KPD gewann 4084, die LDP 10 380 Stimmen.

Zu berücksichtigen ist, daß bei beiden vorigen Wahlen insgesamt 49 052 Stimmen für verschiedene örtliche Listen abgegeben wurden, während bei der Wahl am Sonntag außer den vier großen Parteien und der „Arbeiter-Partei" keine weiteren Listen präsentiert waren.

Wahlkreise	Wahl-berecht.	Abgegeb. Stimmen insges.	ungült.	SPD	CDU	KPD	LDP
Alsfeld	29912	16135	505	7806	5330	906	1588
Bergstraße-Odenwald	45206	29687	1393	10799	13843	3652	587
Bergstr.-Rheinebene	40409	31230	2094	10478	14607	3464	872
Biedenkopf	25405	10608	577	4898	3395	866	2160
Büdingen	41180	23611	1102	12199	5600	2550	2160
Darmstadt-Stadt							2061

Bayern

Laut DANA haben in Bayern von 3 866 461 Wahlberechtigten 2 783 386 Wähler ihre Stimme abgegeben. 62 339 Wahlzettel waren ungültig, die Wahlbeteiligung betrug 72 Prozent. An Stimmen erhielten die

SPD 785 538 (28,9 Prozent)
CSU 1 584 679 (58,2 Prozent)
KPD 144 676 (5,3 Prozent)
WAV 137 525 (5,1 Prozent)
FDP 68 629 (2,5 Prozent)

Von den 180 Sitzen fielen an die SPD 51, CSU 109, KPD 8, WAV 8 und FDP 4.

Auf die einzelnen Regierungsbezirke verteilen sich die Abgeordnetensitze folgendermaßen: Oberbayern 40 Sitze, davon SPD 12, CSU 22, KPD 2, WAV 3, FDP 1. Niederbayern/Oberpfalz 45 Sitze, davon SPD 11, CSU 32, KPD 1, WAV 1. Oberfranken/Mittelfranken 48 Sitze, davon SPD 18, CSU 22, KPD 3, WAV 2, FDP 3. Unterfranken 24 Sitze, davon SPD 5, CSU 18, KPD 1 Schwaben 23 Sitze, davon SPD 5, CSU 15, KPD 1, WAV 2.

Verglichen mit der Summe der Stimmen aus den Wahlen im April und im Mai ergibt sich, daß SPD, KPD und WAV an Stimmen gewannen, während die CSU ihre Stimmenzahl nicht behaupten konnte. (Der Rückgang beträgt rund 94 000 Stimmen. Red.)

Der Vorsitzende der CSU in Bayern, Dr. Josef Müller, schreibt den Stimmenverlust seiner Partei, der allein in München über 40 000 Stimmen gegenüber den Wahlen am 28. Mai beträgt, der Tatsache zu, daß die Wähler der CSU „weniger diszipliniert" als die Kommunisten oder die Sozialdemokraten seien.

Der Vorsitzende der SPD in Bayern, Minister- ... die Wahl alle Erwartungen seiner Partei übertroffen habe. Es habe sich gezeigt, daß die Bayern „langsam aber stetig die CSU verlassen".

Württemberg — Baden

STUTTGART, 1. Juli (DANA). Bei den gestrigen Wahlen hat die CDU mit 40,5 Prozent der abgegebenen Stimmen ihren führenden Platz behauptet und 474 878 Stimmen für sich gebucht. Im Abstand von rund 100 000 folgt die SPD mit 374 739 Stimmen oder 33,2 Prozent. Die Gesamtstimmenzahl der DVP beträgt 195 422 oder 16,3 Prozent, die der KPD 116 521 oder 10 Prozent. Von 1 781 433 Wahlberechtigten hatten 1 208 941 (71 Prozent) ihre Stimme abgegeben. Davon waren 48 381 ungültig.

Die Verteilung der insgesamt 100 Abgeordnetensitze ergibt sich wie folgt: CDU 41, SPD 32, DVP 17 und KPD 10.

Während die CDU in den Städten Heidelberg und Ulm an führender Stelle steht, befindet sich die SPD in fast allen übrigen größeren Städten, wie Mannheim, Stuttgart, Ludwigsburg, Karlsruhe, Pforzheim, Heilbronn u. a., an der Spitze. Die DVP ist in Stuttgart und Heilbronn an die zweite Stelle gerückt die KPD ist in Mannheim drittgrößte Partei.

Auf dem Lande war die Wahlbeteiligung sehr niedrig; sie lag z. B. im Landkreis Ulm bei 58 Prozent, während sie in den Städten 70 bis 80 Prozent erreichte.

„Württemberg - Baden kann auf Grund des Wahlergebnisses eine Politik weiter verfolgen, die bei Wahrung der Interessen der Länder in der Richtung zum deutschen Bundesstaat hinarbeitet", erklärte Ministerpräsident Dr. Maier, und er wies darauf hin, daß keine der Parteien so eingestellt sei, daß ihr nicht die wirtschaftliche und ...

12. Juli: Der Befehlshaber der US – Truppen in Europa, General McNarney, erklärt, die USA seien gegebenenfalls für die Zusammenarbeit von nur einer oder zwei Besatzungsmächten in Deutschland. Das ist die erste offizielle Andeutung der geplanten Spaltung.

16. Juli. Die Außenminister haben sich auf ihrer Konferenz in Paris nicht über die Deutschlandfrage einigen können. Spitzenmeldung der ersten Seite: „Bekämpfung von Gerüchten". Immer wieder gibt es eine Untergrundpropaganda, die darauf spekuliert, die Großmächte spalten zu können, wie es Hitler und Goebbels noch bis zu ihrem Untergang als letzte Rettung erhofft und versucht hatten.

Der bayrische Minister für Entnazifizierung, Heinrich Schmitt, der als Vater des Gesetzes über die Befreiung von Militarismus und Nationalsozialismus bezeichnet wird, tritt zurück, weil er politisch die Entwicklung nicht mehr verantworten könne.

23. Juli. Die erste Sitzung der neugewählten Stadtverordnetenversammlung und gleich der erste Skandal: Es stellt sich heraus, daß der abgewählte Oberbür-

Hans Venedeys Antwort an Wilhelm Knothe

Zu den Erklärungen des Vorsitzenden der SPD in Groß-Hessen, Wilh. K n o t h e, nahm der ehemalige groß-hessische Innenminister Hans V e n e d e y in einer Erwiderung Stellung, die von der DANA wie folgt wiedergegeben wird:

„Die Erklärung des Vorsitzenden der SPD., Wilhelm Knothe, kann ich sowohl im eigenen wie auch im Interesse der Steuerung der Wahrheit nicht unwidersprochen lassen. Es ist ein Widerspruch, zu erklären, mein Ausschluß aus der SPD sei nicht erfolgt, weil ich mich für die Einheit der Arbeiterschaft in der SED ausgesprochen habe, während man gerade in der Befragung des thüringischen Staatspräsidenten Dr. P a u l wegen Schaffung dieser Einheit einen Disziplinbruch erblickt und mich d a r u m aus der Partei ausschließt. Wäre ich ein Gegner der Einheit und hätte ich den Staatspräsidenten von diesem Gesichtspunkt aus gefragt, so würde zweifellos ein Ausschluß n i c h t erfolgt sein. Es kommt also auf die Sache an: Nur weil ich als F r e u n d d e r E i n h e i t die Fragen gestellt habe, erfolgte wegen angeblichen Bruchs der Parteidisziplin der Ausschluß. Der Landesvorsitzende der SPD Knothe fühlt die Schwäche der Beweisführung, erkennt aber nicht, daß seine Stellungnahme die Knebelung jeder Gesinnungs- und Meinungsfreiheit innerhalb der SPD bedeutet. Um seine Argumentation zu stärken, verbrämt Knothe sie mit der Behauptung von meiner angeblich antisozialdemokratischen Tätigkeit während der Zeit meiner Emigration.

Dieser Vorwurf ist mir nicht neu. In dem Schiedsgerichtsverfahren, das sich am 12. Juni in W i e s b a d e n mit meinem Parteiausschluß beschäftigte, hat der Vorsitzende jedoch erklärt, daß er diesen Punkt, da es sich lediglich um einen ungeklärten Verdacht handele, n i c h t zum Gegenstand des Verfahrens machen wolle und ihn deshalb außer Betracht lasse. Damit habe ich mich nicht einverstanden erklärt, weil dieser Vorwurf zu verschiedenen Malen auftauchte und wesentlich zur V e r g i f t u n g der ganzen Angelegenheit beitrug. Es scheint mir deshalb notwendig, auch die Oeffentlichkeit über mein bisheriges Verhalten, insbesondere während der Zeit der Emigration, zu unterrichten.

„Ich gehöre", so heißt es in der Erklärung weiter, „seit 1926 der SPD an. In meiner engeren Heimat ist bekannt, daß ich schon vor 1933 für die Einheit der Arbeiterschaft eingetreten bin und dafür gewirkt habe. Diesem Kurs meiner politischen Einstellung bin ich treu geblieben, selbstverständlich auch in der Zeit der Emigration. Dabei befand ich mich, mindestens zeitweise, in Uebereinstimmung mit führenden Männern der SPD. Als im Jahre 1946 die Volksfront in Frankreich ihren großen Wahlsieg davontrug, wurde die deutsche Emigration davon sichtlich beeindruckt. Es kamen Strömungen auf, die dahin zielten, auch eine deutsche Volksfront und damit eine Einheitsfront mit

den Kommunisten zu bilden. Bekannte Führer der deutschen Kommunisten und Sozialdemokraten traten gemeinsam in Versammlungen auf. So beispielsweise der ehemalige Berliner Polizeipräsident G r z e s i n s k i neben August S c h m i d t und Rudolf B r e i t s c h e i d neben Willi M ü n z e n b e r g. Erwähnenswert ist, daß Grzesinski zeitweise sehr freundschaftlich mit den Kommunisten in der Zentralvereinigung der deutschen Emigration zusammenarbeitete und für seine Tätigkeit ein Gehalt bezog, das von Sozialdemokraten und Kommunisten gemeinsam aufgebracht wurde. Zur Unterstützung des Gedankens der Schaffung einer Volksfront wurde zur damaligen Zeit auch der sogenannte „Freundeskreis der deutschen Emigration" gegründet. Einer der Gründer war Max B r a u n, der bekannte saarländische Führer der Sozialdemokraten. Dieser Vereinigung trat ich bei und sprach in ihrem Auftrag auf vielen Versammlungen. Die Zusammenarbeit zwischen emigrierter Kommunisten und Sozialdemokraten wurde von einem Teil auch beibehalten, als einige führende Sozialdemokraten den Kurs einer Einheitsfront wieder aufgaben. Im Frühsommer 1933 wurde ich Mitglied der Föderation der deutschen Sozialisten, die der von Julius D e u t s c h geführten Konzentration angeschlossen war. Meine Mitgliedskarte trägt die Nummer 72. Sie ist von Paul H e r t z, dem ehemaligen Mitglied des Vorstandes der SPD, unterzeichnet. Paul Hertz, der mich persönlich kannte und mit dem ich oft zusammengekommen bin, hätte mich n i c h t in seiner Vereinigung der Sozialdemokraten aufgenommen, wenn ich mich in antisozialdemokratischem Sinne in Paris betätigt haben würde. Einen Kurswechsel nahm ich allerdings im Verlauf der Zeit meiner Emigration in Frankreich noch zu der Zeit, da ich in der Schweiz weilte.

In der Schweiz schloß ich mich der Bewegung „Freies Deutschland" an, in der neben Kommunisten und Sozialdemokraten auch Persönlichkeiten aus den bürgerlichen Lagern mitwirkten. Die Schweizer Landesgruppe wurde zudem geführt von (em ehemaligen Staatssekretär Dr. A b b e g, einem bekannten Demokraten. Besonders aktiv gefördert wurde diese Vereinigung von dem großen Theologie-Professor Dr. B a r t h, der als Führer der evangelischen Bekenntniskirche sehr bekannt ist und jetzt wieder an seinen Lehrstuhl an der Universität Bonn zurückkehren konnte.

Gleichzeitig, wie man die Erklärung Knothes auffaßt, ob sie auf Disziplinlosigkeit oder auf meine Tätigkeit während der Emigration abgestellt wird, es kommt immer nur das eine heraus, n ä m l i c h der A u s s c h l u ß a u s d e r S P D w e g e n m e i n e s E i n t r e t e n s f ü r d i e U e b e r w i n d u n g d e r S p a l t u n g d e r s o z i a l i s t i s c h e n B e w e g u n g. (gez.) Hans V e n e d e y."

germeister Dr. Blaum noch im letzten Augenblick für sich und seine Stadträte Gehaltszahlung für weitere elf Jahre festgeschrieben hat, da sie „Anstellungsverträge für 12 Jahre" hätten. Eine scharfe Auseinandersetzung zwischen SPD als Mehrheitspartei und CDU als alleiniger Minderheitspartei zeichnet sich ab.

28. Juli. Vierspaltige Überschrift: „Innenminister Venedey aus dem Amt entlassen — Vom Parteivorstand aus der SPD ausgeschlossen". Der Brief Schumachers an Clay hatte den erwünschten Anlaß gegeben. Venedeys Stellungnahme dazu: „Mein angeblich parteischädigendes und disziplinwidriges Verhalten wird darin erblickt, daß ich mich für die Einheit der Arbeiterparteien ausgesprochen habe. Ich maßte mir an, eine freie Meinung zu haben. Als entschiedener Marxist bin ich zu der Überzeugung gekommen, daß die Einheit zwischen den Arbeiterparteien eine absolute Notwendigkeit ist. Nur dadurch kann eine Wiederholung des 30. 1. 1933 verhindert werden." Ein Kapitel Gleichschaltung innerhalb der SPD war damit abgeschlossen.

Gleichzeitig auf der ersten Seite dreispaltig: „Walter Kolb, Oberbürgermeister in Frankfurt — SPD übernimmt Alleinverantwortung." Gegen heftigen Widerstand der CDU hatte die SPD beschlossen, den Magistrat allein zu bilden. Die Tragikomödie, die sich daran anschloß, ist ein besonderes Kapitel, auf das noch zurückzukommen ist.

Seite 2: „Revolution in Rechtsbahnen." Diese Überschrift setzte die Rundschau in Anführungszeichen, denn der Untertitel lautete: „Kabinettsbeschluß schaltete Betriebsräte aus". Bei der Einsetzung von Treuhändern für Betriebe, die unter das Entnazifizierungsgesetz fielen, wurde die zunächst vorgesehene Mitwirkung der Betriebsräte vom Kabinett wieder gestrichen. Dies gab Ministerialdirektor Knappstein (CDU) in einer Pressekonferenz bekannt. Ein gemeinsamer Widerstand von Gewerkschaft und SPD/KPD war nicht zu erreichen.

Letzte Nachricht in der Nummer vom 30. Juli: Staatsminister Baker hat im britischen Unterhaus bekanntgegeben, daß England und die USA ihre beiden Besatzungszonen zur Bizone zusammenschließen wollen.

Die erste Nummer im August 1946 ist weitgehend — wie hätte es anders sein sollen — dem ersten Jahrestag der Frankfurter Rundschau gewidmet. Gedenkfeier im Sitzungssaal der Redaktion. Bericht, daß es inzwischen 37 deutsche Zeitungen in der amerikanischen Besatzungszone gibt. Der Leitartikel sagt, daß die deutschen Zeitungsleute, die in Frankfurt die erste deutsche Zeitung der US-Zone geschaffen haben, ein Organ schaffen wollten, „das sich einen Namen machen sollte und das als Fackelträger der Demokratie zu gelten hatte". *Unter den sieben Lizenzträgern, von denen keiner den anderen jemals gesehen hatte, waren die katholische, die sozialdemokratische und die kommunistische Weltanschauung vertreten, deren Repräsentanten sich auf dem Boden des konsequenten Antinazismus zu gemeinsamer Zeitungsarbeit mit bestem Wissen und Gewissen immerhin erst zu finden hatten. Aller guter Wille konnte an der Praxis zuschanden werden, und diese Praxis hatte keinen Vorläufer, so daß wir im ersten Leitartikel selbst die Frage stellten: „Kann das Bestand haben?" Nun, wir sagten im ersten Leitartikel auch, daß wir unseren Willen zur Zusammenarbeit unter Beweis stellen wollen, und wir gaben unserer Zuversicht Ausdruck, daß sich dieser Wille positiv durchsetzen werde, trotz aller Zweifler und trotz allen Zweifels. Ein einziges Jahr in der Geschichte einer Zeitung ist keine lange Geschichte, und alle Eindrücke sind noch frisch. Als Paul Rodemann noch im Vorjahr die Lizenz für das „Darmstädter Echo" übernahm und mit ihm zusammen Otto Großmann aus Gründen der Parität die Frankfurter Lizenz zurückgab, war dies nichts weiteres als die Verringerung der Zahl der Lizenzträger*

Oldest Paper in New Reich Celebrates First Anniversary

N7HT, 1.8.46.

By Edwin Hartrich
Herald Tribune
Occupation Forces Correspondent

FRANKFURT, Aug. 1. — "The Frankfurter Rundschau," the oldest post-war newspaper in the American Occupation Zone, celebrated its first anniversary today.

Of the thirty-three newspapers licensed to publish by Military Government, it is not the best or the most typical. Yet the "Rundschau's" brief history and present situation are an object lesson in the attempt to revive a free press in a defeated and sick nation.

The "Rundschau" is locally libeled by its opponents as the "Frankfurter Pravda," and its Leftist tinge is considered by many Germans to be out of step with the political sympathies of its subscribers.

Includes 'Black' Communist

It is managed by four licensees: two Communists, a "black Communist" (the local nickname for a Catholic with Marxist ideology) and a Social Democrat. By the terms of its license it is above party domination and must treat fairly with all political organizations.

Last year it had a circulation of 500,000, last month a circulation of 215,000 and in August this will drop to 152,000. However, this is solely due to a shortage of newsprint, for it could easily maintain its initial circulation.

The "Rundschau" has a competitor in the "Neue Presse," which was established by the Information Control Division last spring to offset the "Rundschau's" influence. The "Neue Presse" has exactly the same controls and circulation and both papers share the same printing press, which formerly was the property of the defunct but once famous "Frankfurter Zeitung."

The "Rundschau," like other American-licensed newspapers, is an anomaly. It is highly profitable, yet it is not a business concern, nor a public institution—merely a license which enables four men to publish a paper on the precincts of a former newspaper property now held in escrow by the American Military Government.

The license to publish is indefinite as to time and can be revoked any day by Military Government, and naturally the "Rundschau," despite its Leftist direction, plays a policy line which it believes will be pleasing to the powers that be. The four licensees are legally responsible for anything they print but actually they enjoy much leeway, for there is no pre-censorship of their columns before printing and no official suggestions as to what AMG would like to see.

This idea of an all-party—or above-party—newspaper is a distinct American contribution to the post-war press of Germany. Yet as a formula to evolve a true free press it does not hold great appeal for German journalists, who continue to think in terms of newspapers as organs of political parties.

Sees Party Organs Later

Karl Gerst, the small gray-haired licensee who is the real editor and who is the "black Communist," thinks that, when American press control is eventually lifted, newspapers will tend to become party organs with perhaps several general information non-political newspapers also functioning in years to come.

In conversation with Gerst he developed the thesis that journalists who have to work for "capitalistic bosses" are never as free and independent as those who work for political party newspapers.

Gerst's associates are Erich Carlebach, Arno Rudert and Karl Gerold. Carlebach and Rudert each spent twelve years in concentration camps and are now militant Communists and believers in the "collective guilt" theory of the German people. Gerold was an anti-Nazi exile in Switzerland for many years and remained a Social Democrat. However, his influence is relatively little in the editorial direction of the "Rundschau." Apart from Gerst and Gerold the others have had little modern journalistic experience, a basic deficiency for all German newspapers today.

Paper Eyes Wiesbaden

The four licensees govern the news and editorial policies of the "Rundschau." However, for internal administration of the newspaper and in its business affairs three representatives of the employees join the editors in a board of directors, and their majority decisions are final. Eventually, Gerst said, the "Rundschau" will probably become a co-operative enterprise on a profit-sharing basis.

Due to the extreme newsprint shortage the "Rundschau" can only be a local newspaper, even though it would like to circulate throughout the American zone. For example, it cannot circulate in near-by Wiesbaden, the seat of the government of Greater Hesse and thus influence that body of German politicians as it would like to do.

S IN PARIS

m Einstein

sider them as important, and Jacqueline Gilson because of her great ability to organize a canvas, unfortunately combined with a deep lack of feeling.

Rooms 7 and 8 are devoted to "unreconstructed" personalities who somehow slipped in. Benn goes his own beautiful way, very romantically. Taslitzky, in this exhibition of artists who, as says Jean Cassou in the catalogue, "s'étaient, durant la clandestinité, constitué en organisme, et le lien professionel s'était entre eux resserré d'autant plus fortement qu'il prenait une signification d'armes et de serment patriotique," is the only one who seems to know anything about anything outside of an ivory tower. It is to be hoped that he develops a stronger craft and does not lose his directness when he returns to more average subjects.

The sculpting shown in the large hall before arriving at Room 1 is full of interest. Emanuel Auricoste has a rollicking bust of André Marchand. Gimond shows his usual modest studied mastery. Chana Orloff shows an old piece which is more

---

„New York Herald Tribune" vom 1. August 1946: „Älteste Zeitung im Neuen Reich feiert ersten Jahrestag."

Am Schreibtisch am Tag des einjährigen Jubiläums der Zeitung. Die Spuren der Hungerzeit sind überwunden.

für das Frankfurter Zeitungsunternehmen. Als im Frühjahr dieses Jahres Wilhelm Knothe, den das Vertrauen seiner Partei zu deren Vorsitzenden erhob, nach Verständigung mit der amerikanischen Nachrichtenkontrolle die Lizenz deshalb zurückgab, weil er nicht zwei Herren dienen konnte, und ferner Hans Etzkorn sich anderen Aufgaben zuwandte, blieb das Prinzip der Zusammenarbeit unberührt; denn Wilhelm Knothe hatte den Auftrag der Nachrichtenkontrolle, zwei sozialdemokratische Nachfolger zu benennen. Einer davon ist unser jetziger Chef des Feuilletons, Karl Gerold, dessen Rückkehr aus der Emigration sich hinausgezögert hat. Unter den vorläufig noch vier Lizenzträgern wird das Prinzip der Zusammenarbeit hochgehalten wie am ersten Tag. Wir glauben, die einjährige Probe aufs Exempel bestanden zu haben.

Im ersten Jahr hatten wir es bestanden. Im folgenden Jahr wurde es gesprengt.

Über unsere Jubiläumsfeier schreibt der Tübinger Professor Hans Mayer, damals noch Chefredakteur des Hessischen Rundfunks, in seinem Erinnerungsbuch: „Man erlebte damals einen ganz anderen Walter Hallstein als später in Bonn oder gar in Brüssel. Bei einer Feier zum ersten Geburtstag der ‚Frankfurter Rundschau' war der Rektor ein herzlicher Gratulant, der sich seiner Freundschaft mit dem Kommunisten Emil Carlebach rühmte, einem der ersten Lizenzträger des Blattes. Später in Bonn betrieb die Regierung Adenauer, der Hallstein jetzt angehörte, das Verbot von Carlebachs Partei."[28]

In derselben Ausgabe vom 2. August: Feierliche Vereidigung des rein sozialdemokratischen Frankfurter Magistrats mit Oberbürgermeister Walter Kolb an der Spitze. Die Rundschau berichtet: „Die Grüße und Glückwünsche der Stadt Düsseldorf (wo Kolb bisher Oberstadtdirektor war) überbrachte als Wortführer einer aus allen Parteien paritätisch zusammengesetzten Delegation der im Konzentrationslager erblindete kommunistische Bürgermeister Waterkorte." Und: Als geschäftsführender Innenminister des Landes Hessen sprach Ministerialdirektor Dr. Heckert, ebenfalls ein Kommunist. Die Amtsentlassung des Sozialdemokraten Venedey hatte — wenn auch nur für kurze Zeit — einen Kommunisten an die Spitze des Innenministeriums gestellt.

An den Bericht über die Amtseinführung hängte die Rundschau die kurze Mitteilung: „Am frühen Nachmittag bereits hatte eine informelle Zusammenkunft zwischen Oberst Sheehan von der Militärregierung und den Spitzen der Frankfurter Stadtverwaltung stattgefunden." Das hatte seine Bedeutung, hatte seine Vorgeschichte und hatte seine Folgen, die nicht alle aus der Rundschau hervorgehen. Fast ein viertel Jahr lang zogen sich die Vorgänge hin, bis am 27. September die Frankfurter Rundschau melden kann (oder muß): Der CDU-Mann Helfrich ist mit den Stimmen der CDU und der SPD zum Bürgermeister gewählt. Der ehemals sozialdemokratische Magistrat ist umgewandelt in eine „Große Koalition" aus sechs sozialdemokratischen und fünf CDU-Stadträten. Hier eine Chronologie der Ereignisse:

Anfang Juli 1946 erschien in meiner Wohnung in der Niedenau 72 ein korpulenter Herr mit einer großen Glatze und stellte sich vor: Oberbürgermeister Walter Kolb aus Düsseldorf. Sein Freund Weynand, der frühere Polizeipräsident, habe ihm empfohlen, zunächst mit mir zu sprechen, denn er werde der Oberbürgermeister von Frankfurt werden. Sein engster Mitarbeiter in Düsseldorf, wo er jetzt tätig sei, sei der kommunistische Stadtverordnete Waterkorte. Bei ihm könne ich mich darüber informieren, wie gut die Zusammenarbeit zwischen Sozialdemokraten und Kommunisten laufe. Er rechne damit, auch in Frankfurt mit der KPD bestens zusammenzuarbeiten. Das entsprach durchaus unseren Ansichten. Wir waren nur dadurch gehandicapt, daß die 15-Prozent-Klausel uns aus der

Stadtverordnetenversammlung ausgeschlossen hatte.

Die SPD beschloß gegen den heftigen Protest der CDU, den Magistrat allein zu bilden und wählte am 2. August 1946 mit ihrer Mehrheit alle elf Stadträte in die verschiedenen Funktionen. Kaum war dies geschehen, da erschien in meinem Büro in der Rundschau der amerikanische CIC-Offizier Beer; ein Emigrant, Abkömmling des Bankhauses Beer-Sontheimer, das in Frankfurt früher eine gewisse Rolle gespielt hat. Sein Anliegen: Die Rundschau solle für den von der Militärregierung verhafteten sozialdemokratischen Stadtrat Dr. Altheim eintreten.

Die Lage war grotesk. Die Amerikaner hatten einen Deutschen verhaftet, und nun kam eine andere amerikanische Stelle wieder zu Deutschen, zur Redaktion der Frankfurter Rundschau, zu dem Kommunisten Carlebach: Wir sollten den Verhafteten herausholen. Noch in einer anderen Weise war die Lage grotesk: Altheim war nämlich bereits beim Einmarsch der Amerikaner von diesen als Stadtrat eingesetzt worden. Ganz Frankfurt sprach darüber, daß er Mitglied der SA gewesen sei, aber das interessierte die Amerikaner nicht. Erst als die Sozialdemokraten allein den Magistrat bildeten, und als die „informelle Zusammenkunft" mit dem Stadtkommandanten Sheehan sie nicht zum Einlenken brachte, wurden andere Saiten aufgezogen: Der nunmehr nicht mehr von der Militärregierung ernannte, sondern von der Stadtverordnetenversammlung gewählte Dr. Altheim wurde verhaftet. Und der CIC-Offizier, ehedem deutscher Sozialdemokrat, fragte, ob wir etwas tun könnten.

Natürlich konnten wir nichts tun, denn wir hatten striktes Verbot, gegen Maßnahmen der Militärregierung zu polemisieren. Wir konnten nur eines tun. Wir meldeten vorläufig die Verhaftung nicht, in der Hoffnung, daß die Dinge geregelt werden konnten. Erst am 9. August meldete die Rundschau in wenigen Zeilen: „Bürgermeister Dr. Altheim wurde am Vormittag des 8. 8. gegen Stellung einer Kaution aus der von der Militärregierung angeordneten vorläufigen Haft entlassen." Am selben Tag eine lange Erklärung der CDU „Gegen Machtanspruch der SPD in Frankfurt".

Dienstag, 13. August, überraschender Bericht im Lokalteil: „Zwischenspiel im Frankfurter Magistrat". Der SPD-Fraktionsabgeordnete Schaub berichtet innerhalb einer langen Polemik gegen CDU – Erklärungen, daß die SPD bereit sei, von ihren elf hauptamtlichen Magistratsposten fünf an die CDU abzugeben. Was war geschehen? Das stand nicht in der Rundschau:

Am Samstag, 10. August, gegen zehn Uhr früh, wurde ich aus dem Bett geklingelt. Ich hatte bis ein Uhr früh in der Mettage am Umbruchtisch gestanden und schlief noch. An der Tür stand ein Mann mit Chauffeurmütze und teilte mir mit, Stadtverordnetenvorsteher Rebholz bitte mich,sofort in eine Sitzung der Stadtverordnetenfraktion der SPD zu kommen. Ich war perplex. Rebholz war schon vor 1933 ein fanatischer Antikommunist — er sollte mich jetzt einladenin eine interne SPD-Konferenz? Ich zog mich in aller Eile an und fuhr mit in die Siesmeyerstraße, wo damals ein intaktgebliebenes Haus das bombenbeschädigte Rathaus am Römerberg ersetzte.

Beim Eintreten fand ich eine in wilder Hektik durcheinanderredende Gruppe von Personen, zum Teil auf und ab laufend und gestikulierend; es waren die Stadtverordneten der SPD. In dem allgemeinen Trubel informierte mich Rebholz, was in der Luft liege: Man erwarte ein Ultimatum der Militärregierung, und es sei die Frage, ob die Rundschau etwas tun könne. Noch während er mit mir sprach, öffnete sich die Tür, herein trat Stadtrat Dr. Reinert. Reinert war bis zum Einmarsch der Amerikaner enger Mitarbeiter des Nazioberbürgermeisters Krebs gewesen, hatte schnell das SPD-Mitgliedsbuch erworben und war nun tatsächlich von der SPD als einer ihrer elf Stadträte gewählt worden. Mit seinem Eintreten verstummte schlagartig der Tumult. Alles wandte sich ihm zu.

Und Herr Dr. Reinert — als ob er überhaupt nichts mit dieser Fraktion zu tun hätte, deren Mitglied er doch war, sondern in einem Ton, als sei er Angehöriger oder mindestens Beauftragter der USA — gab bekannt: „Meine Damen und Herren, ich komme soeben von der Militärregierung. Ich habe Ihnen mitzuteilen: Wenn nicht bis heute nachmittag der CDU fünf Magistratssitze angeboten werden, dann wird die Militärregierung vier weitere Stadträte verhaften, so daß diese fünf Magistratsposten frei sind."

Ratlosigkeit auf allen Gesichtern. Einige schauten mich an. Aber was sollte ich tun? Eine Polemik gegen die Militärregierung kam nicht infrage. Selbst wenn sie in Satz gegangen wäre — aus der Druckerei wäre ein solcher Artikel nie herausgegangen.

Das war am Samstag, dem 10. August. Am Montag, dem 12. August, gab es den Beschluß der SPD, der am 13. in der Rundschau erschien, daß der Magistrat fast zur Hälfte neu gewählt werde. Kurze Meldung am 3. September: „Dem CDU-Mitteilungsblatt vom 31. 8. entnehmen wir, daß sich die SPD-Fraktion angesichts ihrer Schwierigkeiten jetzt bereit erklärt hat, mit der CDU zusammenzuarbeiten. Eine Äußerung der SPD steht vorläufig noch aus." Hinter den Kulissen wurde fleißig gekuhhandelt.

20. September: „Magistratskrise überwunden. Stadtverordnetenvorsteher Rebholz teilte mit, daß eine Einigung zwischen SPD und CDU über die Ergänzung des Frankfurter Magistrats erzielt worden sei. Vier weitere Stadträte, die von der CDU vorgeschlagen wurden, werden zusammen mit fünf Sozialdemokraten und dem parteilosen Stadtrat Miersch den künftigen Magistrat bilden, während der 11. Platz noch offenbleibt. Beide Parteien sind entschlossen, gemeinsam dem gesamten Magistrat ihr Vertrauen auszusprechen. Die SPD, so erklärte der Stadtverordnetenvorsteher, habe damit nicht kapituliert."

Aber dann am 27. September: „Eugen Helfrich Bürgermeister — Einigung in der Stadtverordnetenversammlung vollzogen". Die Große Koalition war geschlossen. Die „informelle Zusammenkunft" beim amerikanischen Stadtkommandanten, die anschließende Verhaftung des Sozialdemokraten Altheim und die Drohung, weitere SPD-Vertreter zu verhaften, hatten Wunder gewirkt. Die Demokratie amerikanischer Prägung hatte sich bewährt. Bei der Kastrierung des Hessischen Verfassungsentwurfs und beim Hinauswurf der Kommunisten aus der Hessischen Landesregierung würde es ähnlich zugehen. Ich sollte es erleben.

In diesem Sommer 1946 stehen weiterhin die schwierigen Lebensmittelverhältnisse im Vordergrund der Berichterstattung. Es gibt pro Person 1200 bis 1500 Kalorien am Tage. Das nächtliche Ausgangsverbot gilt immer noch. Skandale um Beamte, die ihre Fragebogen gefälscht haben und ihre Nazizugehörigkeit verschwiegen. Gleichzeitig verhandeln die vier Großmächte weiter über die Friedensverträge für Rumänien, Bulgarien, Ungarn, dann für Italien; teilweise einigen sie sich, teilweise verschärfen sich die Differenzen. 16. August: Polizeipräsident Siegert bekommt wegen seiner Unterstützung für Nazijuristen im Polizeipräsidium Hausverbot.

Die Säuberung beginnt

In regelmäßigen „scrutiny reports" wurden die Zeitungen überwacht, wobei noch eine Rolle spielt, daß die Spitzen der US-Militärregierung fast alle kein Deutsch verstanden und somit in ihrer Einschätzung darauf angewiesen waren, was die „reports" ihnen suggerierten. Aus dem Report über den Zeitraum 29. Mai bis 12. Juni 1946 habe ich am 9. Juli 1946 übersetzt:

„Sowohl Frankfurter Neue Presse wie Frankfurter Rundschau brachten am 11. und 12. 6. den Text eines Beschlusses der vier politischen Parteien Groß-Hessens, in welchem das MG heftig kritisiert wurde in Verbindung mit Wohnungsbeschlagnahmungen. Sätze wie ‚mit Schrecken und Entrüstung' kamen in dem Beschluß vor, der mit einer Art rhetorischem Ultimatum endete: ‚Das letzte Stück Hoffnung auf Gerechtigkeit und Ritterlichkeit von seiten der Sieger wird zerstört werden, wenn die Militärregierung . . .' Solche Ultimaten zielen unzweideutig darauf hin, ‚passiven Widerstand gegen die Militärregierung zu erwekken'. (Alle anderen Zeitungen brachten die umgeschriebene DANA-Meldung, die keine Attacken auf die Militärregierung enthielt.) Die Herausgeber sollen erinnert werden, daß sie eine ‚beinahe freie', aber keine vollkommen freie Zeitung haben."

Das war eine deutliche Warnung, wenn auch keine offizielle Verwarnung. Anschließend wird im selben „report" — ohne jeden Kommentar — gegenübergestellt, daß eine Reihe Zeitungen in ganzseitigen Schlagzeilen über amerikanische Lebensmittelsendungen berichteten, die FR aber: „am 4. 6. — nichts, 7. 6. — 30 Zeilen, 12. 6. — 6 Zeilen."

20. August. Eine halbe Druckseite lang setzt sich Wilhelm Karl Gerst mit der Haltung der katholischen Bischöfe zum Nationalsozialismus auseinander. Dieser Artikel führte dazu, daß nun die Bemühungen sich vervielfachten, dem unbequemen Mahner den Mund zu verbieten. Wegen seiner grundsätzlichen Bedeutung sei der Artikel hier abgedruckt:

Um den „Ehrenplatz in der Geschichte der nationalen Revolution"
Unser Anliegen an die Fuldaer Bischofskonferenz 1946 / Von Wilhelm Karl Gerst

Der Verfasser spricht im Namen seiner katholischen Gesinnungsgenossen. Es ist ein katholisches Anliegen, das er vorzubringen hat. Die Sperrungen in den Zitaten stammen von uns.

Die Redaktion

Für die Haltung des deutschen Episkopats in den Tagen der sogenannten Machtergreifung Hitlers, später in „nationale Revolution" umgemünzt, gibt es einen dokumentarischen Beleg, den kein Katholik heute ohne stärkste Erschütterung zur Kenntnis nehmen kann. Es ist ein dickleibiger Band mit dem Titel „ W ä c h t e r d e r K i r c h e , ein Buch vom Deutschen Episkopat". Erschienen ist es im Jahre 1934 im Verlag Josef Kösel & Friedrich Pustet, München. Sein uns im übrigen unbekannter Verfasser heißt Karl Speckner. Das Geleitwort schrieb Fürst Aloys von Löwenstein, der Vorsitzende des ständigen Ausschusses der deutschen Katholikentage. Das Buch enthält die Biographie sämtlicher 1934 lebender Bischöfe, es stützt sich auf genaues amtliches Material und hat die Druckgenehmigung des Münchner Erzbischöfl. Ordinariats vom 23. Oktober 1934. Es hat also offiziösen Charakter und enthält keine Zeile, die seitens der zuständigen kirchlichen Behörde nicht gebilligt worden ist. Man darf daraus weiter folgern, daß auch keiner der Bischöfe mit der Darstellung seines Wirkens in den Jahren 1933/34 nicht einverstanden gewesen wäre. Alle Angaben des Buches sind als authentisch anzusprechen. Seine Tendenz ist klar. Es will den Nachweis erbringen, daß die deutschen Bischöfe den nationalsozialistischen Staat Adolf Hitlers bejaht haben. Dieser Beweis ist nicht lückenlos, aus den Biographien ergibt sich, daß einzelne Bischöfe zwar den entscheidenden gemeinsamen Hirtenbrief 1933 mit unterzeichneten, daß sie aber in ihrer Haltung gegenüber dem nationalsozialistischen Staat keineswegs einig waren.

Wir erachten es als unsere Pflicht, in Freimut und Offenheit über die damaligen Vorgänge zu sprechen und daraus Folgerungen und Forderungen zu ziehen, die nach unserer Überzeugung notwendig sind. „Wenn einst die Geschichte des deutschen Katholizismus in der Zeit der nationalen Revolution geschrieben wird," so lesen wir in dem Buch auf Seite 195, „dann wird die Arbeit Bischof Bernings (von Osnabrück) darin einen E h r e n p l a t z einnehmen." Bischof Berning wurde im Juli 1933 von Hermann Göring in den preußischen Staatsrat berufen. „Was hat," so fragt das Buch, „Bernings Stellung so stark erscheinen lassen, daß die Wahl gerade auf ihn fiel?" Und es gibt die Antwort: „Als die Regierungserklärung des Kanzlers (Hitler) am 23. März 1933 unter die Vergangenheit einen Strich zog und als Hitler dabei das Dritte Reich auf den Boden des positiven Christentums stellte, da galt es für Bischof Berning, die Gräben zuzuschütten, die einst zwischen der Kirche und der nationalsozialistischen Bewegung gezogen waren. Am 25. April (1933) fand unter seinem Vorsitz in Berlin eine Konferenz der Vertreter der deutschen Diözesen statt. Dabei stattete er mit Generalvikar Dr. Steinmann von Berlin dem Kanzler, dem Vizekanzler (von Papen), dem preußischen Ministerpräsidenten (Göring) und dem preußischen Kultusminister (Rust) einen Besuch ab. Und nun hatte er den Boden für die für den deutschen Katholizismus so entscheidende Konferenz der Bischöfe in Fulda vom 30. Mai bereitet. Diese Konferenz fand ihren Niederschlag in einem Hirtenbrief, welcher zur Gesamtheit der durch die nationale Revolution aufgeworfenen Fragen vom Standpunkt der Kirche aus Stellung nimmt und in dem man wohl den Niederschlag jener Berliner Beratungen erblicken darf."

Wir zitieren weiter:
„In diesem Hirtenbrief erklärt nun die Fuldaer Bischofskonferenz — die Mitglieder der Freisinger Bischofskonferenz schlossen sich an — ihren Willen zur Förderung des nationalen Erwachens. Sie begrüßt die starke Betonung des Autoritätsgedankens und der organischen Eingliederung der einzelnen und der Körperschaften in den Staat." Bei der Eröffnung des Staatsrates vom 15. September 1933 gab Bischof Berning vor der Presse eine Erklärung über seine Haltung zum neuen Staat ab. Wir zitieren wieder: „Wenn er den Treueid als preußischer Staatsrat geschworen (Auf wen wurde dieser Treueid geschworen, wie lautete die Eidesformel? Der Verfasser), so ist dies für ihn a l l e s w e n i g e r a l s e i n e F o r m s a c h e gewesen." Wörtlich: „Die deutschen Bischöfe haben schon längst den neuen Staat bejaht, haben nicht allein versprochen, seine Autorität anzuerkennen, wie das ja für jeden Katholiken selbstverständlich ist. W i r d i e n e n d e m S t a a t m i t h e i ß e r L i e b e u n d m i t a l l e n u n s e r e n K r ä f t e n . Seine Nöte sind auch die unsrigen, und wenn er uns aufruft, gemeinsam das Wohl des Volkes zu fördern und die ungeheure Not zu lindern, so wollen wir uns an Eifer von niemand übertreffen lassen. Im Gegenteil, gerade deshalb, weil da und dort Mißverständnisse vorhanden zu sein scheinen, wollen wir unsere Anstrengungen verdoppeln, wollen wir den Beweis erbringen, daß d i e K a t h o l i k e n n i c h t d i e s c h l e c h t e s t e n S t ü t z e n d e s n e u e n S t a a t e s s i n d . In dieser Richtung werde ich mir alle erdenkliche Mühe geben." Ein andermal preist Bischof Berning die K i r c h e und den n a t i o n a l s o z i a l i s t i s c h e n S t a a t als V e r b ü n d e t e im Kampf gegen eine m a t e r i a l i s t i s c h e W e l t a u f f a s s u n g :

Das Buch weiß einen zweiten deutschen Bischof ob seiner Einstellung zum nationalsozialistischen Staat zu rühmen, den Freiburger Bischof Dr. G r ö b e r und sagt von ihm: „Dieses B e k e n n t n i s z u m n e u e n S t a a t w a r l ü c k e n l o s ." Als die ersten Schandtaten der Naziregierung im Ausland bekannt wurden, der Reichstagsbrand, die Einkerkerung der Anhänger der kommunistischen und der sozialdemokratischen Partei, die Beseitigung so vieler Katholiken aus ihren Ämtern muß man auch dazu rechnen, da, so heißt es wörtlich: „erhob er Mitte April 1933 als Metropolit der oberrheinischen Kirchenprovinz und als Bischof eines Grenzbistums seine Stimme: „Verwachsen mit dem deutschen Volk durch Sprache und Blut und ergraut in jahrzehntelanger Arbeit im Volk und für das Volk, haben die Bischöfe der oberrheinischen Kirchenprovinz die Angriffe überaus bedauert, die man jenseits der deutschen Grenzen gegen unser Volk verleumderischer Weise erhebt." „In dieser Kundgebung", so sagt das Buch weiter, „war bereits die grundlegende Bejahung des neuen Staates ausgesprochen, ein Weg, der dann gradlinig in die Fuldaer Beschlüsse vom 3o. Mai 1933 einmündete. Diese Haltung war in der Auslandspresse als selbstaufgebendes Entgegenkommen hingestellt worden, das für die deutsche Kirche von den verhängnisvollsten Folgen sei."

„Gröber trat von jetzt an immer stärker als Wortführer für eine enge V e r b i n d u n g zwischen K i r c h e und n e u e m S t a a t in den Vordergrund. Bei der Bestellung der nationalsozialistischen Regierung in Baden übersandte er dem neuen Kultusminister ein Glückwunschschreiben, in dem er zum Ausdruck brachte, daß er und sein Ordinariat die Tätigkeit der Regierung tatkräftig zu fördern und zu unterstützen gewillt seien. Durch eine Verordnung im Juni — also noch vor dem Konkordat — wies er den Seelsorgeklerus an, amtlich und privat alles zu vermeiden, was als K r i t i k d e r l e i t e n d e n P e r s ö n l i c h k e i t e n i n S t a a t o d e r G e m e i n d e n o d e r d e r v o n i h n e n v e r t r e t e n e n s t a a t s p o l i t i s c h e n A n s c h a u u n g e n ausgelegt werden könnte." So konnte des Herrn von Papen „Germania" im August 1933 dem Freiburger Erzbischof ein besonderes Lob spenden, als sie schrieb:

„Es ist ein großes Glück für das katholische Deutschland, daß es in dieser Zeit kirchliche Führer hat, die das neue Werden begreifen und es mit einer durch keine Vorbehalte abgeschwächten Wärme begrüßen."

Und dieser Gröber rief damals mit dem Blick auf Hitler aus: „Die großen Männer unseres Volkes wollen keinen Kulturkampf." Andere, die keine Bischöfe waren, wußten es besser.

Aus Ostpreußen wurde dem Freiburger Bischof sekundiert. Dort amtierte in Frauenburg der Bischof K a l l e r . Von ihm weiß das Buch zu berichten, er habe damals, 1933, gesagt: „Jeder fühlt, daß wir in einer großen Zeit leben" und rühmt: „Das starke und bewußte Deutschtum dieses Mannes bewährte sich vor allem in den Zeiten der nationalsozialistischen Revolution, da er erklärte: W i r e r l e b e n e i n e n a t i o n a l e E r h e b u n g , d i e s i e g r e i c h a l l e D ä m m e d u r c h b r i c h t u n d n u n s i c h a n s c h i c k t , e i n n e u e s D e u t s c h l a n d z u b a u e n ."

Mit besonderem Nachdruck bemüht sich das Buch um den Nachweis, daß auch der Münchner Kardinal F a u l h a b e r p o s i t i v zum nationalsozialistischen Staat eingestellt war. Wir zitieren: „Das bischöfliche Hirtenamt zwang den Kardinal, auch der Bewegung ins Auge zu sehen, die nach dem Zusammenbruch (?) sich anschickte, ein nationales Deutschland wieder zu bauen. D i e B e j a h u n g d e s h e u t i g e n S t a a t e s und die Mitarbeit mit ihm war ihm von dem ersten Tage an eine S e l b s t v e r s t ä n d l i c h k e i t , denn jede Obrigkeit ist von Gott. Daß aber ein Mann mit solch vaterländischen Verdiensten wie Faulhaber d e r n a t i o n a l e n B e w e g u n g g r u n d s ä t z l i c h p o s i t i v gegenübersteht, das bedingt nicht nur seine Gesinnung, sondern auch die Arbeit, die er in Krieg, Revolution und Frieden seinem Volk geleistet hat."

Das Buch weiß noch ein spezielles Verdienst Faulhabers aufzuzeigen, s e i n V e r d i e n s t a n d e m W a h l s i e g d e r N a z i p a r t e i . Es sagt: „Noch erinnern wir uns seines Hirtenbriefes zur Märzwahl 1933, wo er unter dem Stichwort ‚unser staatliches Gewissen' erklärte, daß in allen Staatsformen die Obrigkeit von Gott angeordnet sei. Die Kirche werde sich niemals einer einzelnen Partei verschreiben und n i c h t s h i n d e r e d i e K a t h o l i k e n , s i c h b e i b e l i e b i g e n p o l i t i s c h e n P a r t e i e n e i n s c h r e i b e n z u l a s s e n , soweit diese eine sichere Gewähr dafür bieten, daß die Rechte der katholischen Kirche gewahrt und ihre Gesetze beachtet würden."

Dadurch war den Katholiken d e r E i n t r i t t in die „auf positiv christlichem" Boden stehende N S D A P e r l a u b t , und viele machten Gebrauch von dieser Erlaubnis, um auf diese Weise auch „positiv" zum neuen Staat zu stehen. Über das Ergebnis berichtet das Buch: „Man spricht heute kein Geheimnis aus, wenn man darauf verweist, daß die Niederlage, die *dann die Bayerische Volkspartei besonders in Altbayern zu buchen hatte, auf diesen Hirtenbrief zurückgeführt wurde."*

Kardinal Faulhaber stand n i c h t i m m e r „positiv" zum Staat. Im ersten Weltkrieg predigte er nach den Worten des Buches „d e n g e r e c h t e n K r i e g", was ihm zu jener Zeit, er war damals Bischof von Speyer, den Namen „K r i e g s p f a f f e" (nach der Angabe des Buches) eintrug. Die Regierung Kurt Eisners in München hatte er eine Regierung von „Jehovas Zorn" genannt, und gegen die Weimarer Verfassung hatte er am 27. August 1932 eine Rede gehalten. Von dieser sagt das Buch: „Das war Rauhreif auf den rosaroten Optimismus, den die Weimarer Verfassung auch bis tief in die katholischen Kreise verbreitet hatte. Aus dem Rauhreif wurde vernichtendes Sturmgewitter, als Faulhaber fortfuhr: „Kompromisse sind unvermeidlich zum Ausgleich der Gegensätze und Interessen. Über allen Kompromissen aber stehen wie ewige Sterne die Grundsätze, und es kann eine Grenze kommen, wo es heißt: Bis hierher und nicht weiter. Die Revolution (von 1918 D.V.) war M e i n e i d und H o c h - v e r r a t und bleibt in der Geschichte erblich belastet und mit dem K a i n s m a l bezeichnet."

Man sieht, Kardinal Faulhaber hat die Weimarer Republik ganz anders bewertet als den Staat Hitlers. Er hat in damaliger Zeit der Nazipropaganda wertvolle Stichworte geliefert. Darüber sagt das Buch: „Kardinal Faulhaber sieht im V e r s a i l l e r V e r t r a g die Wurzel des Übels und stellt schon im Dezember 1920 den Widerspruch dieses Vertrages mit dem Geist des Evangeliums fest." Aber als man ihn nach dem Münchener Hitlerputsch vom 9. November 1923 (das Buch nennt das „die nationale Erhebung") in eine n e g a t i v e Beziehung zu ihm bringen wollte (es hat also Leute in München gegeben, die behaupteten, er sei gegen den Hitlerputsch gewesen), da hat ihn das — wörtlich zitiert: „m i t g r ö ß t e r B i t t e r k e i t e r - f ü l l t". Hitlers Putsch war also weder Meineid noch Hochverrat.

Auch Kardinal Faulhaber hat sich 1933 an das Ausland gewandt, um die „Hetze" der Auslandspresse gegen den Nationalsozialismus abzubremsen. Wir zitieren wieder wörtlich: „Und die Forderung, die er im Juni 1926 auf dem nordamerikanischen Katholikentag gegenüber einer gewissen internationalen Hetzpresse erhob, die können wir heute doppelt unterschreiben, wo unser Vaterland so sehr im Sperrfeuer dieser Hetzpresse lag und liegt: ,Man müßte alle Blätter, die mit einer bewußten Lüge das Vertrauen zwischen Volk und Volk zerstören, mit einem Schandmal auf dem Titelblatte stempeln, um sie als Verbrecher des achten Gebotes zu brandmarken'."

„Wir können nur hoffen," so fährt das Buch fort, „daß diese Worte noch im Denken des amerikanischen Volkes lebendig waren, als Faulhaber sich im vorigen Jahr (1933) an die Kardinäle Hayes von New York und Mundelein von Chikago wandte mit dem Ersuchen, sie möchten in ihren Bischofsstädten, wo gerade die größten amerikanischen Zeitungen erscheinen, ihren ganzen Einfluß aufbieten, damit doch die Presse mit ihrer Greuelhetze gegen Deutschland aufhöre."

Wir übergehen, was einige bayrische Bischöfe in jener Zeit in gleicher Art gesagt oder getan haben, einige sind nicht mehr am Leben, es sind andere, die sich persönlich zurückgehalten haben. Es gab aber auch einen Bischof, dessen Name vor 1933 in ganz Deutschland bekannt wurde, weil er sich scharf g e g e n die nationalsozialistische Bewegung wandte. Das war der Mainzer Bischof H u g o. Er hatte erklärt, daß das offizielle Parteiprogramm Sätze enthält, die sich mit den katholischen Lehren und Grundsätzen nicht vereinigen lassen.

Wir geben wieder dem Buch das Wort:

„Und nun brach der harte Kampf los, der in Hessen im ,Fall Gemeinder' gipfelte, jener Kampf, der Bewegung und Gegenbewegung auslöste, bis das Frühjahr 1933 endlich das von allen ersehnte Ende brachte, das niemand mehr herbeigesehnt hatte als die deutschen Bischöfe selbst. Nachdem die Fuldaer und Freisinger Bischofskonferenz jene Richtlinien erlassen hatte, gab es für die Oberhirten der einzelnen Bistümer keine Möglichkeit, sich der Verpflichtung sie anzuwenden, zu entziehen." Der ,Osservatore Romano', leider auch nicht immer von der besten Einsicht geleitet, sprang damals der Fuldaer Bischofskonferenz bei und erklärte, in den Direktiven und dem Verhalten der NSDAP sei durch die Erklärungen Hitlers ein Wechsel erfolgt. Darum drehte es sich aber nicht, sondern um das P a r t e i p r o g r a m m, von dem vorher der Mainzer Bischof behauptet hatte, es lasse sich mit den katholischen Lehren und Grundsätzen nicht vereinigen. Dieses Parteiprogramm ist aber n i e geändert worden. Der

*Eintritt der Katholiken in die NSDAP hätte also den Katholiken weder durch Kardinal Faul-
haber noch durch die Fuldaer Bischofskonferenz jemals erlaubt werden dürfen. Man hätte
mindestens zu jeder Zeit scharf zwischen Staat und Partei unterscheiden müssen.*

*Bei der Lektüre des Buches fällt auf, daß die westdeutschen Bischöfe, von zwei Ausnahmen
abgesehen, den Berning-Gröber-Faulhaberschen Kurs nicht entfernt mitgemacht haben. Die
Bischöfe von Limburg, Köln, Paderborn, Hildesheim und Meißen und der jetzige Bischof von
Berlin (damals in Eichstätt) haben für sich persönlich einen anderen Kurs gehalten. Über allen aber bewunderungswürdig konsequent war die Haltung des greisen Kardinals Bertram
von Breslau. An ihm wird sich der Geschichtsschreiber von 1933/34 wirklich auszurichten haben, wenn er Ruhmvolles über deutsche Bischöfe berichten will. Umsonst ist Franz von Papen
immer wieder nach Breslau gefahren. Kardinal Bertram ließ sich zu nichts bewegen. Und gerade dieser Kardinal mußte die Folgen des Nazistaates und Hitlers Politik bis zur letzten bitteren Neige kosten, einer Politik, die er unerschütterlich abgelehnt hat. Aber davon ist in dem
Buch nichts zu lesen!*

*

*Was hat denn nun eigentlich, so haben wir uns angesichts dieser Berichte und Tatsachen zu
fragen, bestimmte Gruppen der deutschen Katholiken bis hinauf zu den Bischofssitzen zu
rasch bereitgemacht, dem Nationalsozialismus zuzustimmen, und alles über Bord zu werfen,
was a n d e r e katholische Gruppen etwa in der S o z i a l a r b e i t oder auch in i h r e n
p o l i t i s c h e n P a r t e i e n in langen Jahrzehnten mühsam und oft gegen dieselben Kreise
erkämpft und aufgebaut hatten?*

*Auch darüber gibt uns das Buch „Wächter der Kirche" eine klare Antwort. Auf Seite 9 lesen
wir:*

*„Wenn die Wende des Geistes und Gesellschaftslebens des Abendlandes dadurch gekenn-
zeichnet ist, daß das d e m o k r a t i s c h e P r i n z i p d e r Z a h l e n m e h r h e i t durch
den F ü h r e r g e d a n k e n verdrängt wird, dann trifft diese Zeitenwende mit einem W e -
s e n s z u g d e r k a t h o l i s c h e n K i r c h e zusammen. Denn in der römisch-katholischen
Kirche hat das a u t o r i t ä r e F ü h r e r p r i n z i p von Anfang der Stiftung bis auf den heutigen Tag Wesen und Wirken der Kirche bestimmt… So wird der Bischof durch Sendung und
Veranlagung zu einer religiösen Führerpersönlichkeit bestimmt, und als solcher steht er heute
n i c h t m e h r wie in der liberalen Zeit i m G e g e n s a t z zum Zeitgeist. Nein, in diesem
Staat und einer Gesellschaftsordnung, die nach dem Autoritätsgedanken ausgerichtet sind,
hat die religiöse Führerpersönlichkeit des Bischofs ihren naturgegebenen Platz, der g e i s t -
l i c h e F ü h r e r n e b e n d e m p o l i t i s c h e n, dem geistigen oder dem wirtschaftlichen
F ü h r e r."*

*So dachte man sich den autoritären Staat und vertraute blindlings den lügnerischen Be-
teuerungen Hitlers. Wir sagten damals schon jedem, der es hören wollte, die Folge der Ver-
koppelung dieser beiden autoritär auftretenden Mächte, von denen jede in Wirklichkeit mit einem Totalitätsanspruch auftritt, wird sein, daß Staat und Kirche zueinander unehrlich werden und dann in einen Vernichtungskampf geraten. Die Wirkung, die der damalige Stellungswechsel der Bischöfe auf die deutschen Katholiken, zumal jener, die öffentlich oder in öffentli-
cher Stellung tätig waren, ausübte, war schockierend. Der Außenstehende oder Nachgeborene
kann sich die Wirkung kaum noch vorstellen. Die Katholiken aber, die der Hirtenbriefparole
widerstanden, kamen entweder sofort in Arbeitslosigkeit, Not und Elend oder sie versuchten,
sich neue Positionen zu bauen und kamen erst später in die Fänge der Gestapo. Jene anderen
aber, die blind in die NSDAP hineintappten, stehen heute vor den Spruchkammern und laufen
sich die Beine ab, um von geistlicher Seite Persilscheine zu bekommen. Es ist eine falsche
Taktik, es heute so hinzustellen, a l s o b d i e K i r c h e n l e i t u n g a n a l l e d e m u n -
s c h u l d i g w ä r e und in allgemeinen moralischpolitischen Betrachtungen gegen das Gesetz zur politischen Befreiung zu polemisieren, wie es in neuen Hirtenbriefen geschieht. Der
Hirtenbrief der Fuldaer Bischofskonferenz vom Mai 1933 muß seine K o r r e k t u r und
A u f h e b u n g finden durch e i n e E r k l ä r u n g d e r d e u t s c h e n B i s c h ö f e, in der
zugegeben wird, was damals falsch war und daß die Bischöfe mindestens einen Teil der
Schuld auf sich nehmen, daß heute Zehntausende Katholiken vor Gericht stehen, weil sie in
die NSDAP und ihre Gliederungen eingetreten sind. Das können diese Katholiken, das können alle deutschen Katholiken von ihren Bischöfen erwarten.*

116

Und noch ein anderes erwarten diese deutschen Katholiken von ihren Bischöfen und können sie erwarten. Daß sie einen klaren Trennungsstrich ziehen gegenüber jenen Leuten, Geistlichen und Laien, die aus der autoritären Verfassung der Kirche, die nicht zur Diskussion steht, folgerten und auch heute noch folgern, daß auch die Verfassung des Staates autoritär sein müsse und daß dies ein politisches Ziel der Katholiken sei. Diese Leute waren Schrittmacher des Faschismus und sind es aucch heute noch. Wir wolleen politisch nichts mit ihnen gemein haben. Aber die Bischöfe sollen das klarmachen, damit diese Klerofaschisten nicht mehr die Möglichkeiten haben,sich auf die Kirche zu berufen und einen Gewissenszwang auf andere Katholiken ausüben.

Wir wollen uns einen neuen demokratischen Staat aufbauen. Wir wollen es in voller Freiheit unseres politischen Handelns tun. Wir wollen uns mit d e n Deutschen in politischen Parteien zusammenschließen, die mit uns d i e g l e i c h e Z i e l s e t z u n g für die Ordnung unseres staatlichen und sozialen Lebens haben. Wir wollen von der Kirche hören, was katholische Glaubens- und Sittenlehre ist und wollen uns in unserem politischen T u n im Gewissen danach richten. Aber wir wollen k e i n e Vorschriften darüber hören, w e l c h e r P a r t e i w i r u n s a n z u s c h l i e ß e n h a b e n. Man soll uns jetzt nicht kommen und wieder Theorien einer „C h r i s t l i c h e n D e m o k r a t i e" entwickeln, nachdem man uns vor ein paar Jahren die Idee einer „C h r i s t l i c h e n D i k t a t u r" vorgesetzt hat (Das ist der Titel einer Schrift, die der sonst so vortreffliche P. Muckermann S.J. in einer schwachen Stunde im Dollfuß-Österreich geschrieben hat.). Und sowenig uns nach den Ideen eines „c h r i s t l i c h e n K a p i t a l i s m u s" gelüstet, wollen wir einen „c h r i s t l i c h e n S o z i a l i s m u s" als politisches Dogma vorgeschrieben haben. Wir wollen als politisch tätige Katholiken auch von unserer Kirche als mündige Menschen betrachtet werden. Warum geht das in anderen Ländern? Kein amerikanischer Bischof denkt daran, die Gründung christlicher Parteien zu verlangen, und christliche Demokratie wird dort ebensowenig auf den Kanzeln gelehrt wie christlicher Föderalismus oder ein christlich-autoritärer Staat. Das Beste, was gegen eine Verquickung des politischen Lebens mit der christlichen Religion gesagt wurde, lasen wir vor einigen Monaten in der Zeitschrift der amerikanischen Jesuiten, nämlich daß sie zum Mißbrauch der Religion führt.

Den deutschen Katholiken das Bewußtsein der G e w i s s e n s f r e i h e i t i n p o l i t i - s c h e n D i n g e n z u g e b e n, das ist u n s e r v o r d r i n g l i c h s t e s A n l i e g e n nach den bitteren Erfahrungen der hinter uns liegenden Jahre und den politischen Fehlern so vieler Bischöfe, die wieder gutgemacht werden müssen.

23. August. Vierspaltig fett gedruckt meldet die Rundschau an der Spitze der ersten Seite: „Keine Kritik an den alliierten Besatzungsmächten!" Die Redaktion weist darauf hin, daß es keine Vorzensur gibt und durchaus die Möglichkeit bestünde, Kritiken, die Minister oder andere Politiker äußern, zu veröffentlichen. Wenn die Frankfurter Rundschau es nicht tue, dann deswegen, weil sie aus der „tätigen Verantwortung" ihrer Redakteure heraus solche Kritik nicht zulassen könne. „Im anderen Fall würde sich in Deutschland bestimmt nichts weiter austoben als die bösartige Macht, die nur Blut und Tränen über die Welt gebracht hat, und die heute weiter schüren und hetzen würde, wenn man ihr die Flügel nicht beschnitten hätte."

27. August: Unter Teilnahme von 250 Delegierten hat „der Erste Bundestag des Freien Gewerkschaftsbundes in Hessen" stattgefunden. Aus dem FDGB ist bereits ein FGB geworden, der Anfang der demonstrativen Abgrenzung von den Gewerkschaften in der sowjetischen Zone hat begonnen.

In der Ausgabe vom 3. September zeichnet sich die Auseinandersetzung um die künftige Hessische Verfassung nun öffentlich ab. In einer „Denkschrift" hat die Arbeitsgemeinschaft der Industrie- und Handelskammern scharf gegen die sozialpolitischen Inhalte des ersten Entwurfs — Mitbestimmung, Aussperrungsverbot, Recht auf Arbeit — polemisiert. Die Rundschau gibt die Auseinandersetzung wieder unter der Überschrift: „Soll man auf den sozialen Fortschritt verzichten, weil es Reaktionäre gibt?"

Aus dem Bericht ergibt sich auch ein Doppelspiel der CDU: Ihr Landesvorsitzender Dr. Hilpert arbeitet am Verfassungsentwurf mit, gleichzeitig hat er als Hauptgeschäftsführer der Industrie- und Handelskammer Frankfurt den Protest der Arbeitsgemeinschaft aller Industrie- und Handelskammern Hessens unterzeichnet.

6. September 1946: Amerikas Außenminister in Stuttgart. Die berühmt gewordende Rede des US-Außenministers Byrnes, die die Föderalisierung Deutschlands fordert, wird seitdem als offizielle Ankündigung der Spaltung des besetzten Landes gewertet. Stuttgart war ein Heerlager. In allen wichtigen Straßen waren amerikanische Panzer aufgefahren. Das Gebäude, in dem Byrnes sprach, war militärisch zerniert. Nur ausgewählte Deutsche durften an der Veranstaltung teilnehmen, auch wir waren geladen. In drei PKWs fuhren wir, die Lizenzträger, nach Stuttgart. Auf der Strecke hielten wir an, um von den Bäumen Äpfel zu stehlen — noch war Knappheit Trumpf, auch für solch privilegierte Personen, wie es die Zeitungsherausgeber waren.

Am 10. September großer Bericht „Unter dem Eindruck der Byrnes-Rede". Der Leitartikel auf Seite 2, „Was wird aus Deutschland?", setzt sich für die „Festigung der Zusammenarbeit zwischen den großen Alliierten" ein, nachdem ich die Auffassung der USA und der Sowjetunion gegenübergestellt habe: ob nämlich, wie die Amerikaner wollen, ein „lockeres deutsches Staatsgefüge" entstehen soll oder ein Einheitsstaat mit „weitergehender Demokratisierung auf politischem und wirtschaftlichem Gebiet", wie es die Sowjets wollen.

13. Oktober. Der bizonale Wirtschaftsrat ist gebildet, der Grundstein für die Abspaltung Westdeutschlands ist gelegt. Im lokalen Teil wird die Amtseinführung des Sozialdemokraten Klapproth anstelle des entlassenen Dr. Siegert als Polizeipräsident gemeldet sowie die Tatsache, daß 90 Prozent aller Frankfurter Richter der NSDAP angehört haben. In einem langen Artikel unterstützt die Rundschau den Plan, die Mitbestimmung der Betriebsvertretungen in den Unternehmen in die Verfassung von Hessen aufzunehmen.

24. September. Vorbereitung der Volksabstimmung, die Verfassungsentwürfe stehen vor der Endformulierung.

27. September. „Stalin bezeichnet Kriegsgerüchte als Geschwätz". In diesem Interview mit der Londoner „Sunday Times" erklärt Stalin: „Der Alleinbesitz des Geheimnisses der Atombombe stellt eine Bedrohung dar, aber dagegen gibt es mindestens zwei Einschränkungen: der Alleinbesitz der Atombombe wird nicht von langer Dauer sein, und die Verwendung von Atombomben wird verboten werden."

Die normale Ausgabe der Rundschau vom 1. Oktober hat als Überschrift: „Hessische Verfassssung vor der Annahme". Am selben Tag jedoch erscheint zum ersten Mal eine Sonderausgabe: „Urteilsverkündung in Nürnberg. Das Gericht hat gesprochen!" Am 2. Oktober dann das Ergebnis der Schuldsprüche: „Zwölf Todesurteile in Nürnberg." Der Großbankier Schacht, der spätere Vizekanzler Hitlers, Franz von Papen, sowie der Chef der Goebbelsschen Rundfunkpropaganda, Hans Fritzsche, wurden freigesprochen. An diese Freisprüche schließt sich eine wochenlange Polemik an. Gewerkschaften, Politiker und Juristen verlangen, daß die drei Freigesprochenen nunmehr durch deutsche Gerichte abgeurteilt werden sollen, da das internationale Militärtribunal die von ihnen begangenen Verbrechen gegen Deutsche nicht zum Verhandlungsgegenstand gemacht hatte. Der sowjetische Richter hat sich in einem Minderheitsvotum für die Verurteilung der drei Genannten ausgesprochen. Georg Reuter vom Gewerk-

Frankfurter Rundschau

Schriftleitung u. Verlag: Frankfurter Rundschau, Frankfurt a. M., Schillstr. 19, Postf. 1970

Zweite Sonderausgabe   Mittwoch, den 2. Oktober 1946   Einzelpreis: RM 0.10

12 Todesurteile in Nürnberg

„Entsprechend Artikel 27 des Statuts . . ."

Nürnberg, 1. Oktober (DANA). Um 14 Uhr 55 Minuten begann das Internationale Tribunal den Schlußbericht unter das letzte Kapitel des Nationalsozialismus zu ziehen.

Nachdem die Richter in der Vormittagssitzung, die bis 15.46 Uhr dauerte, die 90 Seiten umfassende Urteilsbegründung gegen die 22 ehemaligen Nazi-Führer verlesen hatte, wurden nach der Mittagspause die Angeklagten einzeln, in der Reihenfolge der Sitzordnung, in den Gerichtssaal geführt. Die Zeit für das Hereinführen, die Urteilsverkündung und das Hinausführen dauerte genau vier Minuten.

Die ungeheure Spannung, die über dem Gerichtssaal lastete, wurde durch die charakteristische Nüchternheit der Atmosphäre des Prozesses unterstrichen.

Als erster wurde Göring auf seinen Platz geführt, und Lordrichter Lawrence begann mit der Verkündung:

„Entsprechend Artikel 27 des Statuts wird das Internationale Militärgericht die Strafen, wie sie in der Anklageschrift erscheinen, angeben:

Angeklagter Hermann Göring, gemäß den Punkten der Anklageschrift, unter denen Sie für schuldig befunden wurden, verurteilt Sie das Internationale Militärgericht zum Tode durch den Strang.

Angeklagter Rudolf Heß, gemäß den Punkten, unter denen Sie für schuldig befunden wurden, verurteilt Sie das Internationale Militärgericht zu lebenslänglichem Gefängnis.

Angeklagter Joachim von Ribbentrop, gemäß den Punkten, unter denen Sie für schuldig befunden wurden, verurteilt Sie das Internationale Militärgericht zum Tode durch den Strang.

Angeklagter Wilhelm Keitel, gemäß den Punkten, unter denen Sie für schuldig befunden wurden, verurteilt Sie das Internationale Militärgericht zum Tode durch den Strang.

Angeklagter Kaltenbrunner, gemäß den Punkten der Anklageschrift, unter denen Sie für schuldig befunden wurden, verurteilt Sie das Internationale Militärgericht zum Tode durch den Strang.

Angeklagter Alfred Rosenberg, gemäß den Punkten der Anklageschrift, unter denen Sie für schuldig befunden wurden, verurteilt Sie das Internationale Militärgericht zum Tode durch den Strang.

Angeklagter Hans Frank, gemäß den Punkten der Anklageschrift, unter denen Sie für schuldig befunden wurden, verurteilt Sie das Internationale Militärgericht zum Tode durch den Strang.

Angeklagter Julius Streicher, gemäß den Punkten der Anklageschrift, unter denen Sie für schuldig befunden wurden, verurteilt Sie das Internationale Militärgericht zum Tode durch den Strang.

Angeklagter Wilhelm Frick, gemäß den Punkten der Anklageschrift, unter denen Sie für schuldig befunden wurden, verurteilt Sie das Internationale Militärgericht zum Tode durch den Strang.

Angeklagter Walter Funk, gemäß den Punkten der Anklageschrift, unter denen Sie für schuldig befunden wurden, verurteilt Sie das Internationale Militärgericht zu lebenslänglichem Gefängnis.

Angeklagter Karl Dönitz, gemäß den Punkten der Anklageschrift, unter denen Sie für schuldig befunden wurden, verurteilt Sie das Internationale Militärgericht zu 10 Jahren Gefängnis.

Angeklagter Erich Raeder, gemäß den Punkten der Anklageschrift, unter denen Sie für schuldig befunden wurden, verurteilt Sie das Internationale Militärgericht zu lebenslänglichem Gefängnis.

Angeklagter Baldur von Schirach, gemäß den Punkten der Anklageschrift, unter denen Sie für schuldig befunden wurden, verurteilt Sie das Internationale Militärgericht zu 20 Jahren Gefängnis.

Angeklagter Fritz Sauckel, gemäß den Punkten der Anklageschrift, unter denen Sie für schuldig befunden wurden, verurteilt Sie das Internationale Militärgericht zum Tode durch den Strang.

Angeklagter Alfred Jodl, gemäß den Punkten der Anklageschrift, unter denen Sie für schuldig befunden wurden, verurteilt Sie das Internationale Militärgericht zum Tode durch den Strang.

Angeklagter Arthur Seyß-Inquart, gemäß den Punkten der Anklageschrift, unter denen Sie für schuldig befunden wurden, verurteilt Sie das Internationale Militärgericht zum Tode durch den Strang.

Angeklagter Albert Speer, gemäß den Punkten der Anklageschrift, unter denen Sie für schuldig befunden wurden, verurteilt Sie das Internationale Militärgericht zu 20 Jahren Gefängnis.

Angeklagter Konstantin von Neurath, gemäß den Punkten der Anklageschrift, unter denen Sie für schuldig befunden wurden, verurteilt Sie das Internationale Militärgericht zu 15 Jahren Gefängnis.

Das Gericht verurteilte den Angeklagten Bormann gemäß den Punkten der Anklageschrift, unter denen er für schuldig befunden wurde, zum Tode durch den Strang.

Ich habe eine Bekanntmachung zu geben.

Das sowjetische Mitglied des Internationalen Militärgerichts wünscht seine Abweichung in der Entscheidung in den Fällen der Angeklagten Schacht, von Papen und Fritzsche bekanntzugeben. Seine Meinung ist, daß sie verurteilt werden sollen und nicht freigesprochen.

Weiterhin weicht es von der Entscheidung bezüglich des Reichskabinetts und des Generalstabes und OKW ab. Seine Meinung ist, daß sie als verbrecherische Organisationen hätten erklärt werden müssen.

Weiterhin weicht seine Meinung von der Entscheidung bezüglich des Angeklagten Heß ab, und es ist seine Ansicht, daß das Urteil ein Todesurteil und nicht lebenslängliches Gefängnis hätte sein sollen."

Auszüge aus den Urteilsbegründungen

Göring wurde in allen vier Anklagepunkten für schuldig befunden, nämlich der Verschwörung, der Führung von Angriffskriegen, der Begehung von Kriegsverbrechen und der Begehung von Verbrechen gegen die Menschlichkeit. Der Gerichtshof wies auf seine Verbrechen mit den Beschuldigungen Oesterreichs und der Tschechoslowakei und die hieraufzufolgenden Angriffskriege hin, sowie auf die führende Rolle, die er in der Nazi-Bewegung und bei den unter dem Nazi-Regime begangenen Verbrechen spielte. Der Gerichtshof erklärte: „Göring war oft in tatsächlich fast immer die treibende Kraft und wurde nur von seinem Führer übertroffen.

Heß war Stellvertreter des Führers, bis er einen Flug nach den britischen Inseln am 10. Mai 1941 . . .

Ribbentrop. Hitlers Außenminister . . .

Keitel war Chef der Oberkommandos der deutschen Wehrmacht. Der Gerichtshof verurteilte . . .

Kaltenbrunner war von 30. Januar 1943 ab Chef des Reichssicherheitshauptamtes, in dem die Gestapo arbeitete. . . .

Es wurde erwiesen, daß durch das bestehende Nacht- und Nebel-Erlaß für schuldig befunden, welches beinhaltete, daß Leute, die die Widerstand in den besetzten Gebieten beschuldigt oder verdächtigt waren, jedoch nicht sofort getötet wurden, nach Deutschland zu überführen waren und in solcher Weise behandelt werden mußten, daß ihnen Familie ihr Schicksal nicht erfahre, sondern die unheilvolle Macht der Ungewißheit und Unkenntnis entstehen sollte. Weiterhin wurde er für schuldig befunden, Kriegsgefangene in der deutschen Kriegsindustrie und Zwangsarbeiter einschließlich Juden und Asiaten einzusetzen. . . .

Unser Bild zeigt links den amerikanischen Hauptankläger Jackson, rechts den russischen Hauptankläger, Oberst Pokrowski, während der Verlesung der Urteilsbegründung. (DANA-Bild.)

(Fortsetzung auf Seite 2)

Geschichtliche Stunde

Von DANA-Sonderberichterstatterin Susanne Csapski

Krieger des Angeklagten, der, zuerst nach den anderen in den Gerichtssaal geführt wurden, um die Anklagepunkte zu erfahren, . . .

Die Appellationsabsichten

NÜRNBERG, 1. Oktober (DANA). Nachdem die Verlesung der Urteilsbegründung beendet war, erklärte Lordrichter Lawrence mit, daß jedem Verurteilten das Recht zustehe, innerhalb von vier Tagen gegen den Spruch zu appellieren. . . .

NÜRNBERG, 1. Oktober (DANA). General Lucius D. Clay, der sich verschiedene Militärgouverneur des amerikanischen Besatzungsgebietes, wohnte der Urteilsverkündung am Dienstagvormittag bei.

schaftsvorstand unterstützt die Position des sowjetischen Richters. Der SPD-Vorsitzende Dr. Schumacher erklärt in bezug auf Franz von Papen: „Wir verlangen den Kopf dieses Mannes.“

3. Oktober. „Hessischer Verfassungsentwurf angenommen.“ Zur allgemeinen Überraschung aber enthielt sich nicht nur die LDP, sondern auch die KPD bei dieser Vorentscheidung der Stimme. Was die Leser nicht erfuhren: Wieder war eine „informelle Besprechung“ bei der Militärregierung vorausgegangen, wie einige Wochen zuvor wegen der Bildung des Frankfurter Magistrates. Diesmal waren die Spitzenvertreter von SPD und CDU bestellt worden, und die Militärregierung hatte ihnen „nahegelegt“, den Artikel 41, der die Überführung der entscheidenden Wirtschaftszweige in Gemeineigentum vorsieht, zu streichen, ferner die Bestimmungen darüber, daß es ein einheitliches Schulsystem ohne Konfessionsschulen geben solle, und einige weitere ihr (und der CDU und LDP) unangenehme Verfassungsbestimmungen. Die Sozialdemokraten hatten sich zunächst gesperrt, dann aber zugestimmt, die Konfessionsschule in der Verfassung zuzulassen und vor allem die Überführung der Banken und Kreditinstitute in Gemeineigentum aus dem Artikel 41 zu streichen. Den Artikel 41 ganz zu streichen, könnten sie sich, wegen der Stimmung ihrer Mitglieder und Anhänger, nicht leisten.

So kam ein Kompromiß zwischen SPD und CDU zustande, der der LDP nicht genügte und der die KPD, die zusammen mit der SPD den größten Teil des Verfassungsentwurfes formuliert hatte, zunächst in Entscheidungsschwierigkeiten brachte.

5. Oktober. „Spruchkammerverfahren gegen W.K. Gerst“. Die amerikanische Militärregierung „erhielt davon Kenntnis“, daß die Frankfurter Spruchkammer gegen Gerst verhandeln wolle. Alle weiteren Entscheidungen lägen bei deutschen Stellen.

Es war klar, was gespielt wurde. Gerst sollte abgeschossen werden, ohne daß die Amerikaner die Verantwortung dafür übernahmen. Für die Spruchkammerverhandlung am 7. Oktober wurden durch Anschlag in der Universität die Offiziersstudenten mobilisiert, die einen besonderen Haß auf ihn hatten. Es kam zu Zusammenstößen mit der Polizei. Um es vorweg zu nehmen: Es war nichts gegen Gerst vorzubringen; die von seinen Gegnern benannten „Belastungszeugen“ zogen es vor, überhaupt nicht zu erscheinen. Alle erschienenen Zeugen, sowohl aus der katholischen Kirche wie aus der SPD, sagten aus, daß Gerst eine einwandfreie antifaschistische Haltung eingenommen hatte. Das Spruchkammerverfahren wurde vertagt und mußte schließlich eingestellt werden; er wurde als entlastet eingestuft.

Es gab aber ein Nachspiel, das sich als Zwischenspiel erweisen sollte. An einem Nachmittag gegen 17 Uhr fuhr ein Jeep vor dem Redaktionsgebäude vor. Ein Sergeant erschien: „Herr Carlebach sofort zur Militärregierung!“ Ich ging mit und wurde zum Lurgi-Haus gefahren, das, abgesehen von dem Posten an der Türe, bereits leer war. In einem Zimmer erwartete mich der schon früher genannte Mr. Kimmenthal: Was ich von Gerst halte? Ich sagte wahrheitsgemäß, daß Gerst der fähigste und aktivste von uns Lizenzträgern sei und das größte Verdienst an der bisherigen Entwicklung der Zeitung habe.

Darauf Kimmenthal: „Aber Herr Carlebach, wenn Gerst nicht dabei wäre, könnten Sie sich doch ganz anders entwickeln.“ Ich antwortete, daß das nicht stimme, daß im Gegenteil ich bisher schon von Gerst sehr viel gelernt hätte und sehr viel Nutzen aus der Zusammenarbeit mit ihm ziehe.

Darauf wieder Kimmenthal: „Sehen Sie, Herr Carlebach, Sie sind Kommunist, bei Ihnen wissen wir, woran wir sind, vor so etwas haben wir Respekt. Aber Gerst trauen wir nicht. Der ist doppelzüngig, ist weder Fisch noch Fleisch, der gefällt uns nicht."

Ich antwortete wieder, daß ich für solche Auffassung kein Verständnis hätte, da Gerst seinen Standpunkt ganz eindeutig, mündlich wie schriftlich, immer wieder darlege und es zu Mißverständnissen überhaupt nicht kommen könne.

Darauf Kimmenthal nun mit einem anderen Argument: „Ja, aber Gerst ist ungerecht, er behandelt die Angestellten und Arbeiter schlecht." Tatsache war, daß Gerst im Jähzorn öfters „fristlose Entlassungen" aussprach; aber nie wurde eine solche durchgeführt. Unter unserem Einfluß nahm er die voreilig ausgesprochenen Drohungen immer zurück. Ich mußte aber über Kimmenthals seltsames Argument doch lachen. „Mr. Kimmenthal, ich muß Ihnen gestehen, jetzt zum ersten Mal begreife ich etwas."

Er war verdutzt. „Was begreifen Sie jetzt?"

„Ich habe mir immer überlegt, warum wohl die Amerikaner über den Ozean gekommen sind, um gegen Hitlerdeutschland zu kämpfen. Jetzt endlich habe ich es begriffen: Sie wollten die deutschen Arbeiter vor den bösen Unternehmern schützen."

Kimmenthal verlor die Selbstbeherrschung und begann zu schimpfen. Ich stand auf und ging. Der Versuch, mich gegen Gerst auszuspielen, war mißlungen.

Am 15. Oktober fand die ergebnislose Spruchkammerverhandlung gegen Gerst statt. Eine Woche später, am 22. Oktober, entzog die Militärregierung Gerst die Lizenz „aus internen Gründen, die weder die persönliche noch die politische Integrität des Herrn Wilhelm Karl Gerst berühren und völlig unabhängig von dem gegen ihn schwebenden Spruchkammerverfahren sind", wie es in der „Begründung" hieß, die keine Begründung war. Alle Intrigen hatten kein Belastungsmaterial zusammenzubringen vermocht. Es mußte der § 3 der Lizenzurkunde als Knüppel dienen, der es den Amerikanern ermöglichte, „ohne Kündigungsfrist und Untersuchung" zuzuschlagen.

In der amerikanischen Anordnung heißt es weiter: „Das Amt für Informationskontrolle hat nichts dagegen einzuwenden, daß Herr Gerst weiterhin als Redakteur oder freier Journalist tätig ist, sofern die Spruchkammer ihn entlastet." Am 17. Dezember sprach die Spruchkammer ihr Urteil: Wilhelm Karl Gerst ist als Entlasteter einzustufen, von allen Vorwürfen freigesprochen! Er hätte dementsprechend als Mitarbeiter bei der Rundschau tätig sein können — aber mein entsprechender Vorschlag wurde mit zwei gegen eine Stimme abgelehnt. Gerold wie Rudert waren dagegen. Es sollte ein Berufsverbot sein. Gerst fand eine Möglichkeit, als Bonner Berichterstatter für den in Berlin erscheinenden „Allgemeinen Deutschen Nachrichtendienst" (ADN) tätig zu sein. Das wiederum wurde von den Mitläufern der amerikanischen Militärregierung als „Beweis" dafür hingestellt, daß er „Kommunist" sei. Er hätte wohl stempeln gehen sollen — aber auch das hätte ihn vor dem Haß seiner Gegner wohl kaum bewahrt.

In einem Leitartikel „In eigener Sache" hatte ich zu den Anwürfen gegen Gerst geschrieben:

Vielleicht können wir hoffen, daß in absehbarer Zeit auch einmal der Bischof von Fulda vor einer Spruchkammer erscheinen wird, der im Jahre 1938 nach der Eroberung Österreichs seine Gläubigen öffentlich dazu aufrief, „mit einem freudigen Ja" zu stimmen. Wohlgemerkt, es war nicht unsere Anregung, den politischen Katholizismus vor die Spruchkammer zu zitieren. Wir erwarten nur eine konsequente Weiter-

verfolgung der nunmehr begonnenen Politik. Auch Erzbischof Gröber von Freiburg sollte die Möglichkeit bekommen, aufzuzeigen, ob und warum er förderndes Mitglied der SS wurde, damit Menschen und Geschehnisse ins richtige Verhältnis zueinander gebracht werden.

Unnötig zu sagen, daß keiner der Bischöfe belästigt wurde.

24. Oktober. Vierspaltige Überschrift „Klarer SPD-Sieg bei den Berliner Wahlen". Im Leitartikel „Berlin" machte ich auf das Problem aufmerksam, das für die nunmehr siegreiche SPD entstanden war:

Die Sozialdemokratie steht vor der Aufgabe, ihr Programm in die Wirklichkeit umzusetzen. Um eine Mehrheit im Berliner Stadtparlament zu schaffen, muß sie mit der einen oder anderen Partei, d.h. mit der SED oder der CDU, eine mehr oder weniger enge Bindung eingehen, was zahlenmäßig bei dem Größenverhältnis dieser beiden Parteien kaum einen Unterschied machen würde.

Aber in Berlin bedurfte es wohl nicht einmal einer „informellen Unterredung" — die SPD ging von sich aus in die Große Koalition, auf Kosten ihrer bisher sozialistisch formulierten Programmatik.

31. Oktober: Hessische Verfassung im Vorparlament mit Mehrheit beschlossen. Sonderabstimmung beim Volksentscheid über den Artikel 41. Nur die LDP will mit Nein stimmen.

Die Militärregierung hat angeordnet, daß der Artikel 41, der sogenannte Sozialisierungsartikel, einer gesonderten Abstimmung unterworfen werden muß. Sie hofft auf konservative Stimmungen in der Bevölkerung. Die KPD hat sich entschieden, trotz der Streichungen, die SPD und CDU gemeinsam am Entwurf durchgeführt haben, mit Ja zu stimmen, um den progressiven Inhalt der Verfassung Wirklichkeit werden zu lassen. An der Spitze der Zeitung ein Interview Stalins für United Press: „Halten Sie es für möglich, eine Art Zentralverwaltung zu schaffen, die von den Deutschen selbst geleitet wird?" Antwort: „Ja, das halte ich für möglich."

24. Oktober. Polnischer Protest gegen westdeutschen Revanchismus. Gründung der Vereinigung der Verfolgten des Naziregimes in Frankfurt am Main. Bombenanschläge von nazistischen Untergrundgruppen in Stuttgart und in Esslingen auf amerikanische Einrichtungen und auf die Spruchkammer, vor der Dr. Schacht, der in Nürnberg freigesprochene Vizekanzler Hitlers, erscheinen soll.

2. November. Truman legt sich quer gegen die Forderung der Sowjetunion auf Reparationslieferungen für die zerstörten Gebiete.

Artikel 41

Mit Inkrafttreten dieser Verfassung werden

1. in Gemeineigentum übergeführt: der Bergbau (Kohlen, Kali, Erze), die Betriebe der Eisen- und Stahlerzeugung, die Betriebe der Energiewirtschaft und das an Schienen und Oberleitungen gebundene Verkehrswesen,
2. vom Staate beaufsichtigt oder verwaltet: die Großbanken und Versicherungsunternehmen und diejenigen in Ziffer 1 genannten Betriebe, deren Sitz nicht in Hessen liegt.

Das Nähere bestimmt das Gesetz.

Wer Eigentümer eines danach in Gemeineigentum übergeführten Betriebes oder mit seiner Leitung betraut ist, hat ihn als Treuhänder des Landes bis zum Erlaß von Ausführungsgesetzen weiterzuführen.

5. November. Eine öffentliche Auseinandersetzung zwischen dem Rundfunkkommentator Gessner und dem bayrischen Entnazifizierungsminister Pfeiffer wegen der Sabotage der Entnazifizierung beginnt. Sie endet mit der Entlassung Gessners. Die Rundschau veröffentlicht den vollen Wortlaut des Hessischen Verfassungsentwurfes.

7. November. Schwere Vorwürfe gegen Spruchkammern. Die Entnazifizierung wird von allen Seiten sabotiert.

9. November. An der Spitze der ersten Seite erinnert die Rundschau an die Hinrichtung der Matrosen Reichpietsch und Köbis, die 1917 zum Tode verurteilt wurden, weil sie auf ihren Kriegsschiffen die Beendigung des 1. Weltkrieges erzwingen wollten.

12. November. Die Kriegsverbrecher aus der Industrie werden zur Aburteilung durch ein amerikanisches Militärgericht nach Nürnberg gebracht, unter ihnen der Industrielle Flick und sein Finanzberater Kaletsch.

Der Hessische Verlegerverband wählt Dr. Stenzel von der Frankfurter Neuen Presse anstelle des ausgeschiedenen Wilhelm Karl Gerst zum Vorsitzenden und spricht Gerst „Dank und Anerkennung für seine im Verband geleistete uneigennützige Arbeit" aus. Für die Rundschau wird Emil Carlebach in den Verbandsvorstand gewählt, als Betriebsrat Ludwig Kohl vom „Wiesbadener Kurier".

14. November. Die Rundschau druckt an der Spitze der ersten Seite den Artikel 41 des Hessischen Verfassungsentwurfes im Wortlaut ab. Er ist aufgrund der Anordnung der Militärregierung besonders umstritten.

19. November. Die Militärregierung sichert ein Ernährungsminimum von 1550 Kalorien „auf jeden Fall" zu. Die SED in der Sowjetzone veröffentlicht den Entwurf der Verfassung für eine Gesamtdeutsche demokratische Republik. Der Volksentscheid für die Hessische Verfassung wird auf den 1. 12. festgelegt. In Frankfurt tritt die Vereinigung der Verfolgten des Naziregimes unter Beteiligung von Oberbürgermeister Kolb, Staatssekretär Dr. Brill, dem späteren SPD-Minister Paul Apel und dem KPD-Minister Oskar Müller erstmals öffentlich auf. Für den Wiederaufbau der Frankfurter Paulskirche spendet das Land Thüringen das benötigte Holz.

Inzwischen hat sich ein für uns wesentlicher Vorgang ereignet: Belfrage ist abgelöst und durch einen Mr. Anderson ersetzt worden. Die gegen Belfrage erhobenen Vorwürfe, die auch der berüchtigte Senator McCarthy erhob, konnten für die Ablösung nicht herhalten. In den 47 Zeitungen der US-Zone gab es ganze drei kommunistische Lizenzträger. Der Vorwurf der Bevorzugung von Kommunisten war wahrhaftig sinnlos. Allerdings, es gab andere Beispiele: Die Verantwortlichen für die Zeitungsgründung in Bayern, Ernst Langendorf und Josef Dunner, zwei deutsche Emigranten, der eine Sozialdemokrat, der andere 1932 aus der KPD ausgeschlossen, sorgten dafür, daß im ganzen Lande Bayern kein einziger Kommunist Lizenzträger einer Zeitung werden konnte. Das entsprach zwar nicht den Direktiven, mit denen die amerikanische Armee in Deutschland eingerückt war, es entsprach aber der Haltung, die seit Amtsübernahme Trumans, zuerst inoffiziell, dann offiziell, die Tätigkeit der Militärregierung bestimmte.

Gegen Belfrage konnte nichts vorgebracht werden, außer daß er englischer Staatsbürger sei. Deshalb habe er keinen Anspruch darauf, in der US-Militärverwaltung tätig zu sein! Er wurde entlassen und nach Amerika zurückgeschickt, wo er in die Fänge des McCarthy-Ausschusses geriet und schließlich deportiert wurde. Das einzige Verbrechen, das McCarthy ihm anlasten konnte: er habe den Kommunisten Carlebach zum Lizenzträger gemacht.

Wählt Sozialdemokraten in den Landtag!

Gegen die Ewig-Gestrigen

Wer „die Stimme der Vernunft" beschwört, darf auf den Beifall aller rechnen. Wie aber, wenn unter dem Mantel der Vernunft und der Wahrheit sich eine Unritterlichkeit des Kampfes verbirgt, die es verdient, als Demagogie gezüchtigt zu werden?

„Propaganda ist nicht Wahrheit", stellen Sie fest, Herr Dr. Ilau. Nun, wer Ihren Beitrag liest, erkennt, daß Ihre Propaganda in der Tat mit der Wahrheit nichts gemein hat. Doch sehen wir zu:

Nationalsozialismus auch ein Sozialismus?

Sollten Sie, der „Fachmann", wie Sie sich zu rühmen pflegen, vom Nationalsozialismus und seiner Entstehung wirklich so wenig verstehen?

Ist Ihnen nie bekanntgeworden, daß der Nationalsozialismus von der von Ihnen so sehr gepriesenen freien Wirtschaft gehätschelt und nur durch Millionenspenden, die ein schlechtes Beispiel ungehemmter Unternehmerinitiative darstellten, am Leben erhalten werden konnte?

Sollten Sie wirklich nicht wissen, daß die reichsten Großgrundbesitzer zu den ältesten Mitgliedern dieser „sozialistischen" Partei gehörten?

Allein diese Tatbestände beweisen schon zur Genüge, daß der Nationalsozialismus mit dem Sozialismus nichts, aber auch gar nichts, gemein hat als den Namen.

„Neo-Liberalismus"

Der Vertreter der LDP, Herr Deutschmann, mußte in dem letzten Aussprachekreis der „Frankfurter Rundschau" einräumen, daß die Wirtschaft in der uns überlieferten Gestalt überlebt ist. Wir als Sozialisten haben einen konstruktiven Beitrag für die neue Gestaltung der Wirtschaftsverfassung unseres Volkes geleistet.

Die LDP blickt zurück in die Vergangenheit und weiß als treibende Kraft, als Regulator der Wirtschaft nichts anderes zu bieten als das freie Spiel der Kräfte und den Wettbewerb.

Wie wirkt sich denn Ihr Marktgesetz von Angebot und Nachfrage, dieses rein mechanistische Gesetz ohne sittliche Verpflichtung, aus? Ist denn der „Schwarze Markt", der sich als „freier" Markt in so verheerender Weise neben der Planwirtschaft breitmacht, nicht ein erschreckender Beweis dafür, wohin wir kommen, wenn nichts anderes als das persönliche Bereicherungsstreben der Warenbesitzer und Warenproduzenten das wirtschaftliche Geschehen reguliert?

Ist es nicht kennzeichnend, daß Ihr Fraktionsführer, der Abgeordnete Euler, im Hessen-Parlament die illegale Betätigung der Industrie am Schwarzen Markt als notwendig hinstellte, weil Ihre Partei anscheinend die Vernunft da ausschalten möchte, wo wir sie am notwendigsten brauchen, nämlich in der Wirtschaft?

Die Planwirtschaft hat nicht die Aufgabe, jedes Streichholz und jede Stecknadel in ihre Planung einzubeziehen, aber sie hat die wichtige Aufgabe, für eine ausreichende Produktion zu angemessenen Preisen und für eine gerechte Verteilung zu sorgen.

„Ausschaltung schöpferischer Intelligenz"

Haben Sie je gehört, der Sozialismus wolle „eine Unsumme von schöpferischer Intelligenz, Erfahrung und ehrlichem Leistungswillen" brachlegen?

Wer hat je gesagt, „die ganze Schicht der in der privaten Wirtschaft an verantwortlicher Stelle stehenden Menschen" solle abgesägt werden?

Genau das Gegenteil ist richtig.

Der Sozialismus ruft nicht nur die Intelligenz, sondern er bietet ihr jede, aber auch jede, Betätigungsmöglichkeit, die sich dem Wohl der Gesamtheit unterordnet. Wir wollen Menschen mit starkem Leistungswillen und werden jederzeit der Leistung die ihr gebührende Anerkennung zollen.

Die liberalistische Wirtschaft hat eine Bewährungszeit von vielen Jahrzehnten hinter sich.

Sie hat versagt.

Die Sehnsucht und das entschlossene Wollen von Millionen gelten einer fortschrittlichen Wirtschaftsverfassung, in deren Mittelpunkt das Wohl jedes einzelnen Menschen steht.

Die LDP macht sich zum Sprecher der Vernunft und ist doch nur der Sprecher des Ewig-Gestrigen.

Die LDP ist nicht konservativ in dem Sinne, daß sie das Gute aus der Vergangenheit bewahren möchte, sondern sie ist im wahren Sinne des Wortes reaktionär, weil sie den Atem eines neuen Zeitalters nicht spürt und verharren will bei einer Wirtschaftsgestaltung, die überlebt ist.

Noch blutet das deutsche Volk aus Millionen Wunden. Aber es wird nicht ein zweites Mal der Reaktion in den Sattel helfen.

Welche Vermessenheit, eine Verfassung, der 82 von 90 Abgeordneten zugestimmt haben, als einen „wahrhaft reaktionären Rückfall in die Despotie vergangener Jahrhunderte" zu tadeln!

Wer gegen die Kräfte des Ewig-Gestrigen kämpft, wer will, daß endlich in Deutschland die breitesten Schichten des Volkes, daß Bürger und Arbeiter ein menschenwürdiges Dasein, frei von Not und frei von Furcht, führen können, der muß seine Stimme abgeben

für die Verfassung
für den Artikel 41
für die Männer der SPD

Gegen den inneren Feind

Aus dem Aufruf des Parteivorstandes der Sozialdemokraten

Gegen einen neuen Nationalismus und gegen die Schlammflut, in der das Dritte Reich untergegangen ist und die das ganze Volk zu verschlingen droht, gibt es nur einen Damm:

den sozialistischen Neubau von Staat, Verwaltung und Wirtschaft

Den moralischen Zusammenbruch der alten Ordnung überwindet nur eine Kraft:

die sozialistische Idee,

deren Träger die

Sozialdemokratische Partei ist.

Männer und Frauen!

Wir wissen, daß die Zukunft der arbeitenden Menschen, der Schwachen und Hilfsbedürftigen nur durch den Sozialismus menschenwürdig gestaltet werden kann. Dafür haben in glücklicheren Zeiten Sozialdemokraten gelebt, dafür sind Tausende aus unseren Reihen in die Gefängnisse und auf das Schafott gegangen. Wir wollen ihre Leistungen nicht zuschande werden lassen.

Männer und Frauen, die ihr in Stadt und Land als Funktionäre im öffentlichen Leben steht:

Seid euch eurer Pflicht bewußt und stellt alle in Deutschland mitverantwortlichen Kräfte vor klare Entscheidungen. Sprecht aus, was ist, überall und gegen jedermann. Ertragt nicht länger das Unrecht! Schreit nach dem Recht, greift ein, wo Menschenleben auf dem Spiel stehen! Sorgt dafür, daß von den Rechten und Pflichten der erwählten und ernannten Volksvertreter voller Gebrauch gemacht wird. Duldet nicht länger die Unfähigen und Saboteure. Prangert sie an, nennt sie beim Namen und zieht sie vor die Oeffentlichkeit zur Rechenschaft. Meldet alle zurückbehaltenen Vorräte euren Abgeordneten und Landtagsfraktionen, meldet alle Fälle von Korruption. Die Sozialdemokratische Partei wird das Material gewissenhaft verwerten. Nehmt keine Rücksicht auf die Mächtigen.

Wir Sozialdemokraten stoßen aus unseren Reihen aus, wer nicht wert ist, Sozialdemokrat zu sein. Die sozialdemokratischen Abgeordneten stehen denen bei, die ehrlich leben wollen, und sind ihre Wortführer.

Für eine konsequente Politik der Sozialisierung, der Bodenreform, der Planwirtschaft, der sozialen Gerechtigkeit

wollen wir alle gemeinsam und ohne Kompromisse kämpfen. Dem Schiebertum und der Unmoral einer zusammenbrechenden Welt wollen wir

Pflichterfüllung und gesunden Lebenswillen

entgegensetzen. Durch unser Vorbild wollen wir Sozialdemokraten den Verzweifelten Mut machen, durch unsere Entschlossenheit wollen wir die Reaktion schlagen, wo sie heute schon wieder das Haupt zu erheben wagt.

Die Sozialdemokraten wollen in ihren Reihen die jungen und lebenswilligen Kräfte unseres Volkes sammeln und mit ihnen gemeinsam den Kampf führen

für das neue sozialistische Deutschland!

Wahllügen – an den Pranger

Die CDU glaubt, mit dem Chemiearbeiter Fleckenstein ein Aushängeschild für die Arbeitnehmer geschaffen zu haben, noch dazu sie darauf hinweist, daß bei der SPD-Liste Arbeiter erst an achter Stelle stehen. Dazu ist zu sagen, daß erstens Fleckenstein kein Chemiearbeiter ist, sondern Unfallwart seines Betriebes, zweitens, daß das Mitbestimmungsrecht nicht von Herrn Fleckenstein entschieden wird, sondern daß uns maßgebend erscheint, was Dr. Köhler, der Fraktionsvorsitzende der CDU dazu sagt, und dieser gestattet das Mitbestimmungsrecht der Arbeitnehmer nur in einem kleinen Umfange, keinesfalls aber in der von der SPD vertretenen Linie. Drittens stehen im Stadtkreis Frankfurt an 3. Stelle Genosse Caspary, an 4. Stelle Genosse Heißwolf, und an 6. Stelle Genosse Richter, die alle **Arbeitnehmer** sind und durch **ihre Stellungnahme für die wohlberechtigten Interessen der Betriebsvertretungen** bekannt sind. War es doch gerade der Genosse Richter, der sich bei den Beratungen des Verfassungsausschusses hundertprozentig einsetzte. Die drei Genannten stehen an aussichtsreicher Stelle und dürften gewählt werden.

Weiter behauptet die CDU, daß die Nennung der SPD als stärkste Partei Deutschlands eine Lüge sei. Wahr ist, daß hier keine Plakate aushängen, auf denen derartige Angaben gemacht worden sind, und wahr ist ebenso, daß bei einer Zulassung in der russischen Besatzungszone die SPD tatsächlich die stärkste Partei Deutschlands wäre. Oder sollte die russische Zone nach Meinung der CDU nicht mehr zu Deutschland zählen?

Auf die Vorwürfe, die Dr. Ilau in seinem Artikel gegen den Sozialismus erhoben hat, gibt der Aufsatz „Gegen die Ewig-Gestrigen" eingehende Antwort.

Die Kommunistische Partei behauptet, daß die Ostzone 100 000 Tonnen Getreide dem hungernden Westen geliefert habe, wo die SPD regiere. Wir empfehlen der KPD, sich besser zu informieren, denn die Ursachen für den Mangel in den Westzonen sind andere:

1. Der Westen war nie Ueberschußgebiet, sondern wurde früher vom Osten Deutschlands aus mitversorgt.
2. Die Bevölkerungsdichte hat im letzten Jahr weiter erheblich zugenommen, so daß die Ernährungsbasis noch viel geringer geworden ist.
3. Die SPD regiert nicht in den Westzonen. Erst dem kommenden Landtag soll es vorbehalten sein, eine Regierung zu wählen, die die Geschicke des Landes in die Hand nimmt.
4. Ueben bislang die Kontrolloffiziere der Besatzungsbehörde durchaus noch Verwaltungsfunktionen aus, die ihnen erlauben, entscheidende Bestimmungen zu treffen.

Von einer SPD-Regierung kann also keine Rede sein.

Die Schwierigkeiten bei der Kartoffelversorgung und die Mängel bei der Beschaffung von Heizmaterial, die Zerrüttung unserer Geldwirtschaft, der Wohnungsmangel und die Flüchtlingsnot haben letzten Endes ihre Ursache in dem verderblichen Hitlerismus, den die SPD durch ihre Abstimmung gegen das Ermächtigungsgesetz im Januar 1933 von vornherein abgelehnt hat. Keineswegs kann man die Demokratie mit den folgenschweren Auswirkungen des Nazismus belasten.

In einer Wahlversammlung wurden die Mißstände im Wirtschaftsministerium und Landeswirtschaftsamt durch den Vorsitzenden der KPD für den Stadtkreis Frankfurt, Wittmann, bemängelt. Ausgerechnet in diesem Wirtschaftsministerium hat die Kommunistische Partei mit ihrem Genossen Ludwig Keil aus Darmstadt den Ministerialdirektor-Posten besetzt. Warum unternimmt er nichts, um diese Zustände abzustellen?

Die KPD stellt die Arbeit ihres Ministers Oskar Müller so stark heraus, als ob allein auf seine Veranlassung die erfolgten Aenderungen vorgenommen worden wären. Es scheint uns die Pflicht eines Ministers zu sein, Vorteile für die Bevölkerung zu erwirken, sonst ist er nicht fähig, den Ministerposten zu bekleiden.

Die KPD hält es für notwendig, sich an die sozialdemokratischen Arbeiter wenden zu müssen, um ihnen die Nachgiebigkeit der SPD-Fraktion zu erläutern. Tatsache ist, daß nur durch die starke Haltung der Sozialdemokratie der entscheidende Abschnitt über die sozialen und wirtschaftlichen Rechte und Pflichten in der vorliegenden Form angenommen worden ist. Hat nicht die KPD in der Schlußabstimmung dem vorliegenden Verfassungsentwurf zugestimmt? Damit hat sie sich ebenfalls dem sogenannten „Kompromiß" angeschlossen.

Nur eine starke SPD-Fraktion ermöglicht im kommenden Landtag eine Gesetzgebung, die dem Willen und Wollen der Sozialdemokratie entspricht.

Wählt SPD, Liste 1

Verantwortl.: Franz Ulrich, Ffm., Hanauer Ldstr. 8.

SPD-Wähler: Dein JA der Verfassung! Dein JA dem Artikel 41!

Christlich-Demokratische Union

Nur wer gerecht ist, der darf Gerechtigkeit fordern, und sie wird ihm werden.

Darum seid Christen!

Nur wer die Freiheit liebt und sie achtet, erhält sie zurück.

Darum seid Demokraten!

Nur wer sich selbst achtet, der achtet auch die anderen und wird geachtet werden.

Darum seid Deutsche!

Darum Christlich-Demokratische Union Liste 2

Demokratie?

Die CDU hat in einer der vergangenen Nächte Streifen angeklebt, die der KPD unangenehm waren. Diese Streifen wurden daraufhin von ihr schwarz überstrichen. Als unsere Leute später die Streifen an die Bevölkerung verteilten, wurden die Männer von der KPD tätlich bedroht.

Kommentar überflüssig.

Plakate.

In der letzten Nummer der „Frankfurter Neue Presse" behauptet die KPD, wir hätten ihre Plakate am Totensonntag überklebt. Von uns wurde am Totensonntag kein Plakat geklebt. Aber die Frankfurter werden sich erinnern, daß vor einiger Zeit in Frankfurt nur CDU-Plakate hingen, und wenn man jetzt durch die Straßen geht, sieht man praktisch keine CDU-Plakate mehr.

Wir erlauben uns deshalb die Frage: „Wer hat nun tatsächlich überklebt?"

Von rechts und links bekämpft, geht die CDU ihren Weg. Die glückliche Verbindung von Tradition und Fortschritt, ohne Rechts- und Linksradikalismus, wird der Weg in die glückliche Zukunft sein.

Unterstützt die stärkste Partei!

Artikel 41?

SPD und KPD hatten zusammen in der Verfassunggebenden Versammlung die Mehrheit. Sie einigten sich zunächst auch auf einen Verfassungsentwurf. In diesem Entwurf war die Sozialisierung aller Großbetriebe vorgesehen. Wäre diese Verfassung durchgegangen, so hätte der zukünftige Landtag es in der Hand gehabt, zu sozialisieren, was er wollte, ohne die Meinung des Volkes dazu zu hören, denn „Großbetrieb" ist ein dehnbarer Begriff und hätte unter Umständen vor kleineren Unternehmen nicht haltgemacht.

Die CDU hat es durchgesetzt, daß in dem nunmehr zur Abstimmung stehenden Artikel 41 eine klar umrissene Gruppe von Betrieben in Gemeineigentum übergeführt wird. Es sind dies:

Bergbau
Eisen- und Stahlerzeugung
Eisenbahn und Straßenbahn
Energiewirtschaft

Davon sind praktisch schon im Gemeinbesitz:

Eisenbahn und Straßenbahn
Energiewirtschaft.

Mit der Annahme des Artikels 41 hat der Landtag nicht die Möglichkeit, über diese Betriebe hinaus weitere Betriebe in Gemeineigentum zu überführen.

„Das Nähere bestimmt das Gesetz" heißt hier nur, daß die Form, wie diese Betriebe zu überführen sind, vom Landtag bestimmt wird.

Die CDU ist dagegen, daß die Betriebe in Staatseigentum übergeführt werden.

Sie wird dafür eintreten, daß die in den Werken arbeitenden Arbeiter und Angestellten an dem Betrieb und seinem Ertrag beteiligt werden. Darüber hinaus kann noch die zuständige Gemeinde oder der zuständige Kommunalverband beteiligt werden.

Mit der Annahme des Artikels 41 wird die Macht aus den Händen weniger Wirtschaftsführer herausgenommen. Die Beteiligung der Arbeiter verhindert den Mißbrauch der Betriebe zu politischen Zwecken. Ihre Beteiligung am Ertrag wird die Rentabilität des Betriebes steigern.

Deshalb stimmt die CDU für den Artikel 41

mit der Forderung, keinen Staatskapitalismus groß werden zu lassen.

Angestellte und Arbeiter, wollt ihr die Beteiligung an den Großbetrieben,

so wählt CDU, Liste 2.

Um einen Hirtenbrief

Der Bischof von Limburg hat in seinem Bistum eine Verkündung von der Kanzel verlesen lassen. Der Sinn des Hirtenbriefes ist in einem Satz zusammenzufassen: „Wählt christliche Kandidaten in den Landtag, die die wirtschaftlichen und sozialen Forderungen der Bevölkerung, aber auch die religiösen Belange vertreten."

Vor jeder Wahl stellt die SPD große Schilder auf: „Jeder Christ ein Sozialist, drum wählt SPD." Wenn die SPD wirklich eine so christliche Partei ist, dann müßte sie sich eigentlich sehr über einen Hirtenbrief freuen, der nur auffordert, daß christliche Männer

Ja
zur Verfassung
Dein Vertrauen
der
CDU

gewählt werden. Wenn sie sich aber so dagegen erregt, daß der Hirtenbrief zur Wahl von christlichen Männern auffordert, so muß man wieder annehmen, daß sie doch keine christlichen Kandidaten hat.

Was ist also echt? „Jeder Christ ein Sozialist, drum SPD"? oder die Erregung über die Wahl von christlichen Männern?

Wir sind immer für eine saubere Linie in der gesamten Politik. Auch in der Wahlpropaganda.

Wir treten ein für soziale Forderungen und haben christliche Männer und Frauen an der Spitze.

Darum wählt CDU, Liste 2!

Die staatsbürgerliche Verantwortung der Frau

Frau Pilz, Flüchtling und Kandidatin der CDU

Nachdem der Sturm verlobt ist, der das Reich in Trümmer legte und unsere Heimstätten in Schutthaufen verwandelte, fragen wir uns, was uns blieb. Das ist schnell und mit nüchternen Worten gesagt: Millionen Männer, darunter viele der besten und tapfersten, nahm der Krieg. Sie kommen nie zurück. Millionen gaben ihre Gesundheit und ihre geraden Glieder. Sie sind gehemmt in ihrer wirtschaftlichen Existenz, tragen schwer an den Leiden, die der Krieg ihnen zufügte, und sehen sich im Leben an den Rand gedrängt. Millionen sind noch in Kriegsgefangenschaft, fühlen sich seelisch und körperlich bedrückt durch ihre Lage, vielleicht auch durch die Ungewißheit ihrer beruflichen Zukunft.

Unsere Industrien sind vernichtet, der Handel liegt am Boden, die Not gebietet, und alle gewohnte Ordnung befindet sich in einem gefährlichen Zustand der Auflösung.

Wir Frauen tragen schwer am Schicksal unseres Volkes, denn es ist ja unser eigenes.

Wir Frauen sind die Opfer einer Politik der Macht geworden. Gegen uns richtete sich der Krieg, gegen uns richtet sich die Härte und Erbarmungslosigkeit der heutigen Zeit.

Nachdem wir die Summe dessen gezogen haben, was uns blieb, tun wir die Frage in die Zukunft hinein: Was wird? Wissen wir, ob sich das Dunkel um uns lichten wird? Wir wollen nicht nur fragen, ob wir immer Brot haben werden für unsere Kinder, wir wollen auch fragen, wie sich die weitere Zukunft für sie gestalten wird. Wissen wir denn, wir Frauen, deren Männer bisher nicht heimkehrten, ob wir nicht doch die Last des Lebens allein weitertragen müssen? Wissen wir denn, ob unsere Männer, wenn sie vielleicht eines Tages heimkehren, krank sind an Leib und Seele und die Betrübnis daheim eher vermehren als vermindern werden? Wissen wir denn, wir Mütter und Frauen, ob wir all diesem standhalten können mit unseren körperlichen und seelischen Kräften?

Mutlosigkeit packt selbst die Tapfersten unter uns, viele — nicht die Schlechtesten — fragen sich, haben wir denn unsere Kinder in ein sinnloses Leben hineingeboren?

Nein, und nochmals nein! Leben ist nie sinnlos. Das muß innerste Ueberzeugung einer jeden Frau sein. Wohl aber ist die Vernichtung des Lebens sinnlos. Unser Leben hat den Sinn, den wir selbst ihm geben. Wir sind durchaus in der Lage dazu. Wir stehen der Zukunft nicht mehr so ohnmächtig gegenüber, wie das der Vergangenheit gegenüber der Fall war. Damals bestimmten Männer, wenige Männer nur, das Schicksal eines Volkes und damit auch unser Frauenschicksal. Nun hat aber der einzelne Staatsbürger, und damit auch die Frau, wieder das Recht, mitzubestimmen. Die Ausübung des Wahlrechts ist dabei der unterste — und für jede Frau wohl selbstverständliche — Grad staatsbürgerlicher Verantwortung. Ebenso selbstverständlich ist, daß sie bei der Ausübung des Wahlrechts ihrer eigenen Ueberzeugung Ausdruck verleiht.

Aus dem staatsbürgerlichen Recht erwächst aber eine Pflicht einer weitergehenden Betätigung. Der Staat, den wir errichten, soll nicht allein männliche Züge tragen. Gott schuf zwei Geschlechter. Und wie sich in der Natur das Leben ergänzt aus beiden Elementen, so soll auch das Staatsleben sich gründen auf beiden Prinzipien. Gleichwertig stehen im Staatsleben der Mann und die Frau nebeneinander, aber völlig andersartig. Gerade in dem Anderssein der Frau liegt die Möglichkeit einer Bereicherung des öffentlichen Lebens durch ihre tätige Mitarbeit.

Wir stehen vor einem Anfang. Mag die Atmosphäre um uns noch so niederdrückend sein, es ist ein Anfang. Um jeden Anfang weht ein Hauch von Hoffnung. Ein Dichterwort spricht von der „Gnade der Frühe". Ich verstehe dieses Wort so, daß die Gnade und die Kraft Gottes mit denen ist, die sich mutig an den Anfang stellen. Unter ihnen sollten viele Frauen sein.

Wir müssen nun einmal unsere Gedanken lösen aus dem ewigen sorgenvollen Kreisen um die Not des Tages. Diese kleine Welt darf uns die große Sicht nicht verstellen. Denn nur vom Großen her, vom Staat her, können wir Einfluß nehmen auf die Gestaltung unseres kleinen persönlichen Schicksals. Die Mütter, die ihre Kinder unter Einsatz ihres Lebens gebären, sie haben nicht nur die Pflicht, sie zu hüten und zu entwickeln, sie haben auch das Recht, dieses von ihnen geborene Leben vor jeglichem Schaden zu bewahren, wenn es sein muß auch vor dem Heldentod, indem sie nämlich teilhaben an einer Politik, die dem Frieden unter den Völkern dient.

Die Frau, die als Schaffende im Leben stehen muß, Hausfrau und Ernährerin ihrer Kinder zugleich, sie soll mitgestalten am Wirtschaftsleben ihres Volkes, denn sie ist ja als kleines Rad tätig darin wie der Mann. Sie kann durchaus ihr Schicksal selbst in die Hand nehmen. Das ist für viele Frauen neu und ungewöhnlich. Sie erschrecken vor dem Wort Politik. Aber was ist denn Politik? Sie fängt beim Kochtopf an und zieht sich wie ein roter Faden durch alle Lebensgebiete.

Die Frau, die wirklich demokratisch denkt, wird ihr Recht gebrauchen. Es genügt nicht, daß wir die Notwendigkeit der Frauenmitarbeit im öffentlichen Leben einsehen und anerkennen. Hinter der Erkenntnis muß der ganze Mensch stehen, der Wille, uns mit unserer Persönlichkeit und unserer vollen Ueberzeugung mitten hineinzustellen in die Arbeit, um dem Ganzen auch unseren Geist und auch die Züge fraulichen Wesens aufzuprägen.

Verantwortlich für die CDU: Dr. Josef Frank.

WÄHLT LISTE 2

Mit dem Volk - Durch das Volk - Für das Volk!

Nicht wieder wie nach 1918!

Wir müssen heute vorwärts blicken, ohne die Ursachen unseres Elends, das Dia Gestern uns brachte, zu vergessen. Wir müssen Wege finden, die das deutsche Volk aus dieser Internstal herausführen zu einer neuen und besseren Leben.

Es gibt Probleme von grundsätzlicher Bedeutung, die in der Verfassung niedergelegt sind, und andere Probleme, die heute durch vor uns stehen und nach einer Lösung schreien.

Flüchtlinge, Evakuierte und Ausgebombte

Eine große Schar der heimatlos gewordenen Menschen...

Nazistische Methoden

Nazistische Elemente, die vielfach früher bei der HJ und NSDAP höhere Posten bekleideten...

Wir werden uns durchsetzen

Großer Wahlsieg der Kommunisten: in Frankreich, Italien, Tschechoslowakei, Jugoslawien, Rumänien, Bulgarien, Schweden.

Überall erobern die Kommunisten das Vertrauen des Volkes durch ihren entschiedenen Einsatz für die Interessen der Werktätigen.

Überall sind sie die wahren Kämpfer für Frieden, Freiheit, Fortschritt.

In der Westzone droht der Hunger.

Die Ostzone liefert 100 000 Tonnen Getreide, Zucker, Kohle, Briketts.

Nur eine unteilbare demokratische deutsche Republik, in der die Urheber des Krieges, Militaristen, Großgrundbesitzer, Bank- und Industrieherren beseitigt sind, schafft uns das Vertrauen der Welt.

Das Vertrauen der Welt ist die Voraussetzung eines ehrenhaften Friedens, einer gerechten Grenzziehung.

Frauen und Mädchen!

Diesmal sollen wir am 1. Dezember wählen...

Thomas Mann, der große Dichter zur Kommunistenhetze

„Ich bin vor dem Verdacht geschützt, ein Verkämpfer des Kommunismus zu sein. Trotzdem kann ich nicht umhin, in dem Schrecken der bürgerlichen Welt vor dem Wort Kommunismus, diesem Schrecken, von dem der Faschismus so lange zehrte und auch etwas Aberglaubiges und Kindisches zu sehen, die Grundtorheit unserer Epoche."

WEM DIE ZUKUNFT DEUTSCHLANDS AM HERZEN LIEGT

stimmt JA für Artikel 41 JA für die Verfassung!

WÄHLT KOMMUNISTEN LISTE

Im Namen von Freiheit und Recht: NEIN zur Verfassung zum Artikel 41 !

Die Kommunisten bitten dich: Sag Ja!

Wähler! Sei dir klar, was das bedeutet!

Der Vorsitzende der kommunistischen Fraktion in der Verfassungsberatenden Landesversammlung, Leopold Bauer...

Frankfurts LDP-Kandidaten

Die ersten vier Plätze auf dem Wahlvorschlag der LDP für den Wahlkreis Frankfurt a. M. werden von folgenden Parteien eingenommen:

Dr. Hans Itae, Geschäftsführer der Industrie- und Handelskammer...

Frauen!

Eure kriegsgefangenen Männer und Söhne sind nicht dabei,

wenn ihr am Sonntag über die Verfassung entscheidet...

Nein!

USA-Arbeiter gegen Sozialismus

Wohin gehört die Jugend?

Wer nicht wählen will,

Lustige Ecke

Falsche Fraktionsvorsitzende Hefi in falschen Quartier

LDP
die Stimme der Vernunft

Wählt Liberal-Demokratische Partei Liste 4

Jeder der vier Parteien gab die Rundschau wieder je eine halbe Seite für ihre Veröffentlichung. Es ergaben sich Zusammenstöße mit Anderson: Er wollte mich dazu zwingen, die Wahlveröffentlichung der KPD zu ändern. Ich mußte ihn nachdrücklich darauf aufmerksam machen, daß diese Veröffentlichungen außerhalb der Verantwortlichkeit der Redaktion erschienen.

Die Lebensmittelknappheit führte zu einem schweren Zusammenstoß zwischen Anderson und mir, der auch für die Beurteilung der vielbeschriebenen „Trennung von Nachricht und Kommentar" von Interesse ist. Eines Tages erschien Anderson in der Redaktions-Konferenz: „Meine Herren, Sie wissen, daß die Lebensmittelrationen für die deutsche Bevölkerung herabgesetzt worden sind. Bringen Sie morgen auf der ersten Seite einen Artikel, in dem Sie schreiben, daß die amerikanischen Seeleute streiken, und daß deswegen die Deutschen weniger zu essen bekommen."

Schweigen herrschte in der Runde. Damals hätte noch kein Redakteur der Rundschau einen derartigen Artikel geschrieben. Schließlich meldete ich mich:

„Mr. Anderson, das dürfen wir doch gar nicht!"

„Wieso nicht?"

„Wir sind darauf festgelegt, Nachricht und Kommentar zu trennen. Was Sie vorschlagen, das ist ein Kommentar. Den dürfen wir auf der ersten Seite überhaupt nicht veröffentlichen."

Er begriff natürlich genau, daß ich ihn bloßstellen wollte. Wütend: „Dann schreiben Sie auf der zweiten Seite einen Leitartikel, in dem das steht."

Wieder Stille. Wieder meldete ich mich: „Mr. Anderson, ich wäre bereit, einen Leitartikel zu schreiben. Allerdings würde er anders aussehen. Ich würde schreiben: Die amerikanischen Seeleute haben während des Krieges unter ständiger Lebensgefahr wegen der deutschen U-Boote Waffen und Nachschub für den Krieg gegen Hitler über den Ozean befördert. Verdient haben daran die Reeder. Jetzt verlangen die Seeleute einen höheren Lohn als Ausgleich für das, was sie hinter sich haben. Und weil die Reeder diesen höheren Lohn nicht bezahlen wollen, deswegen bekommen wir Deutschen weniger zu essen."

Anderson fuhr hoch. Er wurde so wütend, daß er den Uniformrock herunterriß und hinter sich auf den Sessel warf. Geschlagene 45 Minuten lang hielt er uns eine wilde Rede gegen den Kommunismus und alles, was mit Kommunismus zu tun hat. Schweigend ließ die Redaktion diese Philippika über sich ergehen. Als er buchstäblich außer Atem war, sagte ich mit aller Ruhe: „Mr. Anderson, Sie haben recht: Es gibt sehr, sehr viele Vorbehalte gegenüber dem Kommunismus. Aber glauben Sie mir, es gibt auch sehr viele Vorbehalte gegenüber dem Kapitalismus." Anderson griff nach seiner Uniform-Jacke und rannte wütend aus dem Raum. Der Leitartikel wurde nicht geschrieben. Aber in mein Dossier wurde wohl wieder ein neues Blatt eingelegt.

Als mir etwa ein Jahr später die Lizenz entzogen wurde, sagte mir Anderson höhnisch ins Gesicht, er habe schon vor dem Krieg als Beauftragter der Geheimpolizei kommunistische Zellen im New Yorker Hafen „ausgeforscht". Für die Truman-Politik des kalten Krieges war er wirklich „der richtige Mann am richtigen Platz".

Die Überwachung hatte sich inzwischen bis zur Denunziation entwickelt. Alle miesen Elemente des kalten Krieges kamen zum Vorschein. Durch einen US-Offizier kam ich in den Besitz eines Denunziations-Berichts vom 4. März 1947 gegen Belfrage, der schon lange nicht mehr bei ICD war, sondern wieder in den USA lebte. Der „vertraulich" (confidential) gekennzeichnete Bericht an den jetzigen Chef der ICD bezog sich auf die Überwachung einer Versammlung, auf

Letter Written by Mr. Cedric Belfridge

Director, Information Control Division
Office of Military Government for Germany (U.S.)
APO 742 - U. S. Army

1.	Mr. W. K. Gerst, an ex-licensee of the FRANKFURTER RUNDSCHAU, at a joint SED-KPD meeting in Frankfurt on 18 February, spoke on "Non-partisan or Party Press".

2.	In his speech he quoted as follows from a letter he stated he had received from Mr. Cedric Belfridge: "I have finished my book 'Our Experiment in Germany' in order to prove to the American public that not only politically, reactionary people went to Germany, but also Americans oriented to the left. Such a book cannot be published in America at the present time. It is not prohibited; it will not be prohibited, either; however, there is no publisher willing to publish it. This can only be explained with the present situation; for my book is in opposition to the tendency of American policy and also to what the American people at present are being told of the political situation in Germany. In America we are always being told of the liberty we enjoy. However, my book about the treatment of the negroes in the Southern states cannot be printed here. I have now sent it to England to be published. My work in Frankfurt was called here in America a conspiracy of the Kremlin, and when I established the FRANKFURTER RUNDSCHAU they said that prior to that agents of Moscow had infiltrated into the American Information Control Division. America is much indebted to Russia for having made the first experiment with Communism. Despite the many faults there is much more in Russia of what we understand as Christianity. In the America of today, as it is represented by government and press, there is not much to be found of this Christian spirit. We will never be able to effect a solution from America unless we try to understand the Russians and to cooperate with the various Communist parties in the world."

3.	It appears undesirable for a man who was once employed by Information Control Division in Germany, and who, as an English subject, is visiting the United States on a scholarship, to write to Germans in such a manner concerning the United States — especially when those Germans are known to be members of the Communist Party.

CONFIDENTIAL

4.	This information is submitted with the thought that it might be forwarded to the FBI or other interested agencies in the United States for such action and further investigation as they consider desirable.

der Gerst gesprochen und einen Brief Belfrages verlesen hatte. Der Spitzel monierte den Inhalt des Briefes und regte an, Belfrage das Stipendium zu entziehen, das dieser inzwischen für wissenschaftliche Tätigkeit erhalten hatte. Gerst, so der Bericht, habe in einer SED/KPD-Versammlung in Frankfurt zum Thema „Überparteiliche oder Parteipresse" aus Belfrages Brief vorgelesen, daß dessen Buch über seine Erfahrungen in Deutschland in den USA nicht verlegt werden könne. In dem Brief habe es dann weiter geheißen (der Spitzel hat den angeblichen Wortlaut notiert): „In Amerika sagt man uns immer, wieviel Freiheit wir hätten.

Aber mein Buch über die Behandlung der Neger in den Südstaaten kann hier nicht gedruckt werden. Ich muß es nun in England versuchen. Meine Arbeit in Frankfurt wird hier in Amerika als Verschwörung des Kreml bezeichnet; was die Gründung der ‚Frankfurter Rundschau‘ betrifft, so sagen sie, daß zuvor Kremlagenten die Informationskontrollabteilung unterwandert hätten …“

Nach diesen angeblich wörtlichen Zitaten fährt der Spitzel fort:

„Es muß unerwünscht scheinen, daß ein Mann, der von ICD in Deutschland beschäftigt wurde, und der – als britischer Bürger – mit einem Stipendium in den USA lebt, solch einen Brief über die USA an Deutsche schreibt, besonders, wenn diese Deutschen als Mitglieder der KP bekannt sind.“

Wie weit solche „Berichte“ zur Verfolgung und Ausweisung des „Ausländers“ Belfrage aus den USA beitrugen, weiß ich nicht, doch entspricht er völlig den Methoden und der Atmosphäre der damaligen Zeit.

26. November. Auf der ersten Seite große Spitzenmeldung: Kundgebung der Frankfurter SPD. Dazu wieder im Kasten der Text des Artikels 41. Und eine Kanzelveröffentlichung des Bischofs von Limburg, die Verfassung enthalte „Stellen, die bedenklich an die Art des totalen Staates erinnern.“

28. November. In Freiburg steht der Faschist Tillessen vor Gericht, der im Jahre 1921 den katholischen Reichsfinanzminister Erzberger meuchlings ermordet hat. Er war nach Ungarn geflüchtet und erst zurückgekommen, als die Hitlerregierung sein Verbrechen, wie andere faschistische Untaten, amnestierte. Nun, vor dem Freiburger Gericht, verweigert er weiterhin die Aussage darüber, wer die Hintermänner der von ihm begangenen Mordtat gewesen sind.

3. Dezember. Verfassung und Artikel 41 angenommen! 76,8 Prozent der Wähler stimmten für die Verfassung, 71,9 Prozent im gesonderten Volksentscheid für den der Militärregierung und der deutschen Reaktion so unangenehmen Artikel 41, der die Überführung wichtiger Industriezweige in Gemeineigentum vorsieht.

Verfassung und Artikel 41 angenommen
Linksmehrheit im Hessischen Landtag

Gesamtergebnis

wb WIESBADEN, 2. Dezember (Eig. Meld.). Das amtliche Endergebnis des Volksentscheid I (Verfassung) zeigt folgendes Resultat: 1 156 710 Ja-Stimmen, das sind 76,8%, und 350 358 Nein-Stimmen, so daß die Verfassung angenommen ist. Damit entfällt auch der seitherige Begriff „Groß-Hessen“, an dessen Stelle nunmehr die Bezeichnung „Hessen“ tritt.

Beim Volksentscheid II (Aufnahme des Artikels 41 in die Verfassung) stimmten für Annahme dieses Artikels 1 061 124, das sind 71,9%, dagegen 422 150 Wähler. Ungültig waren 219 971 Stimmzettel. Damit ist Artikel 41 in die Verfassung aufgenommen.

Bei der Wahl zum Landtag gaben von 2 370 878 Wahlberechtigten (am 30. Juni 1946: 2 174 780) 1 798 933 (1 558 930), das sind 73,3% (71,1%) ihre Stimme ab, davon waren ungültig: 132 040 (80 837). Von den gültigen Stimmen fielen zu: der SPD 666 423 (655 090), der CDU 495 697 (350 342), der KPD 171 373 (144 272) und der LDP 251 630 (120 346). Von den 90 Sitzen im neuen Landtag nehmen, dann ein: die SPD 38 (42), die CDU 25 (35), die KPD 10 (7) und die LDP 14 (6).

Stellungnahme der SPD

Die Landesleitung Hessen der Sozialdemokratischen Partei Deutschlands nimmt zum Wahlergebnis vom 1. Dezember 1948 wie folgt Stellung: Das hessische Wahlergebnis bestätigt unsere Erwartungen. Der Zuwachs der LDP geht auf Kosten

Wahlkreise	Wahlberecht.	Verfassung Ja	Nein	ung.	Artikel 41 Ja	Nein	ung.	Landtag SPD	CDU	KPD	LDP	ung.
I Darmstadt-Stadt und Land, Gr.-Gerau	162 939	90 174	17 306	17 604	86 023	21 370	17 919	53 377	28 430	20 372	10 924	13 120
II Offenbach-Stadt u. Land, Dieburg	173 845	103 201	17 312	18 823	97 804	22 042	19 188	54 537	42 815	20 554	10 758	12 190
III Bergstraße, Erbach	127 069	69 967	9 011	14 434	66 984	11 749	14 671	34 675	36 564	10 936	4 751	7 231
IV Gießen-Stadt und Land, Alsfeld, Lauterbach	140 532	60 211	22 296	11 420	56 790	25 501	11 491	41 028	25 931	6 089	14 742	6 651
V Büdingen, Friedberg	122 282	60 071	18 805	11 502	56 792	22 598	11 741	39 212	21 072	9 976	14 272	6 413
VI Kassel-Stadt u. Land, Hofgeismar	154 512	84 444	25 253	12 510	101 613	27 653	12 938	63 591	18 240	11 875	21 109	8 520
VII Fritzlar-Homberg, Waldeck, Wolfhagen	120 968	48 818	22 073	10 247	46 454	24 325	10 459	34 095	18 537	4 458	18 716	5 885
VIII Eschwege, Melsungen, Rotenburg, Witzenhausen	128 428	63 785	23 821	13 080	61 722	25 566	13 443	50 143	16 487	6 218	20 400	7 963
IX Marburg-Stadt und Land, Frankenberg, Ziegenhain	137 990	48 222	27 170	10 324	46 004	29 183	9 481	32 116	23 069	4 207	21 629	5 018
X Fulda-Stadt und Land, Hersfeld, Hünfeld	123 430	66 262	19 482	12 413	61 358	24 171	12 811	26 664	49 251	3 262	14 481	6 752
XI Frankfurt a. M.	312 249	149 886	51 372	17 783	136 826	63 802	18 291	85 484	57 012	29 045	37 211	11 875
XII Hanau-Stadt und Land, Gelnhausen, Schlüchtern	129 809	74 736	14 012		70 303	19 316	14 462	37 776	31 249	15 979	9 713	9 098
XIII Wiesbaden, Rheingaukreis	193 796	77 315	28 537	15 585	67 323	37 630	15 990	41 990	41 922	12 024	18 578	9 125
XIV Main-Taunus-Kreis, Obertaunus, Limburg, Usingen	168 320	83 704	24 524	19 194	75 184	33 595	19 704	41 754	52 962	8 492	15 424	10 442
XV Biedenkopf, Dillenburg, Oberlahnkreis, Wetzlar	176 379	75 914	27 863	17 237	69 766	17 658	17 582	49 986	32 786	8 266	18 707	11 757

Außerdem: Der Vorsitzende des Freiburger Gerichts, vor dem der faschistische Mörder Tillessen sich verantworten soll, hat das Verfahren eingestellt mit der Begründung, die Hitlerregierung habe die Tat amnestiert. Der Gerichtsvorsitzende Dr. Göring ist durch die französische Militärregierung des Amtes enthoben worden. Begründung: „Das deutsche Gericht in Freiburg hat sich nicht gescheut, sich den nationalsozialistischen Standpunkt zueigen zu machen … in der Begnadigung und Glorifizierung gemeiner Verbrechen.“

Im Leitartikel begrüßt die Rundschau das Ergebnis des Volksentscheids: „Hessen hat eine Verfassung. Daß sie im Sinne der Demokratie wirksam werde, ist nicht Regierungssache, sondern vornehmste Angelegenheit der Wähler ... Es ist ihre Sache, dafür zu sorgen, daß sie vertreten, und nicht wie im Dritten Reich geschehen, zertreten werde.“

5. Dezember. Englische und amerikanische Zone vereinigt. Noch wird nur von „wirtschaftlicher Verschmelzung" gesprochen. In der nächsten Ausgabe vom 7. Dezember nehme ich im Leitartikel dazu Stellung:

Jedes Auseinanderstreben der Besatzungsmächte bedeutet eine Gefahr für Deutschlands Einheit. Sollten aber gar deutsche Politiker versuchen, den Mantel

Englische und amerikanische Zone vereinigt
Deutschlandfrage auf der Tagesordnung des Außenministerrats

WASHINGTON, 4. Dezember (Dana/Reuter, AP). Die Außenminister Englands und Amerikas unterzeichneten am Dienstag das formelle Abkommen über die wirtschaftliche Verschmelzung ihrer Besatzungszonen in Deutschland. In Moskau wurde ein amtlicher Kommentar zu diesem Vorgang nicht ausgegeben. Unterrichtete Kreise in Paris erklären, Frankreich werde seine Zonen weiterhin nach den gleichen wirtschaftlichen und politischen Richtlinien verwalten, wie sie nach Kriegsende festgelegt wurden. Das Abkommen werde die Haltung Frankreichs keineswegs beeinflussen. Der britische Finanzminister Dalton erklärte, die Zonen-Vereinigung sei ohne Einfluß auf die geplante Verstaatlichung der Schwerindustrie des Ruhrgebietes. Dies gelte auch für den britischen Plan einer Reorganisierung der Verwaltung der britischen Zone.

stattet, beseitigt werden. Zu dem gleichen Zweck muß die deutsche Mark so schnell, wie dies nur tunlich ist, mit internationaler Kaufkraft ausgestattet, die Finanzreform in Deutschland baldmöglichst durchgeführt und uneingeschränkte Nachrichtengebung und Verkehr zwischen Deutschland und anderen Ländern ermöglichen werden. Zahlungsfähige Käufer deutscher Waren müssen in vollem Umfang, soweit dies möglich ist, freien Zutritt zu beiden Zonen haben, und normale Geschäftsverbindungen müssen so bald wie möglich wiederhergestellt werden.

nach dem Winde dieser oder jener Besatzungsmacht zu hängen und vielleicht aus eigensüchtigen Gründen auf Differenzen zwischen den Alliierten zu spekulieren, um dabei Partei ergreifen zu können, so kann dies der Todesstoß für die deutsche Nation sein. Allen Schwierigkeiten und Hindernissen zum Trotz müssen wir die Möglichkeit schaffen, in allen vier Beatzungszonen eine eigene, einheitliche und demokratische Politik zu entwickeln, die den Interessen der Alliierten nicht entgengesetzt ist, sondern umgekehrt die Verständigung erleichtert und vertieft.

12. Dezember. „Mit oder ohne Kommunisten? Die Regierungsbildung in Hessen." Zusammen mit dem Volksentscheid in Hessen über die Verfassung ist auch der erste Hessische Landtag gewählt worden. Die SPD hat 38 Sitze, die KPD 10, die CDU 28, die LDP 14. Mit 48 Stimmen haben die beiden Arbeiterparteien eine noch größere Mehrheit gegenüber CDU und LDP.

Noch wirkt die Zusammenarbeit von SPD und KPD, die wesentlich den Text der Verfassung bestimmt hat, weiter. Die SPD schlägt für die künftige Regierung vor: Fünf SPD-Minister, drei CDU-Minister, einen Kommunisten. Die CDU hat dagegen nur eine Erklärung: Sie lehne es ab, mit den Kommunisten zusammenzuarbeiten. Ich selbst bin einer der zehn in den Landtag gewählten Kommunisten. Damit ist der Haß „meines" Presseoffiziers Anderson gegen mich noch verstärkt worden. Bei jeder Gelegenheit sucht er Streit und versucht, mich zu provozieren.

Mehr als einmal brachte mich meine Pflicht als Abgeordneter in Konflikt mit der Besatzungsmacht. So, als ein Wachmann aus dem Naziinternierungslager Darmstadt mir berichtete, daß eine dort in der Briefzensurstelle beschäftigte Angestellte für den SS-Führer Skorzeny Briefe unkontrolliert durchschmuggelte. Skorzeny wurden viele Verbrechen zur Last gelegt, u.a. das Inbrandstecken der Synagogen von Wien.

Ich brachte den Vorfall im Landtag zur Sprache, die Frau mußte entlassen werden. Einige Zeit später konnte Skorzeny flüchten und ging nach Franco-Spanien; der SS-Mann Schleyer, nunmehr Generaldirektor bei dem Kriegsverbrecher Flick, macht ihn zum Vertreter der Daimler-Benz-Werke. Es stellt sich heraus: die Frau, die Skorzenys Briefe hinausschmuggelte, war nach meiner Enthül-

Eröffnung des ersten Hessischen Landtags, 19. Dezember 1946. Am Rednerpult Militärgouverneur Colonel Newman, hinter ihm im Präsidium Emil Carlebach.

lung erneut eingestellt worden — auf Befehl der Amerikaner! So wurde die Flucht des SS-Führers vorbereitet. Barbie war nicht der einzige Kriegsverbrecher, den die USA beschützten.

Der Landtag wählte den Journalisten Carlebach mit Selbstverständlichkeit zum Vorsitzenden des Ausschusses, der das erste hessische Pressegesetz nach der Befreiung erarbeitete. In diesem Gesetz verankerten wir zum Schutz gegen Übergriffe von Regierungen, wie wir sie in der Weimarer Republik hatten erleben müssen, die Bestimmung, daß Zeitungsbeschlagnahmungen verboten sind. Nur durch richterliches Urteil darf eine Zeitung beschlagnahmt werden.

Gesetz? Papier! Als die USA den kalten Krieg begannen, wurde der Antikommunismus wieder Staatsdoktrin, stand über den demokratischen Gesetzen. Der Landesinnenminister Zinnkann (SPD) ließ 1949 die „Sozialistische Volkszeitung" der KPD,deren Chefredakteur ich inzwischen war,in der Druckerei beschlagnahmen, auf den Landstraßen durch Überfallkommandos Jagd machen auf LKWs, die die SVZ in die Städte und Dörfer Hessens bringen wollten. Und — keine der „überparteilichen" Zeitungen berichtete auch nur über diesen Gesetzesbruch, geschweige denn, daß eine dieser Zeitungen gewagt hätte, zu protestieren. Sie duckten sich und schwiegen.

21. Dezember. Der Sozialdemokrat Christian Stock Ministerpräsident von Hessen. Aber „noch keine Klarheit über die endgültige Regierungsbildung". Da deutlich wurde, daß Stock auf eine Koalition mit der CDU hinarbeitete, hat die KPD den Gewerkschaftsvorsitzenden Willi Richter, den Vorsitzenden der größten überparteilichen Organisation in Hessen, als Kandidaten für den Ministerpräsidentenposten benannt. Außer den KPD-Abgeordneten stimmt ein SPD-Abgeordneter für Richter, 17 Stimmzettel waren leer, ein Sozialdemokrat stimmte für den Fraktionsvorsitzenden der SPD.

Die KPD-Fraktion schickte eine Abordnung zu Christian Stock nach Wiesbaden: Der Landesvorsitzende Walter Fisch, der bisherige Arbeitsminister Oskar Müller, unter dem Stock bis zum Tag der Wahl gearbeitet hatte, und ich fanden uns in der Villa des Ministerpräsidenten ein, um ihn auf die Weiterführung der bisherigen Zusammenarbeit zwischen den beiden Arbeiterparteien festzulegen. Seine Antwort war ebenso eindeutig wie armselig: „Die Amerikaner wollen das doch, und wenn wir ihnen nicht zu Willen sind, lassen die uns am ausgestreckten Arm verhungern und liefern keine Lebensmittel." Die Argumentation, daß man gegen die „kommunistische Diktatur" Demokratie und Freiheit verteidigen müsse, die damals von den bürgerlichen Parteien und den Anhängern Schumachers schon verbreitet wurde, war in der Hessischen Sozialdemokratie noch nicht üblich geworden. Das kam erst später. Aber die Kapitulation vor den Westmächten entsprach der Haltung der sozialdemokratischen Volksbeauftragten im Jahre 1918/19, als sie die deutsche Revolution niederwerfen ließen.

28. Dezember. Der US-Befehlshaber für Europa, McNarney, spricht auf dem Römerberg und gibt bekannt, daß weitere 800 000 Personen von der Entnazifizierung ausgenommen werden.

31. Dezember. Das Jahr 1946 ist zu Ende. Ein neues Jahr beginnt. Zehn Abgeordnete des früheren Deutschen Reichstages appellieren an die US-Regierung, „dem deutschen Volke sollte ohne Verzögerung Gelegenheit gegeben werden, eine zentrale Behörde zu errichten". Stock bildet in Wiesbaden die Regierung der Großen Koalition. Die CDU bestätigt noch einmal, daß alle ihre Abgeordneten bei der Wahl des Ministerpräsidenten für Christian Stock gestimmt haben. Es haben also mindestens fünf SPD-Abgeordnete ihm die Zustimmung verweigert, weil er als Kandidat der Großen Koalition galt.

Im Leitartikel „Jahr der Entscheidung" drückte ich die Hoffnung aus, daß es der Arbeiterbewegung gelingen werde, so wie sie ihre Einheitsorganisation in der Gewerkschaft fand, auch die Einheit der Nation über die Zonengrenzen hinweg zu sichern. „Eine alte Welt ist zusammengebrochen und mit ihr auch der Staat, in dem wir lebten. An uns selbst wird es liegen, ob wir die Zeichen der Zeit erkennen und ein Gemeinwesen aufbauen, das uns, fundiert auf wirklicher Gerechtigkeit und Freiheit, wieder mehr sein läßt, als Objekt fremder Politik."

Wendepunkte 1947

Das Jahr 1947 eröffnet die Rundschau mit einem Leitartikel von Karl Gerold: „Zusammenarbeit!"

Im Hinblick auf die geplante Ausschaltung der KPD aus der hessischen Regierung schrieb er: *Der Notstand, in dem wir uns befinden, ist so groß, die Notwendigkeit der Zusammenarbeit aller so dringend, daß keine Überlegung — sei sie nun vom CDU-Standpunkt her bestimmt — schwerwiegend genug sein kann, um den Verzicht auf Zusammenarbeit zu rechtfertigen. Jedes Stück Zusammenarbeit — das die grundsätzlich verschiedenen Auffassungen der einzelnen beteiligten Parteien nicht anzurühren braucht — ist ein Schritt auf dem Wege zur Verwirklichung dessen, was die Wählerschaft fordert.*

Dabei hatte er die Worte Zusammenarbeit und Verzicht gesperrt drucken lassen. Innerhalb der Redaktion lief die Arbeit reibungslos. Sie hatte sich allmählich eingelaufen. Die Kulturredaktion hatte Gerold von Gerst (der sie nach Etzkorns Ausscheiden mitbetreute) übernommen, nachdem dieser hinausgedrängt worden war; Gerold und ich teilten uns mehr und mehr in die politischen Belange, die Gerst bisher mit Rudert vertreten hatte, der allerdings weiterhin eifersüchtig darüber wachte, daß er die ersten beiden Seiten mehr oder weniger allein zu füllen hatte. Andererseits waren Rudert und Gerold sehr einverstanden damit, daß ich allmählich fast immer bei der jeweiligen Fertigstellung der Zeitung als Chef vom Dienst fungierte, das heißt, bis Mitternacht oder ein Uhr früh in der Mettage stand und den endgültigen Umbruch zusammen mit den Metteuren durchführte.

Wenn man heute die Rundschau von damals durchblättert, muß man feststellen, daß vieles nicht in der Zeitung stand. Denn die Papierknappheit überwog alles. Die Zeitung kam nur zwei- bis dreimal wöchentlich heraus, und meistens nicht mit sechs, sondern nur mit vier, zeitweise sogar nur mit zwei Seiten, weil das Papier fehlte. Zwangsläufiges Ergebnis: Vieles wurde überhaupt nicht gemeldet, manches nur so kurz, daß die Meldung in ihrer Bedeutung kaum gewürdigt wurde. Kommentieren oder gar Hintergrundmaterial dazugeben konnten wir in den allerwenigsten Fällen, wobei die amerikanische Beeinflussung auch noch eine Rolle spielte.

Die reale Entwicklung verlief so, daß die Rundschau mit ihrer konsequenten Einstellung für antifaschistische, demokratische Zusammenarbeit immer mehr in die Rolle des Kritikers und Oppositionellen gedrängt wurde. Attentate und Morde gegen Spruchkammermitglieder, Einsetzung von belasteten Nazis in wichtige Staatsfunktionen nahmen überhand. Aber mindestens so bedeutsam war die „legale" Restauration. Die Beschlüsse und Bestimmungen, die in den ersten Monaten des Neuaufbaus gefaßt worden waren, wurden immer häufiger mit Gesetzen oder Verordnungen aus früheren Zeiten konfrontiert, um zu „beweisen", daß das Gegenteil des Antifaschismus „rechtens" sei. Dies galt sowohl für die Rehabilitierung von alten Faschisten wie für die Sabotierung wichtiger Bestimmungen der Hessischen Verfassung, z.B. des Artikels 37 (Mitbestimmungsrecht der Betriebsräte) und der Artikel über die Bodenreform, über die Überführung von Grundindustrien in Gemeineigentum und anderes.

Dies alles war möglich, weil sich in den Besatzungsbehörden eine Verschiebung vollzogen hatte, die die antifaschistischen Offiziere hinausdrängte und ausgesprochene Vertreter des Kapitalismus und der Restauration in die wichtigsten Positionen brachte. Zu deren Politik gehörte der offene Antikommunismus.

Der in Groß-Gerau eingesetzte Landrat Wilhelm Hammann, der einzige kommunistische Landrat in Hessen, wurde ohne Begründung, ohne Untersuchung oder Verfahren verhaftet, ins Naziinternierungslager Dachau geschleppt und dort über ein Jahr lang festgehalten, bis man ihn, ebenfalls wieder ohne Untersuchung und Verfahren, auf freien Fuß setzte: aber der Landratsposten war inzwischen längst mit einem anderen besetzt. Für Hammann, der von Buchenwald her mein persönlicher Freund war, und der dort hunderte Kinder unter Lebensgefahr vor der Verschickung in die Gaskammern gerettet hatte, setzten sich sowohl CDU-Minister Hilpert wie der kommunistische Minister Oskar Müller ein, bis wir ihn schließlich aus Dachau heimbekamen. Aber nichts davon konnte in der Rundschau erscheinen — es wäre ja ein Angriff auf Maßnahmen der Militärregierung gewesen.

Einheitsausschüsse von Sozialdemokraten und Kommunisten hatten weiterbestanden oder sich sogar neu gebildet, obwohl die SPD-Führung dagegen Stellung nahm. Anträge, die Sozialistische Einheitspartei in Westdeutschland zu bilden, wurden jedoch zuerst von der britischen, dann von der amerikanischen Besatzungsmacht abgelehnt, die Einheitsausschüsse verboten und schließlich durch Militärbefehl aufgelöst.

Im Lokalteil, meinem unmittelbaren Ressort, hatte sich eine Verschiebung vollzogen, nachdem Richard Kirn unter dem Druck der Militärregierung zur Frankfurter Neuen Presse hatte überwechseln müssen. Rudi Eims trat mehr und mehr als der herausragende Journalist hervor, der sich vor allem der Gerichts- und Polizeireportage widmete und sich damit einen guten Ruf schuf. Eines Tages erzählte er mir, daß man ihn im sozialdemokratischen Parteibüro gefragt habe, wie er denn als Sozialdemokrat mit mir auskomme. Er habe geantwortet, daß wir ausgezeichnet zusammenarbeiten, daß ich mich in seine Veröffentlichungen nicht einmische, sondern ihm freie Hand ließe und allenfalls — wenn von irgendeiner Seite der deutschen oder amerikanischen Behörden eine Kritik käme — mich schützend vor ihn stelle. Darauf habe der Parteisekretär ihm gesagt: „Sieh dich vor! Wenn die Russen kommen, wird der Carlebach der Henker von Hessen." Während die Henker der jüngsten Vergangenheit nicht bestraft, sondern geradezu geschützt und privilegiert wurden, suchten manche in den Kommunisten schon wieder die Gefahr! Und: "Wenn die Russen kommen" — die ideologische Vorbereitung für eine Propaganda der „Verteidigung" lief an.

Für die Masse der Leser aber standen im Vordergrund die täglichen Nöte: Zuwenig zu essen, nichts zu heizen, Wohnungsmangel, Schwarzhandel, Ausgangsverbot. Der Lokalteil der Rundschau wird von solchen Meldungen beherrscht: „35 Wärmestuben im Stadtgebiet — Die unterernährten Schulkinder — Immer wieder die Bucheckern — Kartoffeln verfaulten — Fleischrationen erhöht — Bandenwesen im Kreis Alsfeld — Der Kälteeinbruch — Die neuen Tabakwaren — Großrazzia gegen Schwarzhandel: 76 Verhaftungen — Drei Hohenzollernprinzessinnen als Schwarzhändlerinnen verhaftet — Palmengarten wird freigegeben — Hamsterlager mit Leder in Pfungstadt entdeckt — 1545 Kalorien täglich — Es muß Strom gespart werden." Wir hatten eine Rubrik eingeführt: „Wo uns der Schuh drückt", die reichte nicht aus für alles, was hätte gemeldet werden müssen, aber die Frankfurter stürzten sich darauf.

Wir hätten doppelt so viele Zeitungen verkaufen können, wie wir aufgrund der Papierknappheit drucken konnten. Und wenn die Zeitung auf zwei Seiten beschränkt wurde, dann wurde der Lokalteil am stärksten eingeschränkt. Meine Arbeit auf diesem Gebiet brachte mancherlei Erlebnisse. Ernste wie groteske. Eines Tages lud mich Alois Kern, der nach Kirns Abgang bei uns geblieben war, zu einem Abendessen mit Herrn Lacroix ein. Die Firma Lacroix war und ist als Produzent von Delikatessen bekannt. Ahnungslos nahm ich an — und mußte feststellen, daß Herr Lacroix von mir einen Persilschein für die Entnazifizierung haben wollte. Es war das letzte Mal, daß ich mit ihm zusammentraf.

Anderer Vorgang: In der Woche vor Weihnachten 1946 erschien ein livrierter Chauffeur an meiner Wohnungstür und brachte mir ein Kästchen Wein aus dem städtischen Weingut in Hochheim mit den besten Weihnachtsgrüßen des Herrn Oberbürgermeisters. Ich bedankte mich mit einem Schreiben, in dem ich dem OB mitteilte, daß ich glaube, in seinem Sinne gehandelt zu haben, wenn ich den Wein an bedürftige Kameraden aus dem Konzentrationslager verteilte. Daraufhin erhielt ich nie mehr eine Geschenksendung.

Ernster wurde es, als Frankfurter Einwohner mir mitteilten, daß gewisse Leute doppelte Lebensmittelkarten hätten, also offenbar in Schieber- und Schwarzhandelsgeschäfte verwickelt seien. Wir brachten die Meldung im Lokalteil. Prompt wurde ich zur Militärregierung bestellt, wo ein Donnerwetter über mich niederging. Einen Verweis konnte man mir allerdings nicht erteilen, denn es ergab sich folgendes: Bei der Übergabe von Thüringen und Sachsen an die Rote Armee hatte die US-Armee nicht nur Vieh, Maschinen und anderes Gut mitgenommen, sondern sich auch bemüht, wichtige Personen, Techniker, Ingenieure, Wissenschaftler mit in den Westen zu ziehen, um den Sowjets ein möglichst desolates Gebiet zu hinterlassen. Dabei hatte man den Personen, die bereit waren, mit den Amerikanern zu gehen, doppelte Lebensmittelversorgung zugestanden. Das war natürlich eine vertrauliche Maßnahme, die nicht bekanntgegeben werden durfte. Daß ich sie nicht kannte, konnte man mir also nicht vorwerfen. Aber ich wurde mit Schärfe darauf hingewiesen, daß solche Meldungen sich nicht wiederholen dürften.

Anderes Beispiel: Die neu gegründete Bahnpolizei hatte als Chef einen Mann namens Reibert bekommen. Mir sagte dieser Name nichts. Aber frühere Wehrmachtssoldaten liefen mir die Bude ein, um mich darauf aufmerksam zu machen, daß „Der Reibert" das Exerzierreglement der Wehrmacht gewesen war, und daß sich hinter dem zivilen Namen Reibert der Wehrmachtsoberst Reibert verbarg. Ich machte eine entsprechende Meldung — und wurde prompt wieder zur Militärregierung bestellt, um mir sagen zu lassen, ein weiteres Eingehen auf diese Tatsachen würde als Angriff auf die Militärregierung geahndet werden. Daß in Reiberts Buch Sätze standen wie: „Das deutsche Feldheer erhielt am 9. 11. 1918 den Dolchstoß in den Rücken durch die jüdisch-marxistische Revolution" oder: „Im Zwischenreich von Weimar waren Schiebungen und versklavende Judenherrschaft an der Tagesordnung" — das spielte für seine Ernennung durch die Amerikaner bereits keine Rolle mehr. Einige Monate später, am 12. Juli 1947, meldete dann die Rundschau ohne Kommentar, daß der öffentliche Kläger bei der Spruchkammer in Büdingen durch die Militärregierung vom Amt suspendiert wurde, weil er ein Verfahren gegen den ehemaligen Oberst Reibert hatte einleiten wollen.

Zu einem internen Zusammenstoß mit Rudert kam es wegen der Ausgabe vom 23. Januar 1947. Es lag eine ausführliche Meldung vor: „McNarney für dezentra-

McNarney für dezentralisiertes Deutschland

Währungsreform — Wirtschaftseinheit — Volksentscheid über Sozialisierung — Produktionssteigerung der Ostzone

BERLIN, 22. Januar (AP). General Joseph T. McNarney gab am Dienstag bekannt, daß er vorgeschlagen habe, das Gesetz, welches den Handel mit Feindstaaten verbietet, in bezug auf Deutschland aufzuheben, und daß die vom amerikanischen Außenamt geführte schwarze Liste ausländischer Firmen einer Revision unterzogen werde, um Deutschlands Ein- und Ausfuhr zu beleben: Der amerikanische Militärgouverneur gab der Hoffnung Ausdruck, daß dieses Gesetz in Kürze vollkommen abgeschafft wird. Die Aufhebung des Gesetzes über den Handel mit den Feindstaaten werde beim Kriegsministerium und anderen Regierungsorganen in Washington in Erwägung gezogen, erklärte McNarney. Diese Frage stehe in engem Zusammenhang mit der geplanten deutschen Währungsreform.

Währungsreform und Wirtschaftseinheit

Von sowjetischer Seite sei der Währungsreform, wie sie Frankreich, Großbritannien und die Vereinigten Staaten beabsichtigen, noch nicht zugestimmt worden. Eine Erörterung des amerikanischen Planes lehnte General McNarney mit der Begründung ab, daß die Angelegenheit schon auf einer Viermächtebasis in Washington diskutiert worden sei. Das Problem der völligen wirtschaftlichen Vereinigung Deutschlands, die bereits durch die Verschmelzung der britischen und amerikanischen Besetzungszonen eingeleitet worden ist, werde nicht mehr in Berlin behandelt, sondern einer bevorstehenden Außenministerkonferenz in Moskau unterbreitet werden. McNarney erklärte, eine der wichtigsten Voraussetzungen sei die Festsetzung eines international anerkannten Wertes der Mark. Bis dies geschehen ist, werden alle anglo-amerikanischen Bemühungen durch die Tatsache erschwert, daß der gesamte Handel auf Dollarbasis abgewickelt werden muß oder aber in einer Währung, die sich ohne Schwierigkeiten in Dollar umwechseln läßt.

Die Schwarzen Listen

Bezugnehmend auf die Streichung ausländischer Firmen von der Schwarzen Liste, erklärte der General, daß man dadurch den deutschen Exportunternehmen Gelegenheit bieten wolle, den Zugang zu einigen früheren Absatzmärkten wiederzuerlangen. Man werde aber gewiß nicht solche Firmen dabei berücksichtigen, die früher mit den deutschen Kartellen oder der Nazipartei in Verbindung standen. Die überwiegende Mehrzahl der in der Schwarzen Liste angeführten Firmen sei lediglich wegen ihrer Handelsbeziehungen eingesetzt worden. Fast jede Firma, die geschäftliche Verbindungen mit Deutschland hatte, wurde auf die Schwarze Liste gesetzt. Verschiedene Firmen, die auf der Schwarzen Liste standen, waren teilweise im Besitz höherer Nazifunktionäre, andere wieder hatten enge Verbindungen mit der Partei.

Dezentralisierung und Föderalismus

In Beantwortung einer Frage führte McNarney aus, daß, wenn auch eine Ausbalancierung der gegenseitigen Ansichten notwendig sei, er doch keine Schwierigkeiten sehe, eine wirtschaftliche Einheit Deutschlands herbeizuführen in Uebereinstimmung mit der amerikanischen Politik der Dezentralisierung und des Föderalismus, wie sie von Außenminister Byrnes niedergelegt wurde.

Volksentscheid über Sozialisierung

Befragt über die britischen Absichten der Verstaatlichung gewisser Industrien in der britischen Zone Deutschlands, sagte McNarney, daß keine derartigen Maßnahmen in der amerikanischen Zone ohne vorherige Volksbefragung durchgeführt werden. Er fügte noch hinzu, daß seiner Ansicht nach auch die Engländer den Deutschen nun gestatten werden, ihre diesbezüglichen Absichten frei zum Ausdruck zu bringen.

Die Produktionssteigerung der Ostzone

McNarney wies noch darauf hin, daß er durch die sowjetischen Methoden einer einseitigen Bekanntgabe der Absichten einer Erhöhung der industriellen Produktion in der sowjetischen Zone um 200 bis 300 Prozent in keiner Weise beunruhigt sei. Er fügte jedoch hinzu, daß die zuständigen sowjetischen Stellen um eine Erklärung über ihre Absichten, die industrielle Produktion in der sowjetischen Zone über den im Potsdamer Abkommen vorgesehenen Stand zu erhöhen, gebeten habe. General P. A. Kurochkin, der stellvertretende sowjetische Militärgouverneur, hat zugesagt, auf der am Dienstagnachmittag stattfindenden Sitzung des alliierten Koordinierungsausschusses eine Antwort zu geben.

BERLIN, 22. Januar (AP). Der stellvertretende sowjetische Militärbefehlshaber in Deutschland, General Kurochkin, teilte am Dienstag Generalleutnant Lucius D. Clay auf dessen Anfrage hin mit, daß die 200- bis 300prozentige Steigerung der Industrie in der sowjetischen Zone Deutschlands, die vor kurzem von seiten der sowjetischen Militärbehörden versprochen worden sei, sich nur auf die Friedensindustrien beziehe und das Viermächteabkommen nicht verletze. Generalleutnant Clay hatte zur Aufklärung dieser Mitteilung um die deutschen Zeitungen der Sowjetzone ein unter Mitwirkung von Marschall Sokolowski entstandenes Sieben-Punkte-Programm zur Verbesserung der Bedingungen in der Sowjetzone veröffentlicht hatten.

Sowjets gegen deutschen Föderalismus

LONDON, 22. Januar (AP). Der Sender Moskau brachte am Dienstag einen Kommentar Nikitins in englischer Sprache, worin er feststellte, daß die anglo-amerikanischen Pläne für die Bildung eines deutschen Bundesstaates direkt auf eine Isolierung der Sowjetunion abzielen. Der bekannte Kommentator wandte sich scharf gegen die Zonenvereinigung als ein Hindernis auf dem Wege zur politischen Einigung Deutschlands, und sagte:

„Die anglo-amerikanischen Kapitalisten glauben, daß Deutschlands Zerstückelung ihnen dazu verhelfen wird, ihre Stellungen am Rhein zu befestigen, deutsche Monopole zu bilden und die Durchdringung der deutschen Wirtschaft mit Pfund- und Dollarwährung zu beschleunigen. Ob aber Deutschland ein Bundesstaat wird oder nicht, ist eine Frage, über die das deutsche Volk selbst entscheiden muß."

Nikitin behauptete, die Volksabstimmung über die Verfassungen in der amerikanischen Besetzungszone seien mit übergroßer Hast durchgepaukt worden und hätten mit einem demokratischen Verfahren nichts gemeinsam. Er sagte: „Alle ausführlichen Diskussionen über die Verfassungen waren von den Behörden streng verboten worden." Der Kommentator fügte hinzu, die Grenzziehung der Provinzen in den westlichen Zonen sei durchaus willkürlich. „Mit Bezug auf diese Entwicklung in der Westzone hat die Auslandspresse immer wieder darauf hingewiesen, daß man dort den Prototyp eines künftigen Deutschlands schaffe, ein Deutschland, das in einzelne voneinander getrennte autonome Einheiten aufgespalten wäre, von denen jede weittragende Vollmachten und große politische Selbständigkeit hätte."

„In der amerikanischen Zone z. B. entwirft man in bürokratischer Manier Pläne für eine alldeutsche Verfassung und fordert ohne Wissen des deutschen Volkes eine föderale Gestaltung. Mit andern Worten, das deutsche Volk soll in bezug auf die künftige Struktur seines Staates vor eine vollendete Tatsache gestellt werden. Wir können die politische Linie dieser Pläne in den Artikeln ablesen, die Walter Lippmann im Juni des vergangenen Jahres in New York schrieb. Nach Lippmanns Meinung ermöglicht die föderale Organisation Deutschlands den Weststädten die Bildung einer Vormachtstellung über die, wie er sagt, reichsten und stärksten Teil des europäischen Kontinents. Die artige Hegemonie würde, wie er selbst sagte, eine für die Sowjetunion äußerst unvorteilhafte Lage schaffen und die Zusammenballung großer Energien für einen schließlichen politischen Druck gegen die Sowjetunion ermöglichen."

„So stehen die Pläne für einen deutschen Bundesstaat im direkten Zusammenhang mit den Plänen für die Isolierung der Sowjetunion. Die Verfechter des sattsam bekannten Westblocks, die deutschen Junker und Industriellen, die Separatisten und die getarnten Nazis haben sich in dieser Frage zusammengetan. Alle singen die gleiche Melodie. Alle wollen die Zerstückelung Deutschlands, um die Umwandlung in einen friedlichen demokratischen Staat zu verhindern."

USA-Lebensmitte...

Anschluß an die neue Ka...

ag FRANKFURT, 22. Januar (Eig. Ber.). Auf einer Pressekonferenz gab der Sonderbeauftragte für Ernährung im hessischen Ministerium für Ernährung und Landwirtschaft, Ministerialrat Dietz, Aufschluß über den »Stand der Getreide-, Kartoffel-, Fett- und Fleischversorgung«, wobei er die durch die amerikanische Militärregierung eingeführten Lebensmittelmengen hervorhob.

Höhe der amerikanischen Einfuhr

Seit dem 1. Oktober 1946 wurden für Hessen aus den Vereinigten Staaten geliefert: 40 000 t Weizen, 8000 t Weizenmehl, 10 000 t Gerste, 3500 t Hafer, 8000 t Mais. Davon sind bisher 16 000 t Getreide von Bremen nach Hessen verladen. Insgesamt 44 500 t müssen noch nach Hessen verbracht werden. Als durch die Kälteeinwirkungen Stockungen im Zugverkehr eintraten, stellte die amerikanische Militärregierung zwei Züge mit Kohlen und Koks zur Verfügung, um den Abtransport der Lebensmittelmengen von Bremen nach Hessen zu ermöglichen. Durchschnittlich werden am Tage etwa 1000 t versandt. Weitere Mengen sind avisiert, davon für Hessen etwa 50 000 t Weizen und 70 000 t Mais.

Wie Ministerialrat Dietz weiter ausführte, gehen die Verladungen außerordentlich flott vor sich, er glaubt daher nicht, daß Schwierigkeiten in der Brotversorgung eintreten werden. Das deutsche Volk müsse den Vereinigten Staaten außerordentlich dankbar für diese Hilfe sein, weil ohne die Anlieferungen der Amerikaner die Getreidevorräte in Hessen nur für Monate ausreichen würde. Die Militärregierung habe...

---

lisiertes Deutschland." Da es sich um den Oberbefehlshaber der US-Truppen handelte, mußte diese Meldung auf Seite 1. Während ich in der Nacht am Umbruchtisch stand, kam eine weitere Meldung von Associated Press, der Sender Moskau habe eine scharfe Kritik an den Plänen für eine Föderalisierung Deutschlands gesendet. Ich setzte diese Meldung unter der Überschrift „Sowjets gegen deutschen Föderalismus" eingeschoben unter die Meldung von der Stellungnahme des amerikanischen Militärbefehlshabers. Kein Wort des Kommentars, eine Darlegung der Standpunkte beider Seiten. Dem Leser blieb überlassen, was er für richtig, was er für schlecht halte.

Als am nächsten Morgen Rudert ins Büro kam und die Seite 1 sah, tobte er: „Das hast du zu verantworten, davon habe ich nichts gewußt!" Ich antwortete in aller Ruhe, daß ich selbstverständlich für das geradestehe, was ich tue, daß ich aber weiterhin nichts Falsches oder gar Schlechtes an diesem Umbruch sehen könne. Es gab auch keinerlei Reaktion der Militärregierung. Wahrscheinlich legte man wieder einmal ein Zettelchen in mein Dossier. Aber man hütete sich, öffentlich dazu etwas zu sagen.

Geradezu grotesk war ein anderer Vorgang. Es war eine Meldung gekommen, daß Präsident Truman seine Liebe zum deutschen Volk und die guten Absichten, die die USA mit Deutschland hätten, beteuert habe. Fast gleichzeitig kam eine andere Meldung, die besagte: Der neuernannte Botschafter in Polen habe sein Beglaubigungsschreiben in Warschau übergeben und in seiner Rede beteuert, die Amerikaner hätten nicht weniger Haß auf die Deutschen als die Polen. Ich setzte beide Meldungen, getrennt durch ein Sternchen, unter die gemeinsame Überschrift "USA und Deutschland". Am nächsten Tag wurde ich zur Militärregierung bestellt, zur Publications Control, einem Mister Calkins. Er schnauzte mich an, wie ich dazu käme, derartiges in die Zeitung zu setzen. Ich antwortete ganz naiv: Die Meldung sei von Associated Press gekommen, und ich könne doch eine Meldung, die aus der amerikanischen Nachrichtenagentur und dem unter Zensur arbeitenden Hellschreiber komme, nicht in den Papierkorb werfen. Er aber konnte sich nicht beruhigen und schickte mich schließlich weg.

Nach zwei Tagen bestellte er mich wieder: Um sich zu entschuldigen. Er hatte geglaubt, ich hätte die Associated-Press-Meldung gefälscht. „Glauben Sie mir, ich konnte mir nicht vorstellen, daß unser Botschafer so etwas sagen könnte." Er war offensichlich zerknirscht, ich konnte gehen. Der Versuch, mir eine Unkorrektheit nachzuweisen, war wieder einmal gescheitert. Meine Situation bei der Militärregierung hatte sich damit aber keineswegs verbessert.

Die zweite Ausgabe vom 4. Januar 1947 meldet: „Hessische Regierung gebildet. KPD ausgeschlossen." Für die damalige Lage eine sehr wesentliche Entscheidung. Die KPD erklärte nochmals, daß sie bereit sei, mit jeder Partei zusammenzuarbeiten, die auf dem Boden der Hessischen Verfassung steht, und daß sie bedauere, daß die SPD mit ihrer Unterwerfung unter die CDU-Forderung die linke Mehrheit in Hessen preisgegeben habe. Gleichzeitig meldete die Rundschau, daß der CDU-Minister Hilpert einen Ausschuß für die Durchführung des Artikels 41 eingesetzt habe, der mit Hallstein, Hanka und Böhm eine sozialisierungsfeindliche Mehrheit hatte.

Die Ausgabe vom 7. Januar meldet, daß die kommunistischen Ministerialbeamten von der Landesregierung amtsentbunden wurden. Im Leitartikel erinnerte ich daran, daß nach dem Sozialisierungsversprechen von 1919 der Konzernherr Stinnes zum reichsten Mann Deutschlands werden konnte, und warnte vor einer Wiederholung solcher Dinge bei Sabotage des Artikels 41.

In mehreren Ausgaben diskutieren Walter Fisch für die KPD und Wilhelm Knothe für die SPD über die Ausschaltung der Kommunisten aus der Landesregierung.

9. Januar: Auf einer Versammlung mit Willi Knothe verlangen die Funktionäre der SPD Groß-Frankfurt die Überführung der IG-Farben in Gemeineigentum. Knothe veranlaßt neuerlich eine Resolution gegen die Rundschau mit der Behauptung, sie sei „parteipolitisch einseitig". Er verlangte eine „sozialdemokratische Tagespresse".

Diese Resolution hat ein in der Geschichte der Lizenzzeitungen einmaliges Nachspiel. Am 16. Januar veröffentlicht Rudert einen Leitartikel, in dem er zu Knothes Vorwürfen Stellung nimmt und wörtlich schreibt: *Über den konkreten Vorwurf der SPD-Resolution, daß Nachrichten „insbesondere aus sozialdemokratischem Lager" in der Frankfurter Rundschau nur sehr dürftig und unzureichend zur Veröffentlichung kämen, können wir uns nur wundern — wie sich die Resolution leider überhaupt darauf beschränkt, Behauptungen aufzustellen, ohne Beweise anzuführen ... Wir würden uns gerne einer Abstimmung unterwerfen, in der die öffentliche Meinung unserer Leser, die hier ein gewichtiges Wort mitzureden hätten, demokratisch zum Ausdruck käme.*

Diese Replik wird durch ein Schreiben des Chefs der Informationskontrolle,

Oberstleutnant Kleitz, anschließend ausdrücklich schriftlich gelobt: „Der Leitartikel beweist eine richtige Auffassung von der überparteilichen Presse und von deren Bedeutung bei der Wiedergabe unvoreingenommener und unparteilicher Information, ohne Beeinflussung irgendeiner politischen Partei."

Tatsächlich kam die Sozialdemokratische Partei fast in jeder Ausgabe zu Wort. Die Hoffnung, die ständig sich wiederholenden Denunziationen gegen uns würden zur Erlaubnis für sozialdemokratische Zeitungen führen, erwies sich als Illusion. (Das ganze wirkt besonders unsinnig angesichts der Tatsache, daß die SPD ihre später gegründeten Parteizeitungen aus kommerziellen Gründen selbst wieder liquidiert hat.)

14. Januar: „Sabotage der Kohleversorgung: 150000 t verschwinden monatlich ohne Nachweis." Und: „Dr. Schumacher erklärt sich in München für den Sozialismus." Die Spaltung der Arbeiterbewegung aber nimmt ihren Fortgang: In Italien spalten sich die Sozialdemokraten von der Sozialistischen Partei ab.

Dr. Kanter wird stellvertretender Justizminister in Hessen — später wird er als ehemaliger Hitlerscher Kriegsrichter entlarvt, der mehr als 150 Soldaten erschießen ließ.

16. Januar: Ernährungsminister Lohrberg (CDU) wehrt sich gegen Kritik der KPD und erklärt, er sei „für die Bodenreform", wie sie in der Verfassung steht, „nur" würde er nicht zulassen, daß aufgeteiltes Land in unrechte Hände kommt. (Ergebnis: kein Rittergut wird aufgeteilt.) Als ich im Landtag den Antrag stelle, den größten Grundbesitz Hessens, den des als oberster Gerichtsherr des KZ Buchenwald verurteilten SS-Obergruppenführer Josias von Waldeck, zu enteignen, wehrt sich Entnazifizierungsminister Binder ausdrücklich gegen diesen Antrag. (Von Waldeck bleibt größter Grundbesitzer Hessens, wird später amnestiert und wird Schirmherr und Finanzier der SS-Organisation HIAG.)

18. Januar. Ein DENA-Bericht (nach der Zusammenlegung auch der Nachrichtenagenturen der amerikanischen und der britischen Zone erhielt die neugeschaffene Agentur den Namen DENA) aus Friedberg ohne Kommentar: Im Prozeß um die Auslieferung der kommunistischen Reichstagsabgeordneten Franziska Kessel im März 1933 an die Gestapo, wonach sie den Tod fand, tritt der ehemalige Leiter der politischen Polizei von Bad Nauheim als jetziger Bürgermeister (!) und Zeuge auf.

21. Januar: Die stellvertretenden Außenminister der Großmächte können sich über die Deutschlandfrage nicht einigen. Wohl aber werden die Friedensverträge für Italien, Bulgarien, Ungarn, Rumänien und Finnland abgeschlossen.

30. Januar. Der neuernannte hessische Wirtschaftsminister Dr. Harald Koch (SPD) versichert, er werde den Artikel 41 realisieren. Koch war bis zum Einmarsch der Amerikaner Syndikus und Prokurist des Kriegsverbrechers Flick. Er rührte keine Hand, um das Großkapital zu enteignen; er beschützte es vielmehr — gegen die Verfassung.

1. Februar. Die Spruchkammer in Nürnberg hat den vom Militärtribunal nicht verurteilten Chef des Nazirundfunks, Hans Fritzsche, zu neun Jahren Arbeitslager verurteilt. Er wird sie nicht absitzen.

In den nächsten Wochen zieht sich durch die Rundschau die öffentliche Diskussion um die Vorwürfe gegen die baden-württembergischen Minister Maier (LDP) und Simpfendörfer (CDU), denen der öffentliche Ankläger vorgeworfen hat, daß sie 1933 den Machtantritt Hitlers aktiv unterstützt haben. Ergebnis: Der öffentliche Ankläger wird amtsenthoben.

Im Leitartikel vom 1. Februar schreibe ich: „Die Empfindung, daß die Entnazifizierung nur die kleinen Leute treffe, während die Großen geschont werden,

Frankfurter Rundschau

Schriftleitung u. Verlag der „Frankfurter Rundschau", Frankfurt a. M., Schillerstr. 19, Fernr.: 40091. Monatsbezugspreis: RM 2.35; durch Postbezug RM 2.25 zuzügl. RM —.36 Zustellgebühr; durch Streifband RM 2.05 zuzügl. RM —.85 Portounkosten. Bestellungen nur beim Verlag. Bei Nichtbelieferung ohne Verschulden des Verlags oder infolge höherer Gewalt besteht kein Entschädigungsanspruch.

Anzeigenpreise für die achtgespaltene Nonpareille-Zeile in der Stadt-Ausgabe (Groß-Frankfurt und Offenbach) RM 2.—; für das übrige Verbreitungsgebiet (Landausgabe) RM 1.—; Gesamtausgabe RM 3.—; Amtliche Anzeigen der Stadt- oder Landausgabe je RM 1.50, Gesamtausgabe RM 2.—. Erscheint als Morgenzeitung dreimal wöchentlich, und zwar dienstags, donnerstags und samstags.

Jahrgang 3, Nummer 24 | Dienstag, den 25. Februar 1947 | Einzelpreis: RM 0.20

Aktion gegen Nazi-Umtriebe

Mehrere hundert Verhaftete in der amerikanischen und britischen Zone

FRANKFURT A. M., 24. Februar (Dena). Wie das Hauptquartier der amerikanischen Truppen in Europa am Sonntagvormittag bekanntgab, wurden im Verlaufe einer Geheimaktion, die unter dem Stichwort „Selection Board" durchgeführt wurde und sich über die gesamte amerikanische und britische Zone erstreckte, in der Nacht vom Samstag zum Sonntag eine Reihe von führenden Personen verhaftet, die in Nazi-Umtriebe verwickelt sind.

Als Ergebnis der Ueberraschungsaktion wurden, wie das amerikanische Hauptquartier für Europa weiter bekanntgibt, unter anderen namhafte ehemalige Naziführer festgenommen. Unter den Verhafteten, die nachweislich untereinander in Verbindung gestanden haben, befinden sich: Kurt Ellersiek (SS-Brigadeführer), Walter Schimmelpfeng (Bannführer der HJ), Felix Buck (Major der Wehrmacht), Martin Zinz (Sturmbannführer der SS), Fridolin Becker (Sturmbannführer der SA), Ernst Berndt (Hauptsturmführer der SS), Siegfried Bettke (Hauptsturmführer der SS), Werner Röpke (Hauptsturmführer der SS), Hans Pavel (Obersturmführer der SS) und Hans Becker (Obersturmführer der SS).

Die Verhafteten hatten auch zu Nazis Verbindung unterhalten, die bereits vor drei Monaten festgenommen worden waren; es sind dies die beiden SS-Generale Erhard Müller und Karl Bröking, der SS-Standartenführer und stellvertretende Gauleiter von Württemberg, Helmut Baunert, sowie der SS-Hauptsturmführer Josef Koller.

Wie USFET weiter mitteilt, handelt es sich bei der aufgedeckten Organisation um eine politisch noch nicht starke Bewegung, es bestehe jedoch die Gefahr, daß sie eine große Zahl von Mitläufern aus den Reihen unzufriedener nationalsozialistischer Fanatiker anziehe. Eine solche Organisation könne durch kluge Führer zu einer mächtigen Bewegung anwachsen, die eine gefährliche Bedrohung der Sicherheit der Besatzung bedeute.

Während des vergangenen Jahres seien insgesamt über 80 Personen, darunter SA-Gruppenführer, SA- und SS-Standartenführer sowie andere ehemalige Naziführer wegen Untergrundtätigkeit verhaftet worden. Hauptziel der illegalen Organisation war, so erklärte das Hauptquartier, die Schaffung einer neuen deutschen Wehrmacht und die Wiedererrichtung einer totalitären Staatsform in Deutschland. Ihre gegenwärtige Tätigkeit erstreckte sich von der bloßen Fühlungnahme bis zur Unterstützung auf die eine oder andere ungesetzliche Art ihrer „Nazibrüder", die außerhalb des Gesetzes stehen.

Das Hauptobjekt der Aktion war eine ziemlich undurchsichtige Organisation, die seit einigen Monaten arbeitete. Ihre Mitglieder sind verbunden durch die Nazi-Ideologie und den Glauben, daß sie und andere Leute ihrer Sorte dazu berufen seien, Deutschland wieder zu einer mächtigen Nation zu verschmelzen. Die unmittelbaren Ziele dieser Organisation waren die Einstellung der Demontage von Fabriken und anderen Einrichtungen zu Reparationszwecken, die Befreiung der Nazis von Internierung und anderen über sie verhängten Beschränkungen, die vollständige Einstellung der Kohlenexporte aus Deutschland, die Aufgabe der Politik der Sozialisierung der Schlüsselindustrie und die Unterstützung der Forderungen auf Rückgabe Ostpreußens und Schlesiens an Deutschland. Außerdem war innerhalb der Organisation von neuen Geheimwaffen die Rede.

Weitere Festnahmen

HAMBURG, 24. Februar (Dena/DPD). Als weiteres Ergebnis der Aktion wurde, wie die britische Militärregierung am Sonntagabend bekanntgab, der SS-Offizier Dr. Rolf Wilkening, eine führende Persönlichkeit des deutschen Spionagedienstes, festgenommen. Dr. Wilkening war Gründer und Leiter des „Kölner Kreises", einer vor dem Kriege gebildeten Organisation zur Spionagetätigkeit in den Niederlanden. Der ehemalige Chef der Waffen-SS in Kassel und Hessen, Oberst der Waffen-SS Heinz Kling, Kommandeur des 2. SS-Panzerregiments während des Krieges, wurde ebenfalls verhaftet.

(Dena/Reuter). In der Nacht zum Montag setzten Beamte des britischen und amerikanischen Geheimdienstes die Aktion fort. Bis zum Sonntagabend konnten bereits mehrere hundert der Naziverschwörer festgenommen werden. Unter den Mitgliedern der Untergrundbewegung, die auch mit der französischen und sowjetischen Besatzungszone in Verbindung stand, befinden sich viele verzweifelte Nazis, die aus Internierungslagern geflohen waren.

Wie der Chef des britischen militärischen Intelligence Service mitteilt, stand diese Aktion mit der Nachforschung über den Verbleib Martin Bormanns nicht in Verbindung. Nach seiner persönlichen Meinung sei Martin Bormann tot.

Bakterienkrieg angedroht

HERFORD, 24. Februar (Dena/Reuter). Ein leitender Offizier des britischen Intelligence Service erklärte, daß die Ueberraschungsaktion die umfangreichste seit Beginn der Besetzung Deutschlands gewesen sei.

Die Führer der Naziorganisation, so sagte der Offizier weiter, hätten mit der Verwendung vernichtender neuer Geheimwaffen gedroht, was, wie angenommen wird, mit der bakteriologischen Kriegführung im Zusammenhang stehe. U. a. sei Hans Georg Eidmann, ein früherer Offizier der bakteriologischen Abteilung des OKW, festgenommen worden. Die Naziführer hätten auch versuchen wollen, die Auslieferung deutscher Geheimwaffen an die Alliierten zu verhindern.

*

Wie AP berichtet, war einer der Verhafteten, Werner Röpke, bei der amerikanischen Besatzungsarmee beschäftigt, wie am Montag von amtlicher amerikanischer Seite bekanntgegeben wurde. Röpke konnte auf Grund seiner Anstellung in einem Frankfurter V-Club für amerikanische Generale in enge Verbindung mit führenden Persönlichkeiten der amerikanischen Armee treten. Seine Hauptaufgabe war, deutsche Musikkapellen für amerikanische Soldaten- und Offiziersclubs zu engagieren. Es ist allerdings nicht bekannt, ob er in dieser Eigenschaft unter den deutschen Musikern Mitglieder für die Untergrundbewegung angeworben hatte.

Britische Pressekommentare

zur Aufdeckung der Naziverschwörung

LONDON, 24. Februar (Dena/Reuter). „Die Alliierten hätten nicht deutlicher an ihre gemeinsamen Interessen erinnert werden können, als durch die Aufdeckung einer Naziuntergrundbewegung in Westdeutschland," heißt es in einem Artikel der Londoner „Times". Der Umfang der Verschwörung und die Vielzahl der Maßnahmen zu ihrer Zerschlagung rechtfertigten in vollem Maße die trotz der sowjetischen Vorwürfe aufrechterhaltene Weigerung der britischen Behörden, „die ‚kleinen Nazis' zu verhaften, durch die es nun möglich geworden sei, die Hauptverbrecher ausfindig zu machen."

Die „Times" fährt fort, die Lebensbedingungen, unter welchen die Deutschen zur Zeit ihr Dasein führen, hätten die Entstehung der Verschwörung begünstigt. „Sie wollen es nicht einsehen, daß das durch den Zusammenbruch des Hitlerregimes geschaffene Elend sich weit über die Grenzen Deutschlands hinaus erstreckt. Die Ueberzeugung, sie seien mit Vorbedacht zu Opfern ihrer Besieger gemacht worden, muß die Ursache dafür sein, daß viele auf erneute Einflüsterungen eines falschen Patriotismus gehört haben. Die Verschwörung hätte aber sicher keine solchen Ausmaße annehmen können, wenn es den vier Besatzungsmächten nicht an Einmütigkeit gefehlt hätte. In dieser Uneinigkeit haben die Verschwörer ihre Chance erblickt. Sie waren ebenso bereit, sich an die Spitze einer europäischen Front gegen das östliche ‚Barbarentum' zu stellen, wie sich mit der Sowjetunion zum Widerstand gegen die Machtstellung des westlichen ‚Kapitalismus' zu verbinden. Die Verschwörung ist aufgedeckt worden und wird zerschlagen werden; aber nur die Einigkeit der Alliierten, die den Nazismus auf dem Schlachtfelde besiegten, wird in der Lage sein, jede Möglichkeit seines Wiederauflebens zu verhindern", heißt es in der „Times" abschließend.

„Es scheint," so schreibt das kommunistische Blatt „Daily Worker", „daß die britischen und amerikanischen Behörden erst am Anfang ihrer Maßnahmen gegen die schwerste Bedrohung seit dem Zusammenbruch der deutschen Kriegsmaschine vor fast zwei Jahren stehen. Es ist äußerst kennzeichnend und charakteristisch, daß die verhafteten Naziverschwörer es als ihr Ziel bezeichnen, die Nationen Europas im Kampf gegen die Sowjetunion anzuführen. Wesentlich ist, daß die augenblicklichen Gegenmaßnahmen rücksichtslos durchgeführt werden, daß eine entscheidende Wendung in der Auffassung gegenüber der Entnazifizierung eintritt, und daß innerhalb der deutschen Industriezaren gründlich aufgeräumt wird."

Stand der Aktion

(Dena). Von den neuerlich in der britischen Zone festgenommenen Führern der illegalen Bewegung nennt das amerikanische Hauptquartier Walter Teich, früheren Obersturmbannführer der SS, der mit der SS in Dänemark gedient und mit den dänischen Nazis in Verbindung gestanden hatte, und Edmund Riedelmeyer, ehemaligen Leiter des deutschen Geheimdienstes in Lublin (Polen). In fast jeder Stadt der britischen Zone, so heißt es weiter, seien eine oder mehrere Festnahmen erfolgt.

Ein Sprecher der britischen Kontrollkommission drückt sein Erstaunen darüber aus, daß man sich teilweise über das Bestehen einer solchen Untergrundbewegung gewundert habe. Die Deutschen, so erklärte er weiter, hätten während des ganzen Krieges mit Widerstandsbewegungen in besetzten Ländern zu tun gehabt, und es sei anzunehmen, daß sie dabei einiges gelernt hätten. Auch weitere Versuche, Widerstandsbewegungen zu organisieren, fuhr der Sprecher fort, seien zu erwarten, doch äußerte er die Zuversicht, daß es möglich sein werde, sie erfolgreich außer Kraft zu setzen, wenn Stärke und Leistungsfähigkeit der Besatzungstruppen aufrechterhalten werden könnten. Er schloß mit der Feststellung, die gegenwärtige Widerstandsbewegung habe aufgehört, als augenblicklich schlagkräftig zu bestehen.

Der Abschluß der Operation „Selection Board" wird innerhalb 48 Stunden erwartet, teilt das amerikanische Hauptquartier für Europa am Montagabend mit. In dieser Bekanntmachung berichten die britischen und die amerikanischen Behörden, die mit den Ergebnissen der Operation höchst zufrieden sind, daß schon jetzt über 80 Prozent der in der Aktion gesuchten Personen festgenommen werden konnten.

Amerika feierte den 215. Geburtstag George Washingtons

WASHINGTON, 24. Februar (Dena). Der 215. Geburtstag George Washingtons wurde am Samstag in Amerika feierlich begangen. Präsident Truman legte im Rahmen der Feierlichkeiten einen Kranz an der Grabstätte Washingtons in Mount Vernon nieder.

George Washington (im Bilde), der erste Präsident der Vereinigten Staaten von Nordamerika, wurde am 22. Februar 1732 geboren. Er war gleichzeitig Feldherr und Staatsmann. Im Jahre 1789 wurde er zum ersten Präsidenten der Vereinigten Staaten von Nordamerika gewählt und führte als „Vater seines Landes", wie er heute noch genannt wird, 8 Jahre lang die Staatsgeschäfte. Die Hauptstadt der Vereinigten Staaten, einer der 48 Staaten und viele Provinzen, Städte und Dörfer sind nach ihm benannt.

KURZ gemeldet:

Für einen Tag verboten

BERLIN (Dena). Wegen Beleidigung der französischen Besatzungstruppen durch einen unter der Ueberschrift „Die Mühle der Saardemokratie" veröffentlichten Artikel ist die „Berliner Zeitung", wie das Blatt selbst mitteilt, auf Befehl der Presseabteilung der sowjetischen Militäradministration für den 22. Februar verboten worden. Außerdem wurde das Blatt mit einer erheblichen Geldstrafe belegt.

Eine Verhaftung

BERLIN (Dena). Der Präsident der Zentralverwaltung für das Gesundheitswesen in der sowjetischen Besatzungszone, Dr. Paul Konitzer, wurde verhaftet. Dr. Konitzer war während des Krieges Oberstabsarzt im Wehrkreis III (Dresden) und steht im Verdacht, für die Zustände in den Kriegsgefangenenlagern mitverantwortlich zu sein.

Verdacht der Lebensmittelkartenfälschung

HAMBURG (Dena). Unter dem Verdacht, falsche Butter-, Brot- und Zuckermarken hergestellt zu haben, wurden hier, wie die britische Kontrollkommission für Deutschland mitteilt, die Angestellten einer Buchdruckerei, Friedrich Rockstroh, Friedrich Veit und der Schneider Erich Buch, verhaftet.

Ein KPD-Antrag in Hamburg

HAMBURG (Dena/DPD). Die Landesorganisation Hamburg der KPD hat in einer Eingabe an den Alliierten Kontrollrat gebeten, Deutschland beim Walfang zuzulassen und die Genehmigung für die Gründung einer staatlichen Walfangreederei mit eigener Flotte zu erteilen.

Sitzung des Zonenbeirates verschoben

HAMBURG (Dena). Die für den 20. und 21. Februar in Hamburg vorgesehene Sitzung des Zonenbeirates für die britische Zone wurde verschoben. In der Sitzung sollte die Entscheidung der britischen Kontrollkommission über die Neugestaltung des Zonenbeirates bekanntgegeben werden. Die vom Zonenbeirat der Kontrollkommission übermittelten Vorschläge werden zur Zeit noch von der britischen Regierung geprüft.

Personalchef bei Agartz

HANNOVER (SPD). Der bisherige Ministerialrat Grimpe (SPD), der aus dem hessischen Befreiungsministerium beurlaubt worden war, weil er angeblich in Fragen der Entnazifizierung zu scharf vorgegangen sei, ist jetzt, wie der Sozialdemokratische Pressedienst erfährt, von Dr. Agartz, dem Leiter des Zweizonenwirtschaftsamts, als Personalchef eingestellt worden.

Für Vereinigte Staaten von Europa

KÖLN (Dena/DPD). „Ich hoffe, daß der Gedanke, die Vereinigten Staaten von Europa zu schaffen, überall eine starke Verbreitung findet", erklärte der erste Vorsitzende der CDU in der britischen Zone, Dr. Konrad Adenauer, zu Beginn der Tagung der CDU-Kulturausschüsse in Köln.

Lagerpolizei soll verstärkt werden

WIESBADEN (Dena). Eine Verstärkung der Wachmannschaften der hessischen Internierungs- und Arbeitslager durch ausgebildete Polizeibeamte wurde zwischen dem hessischen Minister für politische Befreiung Gottlob Binder und dem hessischen Innenminister Heinrich Zinkann besprochen.

Kein zwangsweiser Arbeitseinsatz

FRANKFURT (Dena). Der am 20. Februar vom britischen Militärgouverneur verkündete zwangsweise Arbeitseinsatz verschleppter Personen in der britischen Besatzungszone hat nach einer Mitteilung des amerikanischen Hauptquartiers für Europa in der US-Zone keine Wirksamkeit.

Aktion „Sparkler"

FRANKFURT (AP). Das Unternehmen „Sparkler", eine in der britischen und der amerikanischen Zone durchgeführte Suchaktion nach Edelsteinen und Edelmetallen, die von der Nazi-Regierung versteckt worden waren, förderte Brillanten, Gold, Silber und Platin im Werte von rund sieben Millionen Dollar zutage. Es handelt sich um Plünderungsgut aus den von Deutschland besetzten Gebieten.

Notstandsermächtigung für Atomenergie-Kommission

WASHINGTON (Dena/Reuter). Präsident Truman erließ eine Verordnung, durch welche die Atomenergie-Kommission der Vereinigten Staaten ermächtigt ist, im Notfall Kriegsmaterialeinkäufe im Ausland zu tätigen und dieselben ohne Zoll einzuführen.

Truman fordert Teilnahme der USA an der IRO

WASHINGTON (Dena/Reuter). Präsident Truman forderte den Kongreß in einer Botschaft auf, die Teilnahme der Vereinigten Staaten an der Internationalen Flüchtlingsorganisation (IRO) zu billigen. Die IRO, so erklärte Truman, werde eine vollständige und wirksame Lösung des Problems der verschleppten Personen in Europa bringen.

Zusammenschluß von AFL und CIO?

WASHINGTON (AP). Philip Murray, Präsident des Gewerkschaftsbundes CIO, hat sich einverstanden erklärt, auf Vorschlag der AFL einen Fünferausschuß zu ernennen, um einen Zusammenschluß der beiden großen Organisationen zu beraten. Als Bedingung für seine Annahme nannte er Zusammenarbeit im Kampfe gegen die arbeiterfeindliche Gesetzgebung des Kongresses.

29. Jahrestag der sowjetischen Armee

MOSKAU (Dena/Reuter). Der 29. Jahrestag der sowjetischen Armee wurde von zwanzig Salutschüssen in allen größeren Städten der Sowjetunion eingeleitet. Rundfunkstationen und Zeitungen wiesen auf die Rolle hin, welche die Sowjetarmee im Kampfe gegen Deutschland gespielt hat.

Ankunft verzögert

LONDON (Dena/Reuter). Das britische Außenministerium gab bekannt, daß sich die Ankunft der Delegation des Obersten Sowjets, die zu einem einmonatigen Besuch in Großbritannien eintreffen sollte, um zwei bis drei Wochen verzögern wird. Die Mitglieder der Delegation werden zunächst der Eröffnungssitzung des Obersten Sowjets beiwohnen.

Acht Jahre Arbeitslager für Franz von Papen

NÜRNBERG, 24. Februar (Dena). Die hiesige Sonderspruchkammer für Großfälle reihte am Montagvormittag den ehemaligen Botschafter Franz von Papen in die Gruppe der Hauptschuldigen ein und wies ihn auf die Dauer von acht Jahren unter Anrechnung von einem Jahr und fünf Monaten bisher abgeleisteter politischer Haft in ein Arbeitslager ein. Sein gesamtes Vermögen wird bis auf 5000 Mark eingezogen.

Als weitere Sühnemaßnahmen wurden verhängt:

1. Papen ist dauernd unfähig, ein öffentliches Amt einschließlich Notariat und Anwaltschaft zu bekleiden.
2. Er verliert seine Rechtsansprüche auf eine aus öffentlichen Mitteln zahlbare Pension oder Rente.
3. Er verliert das Wahlrecht, die Wählbarkeit und das Recht, sich irgendwie politisch zu betätigen und einer politischen Partei als Mitglied anzugehören.
4. Er darf weder Mitglied einer Gewerkschaft noch einer wirtschaftlichen oder beruflichen Vereinigung sein.
5. Es wird ihm auf die Dauer von 15 Jahren untersagt, a) in einem freien Beruf oder selbständig in einem Unternehmen oder gewerblichen Betrieb jeglicher Art tätig zu sein, sich daran zu beteiligen oder die Aufsicht oder Kontrollen hierüber auszuüben; b) in nichtselbständiger Stellung anders als in gewöhnlicher Arbeit beschäftigt zu werden; c) als Lehrer, Prediger, Redakteur, Schriftsteller oder Rundfunkkommentator tätig zu sein.
6. Er unterliegt Wohnungs- und Aufenthaltsbeschränkungen und kann zu gemeinnützigen Arbeiten herangezogen werden.
7. Er verliert alle ihm erteilten Approbationen, Konzessionen und Berechtigungen sowie das Recht, einen Kraftwagen zu halten.

Der Streitwert des Verfahrens beläuft sich, wie der Vorsitzende der Kammer, Landgerichtspräsident Camille Sachs, bei Verlesung des Spruches mitteilte, auf 418 000 Mark. Der von der Kammer während des Verfahrens angeordnete Festhaltebefehl bleibt in Kraft.

Begründung des Spruches

Im ersten Teil der Begründung des Spruches wird zunächst die Rolle Papens geschildert, die er bei dem Sturz Brünings gespielt hat.

„Als das Zentrum den Betroffenen als Reichskanzler scharf ablehnte", so heißt es, „trat Papen aus der Zentrumspartei aus und versuchte von diesem Zeitpunkt ab, seiner Regierung die Unterstützung der Rechtsparteien, besonders auch der Nationalsozialisten, zu sichern." Papen habe das Versprechen der Tolerierung seines Kabinetts durch Hitler mit der Aufhebung des Uniformverbotes für die SA vergolten. Die von Papen am 20. Juni 1932 durchgeführte Absetzung der Preußenregierung sei ein Schlag gegen die Demokratie gewesen. Die Spruchbegründung behandelt sehr ausführlich die Zusammenkunft Papens mit Hitler in Köln. Diese Besprechung sei von beiden Seiten als wesentlicher Schritt zu dem gemeinsamen Ziel angesehen worden.

Nach der Schilderung des Verhältnisses Papens zu Schleicher und dessen Kabinett geht die Begründung auf die Rolle Papens bei der Bildung der Hitlerregierung ein. Es sei dem Betroffenen sowie wohl auch Oskar von Hindenburg, mit dem sich Papen nach der Aussage des Zeugen Meißner gerade damals sehr angefreundet, gelungen, die vorhandenen Widerstände gegen die Bildung des Hitlerkabinetts, und besonders die Bedenken des Reichspräsidenten Hindenburg, zu beseitigen. Das Ergebnis seiner Bemühungen habe aber nicht seinen (Papens) Erwartungen entsprochen. Dies habe ihn aber nicht daran gehindert, „nach außen eineinhalb Jahre lang die Politik dieser Regierung als Vizekanzler zu decken, obwohl damals ein Ausscheiden aus dem Kabinett noch ohne weiteres möglich war". In rascher Folge seien dann die Grundlagen des Rechtsstaates zerstört worden. Der Betroffene habe zwar nach den Aussagen Meißners und Gerekes in der ersten Zeit auch Hitler gegenüber opponiert, „allmählich aber verstummte seine Opposition ebenso wie die der anderen Kabinettsmitglieder."

Die Begründung bringt dann Zitate aus Papens Reden während der Nazizeit, in denen er den Nationalsozialismus bejaht und anerkannt habe, daß dieser sich bemühe, jene Weltordnung sicherzustellen, „die wir als die von Gott gesetzte erkennen", wie Papen auf seiner Essener Rede am 9. November 1933 ausgeführt habe.

Bezüglich des Hindenburg-Testaments, so geht aus der Begründung des Spruches weiter hervor, habe Papen Hindenburg beeinflußt und sich bei dieser Gelegenheit eine Hervorhebung Hitlers und seiner Bewegung für angebracht gehalten. Vor dem Anschluß Oesterreichs habe Papen während seiner Tätigkeit als Botschafter in Wien eine „dynamische Folge des innerdeutschen Geschehens" gewünscht. Das Beweismaterial habe die Schlußfolgerung des Internationalen Militärgerichts bestätigt, welches Papens Tätigkeit in der Unterhöhlung des Regimes in Oesterreich beanstandet habe.

Ueber Papens Tätigkeit als Botschafter in Ankara heißt es, daß die Kammer dem Betroffenen Glauben geschenkt habe, daß er ein Gegner des zweiten Weltkrieges gewesen sei und sich während des Krieges bemüht habe, Friedensbesprechungen in Gang zu bringen.

Im zweiten Teil der Begründung des Spruches gegen Papen wird hervorgehoben, daß das Vorbringen der Verteidigung, der Betroffene sei Angehöriger einer anderen Besatzungszone, rechtlich nicht von Bedeutung sei. Es wird besonders unterstrichen, daß nach den Erklärungen der amerikanischen Militärregierung die

(Fortsetzung auf Seite 2)

Konferenz mit General Lucius D. Clay

BERLIN, 24. Februar (Dena). Eine Konferenz der Ministerpräsidenten der drei süddeutschen Länder und des Senatspräsidenten von Bremen mit dem stellvertretenden amerikanischen Militärgouverneur für Deutschland, General Lucius D. Clay, fand hier am Sonntag statt.

General Clay drückte nach der Besprechung seine Befriedigung über deren Ergebnis aus. Er sagte, daß die Beziehungen zwischen den Länderregierungen und dem Zweizonenausschuß gefestigt worden und erklärte, „daß wir uns auf die gemeinsame Unterstützung in der wirtschaftlichen Zusammenarbeit und auf die Mitwirkung aller vier Länder in der amerikanischen Besatzungszone verlassen können".

An der Besprechung nahmen auch Vertreter der amerikanischen Militärregierung teil.

Ministerpräsident Stock über die Berliner Besprechungen

WIESBADEN, 24. Februar (Dena). In der Berliner Konferenz wurden in der Hauptsache Aufbau und Durchführung der bizonalen Verwaltung besprochen, erklärte am Montag der hessische Ministerpräsident Christian Stock einem Dena-Vertreter. „Es kommt darauf an," sagte Stock, „die Wirtschaft in Gang zu bringen. Das ist das Ziel aller Bemühungen. Daß es gelingt, darin bin ich optimistisch".

Bei den Besprechungen seien unter anderem Wege gefunden worden, welche die Zusammenarbeit der parlamentarisch bestimmten Vertreter der amerikanischen mit den Interimsvertretern der britischen Zone ermöglichen. — Es gehe darum, betonte der Ministerpräsident, zu einer Verständigung zu kommen und keine Schwierigkeiten für die Zusammenarbeit mit den beiden übrigen Zonen Deutschlands zu schaffen. Das Ziel der Arbeit sei stets die Einheit Deutschlands. — Einen günstigen Fortschritt in der wirtschaftlichen Vereinheitlichung sehe er schon darin, daß die amerikanische Militärregierung das Vorhaben der bizonalen Verwaltung unterstütze.

Ministerpräsident Dr. Maier

STUTTGART, 24. Februar (Dena). Das reibungslose Funktionieren der bizonalen Aemter sei, wie Ministerpräsident Dr. Reinhold Maier am Montag einem Dena-Vertreter erklärte, die Voraussetzung für die praktische Durchführung des lebensnotwendigen Exportprogramms. Die Berliner Konferenz habe dazu gedient, die Frage der Zuständigkeit und des reibungslosen Funktionierens der bizonalen Aemter zu besprochen. Bei den Besprechungen sei eine Uebereinstimmung der Auffassungen zu verzeichnen gewesen.

Pieck fordert Volksentscheid

BERLIN, 24. Februar (Dena). Das deutsche Volk muß angesichts der Bestrebungen reaktionärer Kräfte, die Entwicklung Deutschlands zu einem demokratischen Einheitsstaat zu verhindern, Gelegenheit bekommen, durch einen Volksentscheid seinen Willen für die Schaffung eines Einheitsstaates mit dezentralisierter Verwaltung zum Ausdruck zu bringen, erklärte der SED-Vorsitzende Wilhelm Pieck hier am Sonntag in einer Rundfunkansprache. Die SED, sagte er weiter, wende sich an die antifaschistischen demokratischen Parteien in ganz Deutschland, an die Gewerkschaften und Massenorganisationen und schlage ihnen vor, zu einer gesamtdeutschen Beratung zusammenzutreten, um zu der Frage des Volksentscheids Stellung zu nehmen. Die neugebildete sozialistische Arbeitsgemeinschaft zwischen SED und KPD in den westlichen Zonen bezeichnete Pieck als einen „ersten Schritt des engeren Kontaktes zwischen selbständigen Parteien der Arbeiterbewegung im Osten und Westen".

Eine Rede Jakob Kaisers

HERNE, 24. Februar (Dena/DPD). Hitlers verbrecherischer Krieg habe uns vor ein Nichts gestellt und uns alle zu Menschen einer Klasse gemacht, so daß wir zwangsläufig zu einer Sozialisierung kommen müssen, erklärte der Vorsitzende der CDU in der

Sowjetzone, Jakob Kaiser, am Sonntag auf einer Sozialtagung der CDU vor 900 Delegierten. Das Heil ist aber weder in einem Sozialismus marxistischer Prägung noch in dem starren System eines mechanischen Staatskapitalismus zu suchen. Es müsse die neue Form eines lebendigen Sozialismus gefunden werden, die auf dem Boden christlicher Gesinnung die soziale Freiheit des Einzelnen verbürge.

In weiteren Ausführungen wandte sich Kaiser gegen einen übertriebenen Föderalismus. Bei aller gebotenen Vorsicht gegenüber dem Zentralismus müsse die Einheit Deutschlands gewahrt bleiben. Dies setze aber die Beseitigung der Zonengrenzen voraus.

Franz Karl Maiers Ansprache im Rundfunk

STUTTGART, 24. Februar (Dena). „Der sogenannte Fall Maier contra Maier war nie eine Angelegenheit von Personen. Er hatte vielmehr zum Ausgangspunkt die Frage, ob bei uns das Recht vor einzelnen Machtträgern haltzumachen hat oder nicht", erklärte der ehemalige öffentliche Ankläger der Spruchkammer Stuttgart, Franz Karl Maier, in einer Ansprache über Radio Stuttgart.

„Aus vielen Erklärungen und Zuschriften entnehme ich, daß da und dort Empörung darüber herrscht, wie wenig Regierung und Parlament auch jetzt noch auf die Meinung des Volkes Rücksicht nehmen. Wer empört ist, übersieht, daß Regierung, Landtag und Parteien sich durch zahlreiche Ungeschicklichkeiten, die sie im ersten Ansturm der Ereignisse begangen haben, gemeinsam in eine höchst schiefe und bedenkliche Lage hineinmanövriert haben. Es ist nicht leicht, einen ordentlichen Ausweg zu finden und dabei das durch die gezeigte Haltung erschütterte Vertrauen des Volkes zurückzugewinnen. Bei den von den Vorgängen unmittelbar betroffenen Personen selbst darf man nicht vergessen, daß es ein schwerer Entschluß für einen Menschen ist, sich von einer Machtstellung zu trennen. Um deren Erhaltung wird nicht nur im politischen, sondern auch im privaten Leben gewöhnlich bis zum letzten gekämpft. Der Kampf des Rechts gegen die Macht ist immer langwierig. Nur in einem demokratischen Staat kann er überhaupt ausgetragen werden und nur in der Demokratie hat das Recht die Chance, wenn das Recht die Macht in gesetzlichen Schranken hält. Dies kann aber nur von der Seite des Volkes her und nur durch dessen festen, nie erlahmenden Willen zur Herrschaft im Staat erreicht werden.

Ich bin, ohne es mir träumen zu lassen, zum Werkzeug für einen eindringlichen Anschauungsunterricht über den Stand unseres demokratischen Lebens geworden. Die Ereignisse der letzten Wochen haben uns alle zu der Prüfung gezwungen, haben wir eine Demokratie, und werden wir sie haben oder wird sich unser Staatsleben dahin weiterentwickeln, daß die Herrschaft im Staate nicht vom Volk, sondern von den Parteien oder gar den Parteiführungen ausgeübt wird? Nach meiner Meinung darf das letztere weder eintreten noch etwa bleiben. Die politischen Parteien machen stets nur einen geringen Bruchteil des gesamten Staatsvolkes aus, jedenfalls bis auf weiteres bei uns in Deutschland. Parteiinteressen sind oft mit den Interessen des Volkes nicht identisch. Sie können es gar nicht immer sein. Das liegt im Wesen des politischen Machtkampfes zwischen den Parteien. Die Entwicklung der Weimarer Republik führte nach ursprünglichen Ansätzen zu einer echten Volksherrschaft schon bald zur Parteienherrschaft, und diese endigte, ein gar nicht so überraschendes Ergebnis, in der Diktatur einer Partei.

Es ist im Augenblick müßig, darüber zu richten, wer die Schuld an dieser geschichtlichen Entwicklung trägt. Reinhold Maier zum Beispiel ist der Meinung, daß sie das Volk trage, wenn er in einer Rede im Herbst des letzten Jahres gesagt hat: ‚Mit einer Leichtfertigkeit ohne Beispiel, ja mit Uebermut, hat das deutsche Volk die Demokratie über Bord geworfen.'

Ich neige mehr der Auffassung zu, daß der Großteil der Parteiführer des Weimarer Staates durch seine Handlungen und Unterlassungen die Voraussetzungen dafür geschaffen hat, daß die Weimarer Republik untergegangen ist. Jedenfalls muß aber das eine heute sichergestellt werden: Die politische Entwicklung des Weimarer Staates darf sich nicht wiederholen. Das Volk darf die Geschicke des Staates nicht mehr den Parteien und Parteiführungen vertrauensvoll überlassen, sondern es muß eifersüchtig mit einem natürlichen Mißtrauen die Handlungen seiner politischen Führung überwachen.

Wenn Herr Kamm in Mannheim die vielsagende Erklärung abgegeben hat, er sei Entnazifizierungsminister gewesen, wenn die aktive Teilnahme am Zustandekommen des Ermächtigungsgesetzes als eine Belastung gelte, so möchte ich dazu heute nichts sagen. Ich möchte nur darauf hinweisen, daß das Befreiungsgesetz unhaltbar würde, wenn die Beteiligung an einem hochverräterischen Unternehmen gegen die Weimarer Verfassung zugunsten von Hitler keine Belastung im Sinne des Befreiungsgesetzes darstellt".

Letzte Nachrichten

Jugoslawische Aktien anmelden

FRANKFURT, 24. Februar (Dena). Zur schriftlichen Anmeldung aller Aktien jugoslawischer Unternehmen forderte am Montag die jugoslawische Militärmission beim Alliierten Kontrollrat in Berlin auf. Danach sollen alle Inhaber solcher Aktien bis zum 12. März schriftlich an „Yugoslav Liaison Section To H. Q. Usfet, A.P.O. 757, Frankfurt a. M., Oberlindau 108," oder an „Yugoslav Liaison Section, München, Herkomerstraße 8," unter Mitteilung ihrer genauen Anschrift folgende Angaben senden:

Benennung der Nummer der Aktien, wann, wo, von wem und auf welche Weise der jetzige Inhaber in den Besitz der Aktien gelangte, und in welchem Lande sich die Aktien zur Zeit befinden. Die jugoslawische Militärmission macht darauf aufmerksam, daß die Aktien wenn möglich auch an obige Adressen übergeben werden können. Eine Unterlassung der Meldung habe den Uebergang der Aktien in den Besitz des Staates zur Folge.

Bericht für Außenministerkonferenz

BERLIN, 24. Februar (Dena). Der Koordinierungsausschuß billigte in seiner Sitzung am Montag die neun Teile des Berichts für die Außenministerkonferenz. In diesem Bericht, der am Dienstag dem Kontrollrat vorgelegt werden soll, wird zu einigen Punkten, über welche die vier Mächte eine Einigung nicht erzielen konnten, besonders Stellung genommen.

Weitere Einzelheiten über den Inhalt des Berichtes wurden nicht bekanntgegeben.

„Handel mit dem Feinde"

LONDON, 24. Februar (Dena/Reuter). Die Bestimmungen über den „Handel mit dem Feind", die bisher den Geschäftsverkehr zwischen britischen und deutschen Firmen verhindert hatten, werden, wie das britische Handelsministerium am Montag bekanntgab, ab 4. März aufgehoben. Diese Maßnahme erfolgt (wie Reuter hinzufügt) gleichzeitig mit einer entsprechenden Aktion der Vereinigten Staaten.

breitet sich in der Bevölkerung immer mehr aus . . ." Wir verweisen auf Fälle wie den des Herrn von Opel und anderer Wirtschaftsführer, die als Teilhaber der Kriegskonjunktur Unsummen verdienten und jetzt als „kleine Mitläufer" durch den schon sprichwörtlichen Griff in die Westentasche den Schlußstrich unter ihr Schuldkonto setzen möchten.

4. Februar. Bombenanschlag auf das SPD-Büro in Nürnberg, Generalstreik der Nürnberger Arbeiterschaft. Die Belegschaft von MAN Nürnberg setzt durch einen sechsstündigen Streik die Entlassung mehrerer leitender Angestellter, darunter des Direktors Thüler und des Personalchefs, durch.

8. Februar. Die Gewerkschaften verlangen vom bayrischen CSU-Ministerpräsidenten Dr. Ehard, daß endlich etwas gegen die Naziattentäter unternommen werde. Zur gleichen Zeit erklärt Ministerpräsident Stock in Wiesbaden vor US-Journalisten, der Hitlerismus sei tot, „daran ändern auch einzelne Dummejungenstreiche nichts". Im übrigen hätten die Demokraten „in der Zeit vor 1933 keine Fehler begangen".

15. Februar. Die Militärregierung ordnet an, daß Belastete, die zu Lagerhaft verurteilt sind, sofort verhaftet werden müssen. Entnazifizierungsminister Binder ordnet an, daß Spruchkammerverfahren „gegen Persönlichkeiten, die im öffentlichen Leben stehen", nur gemeldet werden dürften, nachdem eine Verurteilung erfolgt ist. Gerold wendet sich im nächsten Leitartikel gegen diese Anordnung.

20. Februar. Die Vorläufer der „Landsmannschaften" melden sich mit revanchistischen Ansprüchen auf Böhmen, Schlesien usw. zu Wort. Die Rundschau veröffentlicht die Mitteilung der Militärregierung, „daß die Viermächtepolitik bezüglich der Ausweisung deutscher Minderheiten (Volksdeutsche) aus der Tschechoslowakei, Ungarn und Österreich unverändert bestehen bleibt. Die Zuweisung dieser Minderheiten in die US-Zone Deutschlands ist als dauernde Maßnahme zu betrachten, und eine Rückkehr der Betroffenen in die genannten Länder kann nicht in Erwägung gezogen werden."

22. Februar. Ein Korrespondent aus der Schweiz erinnert an die Hetze, die die „Frankfurter Zeitung" während des Krieges betrieben hat. Unter anderem an ihren Artikel, daß das deutsche 80-Millionen-Volk „im Rücken fast ununterbrochen angegriffen, beleidigt und verleumdet (worden sei) von den Zeitungen eines kleinen Staates, dessen Regierung behauptet, er sei neutral". An anderer Stelle: „Glaubt die Schweiz im Ernst, ihre Presse dürfe ständig die Deutsche Wehrmacht und damit das Deutsche Volk von neuem verhöhnen?"

25. Februar: Amerikanische und englische Militärregierung verhaften mehrere hundert Nazis. Offensichtlich versucht man, die Empörung über die Attentate und Mordtaten zu besänftigen. Aus Nürnberg: Acht Jahre Arbeitslager für Franz von Papen. Auch er wird sie nicht absitzen. In Berlin fordert Wilhelm Pieck, Vorsitzender der Sozialistischen Einheitpartei Deutschlands, einen Volksentscheid über einen Deutschen Einheitsstaat.

27. Februar. Im Landtag lehnen SPD, CDU und LDP gemeinsam einen kommunistischen Antrag ab, die Verfolgten des Naziregimes steuerlich so zu behandeln wie Kriegsbeschädigte mit 50prozentiger Erwerbsbeschränkung.

8. März: General Clay wird amerikanischer Generalgouverneur für Deutschland.

11. März. Die Moskauer Konferenz der Außenminister eröffnet. In Frankfurt treffen die Vorsitzenden der SED, Wilhelm Pieck und Otto Grotewohl, ein und sprechen auf dem Römerberg. Oberbürgermeister Kolb lädt zu einem offiziellen Essen des Magistrats für die Gäste aus der Führung der SED. Noch immer hat sich Schumachers Antikommunismuskurs in der hessischen Politik nicht völlig durchgesetzt.

Frankfurter Rundschau

Jahrgang 3, Nummer 30   Dienstag, den 11. März 1947   Einzelpreis: RM 0.20

Eröffnungssitzung der Moskauer Konferenz

MOSKAU, 10. März (Dena). Die Konferenz der Außenminister der vier Großmächte wurde, wie TASS meldet, am Montag, um 15 Uhr eröffnet. Die Tagung findet in den Räumen des „Hauses der Flugzeugindustrie" statt. [...]

Pieck und Grotewohl als Redner in Frankfurt a. M.

Von links nach rechts: Otto Grotewohl, Wilhelm Pieck, Erich Gniffke, Franz Dahlem. (Photo: Schumann)

Eine Million Briefe . . .

Parlamentarischer Beirat beim Länderrat

STUTTGART, 9. März (Dena). „Unter Zeit und heißer Wünsch sind das baldige Zustandekommen [...]

Aus Anlaß der Anwesenheit der Parteivorsitzenden der SED, der Herren Grotewohl und Pieck, in Frankfurt a. M. beehre ich mich, Sie zu einem

ABENDESSEN

am Sonntag, den 9. März 1947, um 21.00 Uhr im Magistratssitzungssaal, Lindenstraße 27, ergebenst einzuladen.
Ich würde mich freuen, Sie begrüßen zu dürfen.

Frankfurt am Main, den 5. März 1947

Der Oberbürgermeister gibt ein Essen zu Ehren der beiden Vorsitzenden der Sozialistischen Einheitspartei Deutschlands. Otto Grotewohl und Wilhelm Pieck. Noch hat sich der antikommunistische Kurs in Hessen nicht völlig durchsetzen können.

13. März. Wendepunkt in der Nachkriegsgeschichte: „Truman fordert 400-Millionen-Dollar-Hilfe für Griechenland und Türkei". Es ist die Rede, die später als Verkündigung der „Truman-Doktrin" bezeichnet wird, die Rede, mit der Truman eine Kampfansage an „den Kommunismus überall in der Welt" proklamiert. Konkreter Anlaß: Die britische Armee ist nicht in der Lage, die griechischen Partisanen niederzuschlagen, die zuvor die NS-Wehrmacht vertrieben hatten. Jetzt greifen die USA ein, um Griechenland wieder eine Monarchie und eine reaktionäre Regierung aufzuzwingen. Der Bürgerkrieg flammt auf.

Frankfurter Rundsc

Schriftleitung u. Verlag des „Frankfurter Rundschau", Frankfurt a. M., Schillerstr. 19. Feruf 40391.

Jahrgang 3, Nummer 31   **Donnerstag, den 13. März 1947**

Truman fordert 400-Millionen-Dollar-Hilfe für Griechenland und Türkei

WASHINGTON, 12. März (Dena/Reuter), Präsident Truman ersuchte am Mittwoch den Kongreß, Griechenland und der Türkei in der Zeit bis zum 30. Juni 1948 Anleihen in Höhe von zusammen 400 Millionen Dollar (10 Millionen Pfund Sterling) zu gewähren.

Außenminister Marshall trug sich in das Goldene Buch der Stadt Paris ein. (Bild: Dena/INP)

Bevin und Molotow über Entmilitarisierung
Lebhafte Debatten in Moskau — Marshall mahnt zur Einigkeit

MOSKAU, 12. März (AP). Die Mittwochsitzung der Außenminister spiegelte in keiner Weise die stärkere diplomatische Spannung wider, die durch die Rede Trumans vor den amerikanischen Kongreß und die Abberufung des sowjetischen Botschafters aus Washington und London entstanden ist.

Diese Ausgabe vom 13. März löste bei der Militärregierung einen Sturm gegen mich aus — der wieder verpuffte! Denn: die Rundschau hatte die Truman-Rede gekürzt gebracht. Natürlich war der Kommunist schuld, er hatte den Präsidenten zensiert. Ich wurde zur Militärregierung beordert — und es stellte sich heraus: Die gekürzte Fassung stammte von DENA, war also unter amerikanischer Militärzensur hergestellt worden, bevor sie über die Hellschreiber der Rundschau lief. Wieder einmal war ein Versuch fehlgeschlagen, mir einen Verstoß gegen die Direktiven anzuhängen, aber das dürfte den Haß mancher Offiziere gegen mich eher verstärkt haben.

Beim Länderrat der US-Zone, dem bisher nur Regierungsvertreter angehörten, wird ein parlamentarischer Beirat aus Landtagsabgeordneten gegründet. Als

Stellvertreter von Walter Fisch werde auch ich öfter an den Tagungen dieses Gremiums teilnehmen. Zu beschließen haben wir nichts. Wir dürfen Wünsche äußern und uns Reden anhören.

Auch hier ein bezeichnendes Ereignis: Bei den Fahrten nach Stuttgart, wo der Parlamentarische Rat tagte, durfte ich ab und zu einen Rechtsanwalt aus Darmstadt mitnehmen, der über kein eigenes Auto verfügte: Herrn Heinrich von Brentano, hessischer Abgeordneter der CDU. Vor Beginn einer Sitzung — wir standen in der Frühlingssonne auf der Freitreppe unseres Sitzungsgebäudes, der Villa Reitzenstein in Stuttgart — erklärte mir Herr von Brentano, die Deutschen seien ein erbärmliches Volk: Wenn sie sich stark fühlten, würden sie andere barbarisch behandeln; fühlten sie sich schwach, dann würden sie winseln und anderen die Füße lecken. Ich mußte diesem Herren gegenüber das deutsche Volk in Schutz nehmen. Er wurde später Adenauers Außenminister ...

Wichtiger Bericht auf Seite 1: Das Landesarbeitsgericht Hessen entschied gegen eine Klage der Dresdner Bank, daß der Artikel 37 der Hessischen Verfassung über das paritätische Mitbestimmungsrecht der Betriebsräte volle Gesetzeskraft habe. Arbeitsminister Arndgen (CDU) erklärt sofort, es stehe „noch nicht

Frankfurter interzonale Ländertagung der politisch Verfolgten zur Moskauer Konferenz

wn FRANKFURT. 17. März (Eig. Bericht). Die politisch Verfolgten des Naziregimes kamen über das Wochenende zu einer interzonalen Ländertagung in Frankfurt zusammen und faßten in Anwesenheit von Vertretern der Länderregierungen, der Parteien und Gewerkschaften den Beschluß, alle politischen Parteien und Gewerkschaften Deutschlands schnellstens zu einer Konferenz einzuberufen, um eine einheitliche deutsche Stellungnahme zur Moskauer Friedenskonferenz auszuarbeiten.

Nach einer lebhaften Diskussion über die in allen Ländern verschiedenen Gesetze zur Wiedergutmachung wurde die Errichtung eines interzonalen Sekretariats empfohlen, um eine einheitliche Wiedergutmachung zu fördern.

Oberbürgermeister K o l b legte anläßlich der Tagung am Sonntagvormittag zu Ehren der Opfer des Faschismus am Opferdenkmal einen Kranz nieder.

Im Mittelpunkt der Tagung stand eine öffentliche Kundgebung in der Westendsynagoge (die bei dem Judenpogrom 1938 in Brand gesteckt wurde und notdürftig wieder hergerichtet ist). Es sprachen Frauen und Männer aus allen Zonen Deutschlands — die während des Hitler-Regimes Jahrzehnte hinter Gittern und Drahtzäunen lebten, litten und kämpften — zu dem Thema „Was wir von der Moskauer Konferenz erwarten". Der Leiter der Frankfurter Betreuungsstelle, Otto R o t h, eröffnete die Kundgebung mit dem Hinweis, daß niemand in Deutschland seine Stimme berechtigter zur Moskauer Konferenz erhebe, als die politisch Verfolgten. Greta K u c k h o f f (Berlin), die ihre Mutter und ihre Tochter durch die Hitlerjustiz verlor, selbst zum Tode verurteilt war und nur infolge des Zusammenbruches gerettet wurde, sagte, daß die Sehnsucht allein den Frieden nicht herbeiführen könne, es müßten sein Wurzeln ausgerissen werden und die gesellschaftlichen Ursachen des Krieges beseitigt werden. Großbesitz und Schwerindustrie in allen Zonen zu enteignen, würde jeden Nazi, als „Fachmann" deklariert, dürfe zu einer Gefahr für die Zukunft werden. Vernünftige Erziehung müsse der Jugend klarmachen, daß ein heldenhaftes Leben besser sei, denn der Rausch des Heldentodes.

Zwischen den ewig Charakterlosen und den Kämpfern für die Freiheit vollziehe sich das deutsche Schicksal, führte Dr. Hans M a y e r aus. Die Zukunft hänge davon ab, wer von beiden in Deutschland bestimme. Es gebe genügend Anzeichen dafür, daß der Nazismus nicht tot sei. Leitende Männer der De-

mokratie suchten heute bereits wieder Rückversicherungen im — Darmstädter Lager. Fahnenflucht werde geahndet. Fememörder freigesprochen und Frauen wegen Vergehens gegen den Paragraphen 218 verurteilt. „Wir fordern, daß man uns die Möglichkeit gibt, den Nazismus selbst auszurotten. Es gab bereits eine deutsche Widerstandsbewegung, als die anderen Länder berieten, wie man am besten zu Hitlers Olympiade kommen könne", erklärte der Redner.

„Der Nazismus ist nicht tot", erklärte Dr. Eugen K o g o n, er lebe — wenn auch nicht allein durch deutsche Schuld. Die Verfolgten hätten das Recht, für Deutschland zu sprechen, da sie gegen den Terror kämpften. Sie seien die Partner des europäischen Widerstandes und wollten als solche nun endlich anerkannt werden. Die Tatsache, daß Deutschland die Welt mit drei Angriffskriegen überzogen habe, dürfe in Moskau nicht ausschlaggebend sein. Nicht vom deutschen, sondern vom europäischen Frieden hänge die Zukunft der Welt ab.

Ministerialrat Dr. E n g l e r forderte die Rückführung der Kriegsgefangenen, und Senator Ernst H e i t g r e s aus Hamburg führte aus, daß es die Aufgabe der Deutschen selbst sei, die Jugend so zu erziehen, daß sie frei von Untertangeist werde und begreifen lerne, daß nicht Männer die Geschichte machten, sondern die Geschichte sich der Männer bediene. Nüchtern und real sei die Forderung, daß die Verfolgten Deutschland gestalten wollten, sie allein könnten als gleichberechtigte Partner aus der Friedenskonferenz auftreten.

Jeder Nazi habe heute wieder ein gutes Gewissen, führte abschließend Ottmar G e s c h k e (Berlin) aus, aber die politischen Verfolgten hätten ein gutes Gedächtnis und seien wachsame Mahner. Nicht Haß oder Rache beseele sie, wenn sie forderten, daß sich die kleinen Pgs ihre Amnestie erarbeiten, und die großen und Nutznießer bestraft werden sollten. Nur so sei zu verhindern, daß nicht Generationen unter der Niederlage litten und die Arbeit der Jugend zum Fluch werde. Die Reparationen dürften nicht dazu führen, daß das deutsche Volk dabei zu Grunde gehe.

Mit Empfehlungen an die Außenministerkonferenz in Moskau, die antifaschistischen Kriegsgefangenen baldigst zu entlassen und die Verfolgten als die Vorkämpfer einer deutschen Demokratie bei den Friedensverhandlungen zu hören, und einer Resolution für eine tatsächliche reichseinheitliche Wiedergutmachung fand die Tagung am Montag ihr Ende.

fest, ob das Urteil des Landesarbeitsgerichts entscheidend oder ob der Staatsgerichtshof zuständig" sei.

Seite 2: Dr. Adenauer gegen Verstaatlichungen. SPD-Führung gegen die Ausschüsse, die auf eine Verschmelzung SPD/KPD hinarbeiten.

18. März. Die Sowjetunion gibt bekannt, daß sich in ihrer Hand noch 890 532 deutsche Kriegsgefangene befinden. (In Westdeutschland beginnt, zunächst unterschwellig, eine CDU-Propaganda, es befänden sich „Millionen deutscher Kriegsgefangener in russischen Schweigelagern".)

In Frankfurt wird die Vierzonenkonferenz der Vereinigung der Verfolgten des Naziregimes eröffnet. Für die Regierung spricht Ministerialrat Dr. Engler, für den Magistrat Oberbürgermeister Kolb.

22. März. Der neue amerikanische Außenminister Marshall und der britische Außenminister Bevin sprechen sich erneut für Föderalisierung Deutschlands aus.

In Schlüchtern Bombenattentat gegen die Spruchkammer. Protestkundgebung der vier Parteien, des FDGB und der VVN. Meldung aus Wiesbaden: „Der Betriebsrat der Wasserstraßenverwaltung der US-Zone lehnt die Unterstellung unter das Naziregime der Hauptverwaltung in Bielefeld (britische Zone) ab." Meldung aus Nürnberg: „Auschwitz ein Lager der IG-Farben." Und aus Berlin: Der Parteivorstand der Sozialistischen Einheitspartei Deutschlands hat 10 000 Mark für den Wiederaufbau der Frankfurter Paulskirche gespendet.

25. März. In Öhringen (Krs. Stuttgart) wird der öffentliche Ankläger, Reinhold Hub, der Vorsitzender des Gewerkschaftsbundes ist, ermordet.

27. März. Scharfe Auseinandersetzung um das Betriebsrätegesetz. Der FDGB stellt sich hinter die Entscheidung des Landesarbeitsgerichts, daß Artikel 37 über das paritätische Mitbestimmungsrecht geltendes Recht ist. Die CDU erklärt, diese Entscheidung sei falsch. Die LDP spricht von „wildgewordenen Betriebsräten". Im Lokalteil schildert Kurt Hauenschild das Kriegsende in Frankfurt zwei Jahre zuvor.

29. März: Wieder Bombenattentat in Nürnberg. Diesmal gegen das Büro der VVN.

Der Leitartikel des 1. März unter der Überschrift „Warnzeichen" macht auf die Zusammenhänge zwischen der „legalen" Restauration und den Attentaten und Morden aufmerksam: „Der Staatssekretär der Hessischen Regierung, Dr. Hermann Brill, sprach letzte Woche von der immer deutlicher feststellbaren Illoyalität der Beamten der Hessischen Verfassung gegenüber und warnte davor, diese Erscheinung zu bagatellisieren."

3. April. „Befristeter Bergarbeitergeneralstreik an der Ruhr. Hungerdemonstrationen dauern an — Demokratisierung der Wirtschaft gefordert." Antwort von oben: Streikende Bergarbeiter werden ihren gesamten Monatsanteil der Bergarbeitersonderverpflegung verlieren.

5. April. Der Bergarbeitergeneralstreik an der Ruhr wurde zu 95 Prozent durchgeführt. Er stand unter der Losung: „Gewerkschafter an die verantwortlichen Stellen der Wirtschaft und Verwaltung!"

8. April. Sozialistische Einheitspartei Deutschlands beantragt Zulassung in der britischen Zone.

10. April. Französische Militärregierung erläßt Redeverbot für Dr. Schumacher; dem KPD-Vorsitzenden Nicolay wird das Verlassen des Saargebiets verboten; der Vorsitzende der IG Bergbau und Energie, Möller, wird seines Amtes enthoben. Im Leitartikel wendet sich Rudert gegen die um sich greifenden Lügen über „zurückgehaltene und verheimlichte Kriegsgefangene" in der Sowjet-

union. Er erinnert daran, daß Hitlerregierung und Wehrmachtsführung ungezählte Totenmeldungen zurückgehalten haben, um die Öffentlichkeit in der Heimat über die riesigen Verluste zu täuschen.

12. April: Die Differenzen auf der Moskauer Außenministerkonferenz verschärfen sich. Die französische Regierung verlangt die Abtrennung des Saargebiets. In Dachau beginnt am 11. April, dem Tat der Selbstbefreiung des KZ Buchenwald, der Prozeß gegen 31 ehemalige Angehörige des damaligen SS-Wachbataillons dieses Konzentrationslagers vor dem amerikanischen Militärgericht.

Befristeter Bergarbeiter-Generalstreik an der Ruhr
Hungerdemonstrationen dauern an — Demokratisierung der Wirtschaft gefordert

Demonstranten im Ruhrgebiet fordern bessere Lebensmittelversorgung
(Dena/INF-Bild)

Vor einem Zusammentreffen Marshall-Stalin
Bedingtes Einlenken Frankreichs — Reparationsproblem noch ungelöst

15. April. Oberbürgermeisterkrise in Berlin. Die Mehrheit der Berliner Stadtverordnetenversammlung verlangt den Rücktritt des sozialdemokratischen Oberbürgermeisters Dr. Ostrowski, der sich für eine Verständigung mit der sowjetischen Militäradministration eingesetzt hatte. Unter Führung des CDU-Bürgermeisters Friedensburg verlangen CDU und SPD den Rücktritt Ostrowskis.

Frankfurt. Nach 14 Jahren der Unterdrückung ist die „Akademie der Arbeit" feierlich wiedereröffnet worden. Im Leitartikel wende ich mich gegen eine Anordnung des SPD-Vorstandes, der den Parteimitgliedern die weitere Mitarbeit in der Vereinigung der Verfolgten des Naziregimes verbietet.

19. April. Lebensmittelkrise verschärft. Nach Angaben der britischen Militärregierung wandern 90 Prozent der Lebensmittel auf den schwarzen Markt, nach Angaben der deutschen Behörden seien es „nur 75 Prozent". Im Leitartikel schreibe ich: „In zunehmendem Maße kritisieren vor allem die Gewerkschaften den landwirtschaftlichen Verwaltungsapparat der beiden zusammengelegten Westzonen, besonders die weitgehende Aufrechterhaltung der alten nazistischen Reichsnährstandsorganisationen im englischen Gebiet."

22. April. In Nürnberg beginnt der Prozeß gegen Flick und andere Industrielle des Nazireiches. In Hessen und in Württemberg haben Sozialdemokraten zusammen mit der Kommunistischen Partei die Sozialistische Einheitspartei gegründet. Sie wird später von der Militärregierung verboten.

Aus Dachau meldet die Rundschau auf der ersten Seite die Zeugenaussagen von eheamligen Häftlingen über die Ermordnung Ernst Thälmanns in der Nacht vom 17. auf den 18. August 1944. Unter den Mördern werden die Namen der SS-Unterführer Otto und Hofschulte genannt. Letzter Satz: „Interessant ist festzu-

Flicks geheimer Waffenkonzern

FRANKFURT, 7. März (DANA). Der geheimnisvolle Waffenkönig Friedrich F l i c k besaß ein Vermögen von 520 Millionen Dollar, das aus sorgsam geheim gehaltenen Anteilen an deutschen Unternehmen der Schwerindustrie bestand. Das ist das Ergebnis der Nachforschungen über die verborgene Industriemacht dieses ehemaligen Wehrwirtschaftsführers.

129 Konzerne im Werte von insgesamt 400 Millionen Dollar hatte Flick vollständig oder fast ganz in seinem Besitz. Joseph M a r c u , Leiter des amerikanischen Kriegs- und Schatzamtes, der die Nachforschungen anstellte, erklärte, daß Flick außerdem an wenigstens 55 Konzernen, welche die Nazi-Kriegsmaschine mit Waffen belieferten, beteiligt gewesen sei. Die Anteile belaufen sich auf 120 Millionen Dollar. Flicks Beziehungen zu diesen Firmen wurden auf seinen Befehl streng geheimgehalten.

Während der 62jährige Flick in einem Verhör beteuerte, nur „ein kleiner Geschäftsmann" zu sein, wurde immer größerer Aktienbesitz dieses Finanzmagnaten aufgedeckt. Flick hatte es verstanden, seine wirtschaftliche Macht zu verschleiern. Seine Hauptmitarbeiter hatten wiederholt Anträge an die Militärregierungen aller vier Zonen auf Wiedereröffnung der weit verstreuten Fabriken und Bergwerke gestellt. Sie gaben dabei nicht an, daß Flick der Besitzer sei. Flicks Schwiegertochter steht unter strenger Aufsicht. Sie wohnt zusammen mit Flicks Frau in einem prunkvollen, von einem großen Park umgebenen Haus in dem bayrischen Dorf R o s e n b e r g . Sie darf den Ort nicht verlassen, da sie gegenüber der Militärregierung unwahre Angaben über ihren Gesundheitszustand gemacht und unter falscher Begründung versucht hatte, eine Autolizenz zu erhalten. In Wirklichkeit war sie als Flicks „Kurier" tätig. Sie besuchte die einzelnen Konzerne und brachte ihrem Schwiegervater Berichte ins Gefängnis. Die Reisetätigkeit ist jetzt unterbunden.

Wegen seines schlechten Gesundheitszustandes und seines hohen Alters bat Flick, aus der Haft entlassen zu werden. Als freier Mann könne er Auskünfte ebenso geben wie in der Haft. Flick bleibt jedoch aus zwei Gründen in Haft. Er hat versucht, seine Werke wieder in Gang zu setzen und sich bemüht, seinen Einfluß in der NS-Kriegsindustrie, der ihm eine größere Machtstellung gab als sogar Krupp, zu verheimlichen.

Fünf von Flicks Hauptmitarbeitern sind verhaftet, außerdem haben der Sohn Flicks und sein Neffe Bernhard W e i ß , Direktoren mehrerer Werke des Flick-Konzerns, Hausarrest erhalten. Die Verhaftungen zerstörten Flicks Absicht, seinen groß angelegten und von den Nazis geförderten Trust auch nach der Besetzung

aufrechtzuerhalten. Seine Mitarbeiter sollten an leitenden Stellen der Werke bleiben, bis der Zeitpunkt gekommen wäre, an dem Flick die Herrschaft über seinen Trust wieder selbst übernehmen könnte. Lange vor dem Kriege hatte sich Flick als „Gegner" der großen Trusts aufgespielt. Mit Genehmigung der Hitler-Regierung hatte er seine beiden Unternehmen in Sachsen und Bayern, die Mitteldeutschen Stahlwerke und die Maximilianhütte, aus Aktiengesellschaften in Gesellschaften mit beschränkter Haftung umgewandelt, um im Gegensatz zu den raffenden Kapitalisten, den Trustinhabern, als mit dem Werk verbundener Unternehmer dazustehen. In Wahrheit hatten diese Transaktionen nur den Sinn, die auch im „Dritten Reich" bestehenden Publikationsbestimmungen für Aktiengesellschaften zu umgehen und in den veränderten Betriebsformen jene Riesentrustbildung zu v e r s c h l e i e r n , die nunmehr von den Besatzungsbehörden enthüllt worden ist.

33 Bankdirektoren verhaftet

FRANKFURT, 7. März (DANA). Im Anschluß an die Verhaftung des Rüstungsmagnaten Friedrich F l i c k wurden innerhalb der amerikanischen Zone 83 Direktoren und Aufsichtsräte deutscher Großbanken verhaftet. Sie sind des Verbrechens gegen Frieden und Menschlichkeit verdächtig.

Meistbelastet ist Direktor Karl R a s c h e von der Dresdner Bank, deren Verwaltung auch Flick angehört hat. Er wird beschuldigt, die wirtschaftliche Durchdringung der besetzten Länder, einschließlich Oesterreich und der Tschechoslowakei, bereits vor dem jeweiligen Ueberfall auf das betreffende Land persönlich in die Wege geleitet zu haben.

Die übrigen Verhafteten, die unter dem Nazi-Regime eine führende Rolle in der Kriegswirtschaft gespielt haben, sind folgende: D r e s d n e r B a n k : Karl Götz, Hans Schippel, Hugo Zinser, Dr. Hans Pilder, Dr. Karl Lindemann, Walter Schieber, Wilhelm Marotschke, Dr. Hans Ullrich, Heinrich Koppenberg, Wilhelm Kisskalt. D e u t s c h e B a n k : Dr. Albert Pietzsch, Gustav Brecht, Richard L. Freudenberg, Dr. Ernest E. Russel, Hans Rummel, Hermann Schmitz, Hermann von Siemens, Hans Oesterling, Max H. Schmid. C o m m e r z b a n k : Dr. Heinrich Glesbert, Dr. Joseph Schilling, Dr. Hans Deuss, Dr. Karl Hettlage, Wilhelm Tengelmann. R e i c h s k r e d i t g e s e l l s c h a f t : Dr. Karl Schmölder, Otto Neubaur, Dr. Adolf Schaffer, Hermann Jannsen, August Rohdewald, Oscar R. Henschel. B a n k d e r D e u t s c h e n A r b e i t : Heinz Reibauer, Hans Strauch.

Nürnberger Prozeß gegen Nazi-Industrielle

„Diese Männer verrieten alle Ideale ... und betrogen letzten Endes Deutschland"

NÜRNBERG, 21. April (Dana). Vor dem amerikanischen Militärgericht IV wurde hier am Samstag in Anwesenheit von General Lucius D. Clay der Prozeß gegen den Leiter des Flick-Konzerns, Friedrich F l i c k , und seine Mitangeklagten, Otto Steinbrink, Konrad Kaletsch, Bernhard W e i ß , Hermann Terberger und Odilo Burkart eröffnet.

Zu Beginn des Prozesses erklärten sich alle Angeklagten als „nicht-schuldig" im Sinne der Anklageschrift, die ihnen Kriegsverbrechen und Verbrechen gegen die Menschlichkeit vorgeworfen werden. Anschließend begann der amerikanische Hauptkläger, General Telford T a y l o r , mit seiner einleitenden Rede die Einführung des Beweismaterials der amerikanischen Anklagevertretung.

Zunächst ging General Taylor, nachdem er ausführlich die „Arisierungsmethoden" Flicks geschildert hatte, auf dessen Zusammenarbeit mit der

In der Anklagerede heißt es weiter: „Die Angeklagten besaßen und nutzten ungeheure natürliche Hilfsquellen und Fabrikationsstätten. Sie wurden sehr reich, aber dies ist kein Verbrechen unter dem Gesetz, nach dem dieses Gericht Recht spricht. Das Recht der Völker sagt nicht, daß es verbrecherisch ist, reich zu sein, oder daß es verabscheuungswürdig ist, arm zu sein. Das Recht der Völker entspringt den Grundsätzen der allgemeinen Anständigkeit und der von allen zivilisierten Nationen angenommenen Menschlichkeit. An der Schwelle dieses Prozesses und wegen seines ungewöhnlichen Charakters ist es wesentlich, diese Prinzipien genau zu verstehen. Die Angeklagten waren verschwenderisch reiche Industriemänner. Das ist jedoch nicht ihr Verbrechen. Wir beschuldigen sie, daß sie das Recht verletzten und schamlos das Bild der Menschheit in vollem Angesicht aller Menschen entehrt haben. Wir beschuldigen sie der Freiheit anderer mißachtet und das Recht ihrer nackten Existenz geleugnet zu haben, sowie der Versklavung von Millionen unglücklicher Frauen und Männer in ganz Europa teilzunehmen.

Auf die Unterstützung Hitlers durch Flick eingehend, verwies General Taylor auf die Tatsache, daß Flick infolge seines Geschäfts mit Gelsenkirchener Aktien in der Oeffentlichkeit stark in Mißkredit geraten war und dringend politischer Unterstützung bedurfte. Hier trafen sich seine Interessen mit denen Hitlers, der seinen wirtschaftlichen Berater Wilhelm Keppler aufgetragen hatte, eine kleine Gruppe Wirtschaftsmänner zu gewinnen, die in unserer Verfügung stehen, sobald er an Macht gelangt. Weiter erinnerte der amerikanische Hauptkläger an die Novemberwahlen 1932, die den Nazis einen Verlust von 34 Sitzen im Reichstag brachten und Hitler nach der Bildung eines Koalitionskabinetts verlassen, durch Schacht, Baron von Schröder und Göring direkt mit Geldforderungen an die Industrie herangetreten

Von links nach rechts: Odilo Burkart, Otto Steinbrink, Friedrich Flick (Bild: Bahr)

Immer wieder berichtete die Rundschau ausführlich über die Rolle von Großindustriellen und Bankiers während NS-Zeit und Krieg – zwei Beispiele aus den Jahren 1946 (oben) und 1947.

stellen, daß die amerikanische Anklagebehörde diesen Fall der deutschen Gerichtsbarkeit übergeben wird."

Was nicht in der Zeitung stand: Zusammen mit anderen Buchenwaldhäftlingen war auch ich nach Dachau als Zeuge geladen. Es begann mit einem Zusammenstoß mit dem amerikanischen Untersuchungsoffizier Kerschbaum, einem österreichischen Emigranten. Schon in Frankfurt hatte man mich gewarnt, daß Kerschbaum lieber Kommunisten als Faschisten auf die Anklagebank bringen würde. Seine erste Frage an mich: „Sagen Sie, in Buchenwald hat es doch eine Feme gegeben." Ich antwortete, daß ich nichts von solchen Dingen wisse. Kerschbaum: „Nun ja, aber, sehen Sie mal, wenn zum Beispiel ein Gefangener mit Typhus im Krankenbau lag und ein Kamerad hat ihm ein Stück Brot durchs Fenster geworfen, obwohl er bei dieser Krankheit keine festen Speisen essen durfte, dann ist es doch vorgekommen, daß ein Häftlingssanitäter den Betreffenden geohrfeigt hat."

Ich antwortete: „Mr. Kerschbaum, wenn Sie so untersuchen wollen, dann gebe ich Ihnen ein Empfehlung: Organisieren Sie einen Gerichtsprozeß mit einer ganz langen Anklagebank; und auf diese Anklagebank setzen Sie nebeneinander Häftlingspfleger, die aus solch einem Anlaß einen anderen Häftling geohrfeigt haben, und amerikanische Bomberpiloten, die nicht nur Kriegsverbrecher, sondern auch Frauen und Kinder getötet haben."

Damit war ich bei Kerschbaum abgemeldet.

Nun kam ich zu einem höhergestellten Offizier, der mir seinen Namen nicht nannte. Er fragte mich nach dem SS-Lagerführer Hackmann. Ihn interessierte nur eines: Verbrechen, die gegen alliierte Staatsangehörige begangen wurden, nach dem Einmarsch in Polen am 1. September 39. Ich konnte mich auf Daten nicht festlegen, Häftlinge pflegten kein Tagebuch zu führen. Aber ich gab ihm einen Rat: „Liefern Sie Hackmann an die Polen aus, er hat doch dort Verbrechen begangen. Die sind auf alle Fälle gegen alliierte Staatsbürger begangen worden."

Damit war ich nicht nur für diesen Offizier, sondern für das amerikanische Militärgericht endgültig als Zeuge uninteressant geworden. Ich wurde nachhause geschickt.

25. April. Die Moskauer Außenministerkonferenz ist beendet. Sie hat kein Ergebnis gebracht. Viele Jahre später werden amerikanische Politiker bekanntgeben, daß das Scheitern gewollt war; ein westdeutscher Separatstaat sollte entstehen.

Im Landtag Diskussion um das Ernährungsproblem, die zu tumultartigen Auseinandersetzungen führt. Die KPD verlangt die Einsetzung eines Untersuchungsausschusses zur Überprüfung der Ernährungsorganisation, vor allem der Tätigkeit des Präsidenten Dietz vom Landesernährungsamt, der beschuldigt wird, als Mehl- und Getreidegroßhändler und Importeur an jedem Sack Getreide sechsmal hintereinander zu verdienen, bis das Mehl an die Bäckereien komme. Die Regierungsparteien machen schließlich „die Presse" für die Unruhe im Lande verantwortlich: Es werde statt „Pressefreiheit Pressefrechheit" praktiziert.

In den nächsten Tagen protestieren die Herausgeber aller hessischen Zeitungen gegen diese Anwürfe. Abgeordneter Carlebach stellt als Vertreter der KPD klar, daß die Mehrheit der Lizenzträger den Regierungsparteien angehört. Ministerpräsident Stock korrigiert nun die Angriffe: Er erhebe keine Klagen gegen die Lizenzpresse.

1. Mai 1947: Der Aufmacher der Rundschau wird wieder von einem Sekretär des FGB geschrieben. Hauptforderung: Verwirklichung des Mitbestimmungsrechts der Arbeiterschaft, wie in Artikel 37 der Verfassung festgelegt.

In Westberlin werden die Gewerkschaftsplakate zum 1. Mai verboten, die die Losung tragen: „Für den Ausbau der Gewerkschaftseinheit — Kampf dem Bruderkrieg".

In Washington berichtet Außenminister Marshall über die gescheiterte Moskauer Konferenz: „Gegen Einigung um jeden Preis". Weitere Überschrift: „Stalin hofft auf Kompromiß."

In Hessen beantragt die KPD zusammen mit sozialdemokratischen Funktionären die Zulassung der Sozialistischen Einheitspartei Deutschlands.

In der nächsten Ausgabe berichtet die Rundschau ausführlich über den 1. Mai in Frankfurt. Die SPD hat in 25 Stadtteilen gefeiert. Im Zoo kamen 13 000 auf den Ruf der neugegründeten Arbeitsgemeinschaft SED/KPD zusammen, um den ehemaligen sozialdemokratischen Präsidenten des Thüringischen Landtages, August Fröhlich, zu hören, der jetzt einer der Führer der SED ist.

In der „New York Herald Tribune" veröffentlicht deren westdeutscher Korrespondent Edwin Hartrich einen scharfen Angriff gegen Lizenzträger Carlebach wegen dessen Rede bei der Maikundgebung.

8. Mai: Gegen 24 Direktoren der IG-Farben-Industrie ist die Anklageschrift wegen Kriegsverbrechen vorgelegt worden. In Bayern verbietet die Militärregierung die Gründung der Sozialistischen Einheitspartei Deutschlands. Der Leitartikel dieser Ausgabe beschäftigt sich mit der Anklageschrift gegen die Verbrecher aus den Direktionsbüros der IG-Farben.

8. Mai. Die Lizenzträger der hessischen Zeitungen sind zum Chef der Militärregierung, Oberst Newman, geladen worden, der ihnen nahelegt, den Behörden nicht „einzuheizen". Generalfeldmarschall Kesselring wird von einem britischen Militärgericht zum Tode verurteilt, aber später freigelassen.

10. Mai. Die Lizenzträger der beiden in Kassel erscheinenden Zeitungen wei-

Pressekonferenz im US-Hauptquartier am 14. Mai 1947 mit General Clay (zweiter von rechts, vorn). Auf der Pressebank (hinten, zweiter von rechts) Emil Carlebach.

sen Anschuldigungen zurück, die in der Stadtverordnetenversammlung Kassel gegen sie erhoben worden sind; sie würden sich auch in Zukunft keine Genehmigung für ihre Veröffentlichungen einholen.

Der Pressereferent des hessischen Ministerpräsidenten, Fritz Bartsch, behauptet, „Kommunisten und Nazis" würden die Unzufriedenheit gegenüber der Regierung schüren. Die Fraktion der KPD verlangt — vergeblich — seine Amtsenthebung.

Anklage gegen frühere Generale

(Dena). Der amerikanische Hauptankläger bei den Nürnberger Kriegsverbrecherprozessen, General Telford Taylor, überreichte am Samstag die Anklageschrift gegen zwölf Generale der ehemaligen Wehrmacht, in der diese beschuldigt werden, Kriegsverbrechen und Verbrechen gegen die Menschlichkeit verübt zu haben. Angeklagt sind:

Wilhelm List, ehemaliger Generalfeldmarschall, Oberkommandierender der 12. Armee von April bis Oktober 1941. Wehrmachtsbefehlshaber Südost von Juni bis Oktober 1941, Oberkommandierender der Armeegruppe A von Juli bis September 1942.

Maximilian von Weichs, ehemaliger Generalfeldmarschall, Oberkommandierender der 2. Armee von April 1941 bis Juli 1942, Oberkommandierender der Armeegruppe B von Juli 1942 bis Februar 1943, Oberkommandierender der Armeegruppe F und Oberbefehlshaber Südost von August 1943 bis März 1945.

Lothar Rendulic, ehemaliger Generaloberst, Oberkommandierender der 2. Panzerarmee von August 1943 bis Juni 1944, Oberkommandierender der 20. Gebirgsarmee von Juli 1944 bis Januar 1945, Wehrmachtsbefehlshaber Nord von Dezember 1944 bis Januar 1945, Oberkommandierender der Armeegruppe Nord von Januar 1945 bis März 1945, Oberkommandierender der Armeegruppe Kurland von März 1945 bis April

wurde der General von einer Reihe alliierter Nationen besonders ausgezeichnet. Nach dem Zusammenbruch Deutschlands war es die Hauptfrage General McClures, das bisherige Presse-, Radio-, Film- und Theaterwesen in der amerikanischen Zone von allen nazistischen Einflüssen zu säubern und auf eine neue demokratische Grundlage zu stellen.

Ein Buch, das Widmung aller Pressekontrolloffiziere, der Verleger der 44 amerikanisch lizenzierten Zeitungen sowie Bilder aus der Tätigkeit des Generals und Kopien der Kopfleisten der 44 amerikanisch lizenzierten Zeitungen enthält, wurde am Scheidenden von dem Leiter der Presseabteilung des Nachrichtenkontrollamtes, Arthur D. Eggleston, vom Chef der Pressekontrolle in Württemberg-Baden, Peter Heller, und vom Chef der Pressekontrolle in Hessen, Raymond J. Stover, als Abschiedsgeschenk überreicht.

1945, Oberkommandierender der Armeegruppe Süd von April bis Mai 1945.

Walter Kuntze, ehemaliger General der Pioniere, Kommandierender General der 12. Armee von Oktober 1941 bis August 1942.

Hermann Förtsch, ehemaliger General der Infanterie, Chef des Stabes in der 12. Armee von Mai 1941 bis August 1942, Chef des Stabes der Armeegruppe E von August 1942 bis August 1943, Chef des Stabes der Armeegruppe F von August 1943 bis März 1944.

Franz Böhme, ehemaliger General der Gebirgstruppen, Kommandeur der 18. Gebietsarmeekorps von Juli bis Dezember 1941, Bevollmächtigter Kommandierender General in Serbien von September bis Dezember 1941, Oberkommandierender der 2. Panzerarmee von Juni bis Juli 1944, Oberkommandierender der 20. Gebirgsarmee und Oberkommandierender Nord von Januar bis Mai 1945.

Helmut Felmy, ehemaliger General der Flieger, Oberkommandierender in Südgriechenland von Juni 1941 bis August 1942, Kommandeur des 68. Armeekorps von März 1943 bis Oktober 1944.

Hubert Lanz, ehemaliger General der Gebirgstruppen, Kommandeur der 1. Gebirgsdivision von Oktober 1940 bis Januar 1943, Kommandeur des 22. Gebirgsarmeekorps von August 1943 bis Oktober 1944.

Ernst Dehner, ehemaliger General der Infanterie, Kommandeur des 69. Armeekorps von August 1943 bis März 1944.

Ernst von Leyser, ehemaliger General der Infanterie, Kommandeur des 15. Gebirgsarmeekorps von November 1943 bis Juli 1944, Kommandeur des 21. Gebirgsarmeekorps von Juli 1944 bis April 1945.

Wilhelm Speidel, ehemaliger General der Flieger, Kommandeur von Südgriechenland von Oktober 1942 bis September 1943, Militärgouverneur von Griechenland von September 1943 bis Juni 1944.

Kurt von Geitner, ehemaliger Generalmajor, Chef des Stabes beim Kommandierenden General in Serbien von Mai 1942 bis August 1943, Chef des Stabes beim Militärkommandeur von Serbien und Militärkommandeur Südost von August 1943 bis Oktober 1944.

In Punkt 1 der Anklageschrift wird den Angeklagten der Mord an hunderttausend Zivilpersonen in Griechenland, Jugoslawien und Albanien zur Last gelegt. Unter den vielen von der Anklage zitierten Beispielen befindet sich ein Befehl des Oberkommandierenden der 2. Armee, Maximilian von Weichs', vom 28. April 1941, wonach 100 Serben aus allen Schichten der Bevölkerung als Repressalie für den Tod eines deutschen Soldaten und die Verwundung zweier

weiterer Soldaten hingerichtet wurden. Ende Oktober 1941, heißt es in der Anklageschrift weiter, schrieb der Bevollmächtigte Kommandierende General von Serbien. Franz Böhme, in seinem Zehntagesbericht an den Oberkommandierenden der 12. Armee und Oberbefehlshaber Südost, daß 405 Geiseln in Belgrad erschossen worden seien, wodurch die Gesamtzahl der in Belgrad bis zu diesem Zeitpunkt erschossenen Geiseln auf 4750 anstiege. Weiter seien 90 Kommunisten im Lager Sabac, 2300 Geiseln in Kragujevac und 1007 Geiseln in Kraljevo hingerichtet worden.

In Punkt 2 der Anklageschrift werden die Befehle angeführt, worin die Angeklagten die Ausplünderung. Zerstörung und Niederbrennung von Städten und Dörfern und die Exekution ihrer Bewohner anordneten. Als erstes Beispiel hierfür wird ein Befehl des Angeklagten Rendulic vom 10. Oktober 1944 zitiert, worin er als Chef der 20. Gebirgsarmee die vollständige Zerstörung aller Häuser und Unterkünfte sowie die Evakuierung der gesamten Bevölkerung in der norwegischen Provinz Finmark anordnete. In den Monaten Oktober und November sei dieser Befehl wortgetreu und rücksichtslos durchgeführt worden, ohne zwingendes militärisches Grund; und nach dem Grundsatz, keinerlei Mitleid für die Zivilbevölkerung zu zeigen, ließ man die evakuierte Bevölkerung das Niederbrennen ihrer Häuser mit ansehen. Alles in allem seien durch diese Evakuierung mehr als 61 000 Männer, Frauen und Kinder obdachlos und Hunger und Krankheit ausgeliefert worden.

In Punkt 3 der Anklageschrift werden den Angeklagten die bereits im Internationalen Kriegsverbrecherprozeß in der Anklage gegen Keitel und Jodl diskutierten „Kommissar"- und „Kommandobefehle" neben anderen verbrecherischen Anordnungen zur Last gelegt.

Punkt 4 der Anklageschrift befaßt sich mit dem Sklavenarbeiter-Programm. Zwangsverschleppung der Zivilbevölkerung im Südosten. Abtransport von Juden in Konzentrationslager und Mord werden den Generalen zur Last gelegt. Im Laufe der Aktion „Panther" ordnete zum Beispiel der Kommandierende General der 2. Panzerarmee, Generaloberst Lothar Rendulic, die Evakuierung der gesamten männlichen Bevölkerung aus den kroatischen Städten und Dörfern für Sklavenarbeit nach Deutschland an.

Abschließend heißt es in der Anklageschrift, daß alle Taten der Angeklagten Verletzungen der Haager Konvention, der Kriegsgesetze und der Strafgesetze aller zivilisierten Nationen seien und im Kontrollratsgesetz Nr. 10 als Verbrechen festgelegt sind.

NÜRNBERG, 12. Mai (Dena). Der amerikanische Gerichtsmarschall beim Nürnberger Kriegsverbrecherprozeß, Oberst Charles W. Mays, überreichte am Montag den zwölf sogenannten „Südostgeneralen" die vom amerikanischen Hauptankläger. General Telford Taylor, unterzeichnete Anklageschrift.

13. Mai. Ein gesamtdeutsches Treffen aller Landesministerpräsidenten ist für 6./7. Juni nach München einberufen. In Nürnberg legt die US-Militärregierung die Anklageschrift gegen 12 Generale als Kriegsverbrecher vor.

15. Mai. Die Spruchkammer verurteilt Hitlers Finanzmanager Hjalmar Schacht zu acht Jahren Arbeitslager, die er nicht absitzen wird.

17. Mai. Angesichts des Lebensmittelmangels und der überhandnehmenden Schwarzmarktgeschäfte hält Militärgouverneur Oberst Newman eine Rundfunkansprache an die Bevölkerung in Hessen, die ein heftiges Nachspiel haben wird: Die Zeitungen erhielten das Redemanuskript am frühen Nachmittag, damit es am nächsten Morgen in den Zeitungen erscheinen würde, während die Rede abends gehalten wurde. Rudert setzt selbstverständlich den Wortlaut in die Zeitung. Am nächsten Tag stellt sich heraus: Newman hatte auf direkte Anweisung von General Clay einen entscheidenden Absatz aus seinem Manuskript nicht vorgelesen, nämlich den, daß er entschlossen sei, den Belagerungszustand zu verhängen, wenn die Sabotage an der Lebensmittelablieferung nicht aufhöre. Prompt wurde in Kreisen der amerikanischen Militärregierung verbreitet, Carlebach habe dafür gesorgt, daß die gestrichene Passage dennoch gedruckt werde.

Zu den folgenden Abbildungen:
FR-Veröffentlichung der Newman-Rede (S. 149, oben); Attacke der „New York Herald Tribune" gegen Carlebach und die FR (S. 149, unten); Antwort Carlebachs an die „Tribune" (S. 150).

148

Dr. Newman: „Zusammen können wir es schaffen!"

(Fortsetzung von Seite 1)

rungsprogramm basiert auf dem Plan, in Hessen 710 000 ha Land zu bestellen, und das Versäumnis, diese Fläche zu bebauen, wird nächstes Jahr weiteren Lebensmittelmangel zur Folge haben. Amerika kann Ihnen nur die Differenz-Menge liefern, die zwischen den Erzeugnissen Ihrer Landwirtschaft, ausgerechnet nach dem Plan für Bestellung und Ernte, und der zur Versorgung Ihres Volkes unbedingt benötigten Mindest-Lebensmittelmenge liegt.

Vermeiden Sie Streiks, meiden Sie Agitatoren, die Streiks anschüren, und lehnen Sie es ab, jenen zuzuhören, die aus politischen oder selbstsüchtigen Gründen die Besatzungspolitik unnötig kritisieren und zum Widerstand gegen die Gesetze und Forderungen der Militärregierung hetzen.

Seien Sie fleißig! Arbeiten Sie für die Zukunft Ihres Staates und fordern Sie Ihre Mitbürger auf, das gleiche zu tun. Als ich am Mittwoch von Frankfurt nach Wiesbaden zurückkehrte, sah ich Hunderte von kräftigen, gesunden Leuten an den Ufern des Flusses in der Sonne liegen, während viele Hektar guten Gartenlandes der Pflege bedürfen und viele Hektar guten Landes, das sich zur Bestellung eignen würde, nicht benutzt werden, um die Nahrung hervorzubringen, die Sie so schmerzlich brauchen. Ich will Ihrer Regierung in jeder möglichen Weise bei der Durchführung der Maßnahmen unter dem Motto „Keine Arbeit — kein Brot" gegen Parasiten und Müßiggänger helfen.

Ich werde der Regierung alle in meiner Macht stehende Unterstützung zuteil werden lassen, um den Schwarzen Markt zu beseitigen. Schleichhändler werden mit der vollen Härte des Gesetzes bestraft werden.

Das Hamstern muß aufhören. Die Abgabepflicht für Lebensmittel muß in vollem Umfange erfüllt werden. Wenn Ihre Regierung versagt, habe ich die Vollmacht, Durchsuchungen vorzunehmen und alle Lebensmittel und andere Waren, die irgendwo zurückgehalten werden, zu beschlagnahmen. Ich werde nicht zögern, diese Macht zu gebrauchen, wenn immer es meiner Meinung nach notwendig zu sein scheint.

Mit Agitatoren wird ungeachtet ihrer Position sofort abgerechnet werden. Außer den anderen Bußen und Strafen, die auferlegt werden können, habe ich die Vollmacht — und ich werde sie gebrauchen — die Zuteilungsmenge derjenigen Arbeiterführer, die zu Streiks oder anderen Unruhen aufreizen, und ebenso die Zuteilungen der anderen, die solchen Anführern bei ihrem Unterfangen folgen, herabzusetzen. Diese Herabsetzungen werden drastisch sein und werden sich auf eine unbestimmte Zeitspanne hin erstrecken.

Während es in gewissen Gegenden notwendig werden könnte, den Belagerungszustand zu erklären oder sogar den gesamten Staat unter völlige militärische Aufsicht zu stellen, falls die Haltung des Volkes sich nicht bessert, glaube ich doch, daß ich nie drastischere Mittel gegen Sie werde anwenden müssen als die eines freundlichen Rates.

Ich möchte noch etwas anderes erwähnen. Enthalten Sie sich der Gewohnheit, die hessische Regierung für Gesetze, Verordnungen oder Befehle zu tadeln, für die sie nicht verantwortlich ist. Von Zeit zu Zeit wird von der Regierung verlangt, daß sie Ausführungsbestimmungen zu den Richtlinien der Militärregierung erläßt, und in solchen Fällen kann es geschehen, daß sie etwas anordnet, das von Teilen der hessischen Bevölkerung nicht gutgeheißen wird. Zwei Beispiele für diese Art von Handlungen sind die kürzliche Einführung der doppelten Sommerzeit und die Festsetzung der Kalorienmenge der Lebensmittel. Die erste wurde auf Grund eines Befehls des Alliierten Kontrollrates durchgeführt und ist eine Maßnahme zu Ihrem Vorteil, auf Grund mehrere hunderttausend Tonnen von Kohle Deutschland und seine Bevölkerung werden können. Die Festsetzung der Kalorienmenge entstammt einer Anweisung der Militärregierung und basiert auf den von denen einheimischen Produkten zuzüglich der fügbaren Einfuhren. In keinem dieser Fälle Ihre Regierung durch Ihren Zorn beeinflußt den — sie ist gezwungen, gemäß den Befehlen Militärregierung zu handeln.

Ich habe Ihnen berichtet, was wir tun, Ihnen zu helfen, und ich habe Ihnen offen gesagt was Sie tun oder lassen müssen, um bei Durchführung dieses Programms zu helfen. Ich bin sicher, wir verstehen einander. Die Vereinigten Staaten wollen Ihnen durch die Militärregierung in jeder möglichen Weise helfen. Sie müssen Ihrerseits völlig mit uns zusammenarbeiten bei der Erfüllung unserer Forderungen. Ich habe großes Vertrauen in den Patriotismus und gesunden Menschenverstand der Deutschen und glaube, daß die Mehrzahl Ihnen die Gürtel enger schnallen wird und den bestehenden Problemen mit dem gleichen hervorragenden Mut und der Stärke entgegentreten werden, wie sie in den gerade vergangenen schweren Wintermonaten bezeugt worden sind. Zusammen können wir es schaffen!

Vor Ihnen liegt Ihre Zukunft, und ich sehe den Tag in nicht zu weiter Ferne, an dem aus den Leiden der jetzigen Zeit ein friedliches, freies, demokratisches und wohlhabendes Volk entstehen wird, von der ganzen Welt geachtet und willkommen geheißen. Diesem Ziel wollen wir gemeinschaftlich zustreben; kein Opfer ist zu groß, um es zu erreichen.

German Paper Publishes Text of Newman Speech

By Edwin Hartrich

19.Ⅴ.47

From the Herald Tribune Bureau

FRANKFURT, May 17. — An attempt by the Military Government of Berlin to smother a threat of martial law for Greater Hesse in the current food crisis backfired today when the local Communist-edited "Frankfurter Rundschau" printed the story, allegedly in ignorance of last-minute deletion.

Last night, a half-hour before James R. Newman, the Military Director for Greater Hesse, spoke on Radio Frankfurt on the food crisis, his advance script was revised to eliminate the threat to evoke martial law "unless the attitude of the people improves."

While unable to confirm this officially, it was widely reported here that General Lucius D. Clay, the theater commander, himself telephoned Mr. Newman with drastic orders to change this provocative statement.

The "Frankfurter Rundschau," dominated by its Communist editor, Emil Calebach, had Mr. Newman's advance text at 11 a.m.

yesterday. Mr. Newman spoke on the radio at 9 p.m. yesterday. The "Frankfurter Rundschau" went to press at 5 a.m. this morning.

In its report the "Frankfurther Rundschau" quoted Mr. Newman's speech in full, under the headline "Together We Can Manage It." (referring to Mr. Newman's prediction of a solution to the food crisis.)

However, the "Rundschau's" editor either failed to listen to Mr. Newman's radio speech or did not read the German news agency's kill of his threat of martial law, sent out on the wires to all German newspapers.

The "Rundschau" did not indicate that Mr. Newman made this speech over Frankfurt radio but instead reported factually and correctly that this was delivered privately to a group of trade union leaders in his Wiesbaden headquarters yesterday morning.

The provocative paragraph was the following: "Unless the attitude of the people improves it may be necessary to declare martial law in certain areas and even place the state under complete military control. I trust I will never need to invoke against you any measure more drastic than that of helpful suggestion." The first sentence of the above quotation was deleted at the last minute.

The net effect of all this is that General Clay and the Military Government of Hesse have been placed in an extremely embarrassing position by both Mr. Newman's widely but privately advertised threatening speech, and secondly, either by design or accident, the provocative aspects of his speech, which Military Government sought to cover up at the last minute, have been exposed to the German public.

Evidence at hand here indicates an attempt by Mr. Newman to make an occupational "fireside chat" to the German civilians, plus an oratorical trip to the local woodshed, just went completely awry.

The Mailbag

German Editor Replies

To the Editor, European Edition:—
On Monday, May 19, your correspondent Edwin Hartrich reported to your readers that the "Frankfurter Rundschau," "dominated by its Communist editor, Emil Carlebach," had overlooked a kill of the German news agency—a kill that eliminated a certain part of a script of a radio-speech of Dr. James R. Newman, Director of Military Government of Hesse, in which he threatened the state of emergency might be ordered. This publication "embarrassed" Military Government, as Mr. Hartrich wrote.

Perhaps you understand my feeling that your readers could (or should?) think there was some sort of "Communist intrigue" going on? Therefore I beg to inform you that two important points of your report have not been correct:

1. There is no "dominating editor" in our paper. We are a group of three licensees, operating together in democratic manner. (In the U.S. Zone as a whole, there are three Communists licensed as newspaper-publishers — i.e., less than 5 per cent of the 75 licensees, in comparison with more than 10 per cent Communist votes in general elections. I am sure you do not think there are too many Communists in the papers.)

2. There never was a kill or anything similar of the said part of Dr. Newman's speech. You may easily discover the fact that U.P., Reuter's and other agencies gave the same story as the "Rundschau" because nobody was informed that General Clay cut some sentences out of the script after its distribution to the reporters.

EMIL CARLEBACH,
Co-editor of the
"Frankfurter Rundschau."
Frankfurt, June 4, 1947.

Tatsächlich hatte ich das Manuskript nie gesehen; auch andere Zeitungen hatten genauso gutgläubig wie Rudert diesen Absatz gedruckt. Der neuerliche Angriff der „New York Herald Tribune" tat dennoch seine Wirkung.

Weitere Meldung: 2000 Naziaktivisten werden „auf Ehrenwort" aus den Internierungslagern entlassen.

22. Mai: Die Militärgouverneure der amerikanischen und der englischen Zone, General Clay und General Douglas, wenden sich gegen Streiks: Arbeitsniederlegungen würden nicht die geringsten Auswirkungen auf die Lebensmittelimporte haben.

24. Mai. Die amerikanische Militärregierung verbietet den Besatzungstruppen die Einfuhr von Tabakwaren. Es ist ein Versuch, den Schwarzmarkt einzuschränken, auf dem die Zigaretten praktisch als Währung fungieren: Eine Stange Zigaretten gleich 1000 Mark.

27. Mai. Präsident Truman fordert militärische Zusammenarbeit des Westens.

29. Mai. Im Hessischen Landtag geht es wieder um die Nichtdurchführung des Artikels 41. Abgeordneter Ludwig Keil (KPD), der in der ersten Landesre-

gierung noch Ministerialdirektor im Wirtschaftsministerium war, wirft der jetzigen Regierung die Verzögerung der Durchführung des Artikels 41 vor. Wirtschaftsminister Koch weist diesen Vorwurf zurück.

In New York verlangt der ehemalige Präsident Hoover einen Separatfrieden der Westmächte mit Westdeutschland. Zwei Tage später schließt sich US-Außenminister Marshall diesem Vorschlag an.

Die Ministerpräsidenten der fünf Länder der sowjetischen Besatzungszone machen den Vorschlag, das gesamtdeutsche Ministerpräsidententreffen nicht in München, sondern in Berlin stattfinden zu lassen. Der Vorschlag wird abgelehnt.

31. Mai. Die Bizone bekommt eine zentrale Verwaltung, die „Wirtschaftsrat" genannt wird, um die politische Zusammenfassung vorläufig zu tarnen. Die Vertreter der Länder in diesem Wirtschaftsrat werden nach einem ausgeklügelten Wahlsystem durch die Landtage gewählt, so daß aus den meisten Ländern nur CDU-, SPD- und allenfalls LDP-Abgeordnete in den Wirtschaftsrat kommen.

3. Juni: Die Militärregierung verbietet die Gründung der Sozialistischen Einheitspartei Deutschlands in Hessen. In Berlin wird der sozialdemokratische Oberbürgermeister Ostrowski zum Rücktritt gezwungen, der versucht hat, ein erträgliches Verhältnis mit der sowjetischen Besatzungsmacht zu schaffen. Die Rundschau berichtet auf der ersten Seite über eine Rede Dr. Schumachers, der sich scharf gegen die Sowjetunion und die Kommunisten wendet. Im Leitartikel frage ich daraufhin, „ob in Deutschland nicht weiterhin die ‚Parteizäune' eine viel realere und gefährlichere Schranke bedeuten, als der vielzitierte Eiserne Vorhang".

7. Juni. Das Gesamtdeutsche Treffen der Ministerpräsidenten ist schon bei der Eröffnung geplatzt. Die Ministerpräsidenten aus der sowjetischen Besatzungszone hatten vorgeschlagen, die „Schaffung der deutschen Einheit" als Punkt 1 auf

Treffen der Ministerpräsidenten

Am Freitag durch den bayerischen Regierungschef eröffnet — Fünf aus der Sowjetzone gekommene Länderchefs verließen München vor Konferenzbeginn

(Drahtbericht unseres nach entsandten ek-Redaktionsmitgliedes)

München, den 6. Juni 1947

Nachdem am Vorabend der Ministerpräsidentenkonferenz auch die Vertreter der Ostzone in letzter Minute ihre Teilnahme zugesagt hatten und damit sämtliche Ministerpräsidenten aller deutschen Länder — ausgenommen das Saargebiet — erschienen waren, löste sich die allgemeine Spannung der Erwartung, und es schien, als ob man dem Ausgang der Besprechungen mit einem gut Teil Optimismus entgegensehen könnte. Um so größer war die Enttäuschung, als bereits die Vorbesprechungen der deutschen Länderchefs, die bis in die späten Abendstunden andauerten und der Festlegung der Tagesordnung dienten, die Regierungschefs der Ostzone die weitere Teilnahme an der Konferenz ablehnen und den Sitzungssaal verlassen. In einem amtlichen Kommuniqué der bayerischen Staatsregierung heißt es hierüber:

„In der zur Vorbesprechung vom 6. Juni zur Behebung der deutschen Landesnöte und zur einberufenen Ministerpräsidentenkonferenz stellten überraschenderweise die Ministerpräsidenten der Ostzone folgenden Antrag: ‚Wir beantragen als entscheidende Voraussetzung für die Verhandlungen der Konferenz als erstes auf die Tagesordnung zu setzen: Bildung einer deutschen Zentralverwaltung durch Verständigung der demokratischen deutschen Parteien und Gewerkschaften zur Schaffung eines deutschen Einheitsstaates.' In dem vorausgegangenen ausführlichen und wiederholten Kommissionsbesprechungen, zu welchen die Vertreter der Ostzone trotz Einladung nicht erschienen waren, hat der Ministerpräsident Dr. Ehard ein ausdrückliches und freies Bekenntnis zur deutschen Einheit angekündigt. Daraufhin machte er die

Vertreter der Ostzone sofort aufmerksam. Auch die übrigen Länderchefs brachten übereinstimmend zum Ausdruck, daß sie in der Konferenz die Notwendigkeit der deutschen Einheit bei allen Punkten der Tagesordnung nachdrücklich betont werden müsse. Die Meinungen gingen nur darüber auseinander, ob dies außerdem als besonderer Punkt der Tagesordnung und in Form einer Aufforderung an die politischen Parteien geschehen solle. Noch während dieser mit einer einzigen Ausnahme von allen Beteiligten geführten Aussprache zogen sich die Länderchefs der russischen Zone zu einer mehr als einstündigen Sonderberatung zurück. Nach ihrer Rückkehr ließen sie durch den Mund des inzwischen noch erschienenen Ministerpräsidenten von Brandenburg, Dr. Steinhoff, erklären, daß nachdem in der vorausgegangenen Debatte der er übrigens nicht teilgenommen hatte, zu diesem Verlangen negativ geäußert sei, sie sich gezwungen sähen, die Teilnahme an der weiteren Konferenz abzulehnen. Hierauf verließen die Herren den Sitzungssaal. Die übrigen Regierungschefs setzten ihre Beratungen fort und einigten sich über die Tagesordnung, bei der die Wirtschaftsnot und die Flüchtlingsnot im Vordergrund stehen."

Ministerpräsident Lüdemann (Schleswig-Holstein) gab auf einer Pressekonferenz Darlegungen über die Ergebnisse der Vorbesprechungen, die für die Konferenz und eventuell für das Schicksal Deutschlands von größerer Bedeutung sein könnten. Es sei an dem Abend der Vorbesprechungen alles versucht worden, um trotz der bestehenden Meinungsverschiedenheit in den Punkten der Tagesordnung die Ministerpräsi-

denten der Ostzone zum Bleiben zu bewegen. Die Aussprache sei mit aller Loyalität geführt worden. Da aber die geforderten Bedingungen der Regierungschefs der Ostzone nach der ganzen Struktur der Konferenz nicht angenommen werden konnten, hätten die fünf Länderchefs aus der Ostzone, die ihnen irgendwelche Begleitung gekommen wären, die Tagung verlassen. Noch am Freitagvormittag habe der Bürgermeister Dr. Friedensburg (Berlin) aus persönlicher Initiative den Versuch gemacht, die Herren aus der Ostzone im engeren Teilnahme an den Besprechungen zu bewegen. Nachdem dieser gescheitert wäre, hätten die Vertreter der Ostzone München verlassen. Ein wesentlicher Punkt, die Forderungen der Ostzonenvertreter nicht auf diese setzen zu können, wäre der, daß die Ministerpräsidenten der französischen Zone von ihrer Militärregierung die Auflage hätten, keine allgemeinen politischen Erörterungen vor Sprache zu bringen. Nur unter dieser Bedingung wäre eine Beteiligungsgenehmigung der Ministerpräsidenten der französischen Zone von ihrer Besatzungsmacht erteilt worden. Ministerpräsident Lüdemann dementierte Gerüchte, wonach die SPD, vertreten durch Dr. Schumacher, die Herren in München vertretenen sozialdemokratischen Ministerpräsidenten Anweisungen über ihr Verhalten gegeben hätte. „Wir leben in einer demokratischen Verfassung", und die SPD sei kein Freund des Führerprinzips. Gewiß hätten Richtlinien auf einer Konferenz mit Dr. Schumacher über aktuelle Angelegenheiten zur Debatte gestanden, doch habe man jedem Teilnehmer der Konferenz freie Hand gelassen. Gemeinsamkeit der Anschauung sei hierbei maßgebend gewesen.

* * *

Frau Louise Schröder, stellvertretende Oberbürgermeisterin von Berlin, im Gespräch mit dem bayerischen Ministerpräsidenten Dr. Hans Ehard.
(DENA-Bild)

Der hessische Staatssekretär Dr. Strauß (links) begrüßt den Berliner Bürgermeister Dr. Friedensburg. In der Mitte der Ministerpräsident von Nordrhein-Westfalen, Dr. Rudolf Amelunxen.
(DENA-Bild)

Von links nach rechts: Reichsminister a. D. Dr. Dietrich, der Bremer Senatspräsident Dr. Wilhelm Kaisen und der niedersächsische Ministerpräsident Dr. Heinrich Wilhelm Kopf (Hannover).
(DENA-Bild)

die Tagesordnung zu setzen. Da dies abgelehnt wurde, erklärten sie das Treffen für sinnlos und reisten ab. In USA hält Außenminister Marshall eine Rede, die später als Ankündigung des nach ihm benannten Marshall-Planes bezeichnet werden wird. Spitzenmeldung im lokalen Teil: Kein Fett in der nächsten Woche.

10. Juni. Zum Scheitern der Gesamtdeutschen Ministerpräsidentenkonferenz erklärt ein Vertreter der amerikanischen Militärregierung in Westberlin, man habe sich nicht den Willen einer Minderheit aufzwingen lassen.

17. Juni. In Frankfurt tagt die erste Landeskonferenz der Verfolgten des Naziregimes in Hessen. Zu den Gastrednern gehören der Stellvertretende Ministerpräsident Hilpert (CDU), Entnazifizierungsminister Binder (SPD) und der Frankfurter Oberbürgermeister Kolb.

21. Juni. Die Westmächte wenden sich gegen die Gerüchte, daß die USA und England Deutsche als Söldner für den in Griechenland tobenden Bürgerkrieg anwerben würden. Die Landtage von Hessen und Baden-Württemberg wählen ihre Vertreter für den bizonalen Wirtschaftsrat, wobei beide Male die KPD-Fraktion leer ausgeht. In der britischen Zone wird die KPD-Zeitung „Volksecho" verboten.

24. Juni. In Ost- und Westdeutschland kündigen die Gewerkschaften an, daß noch im laufenden Jahr eine gesamtdeutsche Gewerkschaftsorganisation geschaffen würde. Die Belegschaft von Daimler-Benz in Mannheim tritt wegen Erschöpfung infolge Nahrungsmittelmangel in den Streik und nimmt die Arbeit erst wieder auf, nachdem die Stadtverwaltung bessere Versorgung zugesagt hat. In den USA wird das Antistreikgesetz beschlossen, das nach seinem Initiator Taft-Gesetz genannt wird. Mein Leitartikel „Wehret den Anfängen" führt wieder zu einem heftigen Protest der Stadtverordnetenversammlung. Die Vorgeschichte: Ein Kriminalkommissar hat in Frankfurt einen jungen Mann verhaften wollen und diesen, als er flüchten wollte, erschossen. Ich schrieb dazu: *Niemand wird der Polizei das Recht streitig machen, im Falle der Notwehr die Waffe zu gebrauchen, obwohl gerade Deutschland in den letzten 30 Jahren Beispiele genug dafür lieferte, wie abgedankte Wehrmachtsoffiziere (die auch jetzt wieder in der Polizei unterzuschlüpfen versuchen) ihren Rekruten unter Berufung auf diesen Vorwand beibrachten, Einzelmenschen zu töten und ein ganzes Volk zu terrorisieren ... Der Tod des durch Krieg und Nachkriegselend aus der Bahn geworfenen jungen Menschen ist besonders tragisch, da die wirklichen Hintermänner des schwarzen Marktes geruhsam von ihrem Büro aus operieren können, ohne je Gefahr zu laufen, von einer tödlichen Kugel getroffen zu werden.*

Die Parteien der Stadtverordnetenversammlung bezeichneten diesen Leitartikel als „Verächtlichmachung der Polizei" und richteten neue scharfe Angriffe gegen die Rundschau. Als ich der CDU-Abgeordneten Else Eppstein, deren Mann in Auschwitz ermordet worden war, in einem Brief die Frage vorlegte, wie sie dazu kommen könne, einem solchen sachlich falschen und verleumderischen Beschluß zuzustimmen, schrieb sie mir zurück, sie habe weder den Leitartikel noch den Wortlaut der Stadtverordnetenresolution gekannt; sie habe lediglich mit ihrer Partei gestimmt ...

26. Juni. Der bizonale Wirtschaftsrat tritt in Frankfurt zusammen. Nur aus Nordrhein-Westfalen sind drei Abgeordnete der KPD vertreten. Die CDU besetzt sämtliche „Direktoren"posten (d.h. Ministerstellen). Jetzt erklärt auch die SPD, daß die politische Zusammensetzung des Wirtschaftsrates nicht den Realitäten entspräche.

Auch in Oldenburg Streiks gegen den Hunger. Die Berliner Stadtverordnetenversammlung wählt den sozialdemokratischen Oberbürgermeister Ernst Reuter, obwohl die sowjetische Militärregierung zuvor bereits angekündigt hatte, daß sie ihn als untragbar einschätze.

Der Leitartikel des 26. Juni trägt — obwohl (oder gerade weil) er nicht von mir, sondern von Gerold geschrieben ist — zu meinem Hinauswurf bei. Gerold schreibt über „Wirtschaftsrat und Einheit". Zunächst hatte er, wie kaum anders zu erwarten, in einem Entwurf den bizonalen Wirtschaftsrat als Keimzelle der deutschen Einheit gepriesen. Ich bewaffnete mich mit einer Flasche Cognac, nahm die Druckfahne und ging in sein Zimmer: „Karl, das kannst du doch nicht machen. Stell' dir vor, ich würde einen Leitartikel schreiben, in dem stünde, die Zentralverwaltung der sowjetischen Besatzungszone ist die Keimzelle der deutschen Einheit. Das würdest du nicht unterschreiben, sowenig wie ich das unterschreiben kann, was du jetzt entworfen hast." Wir diskutierten mindestens eine Stunde lang, bis die Cognacflasche leer war. Dann stand in Gerolds Leitartikel:

Es erscheint uns treffend ausgedrückt, wenn die „Tägliche Rundschau" in Berlin (das Blatt der sowjetischen Militäradministration / E.C.) im Leitartikel über die Bildung einer unserem Wirtschaftsrat ähnlichen Wirtschaftskommission in der sowjetischen Zone zur Frage der Wirtschaftseinheit schreibt: „Eine gesunde Dezentralisation der deutschen Wirtschaft mit einer planmäßigen Zusammenfassung aller Kräfte zu verbinden — das ist die Aufgabe, vor die sich jede verantwortliche Instanz gestellt sieht, wenn sie es mit der Schaffung einer lebensfähigen, demokratischen Gemeinschaft in Deutschland ernst meint ..." Genau auf diesem Weg der Herausarbeitung aus dem Chaos durch wirtschaftliche Zusammenfassung befinden wir uns ... Das höhere Ziel wird naturgemäß nicht der „Anschluß" einer der vorhandenen Wirtschaftskräfte der beiden Körperschaften an die andere sein, sondern eine Zentralverwaltung, die gesamtdeutsche Belange in Verbindung mit ihnen zu regeln hat.

Am nächsten Morgen wurde Gerold zur Militärregierung bestellt. Er hat, als er zurückkam, kein Wort darüber gesprochen, was man ihm dort gesagt hat; aber ich konnte es mir an fünf Fingern abzählen: Die Rundschau war auch nach der Schaffung der Bizone auf der Position des Potsdamer Abkommens, auf der Position der Einheit geblieben. Diese Haltung mußte gebrochen werden. Zensur ohne Schere: Die Redaktionsspitze mußte so verändert werden, daß nicht die deutsche, sondern die amerikanische Position in der Zeitung zum Ausdruck kam. Und die amerikanische Losung lautete: „Lieber das halbe Deutschland ganz als das ganze Deutschland nur halb (beherrschen)"; sowohl Professor Kogon, wie der SPD-Politiker Carlo Schmid, die in den USA gewesen waren, waren dort mit dieser Haltung des US-Außenministeriums konfrontiert worden. Um diese Zielsetzung zu realisieren, war der Bruch mit der Sowjetunion, der politische, ökonomische und ideologische Feldzug gegen die Sowjets und die Kommunisten notwendig. Damit war die Entscheidung auch über mich gefallen. Es dauerte keine zwei Monate mehr.

3. Juli. Die Besprechung der Außenminister in Paris über den Marshall-Plan ist gescheitert. Der Vorschlag Molotows, daß die vier Großmächte den Bedarf der europäischen Länder gemeinsam überprüfen und gemeinsam die Hilfsmaßnahmen festlegen, wurde von den USA abgelehnt; der Marshall-Plan sei und bleibe eine amerikanische Maßnahme.

5. Juli. Die KPD gibt im Landtag bekannt, daß sie ihren Mitgliedern empfehlen werde, sich aus den Spruchkammern für die Entnazifizierung zurückzuziehen. Systematisch würden von Oben her große Nutznießer des Naziregimes begünstigt, was eine Ungerechtigkeit gegen die kleinen Parteigenossen und einen

CDU besetzt alle Direktorenposten

SPD enthält sich der Stimme im bizonalen Wirtschaftsrat – Vertagung bis Anfang September

ck FRANKFURT, 25. Juli (Eig. Ber.). In der vierten Sitzung der zweiten Vollversammlung des Wirtschaftsrates am Donnerstagabend wurden auch die neuen Vorschläge des Exekutivrates zur Wahl der Direktoren der Zweizonenverwaltungen nicht angenommen. Die Liste der Kandidaten sah zur Besetzung der Direktorenstelle des Verwaltungsamtes für Wirtschaft den niedersächsischen Minister für Wirtschaft und Verkehr, Albert Kubel, Hannover, oder Ministerialdirektor im Wirtschaftsministerium Rheinland-Westfalen, Dr. Heinz Potthoff, Düsseldorf, beide SPD, vor. In geheimer Wahl ergaben sich 21 Stimmen für Kubel, während 27 Stimmen gegen beide Vorschläge Kubel-Potthoff standen.

Nachdem damit beide Kandidaten abgelehnt waren, erklärte Abg. Schöttle (SPD) vor dem Plenum, die sozialdemokratische Fraktion sei zur Zusammenarbeit mit der größeren Fraktion des Hauses, der CDU, angesichts der gegenwärtigen Notlage des deutschen Volkes bereit gewesen. In den letzten Tagen habe sich aber im Wirtschaftsrat eine starke Rechtsmehrheit herausgebildet, die unter allen Umständen versuche, ihren Willen durchzusetzen. Auf Grund dieser Tatsache müsse er jetzt bekanntgeben, daß auch die Herren Finanzsenator Dr. Walter Dudeck und Stadtkämmerer Erwin Hielscher, die für den Posten des Direktors für Finanzen vorgeschlagen waren, ihre Bereitwilligkeit zur Mitarbeit in der für sie vorgesehenen Stelle zurückgezogen hätten. Die sozialdemokratische Fraktion werde sich nicht weigern, auch weiterhin in diesem Hause in geeigneter Form mitzuarbeiten, jedoch werde diese Zusammenarbeit nun einen anderen Charakter tragen, in der Form einer zwar nicht hemmungslosen, aber praktischen Opposition, indem sie nur solche Vorschläge gutheiße, die ihrer Meinung nach nicht zum Schaden des deutschen Volkes gereichten. Es werde sich zeigen, ob die Herren, die bereit waren, leichtfertig die Mitarbeit der SPD auszuschlagen, die Schwierigkeiten der Zukunft meistern könnten, denen zu begegnen sei.

Dr. Holzapfel (CDU) entgegnete, stürmisch von Protestrufen der SPD-Abgeordneten unterbrochen, daß auch seine Partei um eine gute Zusammenarbeit bemüht gewesen sei, daß es aber nicht anginge, daß die SPD außer der Besetzung sämtlicher Wirtschaftsministerien in den beiden Westzonen nun auch noch den ausschlaggebenden Direktorenposten der Verwaltung für Wirtschaft für sich in Anspruch nähme, und somit der CDU, die genau wie die SPD 35 Prozent der Stimmen auf sich vereinige, vollständig die Möglichkeit nehmen würde, ihre Gedanken in der Wirtschaft zum Ausdruck zu bringen.

Die Sitzung wurde daraufhin für eine halbe Stunde unterbrochen, um dem Exekutivrat Gelegenheit zu geben, dem Wirtschaftsrat neue Vorschläge zu unterbreiten. Nach dieser Liste gehören alle für die fünf Direktorenstellen aufgestellten Kandidaten der CDU bzw. CSU an oder stehen ihr nahe. Die endgültige Wahl hatte folgendes Ergebnis:

1. Wirtschaft: Wirtschaftsprüfer Dr. Joh. Semler, München (CSU), 26 Stimmen, gegen Senator Harmsen, Bremen (CDU), keine Stimme, bei 22 Stimmenthaltungen, 2. Ernährung, Landwirtschaft und Forsten: Dr. Schlange-Schöningen, Hamburg (CDU), 26 Stimmen, gegen Dr. Josef Baumgartner, München, (CSU), 1 Stimme, bei 19 Stimmenthaltungen und einer Ablehnung, 3. Finanzen: Reichsbankdirektor Otto Schniewindt, München (parteilos), 27 Stimmen, gegen Finanzminister Strickrodt, Hannover (CDU), keine Stimme, bei 19 Stimmenthaltungen und einer Ablehnung, 4. Verkehr: Generaldirektor Dr. Eugen Fischer, Frankfurt (CDU), 27 Stimmen, gegen Staatssekretär Dr. Walter Strauß, Wiesbaden (CDU), keine Stimme, bei 19 Stimmenthaltungen und einer Ablehnung, 5. Post und Fernmeldewesen: Staatssekretär Dr. Hans Schubert, München (CSU), 27 Stimmen, gegen Präsident Josef Baumhoff, Köln (CDU), keine Stimme, bei 18 Stimmenthaltungen, einer Ablehnung und einer ungültigen Stimme.

Darauf gab Abg. Ludwig Ficker, München, im Namen der KPD die Erklärung ab, daß mit dieser Wahl 50 Prozent der Wählerschaft, und zwar gerade aus den Reihen der werktätigen Bevölkerung, ausgeschaltet und in die Opposition gedrängt wären. Der Ausgang der Wahl zeige die verhängnisvolle Auswirkung der Koalitionspolitik, deren Vertreter nicht einsähen, daß eine solche Politik nicht geeignet sei, die demokratischen und aufbauwilligen Kräfte zusammenzufassen, sondern zur Stärkung der Reaktion führen werde. Die KPD lehne daher die Verantwortung für diese Politik ab, die jetzt von denen getragen werden müsse, die aus machtpolitischen Gründen dieses Ergebnis herbeigeführt hätten.

Hierauf schloß Präsident Dr. Erich Köhler die zweite Vollversammlung des Wirtschaftsrates mit der Bekanntgabe, daß die nächste Zusammenkunft voraussichtlich in der ersten Septemberwoche stattfinden werde.

Pressekonferenz der CDU

Nach Beendigung der Sitzung erklärte Dr. Holzapfel von der CDU-Fraktion auf einer Pressekonferenz, an der auch der Vorsitzende der CDU, Dr. Adenauer, und Dr. Müller von der CSU Bayern, sowie der Vorsitzende der hessischen LDP, August Euler, teilnahmen, die Koalition sei nicht von der CDU gebrochen worden. Bei der Wahl der Direktoren für die Aemter für Verkehr und Post wäre nur das fachliche Können bestimmend gewesen, denn es bestünde jetzt noch Ungewißheit, ob die Neugewählten überhaupt der CDU angehörten. August Euler von der LDF-Fraktion beschuldigte den Exekutivrat, es verabsäumt zu haben, für jeden Posten zwei Vertreter der zwei verschiedenen Parteien in Vorschlag zu bringen. Der Exekutivrat habe ferner unterlassen, so sagte Dr. Holzapfel, sich bei der ersten Aufstellung der Kandidaten mit der CDU und FDP/LDP-Fraktion in Verbindung zu setzen.

Kein Eingreifen der Militärregierungen

FRANKFURT, 25. Juli (Dena). Die Militärregierungen haben während der Verhandlungen über die Besetzung der Direktorenposten des Wirtschaftsrates keinen Einfluß auf den Fortgang der Dinge ausgeübt, erklärte Dr. Friedrich Holzapfel, Fraktionsführer der CDU im Wirtschaftsrat, in einer Pressekonferenz nach der Plenarsitzung. Lediglich von Zeit zu Zeit hätten sich Vertreter der Militärregierungen nach dem Stand der Verhandlungen erkundigt.

Von gut unterrichteter Seite wird jedoch bekannt, daß Präsident Köhler und der Vorsitzende des Exekutivrates, Ludwig Metzger, vor der entscheidenden Schlußsitzung seitens der Militärregierungen zur Besonnenheit ermahnt worden seien, um die Wahl der Direktoren nicht an der Starrheit der Auffassungen scheitern zu lassen.

Um den Vizepräsidenten

fru WIESBADEN, 25. Juli (Eig. Ber.) Eine neue Ergänzungs-Anweisung für den bizonalen Wirtschaftsrat wird, wie inzwischen bekannt wurde, die Bestimmung enthalten, daß dessen Mitglieder keine Ministerposten bekleiden dürfen, während es bisher schon unzulässig war, gleichzeitig Abgeordneter des Wirtschaftsrates und eines Parlamentes zu sein.

Der sozialdemokratische Vizepräsident des Wirtschaftsrates, Georg August Zinn, wird dadurch vor die Wahl gestellt, entweder dieses Amt oder das Justizministerium in Hessen aufzugeben. Eine entsprechende Alternative wird für einige andere Mitglieder, vor allem aus der englischen Zone, entstehen.

*

Wie Dena mitteilt, hat der zum Direktor für Verkehr im Wirtschaftsrat gewählte Eugen Fischer den Posten noch nicht angenommen.

Adenauer zur SPD-Politik

FRANKFURT, 25. Juli (Dena). Dr. Konrad Adenauer, der Vorsitzende der CDU in der britischen Zone, erklärte nach einer Meldung des CDU-Pressedienstes vom Donnerstag zu den Vorgängen im Wirtschaftsrat in Frankfurt, die SPD versuche, genau wie in Minden, eine Wirtschaftsdiktatur zu errichten. In der Stellungnahme Dr. Adenauers heißt es ferner, die SPD habe acht Wirtschaftsministerien in den einzelnen Ländern und dazu noch die Mehrheit im Exekutivrat. Es sei für die CDU unmöglich, sich der wirtschaftlichen Vergewaltigungspolitik der SPD zu beugen, ohne sich selbst aufzugeben.

Dr. Schumachers Auffassung

HANNOVER, 25. Juli (Dena). Die CDU hat den Versuch gemacht, die totale Macht für die gesamte Wirtschaft in Westdeutschland an sich zu reißen, heißt es in einer am Freitag vom SPD-Pressedienst veröffentlichten Erklärung des ersten Vorsitzenden der SPD, Dr. Kurt Schumacher, zur Direktorenbesetzung im Zweizonenwirtschaftsrat. Das Verwaltungsamt für Wirtschaft sei die einzige bizonale Position gewesen, welche die Sozialdemokratie bisher innegehabt hätte. Deshalb hätte sie auf diese nicht verzichten können.

Der Exekutivausschuß, in dem die Sozialdemokraten die Mehrheit hätten, habe dem Plenum des Wirtschaftsrats den Plan vorgelegt, zwei Sozialdemokraten und drei Vertreter der CDU als Direktoren der bizonalen Verwaltungen zu bestimmen. Die CDU habe unter allen Umständen das Amt für Wirtschaft erkämpfen wollen. Sie habe vorausgesehen, daß dadurch die Sozialdemokratie zwangsläufig aus allen Möglichkeiten der wirtschaftspolitischen Verantwortung in der Doppelzone herausgedrängt werden mußte. Die CDU-CSU müsse wissen, daß sie mit der Frankfurter Entscheidung den Sozialismus, ja die soziale Linie, aufgegeben habe. Sie stehe eindeutig als reine Unternehmerpartei da.

Stellungnahme der SPD-Fraktion

Die SPD-Fraktion des Wirtschaftsrates übermittelt uns folgende Stellungnahme:

Verlauf und Ergebnis der Wahlen der Exekutivdirektoren haben sich zwangsläufig aus dem Willen der CDU ergeben, die entscheidenden Positionen der neuen zentralen Einrichtungen mit allen Mitteln zu erobern. Daß man dabei tatsächlich mit allen Mitteln gearbeitet hat, beweist u. a. die Anwesenheit des Parteiführers Dr. Adenauer bei allen Fraktionsberatungen und sogar bei den Abstimmungen, sowie die recht merkwürdig anmutende Auslegung der Geschäftsordnung zur Erzwingung einer namentlichen Abstimmung an Stelle der bei Wahlen sonst üblichen und in der Geschäftsordnung vorgesehenen geheimen Wahl. Das sind Praktiken, deren Anwendung durch eine Partei sehr merkwürdig berühren, die sonst immer von „Befehlsempfang" in der Sozialdemokratie spricht. Aber nicht genug damit: Es pfeifen heute die Spatzen von allen Dächern, daß die maßgebenden Herren der CDU sogar den Weg zur amerikanischen Militärregierung nicht gescheut haben, um eine Abänderung des Statuts zuungunsten der Länder zu erwirken — nur, um im Wirtschaftsrat die Stimmenmehrheit des Rechtsblocks zur Erfüllung ihrer Parteiwünsche einsetzen

Wirtschaftsprobl

wb WIESBADEN, 25. Juli (Eig. Bericht). In einer scharfen Erklärung wandte sich Leo Bauer (KPD) zu Beginn der Freitagsitzung des Hessischen Landtages gegen die von SPD und CDU beschlossene Absetzung eines kommunistischen Gesetzentwurfes zum Artikel 41 von der Tagesordnung. Es sei ihm absolut verständlich, so erklärte Bauer, daß die CDU auf diese Weise einen früheren anderslautenden Beschluß umgestoßen habe: sie wünsche offensichtlich nicht die Ueberführung der Großindustrie in Gemeineigentum zu diskutieren, sondern hoffe „durch höhere Gewalt" diese Aufgabe dem Wirtschaftsrat übertragen zu sehen, in welchem sie die Mehrheit besitze. Zu bedauern sei nur, daß die SPD sich wieder einmal dem Willen der CDU gebeugt habe, und dies zu einem Zeitpunkt, als im Wirtschaftsrat sich die CDU ebenfalls siegreich durchgesetzt habe. Bereits dieser Teil der Erklärung wurde durch Zwischenrufe der CDU laufend unterbrochen: der restliche Teil wurde schließlich unverständlich. Präsident Witte erteilte dann den ersten Ordnungsruf an Dr. Raabe (Vizepräsident des Landtags).

Der Fraktionsvorsitzende der SPD, Wagner, entgegnete Bauer, die Aenderung der Tagesordnung sei lediglich aus Zeit- und Zweckmäßigkeitsgründen, die Ausführungen Bauers aber aus parteiegoistischen Gründen erfolgt. Während sich Stiehler (CDU) diesen Ausführungen anschloß, unterstützte der LDP-Abgeordnete Bleek aus grundsätzlichen Erwägungen die Behandlung des Gesetzentwurfes. Der Antrag wurde jedoch abgelehnt.

Die zweite Lesung des Gesetzes über die Neuordnung der technischen Ueberwachung, die diese aus der seitherigen privaten Ueberwachung in die des Staates überführen soll, löste eine Debatte aus, in der sich die Vertreter der beiden Linksparteien für, die der LDP gegen den Gesetzentwurf aussprachen, während die CDU sich ihre endgültige Stellungnahme bis zur dritten Lesung vorbehielt. Einstimmige Annahme fand in dritter Lesung das Gesetz über die Erfassung von Hausrat, das Mobiliar und Haushaltungsgegenstände den Flüchtlingen, Evakuierten und Ausgebombten zugute kommen lassen will. Zu der Verabschiedung des Gesetzes zur Regelung des Finanzausgleichs für das Haushaltsjahr 1947, das den Gemeinden und Gemeindebehörden zur Erfüllung ihrer lebensnotwendigen Aufgaben die notwendigen Geldmittel zuführt, stellten die vier Parteien ihre Bedenken zurück und gaben dem Regierungsentwurf ihre Zustimmung. Zu der Gesetzesänderung des Gemeindemittelgesetzes, das den nicht wiedergewählten kommissarischen Bürgermeistern bis zum 31. 7. 48 als

Prestigeverlust für die Spruchkammern bedeute. Da für die derzeitige Durchführung der Entnazifizierung die KPD nicht mehr die Verantwortung übernehmen könne, gab der Abgeordnete Bauer einen Beschluß der Landesleitung der KPD bekannt, der sämtlichen der Partei angehörigen Vorsitzenden, Klägern und Beisitzern empfiehlt, ihre Mitarbeit an den hessischen Spruchkammern einzustellen.

Entnazifizierungsminister Binder wies Angriffe des Abgeordneten Carlebach als „unsachlich und demagogisch" zurück. So sei die Beurlaubung des Nazi-Aktivisten Prinz Philipp von Hessen aus dem Internierungslager auf Anweisung der amerikanischen Militärregierung erfolgt.

Letzte Meldung an diesem Tage: Das Todesurteil gegen Generalfeldmarschall Kesselring ist aufgehoben.

12. Juli. Die sowjetische Militäradministration verweigert die Zustimmung zur Wahl Ernst Reuters als Oberbürgermeister von Berlin. General Kotikow erklärt, Reuter habe es „fertiggebracht, sich durch seine antisowjetischen, verleumderischen Ausfälle zu empfehlen".

Die Westmächte versichern, sie hätten nicht die Absicht, durch den Marshall-Plan Europa zu spalten. In Griechenland läßt die konservative Regierung, die die USA und Großbritannien hinter sich weiß, 2500 Angehörige der antifaschistischen Widerstandsbewegung verhaften und deportieren. Der Bürgerkrieg verschärft sich.

15. Juli. Im Lokalteil berichtet Rudi Eims unter der Überschrift „Operette hinter Stacheldraht" über die Zustände in dem Internierungslager Darmstadt:

Zwei Theater, ein Kino, ein Orchester und Vortragsveranstaltungen sorgen laufend für geistige Erbauung und Unterhaltung. So probt man im Theatersaal die im Dritten Reich verbotene Operette „Der liebe Augustin". Keiner der alten Nationalsozialisten nimmt heute daran Anstoß, daß sie der Jude Leo Fall komponierte. Und mit Hingabe und Laune singt man „Und der Himmel hängt voller Geigen" ... Die Sühne für ihre Schuld ist von einer Milde getragen, die die meisten der Aktivisten wohl selbst nicht erwartet haben.

19. Juli. Meldung auf der ersten Seite: Die „New York Times" schreibt: Zumindest in den Westzonen Deutschlands müsse, soweit das möglich sei, eine deutsche Regierung geschaffen werden.

24. Juli. Im bizonalen Wirtschaftsrat immer noch Gerangel um die Besetzung der Direktorenposten, da die CDU sich die beherrschende Stellung zu sichern versucht. Am 26. Juli Spitzenmeldung: „CDU besetzt alle Direktorenposten." Titel des Leitartikels: „Der Sieg des Dr. Adenauer." In diesem Leitartikel zeigte die Rundschau schon zwei Jahre vor Schaffung der Bundesrepublik Deutschland prophetisch, daß die antikommunistische Politik des Dr. Kurt Schumacher in erster Linie dem rechten Flügel der CDU nutzen würde. Nicht Schumachers SPD konnte die westdeutsche Politik gestalten, sondern Konrad Adenauer, der die Sozialdemokraten haßte und verachtete, wurde Nutznießer der Spaltung der Linken; seine Politik prägte Aufbau und Tendenz der Bizone und später der Bundesrepublik.

Letzte Meldung: Die US-Armee dementiert, daß sie deutsche Söldner für Griechenland anwirbt.

29. Juli. Der Landesvorstand der VVN Hessen beschließt einstimmig, Pastor Niemöller nicht aufzunehmen. Wie sich später im Lauf einer längeren Auseinandersetzung herausstellt, beruht dieser unhaltbare Beschluß auf falschen Informationen und muß rückgängig gemacht werden. Pastor Niemöller wird später Ehrenpräsident der VVN.

2. August. Die Rundschau feiert ihr zweijähriges Bestehen mit einer Sonder-

UNSER BETRIEB

Redaktions- Konferenz

Redaktion Politik

Kaufmännische Leitung

Arno Rudert   Karl Gerold   Emil Carlebach

Lizenzträger und leitende Redakteure

Hellschreiber

Oben: Wirtschafts-Redaktion
Unten: Redaktion Kultur und Feuilleton

Lokalredaktion   Maschinensetzerei   Sportredaktion   Bildredaktion

Von der Nachricht zur Zeitung

Wenn wir hier unseren Lesern einige Blicke in das Wesen einer Zeitung zu eröffnen versuchen, so geschieht das, im Bewußtsein, daß keine Darstellung die Mannigfaltigkeit der Zeitungsarbeit erschöpfend wiederzugeben vermag. Es gibt kein Geschehen von irgendwelcher Bedeutung im täglichen Leben, das die Zeitung nicht in irgendeiner Form berührte — durch Nachricht oder Kommentar. So mannigfaltig wie die Geschehnisse, so rasch muß die Zeitung reagieren; in der geistigen Verarbeitung durch die Redaktion, im Ablauf des technischen Nachrichtenwiedergebe, deren Vibration vom Zeitgeschehen bestimmt ist.

Wir haben einen unserer Mitarbeiter gebeten, in kurzen Zügen zu verständlich vor Augen den komplizierten Weg zu schildern, wie eine Zeitung tatsächlich entsteht. Hier folgt das Ergebnis.

Durch Funk und Fernschreiben, Telephon und schriftlicher Mitteilung von Korrespondenten erreichen die Nachrichten die Redaktion. Der Chef vom Dienst leitet sie weiter zur Bearbeitung an die "Ressorts" Politik, Lokales, Kultur, Wirtschaft usw. Von dort gehen die Nachrichten in Manuskriptform in die "Setzerei", wo auf Setzmaschinen Zeile um Zeile der Text und die Handsatz der Ueberschrift entsteht. Der Text wird auf lange Papierstreifen, "Fahnen" genannt, abgezogen und kommt zur Durchsicht auf Druckfehler in die "Korrektur" und, zur Kontrolle zurück in die Redaktion. Die "Redaktionskonferenz" bespricht nach geistigen, technischen und formalen Gesichtspunkten Inhalt und Form der jeweils nächsten Ausgabe, und zur unberechenbaren Zeit wird das Zeitung "umbrechen". Der "Umbruch", die hohe Stunde des Redakteurs, vereinigt alles zusammenwebt, in Zeilen gesetzten und "Fahnen" langgezogenen, angebrochene Nachrichtenmaterial in den "Balken" und ergibt das allzu bekannte Form die Zeitung, die das von Redakteur und Setzer ihre äußere und innere Ordnung erhält. Aber auch zu das Werk nicht beendet: unter einer Prägepresse wird das fertige Umbruch zu einer "Mater" geprägt, nach welcher in der "Stereotypie" die halbrelförmigen "Druckplatten" am Blei gegossen werden, um auf die Walzen der "Rotationsmaschine" aufgezogen zu werden. Unablässig zur Papier befördern, das sich von den unermeßbaren Rollen in die Maschine hinein abspult, aus der die fertigen Zeitungsexemplare eilig herausströmen — in die Hände der Fachmänner und Packer, auf die Autos zum Versand. Versand in die Stadt an die Verkaufsstellen und Verkäufer, auf den Bahnhof zu den Abonnenten. Aber noch ist nicht alles genannt. Da ist die Chemigraphie, in der die Bilder hergestellt werden, der Vertriebsapparat, die technische Leitung, die Buchhaltung, das Lagerhaus — wir nannten die Namen? Und was wäre eine Redaktion ohne Bibliothek und Archiv!

So mannigfaltig wie das Leben ist, so mannigfaltig sagt und rollt sich die Zeitung.

Photos: Frankfurter Rundschau.
Photomontage und Text: Karl Gerold, Otto Goldschadt, Ruth Müller.

Redakteur und Metteur beim Umbruch

Links: Zwei Redakteure beim Umbruch mit dem Setzer. Rechts: Der Stereotypeur prüft eine soeben gegossene Druckplatte.

Der Unersättliche — der Papierkorb

Unentbehrliche Voraussetzung — das Papier

Technische Leitung

Oben links: Die gedruckten und gefalzten Exemplare der „Frankfurter Rundschau" verlassen die Rotationsmaschine und gelangen über Packerei, Versand in die Autos (oben rechts) und somit schnellstens in die Hände der Leser und Leserinnen

Die Frankfurter Rundschau in allen Taschen und ...   ... von Hand zu Hand seite, die Fotos der Mitarbeiter und des technischen Betriebes bringt. Mein Leit-artikel endet mit den Worten: *Das Ziel, dem unsere Tätigkeit ununterbrochen zu-strebte, kann jetzt erst recht eigentlich in Angriff genommen werden: Die Schaffung der unteilbaren deutschen demokratischen Republik, getragen von einem Volk, das weder Unterdrückung im Inneren noch Eroberungsabsichten nach außen kennt.*

14 Tage später wird mir die Lizenz entzogen.

5. August. Eine amerikanische Agentur teilt mit: Wenn die Industrien an der Ruhr nationalisiert werden, wird es keine amerikanische Wirtschaftshilfe mehr geben.

8. August. Vor dem amerikanischen Militärgericht in Dachau beginnt der Pro-zeß gegen die SS-Leute des Vernichtungslagers „Dora" (Nordhausen).

12. August. Die fünfte Interzonenkonferenz der Deutschen Gewerkschaften in Badenweiler hat in einer einstimmigen Entschließung erklärt, „daß das künftige Schicksal des Deutschen Volkes von der politischen Einheit und der einheitli-chen Wirtschaftführung sowie von einer einheitlichen sozialen Gesetzgebung ab-hängt. Die deutschen Gewerkschaften bekundeten diesen Willen zur Einheit durch entsprechende Vorbereitungen für einen organisatorischen Zusammenschl-uß aller Schaffenden." Auch dieser Beschluß wird durch den kalten Krieg außer Kraft gesetzt werden.

19. August. Die Krupp-Direktoren werden unter Anklage gestellt.

21. August. An der Spitze der ersten Seite wird die Zurücknahme der Lizenz für Emil Carlebach gemeldet. Anstelle einer Begründung wird § 3 der Lizenzur-kunde zitiert, der besagt: „Diese Zulassung wird für keine bestimmte Zeitfrist er-teilt und stellt kein Eigentumsrecht dar; sie ist nicht übertragbar und kann ohne Kündigungsfrist oder Untersuchung rückgängig gemacht werden."

Zurücknahme der Lizenz

fru FRANKFURT a. M. (Eigenber.). Dem bis-herigen Lizenzträger der „Frankfurter Rund-schau", Emil C a r l e b a c h, wurde durch ein Schreiben der amerikanischen Militärregierung Hessen vom 20. August 1947 ohne Angabe von Gründen die Lizenz entzogen. Das Schreiben lautet:

„*Lizenz Nr. 2 der Informationskontrolle der Militärregierung vom 1. August 1945, durch welche Sie ermächtigt werden, in Frankfurt eine Zeitung „Frankfurter Rundschau" herauszugeben, wird hiermit gemäß den Bestimmungen ihres § 3 zurückgenommen.*

Auf Befehl des Direktors der Militärregierung:

Dietrich S c h r ö d e r, Major, OMC Acting Chief, Information Control Division."

Der angeführte Paragraph 3 der Lizenzur-kunde lautet wie folgt:

„Diese Zulassung wird für keine bestimmte Zeitfrist erteilt und stellt kein Eigentumsrecht dar; sie ist nicht übertragbar und kann ohne Kündigungsfrist oder Untersuchung rückgängig gemacht werden."

Die Anordnung der Militärregierung betrifft ausschließlich die Zurücknahme der Lizenz und beschränkt im übrigen weder Carlebachs journa-listische noch seine politische Tätigkeit.

„Anhörung" und Lizenzentzug

Einige Wochen zuvor hatte mir Gerold eine „Warnung" übermittelt: Ich müsse meine Haltung ändern, sonst würden die Amerikaner mir die Lizenz entziehen. Ich lachte: „Weißt du, Karl, die hätten mir die Lizenz längst entzogen; aber sie wissen, wenn sie das tun, dann tut es einen Schlag von London bis Honolulu. Das hindert sie daran — sonst garnichts." Ich wollte, daß er diese Äußerung der Militärregierung übermittelt, und zweifellos geschah das auch.

So ereignete sich das, was auch zu Beginn meiner Lizenzträger-Tätigkeit geschehen war: Botschafter Murphy, der politische Chef der US-Zone, schaltete sich ein. Diesmal erschien er persönlich, um die letzte Entscheidung zu treffen. Am Donnerstag, dem 14. August, erhielten wir die überraschende Mitteilung, wir sollten uns am nächsten Morgen für eine Aussprache mit Murphy bereithalten. Wie diese verlief, habe ich in einer Aktennotiz noch am selben Tage festgehalten:

Aktennotiz
Freitag, den 15. August 1947

Botschafter Murphy, der politische Berater General Clays, hat für 9 Uhr vormittag die drei Lizenzträger der Rundschau zu einer Unterhaltung in das Zimmer von Major Sola auf der Militärregierung gebeten und verspätet sich. Er empfängt dann zuerst OB Kolb, dessen Dolmetscher von Rexum im Vorzimmer bleibt, und bittet um 10 Uhr überraschenderweise nur Herrn Carlebach zu sich ins Zimmer. In perfektem Deutsch drückt er seine Freude über das Zusammentreffen aus und erklärt, schon viel von mir gehört zu haben.

CARLEBACH: Das ist sicher unangenehm für mich.
MURPHY: Ganz im Gegenteil, ich habe nur Gutes über Sie gehört und muß Sie um Entschuldigung dafür bitten, daß ich diese Unterredung nicht schon früher suchte, doch müssen Sie meine Arbeitsüberlastung berücksichtigen.
CARLEBACH: Berücksichtigt.
MURPHY: Mit was beschäftigt sich Ihre Zeitung jetzt hauptsächlich?
CARLEBACH: Umerziehung, die Herausstellung der Verbrechen des Nazismus am deutschen und anderen Völkern durch Veröffentlichung von Tatsachen und Prozeßberichten. Wissen, daß dies unpopulär aber notwendig.
MURPHY: Wie ich höre, waren Sie selbst viele Jahre im KZ, doch machen Sie einen kräftigen Eindruck. Wahrscheinlich, weil Sie jung sind. Die Menschen, die mit 50 oder 60 Jahren aus dem Lager kamen, sind jedoch meist körperlich und seelisch gebrochen. Wie schätzen Sie die Entnazifizierung ein?
CARLEBACH: Entweder reformieren oder bankrott erklären. Siehe entsprechend scharfe Kritik von Dr. Dorn (Entnazifizierungsberater Clays). Rolle des deutschen Großkapitals richtig einschätzen, nicht wie in USA in der Lage, dem Volk noch irgendwelchen Nutzen zu bringen. Entfesselte in Deutschland in den letzten Generationen zwei Kriege, um sich aus dem Strukturbankrott zu retten. Daher Problem Sozialisierung. Freihandel garnicht mit der entsprechenden Fragestellung in USA vergleichbar.
MURPHY: Ich bezweifle, ob Sie recht haben. Wir schätzen die Lage anders ein, doch wird es Sache des deutschen Volkes sein, darüber zu entscheiden. Was halten Sie vom Marshall-Plan?

CARLEBACH: Haben bisher noch nicht dazu Stellung genommen, sondern uns mit ausführlicher Wiedergabe der DENA- bzw. der AP-Berichte beschäftigt. Ich selbst schrieb einen Leitartikel darüber, in dem ich mich allerdings mangels abschließender Informationen darauf beschränken mußte, die Stellungnahme der einzelnen Kontrahenten aufzuzeigen. Wie ich höre, haben Sie selbst, Mr. Murphy, in den letzten Tagen in Paris an einer Konferenz von vier maßgebenden amerikanischen Diplomaten über die Durchführung des Marshall-Planes teilgenommen?

MURPHY: (überhört die angeführte Frage) Und wie stehen Sie zur Zweizonenvereinigung?

CARLEBACH: Wir vertreten den Standpunkt, daß die Zweizonenvereinigung allenfalls eine Etappe, auf keinen Fall jedoch ein Hindernis auf dem Weg zur Wiederherstellung der deutschen Einheit sein darf.

MURPHY: Sind Sie mit allem einverstanden, was in der Ostzone geschieht?

CARLEBACH: „Einverstanden" ist nicht das richtige Wort. Mit den dort durchgeführten umfangreichen Demontagen kann kein Deutscher „einverstanden" sein, doch muß jeder Vernünftige einsehen, daß die Russen ein moralisches und materielles Recht dazu haben. So ist es auch mit manchen anderen Dingen.

MURPHY: Aber es gibt doch in der Ostzone weniger Freiheit, und das Leben dort ist schlechter?

CARLEBACH: Ich glaube nicht, daß Sie recht haben. Die USA schicken zwar Lebensmittel nach Deutschland, aber durch die als demokratisch bezeichneten Rücksichtnahmen gegenüber Unfähigkeit und Sabotage sind die Rationen hier trotzdem so niedrig, daß die Nachteile, die ein schärferes Zugreifen für eine Reihe von Widerspenstigen mit sich bringen würde, nunmehr in Form verschärfter Notlage auf der breiten Masse lasten. Dadurch wird überdies der antialliierten Naziflüsterpropaganda Wasser auf die Mühle geliefert und gleichzeitig auch jede von deutscher Seite kommende demokratische Aktivität in den Augen der Bevölkerung diskreditiert. Für den Mann auf der Straße scheint es tatsächlich, als ob Hitler recht habe, der behauptete, wenn die Alliierten kämen, würde Deutschland ausgehungert. Ich kann mir nicht vorstellen, daß es auf Zufall oder mangelnder Qualifikation beruht, wenn unter einem Mann wie Schlange-Schöningen derartige Entwicklungen vor sich gehen, sondern bin davon überzeugt, daß hier Sabotage vorliegt.

MURPHY: (lächelnd) Vielleicht hätte man alle Nazis im Amt lassen sollen, damit sie die heutigen Zustände selbst verantworten und ihnen lediglich Kontrolleure zur Seite geben sollen?

CARLEBACH: Es fehlt nur noch, daß Sie ein System politischer Kommissare vorschlagen, wie es schon einmal in einem anderen Land eingeführt worden sein soll. (Beide lächeln)

MURPHY: (lächelnd) Vielleicht ist eine Militärregierung niemals in der Lage, einen wirklichen demokratischen Aufbau durchzuführen, oder wir sind zu dumm dazu.

CARLEBACH: Von Dummheit kann meiner Meinung nach überhaupt keine Rede sein, und ich glaube auch nicht, daß es an der Existenz der Militärregierung als solcher liegt, denn schließlich wird auch die Ostzone, in der man meiner Meinung nach manches geschickter macht, von einer Militärregierung gelenkt. Aber während Sie sich in Ihrer Politik auf eben dieselbe Gruppe alter Politiker stützen, von denen Sie vorhin sagten, daß sie heute zum größten Teil an Leib und Seele gebrochen seien, und deren Lebenserfahrung im Grunde doch nur aus einem katastrophalen Bankrott besteht, ist es den Russen, wie mir selbst bürgerliche Politiker neuerdings bestätigen, gelungen, einen vollkommen neuen Stamm junger Politiker und Verwaltungsbeamter aus der Bevölkerung heraus zu entwickeln. Ich bin überzeugt, daß 50 Prozent dieser Menschen eines Tages wegen Unfähigkeit oder Korruption über die Klinge springen müssen, aber dann bleiben immer noch die übrigen 50 Prozent, auf die sich eine neue Demokratie stützen kann, während hier die Träger der gegenwärtigen Entwicklung aussterben.

MURPHY: Ich bin über die Einzelheiten in der Ostzone nicht genau unterrichtet, muß Ihnen aber sagen, daß ich in Berlin ein Dienstmädchen habe, eine sehr anständige Deutsche, die kürzlich bei ihren Verwandten in Leipzig zu Besuch war und mir berichtete, daß es dort vor allem in einem außerhalb Leipzigs gelegenen Flüchtlingslager sehr schlecht ist, besonders was die Lebensmittelzuteilung betrifft.

CARLEBACH: Ich glaube nicht, daß mit einem solchen Beispiel viel gesagt ist und muß Sie darauf aufmerksam machen, daß auch bei uns, vor allen in den Flüchtlingslagern, katastrophale Zustände herrschen, wie zum Beispiel in Giessen. Es ist aber bedauerlich, daß derartige Mißstände, die überall vorkommen, leider in allen Zonen zum Anlaß genommen werden, Gegensätze zwischen diesen verschiedenen Teilen Deutschlands propagandistisch zu verstärken.

MURPHY: Das ist sehr bedauerlich. Wir bemühen uns, innerhalb der Zone eine derartige antirussische Propaganda zu verhindern. Sie wissen aber selbst, daß die Russen bzw. die Presse der Ostzone uns immer wieder zu einer Stellungnahme zwingt.

CARLEBACH: Ich bin nicht befugt, hier Entscheidungen zu treffen, muß Sie aber darauf aufmerksam machen, daß mir bekannte Einwohner der Ostzone das Gegenteil glauben, wobei sie darauf hinweisen, daß die in Berlin von der amerikanischen Militärregierung herausgegebene „Allgemeine Zeitung" und später der amerikanisch lizenzierte „Tagesspiegel" die Politik des Stichelns angefangen hätten. Ich sage Ihnen ehrlich, daß ich mich als Deutscher nicht zum Richter über alliierte Streitigkeiten befugt fühle, und daß wir in der „Frankfurter Rundschau" zum Beispiel es bisher stets abgelehnt haben, etwa in einem Disput zwischen der „Neuen Zeitung" München und der „Täglichen Rundschau" Berlin Partei zu ergreifen.

MURPHY: Ich habe auch gar nicht den Eindruck, daß Sie sich zum Richter aufwerfen wollen, aber leider machen uns die Russen eine ganze Reihe von Schwierigkeiten, zum Beispiel bei der Währungsreform, die ohne ihren Widerstand längst durchgeführt wäre, weil sie dringend notwendig ist.

CARLEBACH: Ich kann hier auch keine Entscheidung fällen, muß Ihnen aber gestehen, daß in der „New York Times" ein Artikel von Delbert Clark stand, der behauptet, die Amerikaner seien aus übergroßem Mißtrauen nicht bereit, mit den Russen zu einem Abkommen über die Währungsreform zu gelangen, und nicht nur die Russen, sondern a l l e Besatzungsmächte hätten es bisher abgelehnt anzugeben, in welchem Umfang von ihnen alliierte „Besatzungsmark" gedruckt worden sei.

MURPHY: (Das einzige Mal während der ganzen Unterhaltung aus der Ruhe kommend, ziemlich erregt) Das ist mir absolut unverständlich, ich begreife garnicht, wie Sie zu einer solchen irrigen Auffassung kommen können. Selbstverständlich haben wir genau angegeben, wieviel „Besatzungsmark" wir gedruckt haben, das ist auch allgemein bekannt.

CARLEBACH: Sie müssen verstehen, in welcher Situation ich mich als deutscher Redakteur befinde. Wenn die von mir angeführte Erklärung von einer russischen Stelle stammte, könnte ich annehmen, es sei ein Versuch, die russische Haltung zu entschuldigen. Die „New York Times" ist aber doch schließlich das Sprachrohr der amerikanischen Regierungspartei, so daß ich tatsächlich nicht weiß, woran wir sind, und wir es uns versagen müssen, in einem eigenen Kommentar in der Zeitung zu dieser Frage Stellung zu nehmen.

MURPHY: (immer noch ziemlich erregt) Aber die Dinge liegen so, wie ich es Ihnen gesagt habe, und die deutsche Bevölkerung muß wissen, daß die Russen die Währungsreform verhindern.

CARLEBACH: Wir haben selbstverständlich dementsprechende Meldungen, die wir sowohl von der DENA wie von der AP erhielten, pflichtgemäß veröffentlicht, da wir uns nicht berechtigt fühlten, sie in den Papierkorb zu werfen. Aber ich muß Sie nochmals bitten, die Situation eines deutschen Redakteurs zu berücksichtigen, der ja schließlich nicht zum Kontrollrat gehen kann, um sich dort zu erkundigen, welche Stellungnahme nun eigentlich die richtige ist.

*

Nach einigen Höflichkeitsfloskeln erhebt sich Murphy, bringt nochmals zum Ausdruck, wie sehr er sich über die Unterhaltung gefreut habe, und erklärt: „Nun möchte ich mich noch mit Ihren beiden Mitarbeitern unterhalten". Wir gehen ins Vorzimmer, wo er Gerold und Rudert zu sich winkt und auch mich, da ich draußen bleiben will, ausdrücklich nochmals hinzubittet. Es werden dann zehn Minuten lang kurze, formelle Redensarten über Auflagenhöhe, Papierschwierigkeiten etc. gewechselt, wobei er Rudert für den Verlagsfachmann hält.

MURPHY: Gibt es irgendwelche politischen Voraussetzungen bei der Einstellung neuer Mitarbeiter bei der „Frankfurter Rundschau"?

Alle drei Lizenzträger äußern sich kurz darüber, daß jedes Belegschaftsmitglied einen Fragebogen ausfüllen muß, den ICD verlangt, aus welchem hervorgeht, daß der Betreffende in

keiner Weise politisch belastet ist. Andere Voraussetzungen gibt es nicht.
MURPHY: Sie arbeiten, wenn ich recht unterrichtet bin, von Anfang an zusammen?
Gerold erklärt, daß er erst später, aus der Schweiz kommend, in das Lizenzträgerkollegium eingetreten sei.
MURPHY: Ach, da kennen Sie sicherlich Herrn Goldammer? Ich möchte gern wissen, was er jetzt treibt.
GEROLD: Nein, ich kenne ihn nur vom Hörensagen.
CARLEBACH: Goldammer ist gegenwärtig bei Radio Berlin beschäftigt und war sogar vor einigen Tagen zufällig auf der Durchreise bei mir.
MURPHY: Ach ja, Sie haben Recht, ich hatte davon gehört, daß er bei Radio Berlin ist.
Die Verabschiedung nach etwa zehn Minuten ist wiederum außerordentlich freundlich.

Ich sehe den Mann noch heute vor mir: Etwa 1.80 m groß, in einem dunkelblauen Nadelstreifenanzug, an den Ärmeln lang heraushängende Manschetten, so stand er, etwas nach vorn gebeugt, im Zimmer, um mich zu begrüßen. Das Verhör — heute würde man es Anhörung nennen — führte er, ganz Diplomat, in freundlichem Plauderton. Um so auffallender, daß er bei dem Thema Währungsreform so sehr aus dieser Rolle fiel — die Amerikaner müssen da in großen propagandistischen Schwierigkeiten gewesen sein.

Die „Neue Zeitung" und die „Tägliche Rundschau", die hier erwähnt sind, waren die offiziellen Organe der US- bzw. der Sowjetmilitärregierungen in Deutschland.

Wenn ich heute die damalige Aktennotiz nachlese, dann wird mir meine Situation „auf dem Drahtseil" wieder deutlich: Einerseits die Notwendigkeit, ständig eine Übereinstimmung mit den Vorschriften der Besatzungsmächte zu betonen — andererseits meine Überzeugung nicht um irgendwelcher Vorteile willen preiszugeben. Was kommen würde, war mir dennoch klar.

Als erstes kam, daß Gerold sich abmeldete. Er würde im entscheidenden Augenblick „in Urlaub sein", ebenso wie an dem Tag, als Gerst der Stuhl vor die Tür gesetzt wurde. Lassen wir die nächste Aktennotiz für sich selbst sprechen:

Aktennotiz

20. 8. 1947
Mittwoch, den 20. 8. 1947, 12 Uhr mittags, Anruf aus Major Schröders Büro in Wiesbaden bei Carlebach, die Herren möchten sich für 17 Uhr bereithalten, Major Schröder und Mr. Stower kämen.
CARLEBACH: Wissen Sie, daß Herr Gerold abwesend ist und sich in der Schweiz befindet?
SEKRETÄRIN: Mr. Stower sprach davon, war sich aber nicht ganz klar darüber, ich werde ihn nochmals unterrichten.

*

16 Uhr Anruf Ernst Eichelsdörfer (KPD). Der Vertreter der „Neuen Zeitung", München, habe in der Gutleutstraße angefragt, ob es stimme, daß Herr Carlebach die Lizenz niedergelegt habe. Ähnliche Anfragen kamen in der nächsten halben Stunde an die Redakteure Montag und Krumm, außerdem ruft Stadtrat Fritz Fey mit derselben Frage im Büro Gerold an, wo Godo Remshardt das Gespräch abnimmt.
17 Uhr erscheinen Schröder und Stower im Büro Rudert.
SCHRÖDER (offensichtlich verlegen) fragt, wann heute die Zeitung fertig wird, wer sie macht, ob wir die Arbeit bewältigen etc. Plötzlich macht er mit einem Ruck die Aktentasche auf und zieht einen ungefalteten und dementsprechend nicht kuvertierten Briefbogen heraus, den er mir mit den Worten überreicht: „Herr Carlebach, ich habe leider die unangenehme Aufgabe, Ihnen diesen Brief zu übergeben, der Ihre Lizenz zurücknimmt."

OFFICE OF MILITARY GOVERNMENT
FOR HESSE
INFORMATION CONTROL DIVISION

APO 633
WIESBADEN

20 August 1947

SUBJECT: Revocation of license.

TO : Mr. Emil Carlebach
Frankfurter Rundschau
Frankfurt/Main

Military Government Information Control License No. 2, dated

1 August 1945, authorizing you to publish in Frankfurt a newspaper

"Frankfurter Rundschau" is hereby revoked pursuant to the terms of para-

graph 3 thereof.

BY ORDER OF THE DIRECTOR:

DIETRICH SCHROEDER
Major   QMC
Acting Chief, Information Control Division

CARLEBACH: Es würde mich interessieren, Herr Major, wieso die „Neue Zeitung", München, bereits vor einer Stunde von dieser Maßnahme Kenntnis hatte.
SCHRÖDER: (überrascht und verlegen) Ich habe keine Ahnung davon, Herr Carlebach. Sie können sicher sein, daß wir niemanden informiert haben; ich werde sofort untersuchen lassen, wer hier eine Indiskretion beging. Gerüchte über die Zurücknahme Ihrer Lizenz sind schließlich lange genug umgelaufen. Nie sprach man von Rudert oder Gerold oder sonst jemand, immer nur von Carlebach. Nach jeder Rede, die Sie gehalten haben, wurde ich gefragt, wann nehmt Ihr dem Carlebach nun endlich die Lizenz ab.
CARLEBACH: Es würde mich interessieren, mit welcher Begründung mir die Lizenz entzogen ist.
SCHRÖDER: Ich kann Ihnen nichts darüber sagen, als daß die Sache nicht von uns ausgeht, ich habe keine Ahnung, sondern führe lediglich eine Anweisung von Dr. Newman aus. Dieser läßt Ihnen überdies sagen, daß er heute und morgen nicht in Wiesbaden sei, ab Freitag früh jedoch Ihnen zur Verfügung stehe, wenn Sie irgendwelche Wünsche haben. Sie möchten sich ruhig persönlich an ihn wenden.
CARLEBACH: Herr Major, ich glaube nicht, daß ich den Mann finde, der bereit ist zuzugeben, daß er diesen Brief veranlaßte. Ich glaube auch nicht, daß mir irgend jemand eine persönliche Begründung für diese Maßnahme angeben kann, und ich glaube schließlich nicht daran, einen Offizier zu finden, der bereit ist, den Lizenzentzug rückgängig machen zu lassen. Warum soll ich mir also eine Stunde meiner kostbaren Zeit stehlen?
Stower läßt sich diese Erklärung von Schröder übersetzen, beide lächeln verständnisvoll, aber nicht ironisch.
CARLEBACH: Der Brief ist unterschrieben „By order of director", ist das Oberst Textor in Berlin?

162

SCHRÖDER: Nein, das ist Dr. Newman, doch weiß ich nicht, ob er mit dieser Anordnung nicht vielleicht lediglich einen Befehl aus Berlin ausführt. Sie verstehen, Herr Carlebach, wir haben mit der Sache nichts zu tun ...

CARLEBACH: (unterbrechend) *Regen Sie sich nicht auf, Herr Major, es sind mir in meinem Leben schon schlechtere Dinge vorgekommen, und ich habe früher schon der Militärregierung erklärt, daß ich ohne Lizenz auf die Welt gekommen bin und annehme, auch ohne Lizenz wieder sterben zu müssen.*

Stower läßt sich wieder übersetzen (beide lächeln wieder überrascht, aber nicht ironisch).

RUDERT: Herr Carlebach hat für die heutige Ausgabe den Leitartikel geschrieben; muß ich nun heute abend noch einen neuen schreiben?

SCHRÖDER: Das ist uns absolut gleichgültig, wir haben lediglich Herrn Carlebach die Lizenz zu entziehen, was er im übrigen schreibt, betrifft uns nicht. Wenn Ihnen der Leitartikel zusagt, so können Sie ihn ohne weiteres morgen früh in die Zeitung setzen. Glauben Sie im übrigen, da auch Herr Gerold abwesend ist, allein die Arbeit bewältigen zu können?

RUDERT: Es muß eben sein, ich werde mich behelfen müssen.

CARLEBACH: (aufstehend) *Meine Herren, ich darf mich wohl entfernen?*

STOWER und SCHRÖDER: Aber warum? Sie können ruhig hier bleiben.

CARLEBACH: *Nein, ich habe hier nichts mehr zu suchen, was gehen mich schließlich fremde Zeitungen an. (Alle lachen; Händeschütteln).*

*

Einige Minuten später erscheint der Frankfurter Vertreter der AP mit seiner Frau und fragt Schröder noch in Ruderts Zimmer nach dem Grund des Lizenzentzuges.

SCHRÖDER: Ich kann Ihnen nichts darüber sagen, ich habe keine Ahnung, wir haben nichts damit zu tun, am besten wird es sein, Sie fragen Herrn Carlebach selbst, möglicherweise weiß dieser mehr als ich.

Nein, sie wußten alle nicht, warum sie mir die Lizenz entzogen hatten! Der große irische Dramatiker George Bernard Shaw nannte diese speziell bei den Angelsachsen entwickelte Heuchelei „cant". Sie erlaubten großzügig, ich könne ja als Mitarbeiter bei der Rundschau bleiben — sie wußten genau, daß ihre Maßnahme gewirkt hatte; daß meine bisherigen Kollegen selbst das Berufsverbot gegen mich verhängen würden, „ganz freiwillig". Erst als ich später den „offenen Brief" an Clay veröffentlichte, wurden sie aus dieser „vornehmen Zurückhaltung" herausgezwungen: „No publicity whatsoever" hieß dann die Anweisung: „Keine öffentliche Mitteilung irgendwelcher Art."

Jetzt ging es nur noch darum, die Heuchelei festzunageln, diese Art „amerikanischer Pressefreiheit" an den Pranger zu stellen. Noch am selben Tag schrieb ich an den Militärgouverneur Hessens, US-Colonel Dr. Newman:

Frankfurt/Main, den 20. August 1947

Herrn
Dr. James R. Newman
Direktor der Militärregierung für Hessen
W i e s b a d e n
Landeshaus

Sehr geehrter Herr Dr. Newman!
Sie haben mir heute Nachmittag 17 Uhr ohne Angabe von Gründen die Lizenz zur Herausgabe der „Frankfurter Rundschau" entziehen lassen, nachdem ich seit meiner Befreiung aus elfjähriger politischer Gefangenschaft zwei Jahre lang meine Ar-

beitskraft an dieser Stelle restlos für eine demokratische deutsche Politik eingesetzt hatte.

Auch jetzt noch bin ich davon überzeugt, nicht im mindesten die Vorschriften des Kontrollrates oder der Militärregierung verletzt zu haben, worin ich durch die Tatsache bestätigt werde, daß zwar seit Monaten die Zurücknahme meiner Lizenz von anonymen politischen Gegnern verlangt wird, bis zum Augenblick jedoch auch nicht der fadenscheinigste Grund für eine solche Aktion vorgebracht werden konnte.

Da mit meinem Ausscheiden unter den 80 Lizenzträgern an Zeitungen der US-Zone nur noch zwei Kommunisten verbleiben, muß sich in der Öffentlichkeit der Eindruck verstärken, daß die Pressefreiheit dieser Zone für die KPD keine Geltung habe, obwohl dies eine der vier zugelassenen demokratischen Parteien ist. Ich glaube daher, Sie darauf aufmerksam machen zu müssen, daß die Entziehung meiner Lizenz das Vertrauen in die Besatzungspolitik der USA wahrscheinlich mehr schädigen wird als mein persönliches Vorwärtskommen. Im Bewußtsein, daß ich auch ohne Lizenz in der Zukunft meinen Weg gehen könnte, ersuche ich Sie daher im Interesse des Ansehens der Militärregierung, die gegen mich ergriffene Maßnahme rückgängig zu machen und verbleibe

hochachtungsvoll

Ihr

Natürlich erhielt auch dieser Brief „no publicity whatsoever". Um so eiliger hatte es demgegenüber DENA, die Antwort des Militärgouverneurs im Wortlaut an alle Zeitungen zu verbreiten. Eine Antwort, die sich zudem noch durch Unwahrhaftigkeit auszeichnete. Meine bisherigen Kollegen, die den Brief am 23. August veröffentlichten, unterstrichen in einem eigenen Vorspann noch die Lügen des Colonel:

Dr. James R. Newman, Direktor der Militärregierung Hessen, antwortet Carlebach

WIESBADEN, 22. August (Dena). In seinem Antwortschreiben auf Carlebachs Brief teilte der Direktor der Militärregierung für Hessen, Dr. James B. N e w m a n , am 22. August mit, daß er die Lizenz für Carlebach n i c h t zurückgeben werde. Jedoch werde kein anderer Lizenzträger, ob Kommunist oder nicht, in seiner Arbeit behindert werden, solange er den Problemen der Militärregierung Verständnis und deren demokratischen Zielen Vertrauen entgegenbringe.

Das Antwortschreiben hat folgenden Wortlaut:

Sehr geehrter Herr Carlebach! Ich bin im Besitz Ihres Schreibens vom 20. August, das sich auf meine Anordnung der Zurückziehung Ihrer Lizenz als Herausgeber der „Frankfurter Rundschau" bezieht. Die Tatsache, daß Sie und viele Deutsche in Hessen — wie Sie in Ihrem Brief feststellen — lange Jahre in Hitlers Konzentrationslagern verbracht haben, ist mir seit vielen Monaten bekannt. Die von Ihnen erduldeten Mühsale erweckten mein Mitgefühl und ich habe das sehr wohl berücksichtigt, als ich die KPD mit in das erste hessische Kabinett berief. Was die Ursache der Zurückziehung Ihrer Lizenz als Herausgeber der „Frankfurter Rundschau" anbelangt, so kann ich nur feststellen, daß ich mich völlig davon überzeugt habe, daß Sie nicht nur den Zielen der Militärregierung kein Vertrauen entgegenbringen, sondern auch Ihre Handlungen und Ihre Haltung derart gewesen sind, daß unsere Aufgabe dadurch erschwert wurde. Ihre politischen Auffassungen, die denen anderer Deutscher in Hessen entgegengesetzt sind, haben mich nicht so sehr gestört als Ihre offensichtliche Unfähigkeit, die Grundprinzipien der Demokratie zu verstehen. Wenn jene, denen wir das Vertrauen entgegenbringen, Zeitungen herauszugeben, unsere Radiostationen zu benutzen und Stellungen in der hessischen Regierung zu bekleiden, k e i n Verständnis für unsere Prinzipien haben und n i c h t willens sind, für diese Prinzipien zu arbeiten, so können wir die Aufgabe nicht erfüllen, deren Verwirklichung vom amerikanischen Volk so viele Anstrengungen erfordert. Ihre Lizenz als Herausgeber der „Frankfurter Rundschau" wird Ihnen von mir nicht zurückgegeben werden, es wird jedoch kein anderer Lizenziat, ob Kommunist oder sonst irgend jemand, so lange in seiner Arbeit gehemmt werden, als er unseren Problemen in der Militärregierung Verständnis entgegenbringt und Vertrauen in die demokratischen Ziele hat, die wir zu erreichen bestrebt sind. Diese Tatsache in Verbindung mit jener, daß ich im Oktober 1945 einen Kommunisten als Arbeitsminister berief, der dann über ein Jahr im Kabinett tätig war, sollte Ih-

Mr. Emil N. Carlebach
Niedenau 72
Frankfurt A. M.

Dear Mr. Carlebach:

I am in receipt of your letter of 20 August, relative to my order revoking your license as a publisher of the Frankfurter Rundschau.

For many months I have been aware of the fact that you and many Germans of Hesse spent long years in Hitler's concentration camps, as was stated in your letter. I have had sympathy with the hardships you endured and realized it when I recognized the KPD in my appointments to the first Hessian Cabinet.

As to the cause for revoking your license as a publisher of the Frankfurter Rundschau, I can only state that I have become firmly convinced that you not only lack confidence in the goals of Military Government, but that your actions and attitude have been such that it has made our task more difficult. Your adverse political opinions to those held by other Germans in Hesse, have not disturbed me as much as your apparent inability to understand the fundamental principles of democracy. Without an understanding of, and a willingness to work for these principles on the part of the people we trust to publish our newspapers, operate our radio network, and hold positions in the Hessian government, we cannot accomplish the mission that is costing the American people so much to carry out.

Your license as a publisher of the Frankfurter Rundschau will not be restored by me, but no other licensee, Communist or otherwise, will be disturbed so long as he has an understanding of our problems in Military Government and has confidence in these democratic goals we are attempting to achieve. This fact coupled with the one that I appointed a Communist Minister of Labor in October, 1945, who served in the Cabinet for more than one year, should prove that the cause for your removal was not any objections on my part to the Communist Party, but to your own attitude and actions.

Very truly yours,

JAMES R. NEWMAN
Director

nen beweisen, daß die Ursache für Ihre Ablehnung nicht in irgendwelchen Einwendungen meinerseits gegen die KPD, sondern lediglich in Ihrer eigenen Haltung und Ihren Handlungen bedingt war.

Die Berufung von Kommunisten in die erste Hessische Regierung sollte also die „Unvoreingenommenheit" des Mr. Newman beweisen? Er hatte aber eine konservative Regierung schon ernannt, und erst der „offene Brief" von SPD und KPD am 26. 11. 1945 hatte ihn gezwungen, beide Arbeiterparteien angemessen zu berücksichtigen.

Er habe den Kommunisten Oskar Müller ein Jahr als Arbeitsminister akzeptiert? Ja, er tat dies unter dem erwähnten Druck der beiden Linksparteien und ließ ihn und alle Kommunisten hinauswerfen, sobald es gelungen war, die Gemeinsamkeit der Linken zu sprengen.

Der Widerhall in der internationalen Presse

Oberst Textor
über die Lizenzentziehung im Falle Carlebach

BERLIN, 21. August (Dena). Der Leiter der Nachrichtenkontrollabteilung der amerikanischen Militärregierung für Deutschland, Oberst Gordon E. Textor, erklärte am Donnerstag zur Entziehung der Lizenz Emil Carlebachs, es fehle Carlebach nicht nur das Vertrauen in die Zielsetzung der amerikanischen Militärregierung, sondern seine politische Haltung lasse ihn als „völlig ungeeignet" für eine verantwortliche Stellung innerhalb der demokratischen freien Presse in Deutschland erscheinen.

Die Entziehung seiner Lizenz für die „Frankfurter Rundschau" werde wahrscheinlich das Vertrauen in die Besatzungspolitik der Vereinigten Staaten mehr schädigen als sein persönliches Vorwärtskommen, schrieb Carlebach am Mittwoch in einem Brief an Dr. James R. Newman, den Direktor der amerikanischen Militärregierung für Hessen, den Carlebach ersucht, die Lizenzentziehung „im Interesse des Ansehens der Militärregierung" rückgängig zu machen. Da mit seinem Ausscheiden unter den 80 Lizenzträgern der amerikanischen Zone nur noch zwei Kommunisten verbleiben, schreibt Carlebach, müsse sich in der Oeffentlichkeit der Eindruck verstärken, daß die Pressefreiheit in dieser Zone keine Geltung für die KPD habe. Carlebach betont abschließend in seinem Schreiben, er habe sich zwei Jahre lang für eine demokratische deutsche Politik eingesetzt und sei auch jetzt noch davon überzeugt, „nicht im mindesten" die Vorschriften des Alliierten Kontrollrats oder der amerikanischen Militärregierung verletzt zu haben.

Der amerikanische Militärgouverneur, General Lucius D. Clay, erklärte am Donnerstagnachmittag im Rahmen einer Berliner Pressekonferenz zu dem Fall, die amerikanische Militärregierung habe keine Direktive, die eine Entlassung eines Deutschen zulasse, nur weil er Kommunist sei.

Die KPD-Landesleitung Hessen nimmt den Vorfall zum Anlaß einer erneuten Forderung auf Zulassung der Parteipresse und erklärt, die „sogenannte überparteiliche Presse" könne, nachdem von 80 Lizenzträgern der US-Zone nur noch zwei Kommunisten seien, nicht mehr den Anspruch erheben, tatsächlich allen demokratischen Richtungen Ausdruck zu geben, vielmehr werde sie immer mehr zum Sprachrohr einseitig politischer Richtungen, die Deutschland spalten und die Zonengrenzen verewigen wollten.

Pressekonferenz mit Carlebach

hk FRANKFURT a. M., 22. August (Eig. Bericht). In einer vom Landesvorstand Hessen der Kommunistischen Partei hier veranstalteten Pressekonferenz beantwortete Carlebach an ihn gerichtete Fragen in- und ausländischer Pressevertreter. Er erklärte, daß ihm nach seiner Ueberzeugung Unrecht geschehen sei; denn niemals sei ihm vorher irgendein Verstoß gegen die Direktiven der Militärregierung vorgeworfen worden. Er kenne die Gründe für den Lizenzentzug nicht und könne daher nur kombinieren.

Auf die Frage, ob etwa sein Aufenthalt im Kz-Lager Buchenwald in diesem Zusammenhang eine Rolle spiele, antwortete Carlebach, es sei richtig, daß er sich schon vor zwei Jahren gegen die Behauptung, er sei als Kapo tätig gewesen, wehren mußte. Er sei niemals Kapo, sondern zeitweilig Blockältester gewesen. Von den Häftlingen gewählt, sei er fünfmal von der SS abgesetzt worden. Vor drei Monaten sei ein Buch in Amerika „Beyond the last phase" erschienen, in dem der Verfasser sich sehr schmeichelhaft über ihn geäußert habe. Alle Verdächtigungen seien bisher anonym gewesen.

Carlebach brachte besonders zum Ausdruck, daß dem Lizenzentzug keinerlei Auseinandersetzungen vorangegangen seien. Es sei befremdend, daß zunächst keine Begründung angegeben wurde, und gleich darauf eine solche, die beleidigend für ihn sei. Er halte es aber für möglich, daß die Militärregierung die getroffene Maßnahme rückgängig mache.

Publikationsverbot für KPD Bremen

Bremen, 21. August (Dena). — Der Direktor der US-Militärregierung für Bremen gab bekannt, daß der KPD im Land Bremen die Veröffentlichungen in der Zeit vom 20. August bis 12. September wegen Uebertretung der Direktive Nr. 40 des Alliierten Kontrollrats untersagt worden sind.

Diese Maßnahme erfolgte, nachdem KPD-Verleger eine Ausgabe der „Tribune der Demokratie" veröffentlicht hatten, die wegen Verletzung der genannten Direktive verboten worden war. Die verbotene Auflage wurde zwischen dem fünfzehnten und achtzehnten August in Bremen und Bremerhaven verteilt.

„Im Prinzip würde", so erklärte die Militärregierung, „in diesem Falle eine Veröffentlichungssperre von drei Monaten verhängt werden. Da jedoch der Bremer Bevölkerung in vollem Umfang Gelegenheit gegeben werden soll, sich vor den kommenden Oktoberwahlen über die Ansichten sämtlicher politischer Parteien zu orientieren, ist dieses Veröffentlichungsverbot auf die Zeit vom 20. August bis 12. September beschränkt worden. Damit kann die KPD den Wahlkampf unter gleichen Voraussetzungen wie alle anderen Parteien durchführen."

Die Lizenz entzogen

Frankfurt, 21. August (Dena). — Die Nachrichtenkontrollabteilung der US-Militärregierung für Hessen widerrief am Mittwoch die Lizenz für Emil Carlebach, den bisherigen Mitherausgeber der „Frankfurter Rundschau". Der Widerruf erfolgte unter Hinweis auf § 3 der Lizenz, in dem es u. a. heißt, die Lizenz werde für keinen bestimmten Zeitabschnitt erteilt, sei weder Eigentum noch übertragbar und könne ohne Kündigungsfrist zurückgezogen werden.

Dazu erklärt Carlebach in einem Schreiben an Dr. Newman, den Militärgouverneur in Hessen, u. a., er sei sich keiner Verletzung der Vorschriften des Kontrollrates oder der Militärregierung bewußt und fährt fort: „Da nach meinem Ausscheiden unter den 80 Lizenzträgern an den Zeitungen in der US-Zone nur noch zwei Kommunisten verbleiben, muß sich in der Oeffentlichkeit der Eindruck verstärken, daß die Pressefreiheit in dieser Zone für die KPD keine Geltung hat, obwohl diese eine der vier zugelassenen demokratischen Parteien ist. Ich glaube daher, Sie darauf aufmerksam machen zu müssen, daß die Entziehung meiner Lizenz das Vertrauen in die Besatzungspolitik der USA wahrscheinlich mehr schädigen wird als mein persönliches Vorwärtskommen. Im Bewußtsein, daß ich auch ohne Lizenz in Zukunft meinen Weg gehen könnte, ersuche ich Sie daher im Interesse des Ansehens der Militärregierung, die gegen mich ergriffene Maßnahme rückgängig zu machen."

Berlin, 21. August (UP). — Oberst Gordon Textor, der Leiter der ICD (Information Control Division) dementierte am Donnerstag Gerüchte, wonach die US-Militärregierung beabsichtige, Kommunisten aus einflußreichen Stellungen der deutschen Presse der US-Zone zu entfernen.

Die Entziehung der Lizenz für den Kommunisten Carlebach, durch welche die Gerüchte aufgekommen seien, so sagte Textor weiter, stelle einen Einzelfall dar und bedeute nicht den ersten Schritt zu einer „antikommunistischen Säuberungsaktion". ICD habe sich nach monatelanger Beobachtung Carlebachs zur Entziehung der Lizenz entschlossen, da seine politischen Anschauungen und seine charakterlichen Eigenschaften ihn als ungeeignet für die Bekleidung seiner Position erscheinen ließen.

MG Dismisses Publisher Of U.S. Zone Newspaper

FRANKFURT, Aug. 21 (A.P.).— Emil Carlebach, Communist publisher-licensee of the American Zone's "Frankfurter Rundschau," has been dismissed from the newspaper by the United States Military Government.

United States press control officers said they could give "no reason" why Mr. Carlebach's license as one of the most influential editors in American-occupied Germany was withdrawn.

Mr. Carlebach, youthful former inmate of the Nazis' Buchenwald concentration camp, said his license had been revoked "without explanation." He said the United States Military Government's action was "undemocratic."

[In Berlin, Colonel G. E. Textor, chief of Military Government Information Control Division, said that Mr. Carlebach was being dismissed because of his "unsuitable political views and traits of character."] *NYHT 23.8.47*

Fall Carlebach zieht Kreise
Die Pressefreiheit der US-Zone / Direktor Newman antwortet

23.8.47   (Von unserem Frankfurter WKG-Korrespondenten)

Frankfurt a. M., 22. August. Der kaum 32jährige Kommunist Emil Carlebach ist einer der am meist geachteten Abgeordneten des hessischen Landtages. Seine ganze Jugend hat er zwölf Jahre lang in den Gefängnissen und Kz's zugebracht. Als vor zwei Jahren von den amerikanischen Presseoffizieren die „Frankfurter Rundschau" als erste Zeitung der amerikanischen Zone ins Leben gerufen wurde, fiel ihre Wahl auf Carlebach. Kaum war er nominiert, da wurden aus dunklen Hintergründen auch schon die ersten Giftpfeile auf ihn abgeschossen, so daß bis zum Abschluß der sofort eingeleiteten Untersuchung seine Ernennung zurückgestellt werden mußte. Die anderen sechs Lizenziaten traten, da sie den jungen Kollegen in vielen Konferenzen unterdessen kennengelernt hatten, rückhaltlos für ihn ein. Die gegen ihn erhobenen Vorwürfe brachen zusammen.

Die Versuche, auch Carlebach aus dieser Stellung in der „Frankfurter Rundschau" zu verdrängen, gingen in diesen zwei Jahren ununterbrochen weiter. Man erfuhr gelegentlich, daß unter den ausländischen KZlern Zeugen gesucht wurden, die Ungünstiges über Carlebach aussagen sollten. Aber sie fanden sich nicht.

Die Erklärung von Oberst Textor spricht aus, daß es sich bei der Lizenzentziehung um eine politische Maßnahme handelt, sie behauptet jedoch nicht, daß Carlebach gegen Vorschriften der Militärregierung verstoßen oder an ihren Maßnahmen unzulässige Kritik geübt habe. Das Landessekretariat Hessen der KP veröffentlicht zu dieser Angelegenheit eine Erklärung, in der es heißt: „Für die Öffentlichkeit muß der Eindruck entstehen, daß die demokratische Pressefreiheit und damit die demokratische Umerziehung des deutschen Volkes überhaupt in der amerikanischen Besatzungszone Deutschlands ernsthaft gefährdet ist. Die reaktionären und nazistischen Kräfte müssen diese Maßnahme als einen Erfolg und gleichzeitige Ermunterung zur Weiterarbeit buchen." Die Erklärung weist darauf hin, daß von den 80 Lizenzträgern der sogenannten überparteilichen Presse nur noch drei Kommunisten sind.

Carlebach vor der Presse

Frankfurt a. Main, 22. August (ADN). Carlebach erklärte am Freitag vor Pressevertretern, seine Gegner seien vermutlich in den Kreisen zu suchen, die einen entschiedenen antifaschistischen Kurs verhindern wollen. Er fühle sich als Opfer dunkler Machenschaften und rechne noch immer mit einer Revision in der Frage der Lizenzentziehung, da ihm nie Vorhaltungen wegen Verstöße gegen Anordnungen der amerikanischen Militärbehörde gemacht worden seien.

Wiesbaden, 22. August (AP). In einem Antwortschreiben des Direktors der Militärregierung in Hessen, Newman, auf den Brief Carlebachs heißt es, daß Carlebachs Handlungen und seine Haltung die Aufgaben der Militärbehörden erschwert hätten. Sein Mangel an „Verständnis für die grundlegenden Prinzipien der Demokratie" hätten Newman „mit Besorgnis erfüllt". Die Lizenz werde nicht wieder zurückgegeben werden.

Red Editor in Frankfurt Is Dismissed by A. M. G.

FRANKFURT AM MAIN, Aug. 20 (AP).—Emil Carlebach, Communist publisher-licensee of "The Frankfurter Rundschau," one of the largest newspapers in the American zone, was dismissed from his post today by the American Military Government.

United States press control officers said they could give "no reason," but in Berlin Colonel G. E. Textor, chief of the military government's information control division, said Mr. Carlebach was being dismissed because of his "unsuitable political views and traits of character."

Mr. Carlebach, one of the zone's most influential editors and a former inmate of the Buchenwald concentration camp, said his license had been revoked without explantion. He declared the military government's action was "undemocratic," and said he believed he was dismissed because "it is not intended to allow the Communist party to state its opinions."

Verleger Carlebach des Amtes enthoben

(Meldung der "Associated Press")

FRANKFURT a. M., 20. August. Die amerikanische Militär-Regierung enthob heute Emil Carlebach, den kommunistischen Verleger der "Frankfurter Rundschau", einer der größten deutschen Zeitungen in der amerikanischen Zone, seines Postens.

Amerikanische Presse-Offiziere erklärten, daß sie keinen Grund wüßten, weshalb Carlebachs Zulassung als Verleger widerrufen worden wäre. In Berlin jedoch teilte Oberst G. E. Textor, der Leiter der amerikanischen Presse-Kontrollabteilung, mit, daß Carlebach "wegen seiner ungeeigneten politischen Einstellung und seines Charakters wegen" entlassen worden sei.

Carlebach war einer der einflußreichsten Verleger und ein früherer Häftling im Konzentrationslager Buchenwald. Er erklärte, daß der Widerruf seiner Zulassung "ohne Erklärung" erfolgt und "undemokratisch" sei.

Die Verfügung, die die Zulassung aufhob, erklärte ausdrücklich, daß dies unter einer Klausel geschehe, die ein derartiges Vorgehen "ohne vorherige Mitteilung oder Verhandlung" ermögliche.

Der jugendliche Verleger vertrat den Standpunkt, daß man ihn entlassen habe, "da man nicht die Absicht habe, der kommunistischen Partei die Darlegung ihres Standpunktes zu erlauben." Die Zahl der kommunistischen Verleger unter den insgesamt 80 zugelassenen Verlegern der amerikanischen Zone Deutschlands ist damit auf zwei zurückgegangen.

NEWMAN EXPLAINS CARLEBACH OUSTING

Special to THE NEW YORK TIMES.

FRANKFORT ON THE MAIN, Germany, Aug. 22—Emil Carlebach, ousted publisher of the Frankfurter Rundschau, has been unable to get reconsideration of his case by Dr. James R. Newman, Military Governor of Hesse.

A letter to Carlebach from Dr. Newman said:

"For many months I have been aware that you and many Germans spent long years in Hitler's concentration camps, as you stated in your letter. I have had sympathy with the hardships you endured and realized it when I recognized the Communist party in my appointments to the first Hessian Cabinet.

"As to the cause for revoking your license as publisher of the Frankfurter Rundschau, I can only state that I have become firmly convinced that you not only lack confidence in the goals of the Military Government but that your actions and attitudes have been such that it has made our task more difficult. Your adverse political opinions have not disturbed me as much as your apparent inability to understand the fundamental principles of democracy."

Evening Standard — Lon
Communist sacked

FRANKFURT, Thursday.—E Carlebach, Communist publish licensee of the American zon Franakfurter Runschau, has be dismissed from the newspaper the U.S. Military Government.—

Zone Reds Use Editor's Ouster In Propaganda

Carlebach's Firing Brings Attack on U.S. Concept Of Freedom of Press

By Edwin Hartrich

From the Herald Tribune Bureau

FRANKFURT, Aug. 22. — The ousting of Emil Carlebach, the thirty-two-year-old Communist journalist, as the editor of "Frankfurter Rundschau," on the grounds of political incompatibility, appears to have provided the Communists with a major propaganda weapon to attack the concept of freedom of the press in the American Zone.

Without advance warning, American Military Government on Wednesday removed Mr. Carlebach as one of the three licensed editors of the "Rundschau," the first post-war newspaper to be published in the American Zone. As a Communist and a dominating figure of the "Rundschau," which is virtually published on the doorsteps of American Occupation Headquarters, Mr. Carlebach was officially labeled as holding 'adverse political opinions to those held by other Germans in Greater Hesse... and having the apparent inability to understand the fundamental principles of democracy," it was stated in a letter from Dr. James R. Newman, Director of Military Government of Hesse, released today.

Not Good Propaganda

Meanwhile, Mr. Carlebach, at a press conference today sponsored by the Communist party headquarters, charged that "this sudden removal after two years of smooth co-operation with Military Government will not be good propaganda for the free press of the United States."

Ironically enough, the Americans have provided the Communists with ammunition to attack the Western concepts of freedom of the press, which Mr. Carlebach and the Communists lost no time in exploiting. In his letter to Dr. Newman, asking that the ouster be revoked, Mr. Carlebach pointed out that "now only two Communists remain among the eighty licensed editors in the American Zone. The people cannot but believe that freedom of the press in this zone does not exist for the Communist party, though this is one of the four democratic parties permitted to work by Military Government."

No House-Cleaning

American Military Government officials, both here and in Berlin, have been strenuously denying that Mr. Carlebach's ouster is the prelude to an anti-Communist house-cleaning by Military Government. Political officers attached to European Command Headquarters hazard the opinion that this action may make Mr. Carlebach a "political martyr," and his removal from the editorship a propaganda "cause célèbre."

While unwilling to talk for publication, various Military Government officers here expressed the opinion today that Mr. Carlebach was attempting to organize the "Frankfurter Rundschau" into a tightly-knit, Communist-dominated newspaper. However, officially and publicly, this charge was not substantiated.

From a propaganda standpoint, Mr. Carlebach and his Communist colleagues can make a strong case. Mr. Carlebach was arrested for distributing anti-Nazi leaflets in 1933 in Frankfurt, and except for a half-year's freedom, remained in concentration camps up until the defeat of Germany in 1945. At Buchenwald, he became one of the recognized leaders of the Communist resistance group in this concentration camp. When the "Rundschau" was organized, Mr. Carlebach was offered one of the five editorships. Until his removal, Military Government has never voiced a public criticism of his work as a journalist.

Übersetzung des Artikels von Edwin Hartrich in der „New York Herald Tribune" vom 24.8.1947:

Frankfurt, 22. August. — Die Beseitigung von Emil Carlebach, dem 32jährigen kommunistischen Journalisten, als Herausgeber der „Frankfurter Rundschau" auf Grund politischer Unzuverlässigkeit scheint die Kommunisten mit einer starken Propagandawaffe ausgestattet zu haben, um die Auffassung von Pressefreiheit in der amerikanischen Zone anzugreifen.

Ohne vorherige Verwarnung beseitigte die amerikanische Militärregierung am Mittwoch Herrn Carlebach als einen der drei lizenzierten Herausgeber der „Frankfurter Rundschau", die als erste Nachkriegszeitung in der amerikanischen Zone herauskam. Als Kommunist und als dominierende Erscheinung in der Rundschau, die praktisch vor der Büro des Besatzungshauptquartiers gedruckt wird, wurde Carlebach offiziell als eine Person bezeichnet, die „politische Meinungen vertritt, welche im Gegensatz zu denjenigen anderer Deutscher in Hessen stehen ... und offensichtlich unfähig ist, die grundsätzlichen Prinzipien der Demokratie zu verstehen", wie es in einem heute veröffentlichten Brief von Dr. James Newman, Direktor der Militärregierung für Hessen, heißt.

Keine gute Propaganda.

Inzwischen erklärte Herr Carlebach auf einer Presse – Konferenz, die heute von der kommunistischen Parteileitung organisiert wurde, daß „dieser plötzliche Hinauswurf nach zwei Jahren glatter Zusammenarbeit mit der Militärregierung keine gute Propaganda für die freie Presse der Vereinigten Staaten sein wird".

Ironischerweise haben die Amerikaner die Kommunisten mit Munition ausgestattet, um die westliche Auffassung der Pressefreiheit anzugreifen, was Carlebach und die Kommunisten ohne Zögern ausnützen. In seinem Brief an Dr. Newman, in dem er die Zurücknahme des Hinauswurfes verlangt, betont Herr Carlebach, daß „jetzt nur noch zwei Kommunisten unter den 80 Lizenzträgern der amerikanischen Zone verbleiben. Die Öffentlichkeit muß zu der Überzeugung kommen, daß die Presefreiheit in dieser Zone für die kommunistische Partei nicht existiert, obwohl sie eine der vier demokratischen Parteien ist, denen die Betätigung durch die Militärregierung erlaubt wurde."

Keine Säuberungsaktion

Beamte der amerikanischen Militärregierung sowohl hier aus in Berlin haben energisch geleugnet, daß Carlebachs Hinauswurf der Anfang zu einer antikommunistischen Säuberungsaktion durch die Militärregierung sei. Politische Offiziere beim amerikanischen Hauptquartiewr vermuten, daß diese Aktion aus Carlebach einen „politischen Märtyrer" machen, und daß seine Beseitigung aus der Schriftleitung eine „cause célèbre" darstelle.

Verschiedene Offiziere der Militärregierung, die es jedoch ablehnen, eine öffentliche Erklärung abzugeben, sprachen die Vermutung aus, daß Carlebach versucht habe, aus der „Frankfurter Rundschau" eine festorganisierte kommunistisch beherrschte Zeitung zu machen. Offiziell und öffentlich jedoch wurde diese Beschuldigung nicht begründet. Vom Propagandastandpunkt aus können Carlebach und seine kommunistischen Freunde eine große Angelegenheit aus der Sache machen. Carlebach war 1933 wegen Verbreitung antinazistischer Flugblätter in Frankfurt verhaftet worden und blieb, mit Ausnahme einer sechsmonatigen Freiheit, bis zur deutschen Niederlage 1945 im Konzentrationslager. In Buchenwald wurde er einer der anerkannten Führer der kommunistischen Widerstandsgruppe. Als die „Frankfurter Rundschau" gegründet wurde, bot man Carlebach einen der fünf Schriftleiterposten an. Bis zu seiner Beseitigung hat die Militärregierung niemals eine öffentliche Kritik an seiner Tätigkeit als Journalist geübt.

Dr. James R. Newman
Direktor der Militärregierung Hessen, antwortet Carlebach

WIESBADEN, 22. August (Dena). In seinem Antwortschreiben auf Carlebachs Brief teilte der Direktor der Militärregierung für Hessen, Dr. James R. Newman, am 22. August mit, daß er die Lizenz für Carlebach nicht zurückgeben werde. Jedoch werde kein anderer Lizenzträger, ob Kommunist oder nicht, in seiner Arbeit behindert werden, solange er den Problemen der Militärregierung Verständnis und deren demokratischen Zielen Vertrauen entgegenbringe.

Das Antwortschreiben hat folgenden Wortlaut:

„Sehr geehrter Herr Carlebach! Ich bin im Besitz Ihres Schreibens vom 20. August, das sich auf meine Anordnung der Zurückziehung Ihrer Lizenz als Herausgeber der „Frankfurter Rundschau" bezieht. Die Tatsache, daß Sie und viele Deutsche in Hessen — wie Sie in Ihrem Brief feststellen — lange Jahre in Hitlers Konzentrationslagern verbracht haben, ist mir seit vielen Monaten bekannt. Die von Ihnen erduldeten Mühsale erwecken mein Mitgefühl, und ich habe die sehr wohl berücksichtigt, als ich die KPD mit in das erste hessische Kabinett berief. Was die Ursache der Zurückziehung Ihrer Lizenz als Herausgeber der „Frankfurter Rundschau" anbelangt, so kann ich nur feststellen, daß ich mich völlig davon überzeugt habe, daß Sie nicht nur den Zielen der Militärregierung kein Vertrauen entgegenbringen, sondern auch Ihre Handlungen und Ihre Haltung derart gewesen sind, daß unsere Aufgabe dadurch erschwert wurde. Ihre politischen Auffassungen, die denen anderer Deutscher in Hessen entgegengesetzt sind, haben mich nicht so sehr gestört als Ihre offensichtliche Unfähigkeit, die Grundprinzipien der Demokratie zu verstehen. Wenn jene, denen wir das Vertrauen entgegenbringen, Zeitungen herauszugeben, unsere Radiostationen zu benutzen und Stellungen in der hessischen Regierung zu bekleiden, kein Verständnis für unsere Prinzipien haben und nicht willens sind, für diese Prinzipien zu arbeiten, so können wir die Aufgabe nicht erfüllen, deren Verwirklichung vom amerikanischen Volk große Anstrengungen erfordert. Ihre Lizenz als Herausgeber der „Frankfurter Rundschau" wird Ihnen von mir nicht zurückgegeben werden, so wird jedoch kein anderer Lizenziat, ob Kommunist oder sonst irgend jemand, so lange in seiner Arbeit gehemmt werden, als er unseren Problemen der Militärregierung Verständnis entgegenbringt und Vertrauen in die demokratischen Ziele hat, die wir zu erreichen bestrebt sind. Diese Tatsache in Verbindung mit jener, daß ich im Oktober 1945 einen Kommunisten als Arbeitsminister berief, der dann über ein Jahr im Kabinett tätig war, sollte Ihnen beweisen, daß die Ursache für Ihre Ablehnung nicht in irgendwelchen Einwendungen meinerseits gegen die KPD, sondern lediglich in Ihrer eigenen Haltung und Ihren Handlungen bedingt war."*

„Harper's Magazine" vom Juni 1948:

THE GERMAN WHO SHOULD HAVE BEEN DEAD

Illustrations by
Frederick E. Banbery

CEDRIC BELFRAGE

I don't know whether General Clay is embarrassed when he thinks about Emil Carlebach. I know that I am, and that several others in America share my feeling men now going about their humdrum business, who happened to be involved in the case through the vagaries of war assignments. Not that Carlebach desires our blushes or would thank us for them; but we are embarrassed because his story keeps reminding us how little prepared America was—in a political sense but more basically a moral one—to win the war against the fascist powers.

Before the Germans surrendered, a group of us were in Frankfurt-on-Main with the job of starting a German newspaper there. Carlebach's name, with the description "journalist," came up on a list of Buchenwald survivors. In May, the man himself walked into our office.

We had been interviewing the flotsam of the Third Reich since the end of April, and Carlebach's youthful virility made an immediate impression. The stamp of the KZ (Concentration Camp) was still upon him: his dark hair close-cropped, his cheeks hollow, emphasizing the high cheekbones and the powerful flashing eyes. His wit and irony deepened the impression. It was hard to get him to talk about himself; he rarely even used the first person singular. His manner toward us was that of an equal. He did not play the martyr at all, in contrast with dozens of others—anti-Nazis and "collaborators by compulsion"—who wept or wrung their hands in self-pity.

One recognized in him a man with a strong personality of his own, which he had submerged by an act of will; a man who had patiently acquired collective thinking as a habit—as after long effort a linguist acquires the habit of thinking in a foreign tongue. Eleven years in concentration camps had pounded the last trace of sentimentality out of his mind and beaten the fat off his body. The effect, on first meeting him, was rather terrifying.

One of the Germans we had interviewed was Wilhelm Hollbach, who had been editing a Goebbels newspaper until twenty-four hours before our troops arrived and who now claimed he "never compromised in his soul." Military Government had made Hollbach Burgomaster of Frankfurt, but he wanted to return to journalism, and that was a question for us to decide. We had asked him whether he thought Germans who did not compromise in their souls should take precedence with us over those who went to KZ rather than compromise at all.

"If there are such journalists alive," Hollbach had replied, "who took an active part against the Nazis and went to KZ for it, they would be ideal for a democratic newspaper. But unfortunately such men are dead."

Unfortunately for Hollbach's professional future and for our own complacency —the occupation forces having brought from across the Atlantic a cops-and-robbers concept of Nazis and anti-Nazis, into which the case as it developed simply would not fit—Carlebach was not dead, but very much alive. He had fought from the beginning, and emerged with his fists doubled to continue the fight to the end which, he was fanatically certain, was not yet. His attitude about Buchenwald was: "All that is past, but memory of the past remains fresh for us as a spur and guide to action in the present. In the camp we could not permit ourselves the luxury of unrealistic tendencies. We had to learn how to survive and remain in the fight. Antifascists of sixteen countries and of various ideologies learned the meaning of solidarity in the struggle."

The first lesson Carlebach had to learn on emerging to freedom was that the new authority in Germany, while it praised him for fighting, condemned him at the same time because he had done it for the wrong reasons.

Carlebach was a Communist.

II

HE WAS not a Communist in 1933. He was a youth of nineteen, with a cultured and searching mind, in a well-to-do family which had yielded four rabbis. After his first fling with the anti-Hitler underground—he was not the kind of Jew to sit hating Nazism in an armchair —he got away to France. But he soon returned, unable to tolerate the emigré life.

His road led quickly to Dachau and then to Buchenwald, where he was classified not by politics but by "race." It was in Buchenwald that he espoused the Marxist faith "because," as he said, "the Communists were kindest to the Jews, who were always worse treated than anyone else." He told us little about his KZ experience, except that he had ended up as Block Senior of the Jewish block and one of the camp underground's central group, and that after liberation his fellow-prisoners of Frankfurt had elected him to represent them in dealing with the Americans. We also knew that in the last phase at Buchenwald, when he and forty-five other leaders were marked for extermination by the SS, the camp underground saved all their lives by keeping them hidden in the ground for nine days.

The first onslaught against him from inside our forces came within a few days of his nomination for the seven-man editorial board of the *Frankfurter Rundschau*— weeks before the paper appeared. Our honeymoon with the USSR was still on, and an official pamphlet was circulating among our troops showing that the Communist Revolution had contributed in some measure toward democracy in Russia. We went ahead, under our directives, assembling editors on the principle of the utmost co-operation among active anti-Nazis of all shadings.

Since we had no authority to take into account the reasons for which an anti-Nazi opposed Nazism, the attack on Carlebach could not then be based on any standards but those of personal morality. It came from an intelligence team in our own organization, which had been making an investigation in Buchenwald. Certain ex-inmates of the camp had accused Carlebach of using his political connec-

tions to get leading or soft positions for himself, of intriguing with the SS, and of being an accessory to murder by putting his enemies' names on "shipping-out" lists—*i.e.*, lists of prisoners going to almost certain death.

When we told the other six editors (three of them Social Democrats, one a Catholic) about the charges against Carlebach, they re-affirmed their faith in him and desire to work with him; they were all desperately anxious for our working model of the *Zusammenarbeit* principle and knew a good deal more than we did about the realities of the Hitler terror. We considered this so important that we headed off final action by our headquarters pending methodical examination of Carlebach and all other ex-Buchenwalders in town. We realized how shallow our knowledge was of the problem with which we had to deal, and felt it presumptuous to set up moral standards for the conduct of KZ inmates so airily as it was done in the intelligence report. Above all, we believed it important that a decision be reached free from political bias.

The interrogation of Buchenwald graduates, most of whom held Carlebach in the highest regard, made our standards of personal morality look absurd and showed that the only relevant standard was a group one. The Buchenwald underground, which Carlebach helped organize and lead, was utterly ruthless, dominated by the Communists, and very effective in the breadth of the forces it united. It was ruthless because if it had not been so it could have achieved nothing—could not, indeed, have existed. The Communists

made it effective because they were trained in underground struggle and because, in a camp eventually containing prisoners of so many warring nationalities, the German, French, Balkan, Russian, and other Communists shared a supranational faith which unified them positively.

It was certainly true, as our intelligence team reported, that Carlebach had been intriguing in the camp. He had been living in an atmosphere of total intrigue to which his every action was dedicated. The only problem for the prisoners was survival. The aim of survival, as far as the underground was concerned, was to resume the struggle against Hitlerism on the outside.

The best possibility of survival lay in organizing to capture the key positions in the prisoner-apparatus of Block Seniors and so on, which the SS had set up to help run the camp. These positions were occupied, until 1938, by the so-called "Greens" (wearers of green badges)—the professional criminals, who were deliberately chosen to complete the brutalization of the political prisoners, the "Reds." The intrigue of the "Reds," which took until 1944 to achieve complete success, was to persuade the SS that the grafting, thieving, blackmailing "Greens" were more trouble than they were worth, and that with "Reds" in these positions the SS would be able to take life more easily. The SS had to be convinced, of course, that the "Reds" could keep order not only more "honestly" but just as ruthlessly as the "Greens."

Ich sei selbst, ganz persönlich, an dem Lizenzentzug schuld; „es wird kein anderer Lizenziat, ob Kommunist oder sonst irgend jemand, in seiner Arbeit gehemmt werden . . .“? Nun, einige Wochen später begann ganz offiziell der „Feldzug gegen den Kommunismus“ der US-Militärregierung. Die Behauptung des Mr. Newman war schlicht und einfach gelogen.

Daß Murphy eigens aus Berlin gekommen war, um mich zu verhören, bevor er die endgültige Anordnung gab, hatte gezeigt, daß meine Ankündigung, es werde „einen Schlag tun“, gewirkt hatte. Nun galt es, nicht nachzulassen. Ich fuhr nach Berlin, zunächst zum Chef der Pressekontrolle der US-Zone, Mr. Eggleston. Mit diesem, der sich als „Liberaler“ gab, hatte ich einige Wochen zuvor eine bezeichnende Unterhaltung.

Anläßlich eines Besuchs im US-Hauptquartier (OMGUS), der mich zu ihm führte, hatte er über die Sowjets geklagt, die im Ostsektor von Berlin das Schauspiel „Die russische Frage“ aufführen ließen. Es schildert, wie ein amerikanischer Journalist dazu gebracht wird, gegen besseres Wissen verleumderische Berichte über die USSR zu schreiben. Solche Aufführungen würden das Verhältnis zwischen den Alliierten vergiften, klagte Eggleston. Ich erwiderte, die Russen zahlten lediglich mit gleicher Münze heim, was die USA schon lange täten. Im übrigen sei die Schilderung in diesem Schauspiel m. E. durchaus wahrheitsgetreu. Zu meiner größten Überraschung kippte Eggleston plötzlich um: Ich hätte ja recht; aber die Russen hätten doch nicht ein eigenes Schauspiel nach Deutschland bringen sollen. Sie hätten das amerikanische Stück „Front page“ (Titelseite) nehmen sollen — das zeige die Verlogenheit der US-Presse doch genauso treffend!

Zu diesem Mann also wollte ich zunächst. Meine Aktennotiz vom betreffenden Tag:

Aktennotiz

Donnerstag, 4. September, vormittags 10 Uhr OMGUS Berlin. Da Mr. Egglestons Tür verschlossen ist, gehe ich zu seinem Stellvertreter, der erklärt, Eggleston und Textor seien in Coburg bei der Lizenzträgertagung. Pratt sei in Amerika, und zu Clay könne er mich ohne Zustimmung seiner Vorgesetzten nicht führen. Ich müsse bis Montag warten. Ich verabschiede mich mit der Erklärung, mir anderweitig helfen zu müssen, und treffe im Vorhof Mr. Alfred Boerner, der zuerst vorbeigehen will, dann aber fragt, was ich hier tue.

CARLEBACH: *Dreimal dürfen Sie raten.*
BOERNER: Kommen Sie wegen Ihrem Lizenzentzug?
CARLEBACH: *Sie sind immer noch so intelligent wie früher, Sie haben es beim ersten Mal erfaßt. Ich wollte zu Clay, aber da Textor und Eggleston nicht da sind, schickt man mich wieder fort. Aber jetzt werden Sie mich ja hinbringen.*
BOERNER: (erschrocken) Nein, das kann ich nicht. Aber warum gehen Sie nicht zum Stellvertreter von Textor?
CARLEBACH: *Selbstverständlich werde ich das tun, ich habe gar nicht gewußt, daß es so was gibt, bringen Sie mich hin!*
BOERNER: (führt mich ins Haus zurück und dann, in einen Korridor deutend) Hier, dort vorn, die zweite Tür ist es, Mr. Headen.
Dann, als ich von ihm fort gehe, ruft er in seltsamem Ton hinterher "Good luck".
Als mich Headens Sekretärin in dessen Büro führt, werde ich von diesem in englisch mit den Worten begrüßt: „Herr Carlebach, ich muß Ihnen gleich sagen, daß ich von Ihrer Angelegenheit nicht mehr weiß, als was in den Zeitungen stand.“

September 1947, vor der Vorsprache im US-Hauptquartier, Zusammentreffen mit Buchen-
waldkameraden in Berlin. Von links: Oskar Bethlen, Budapest; Ernst Busse, Berlin; Emil
Carlebach, Frankfurt; Walter Bartel, Berlin; Jan Hagen, Amsterdam; Stefan Heymann,
Weimar.

CARLEBACH: Ich komme nicht, um mich bei Ihnen zu beschweren, sondern um Sie zu bitten, mich bei General Clay anzumelden, nachdem Oberst Textor nicht da ist.

HEADEN: Aber Oberst Textor ist hier, ich werde Sie bei ihm melden.

(Eine halbe Stunde später bei Textor, ebenfalls ohne Dolmetscher:)

CARLEBACH: *Herr Oberst, Sie können sich denken, weswegen ich komme, ich protestiere gegen den Entzug meiner Lizenz und möchte bei General Clay angemeldet werden.*

TEXTOR: Ich habe den General bereits verständigt, er hat heute mit der Senatskommission zu tun, ist aber bereit, Sie am Montag, den 8. d. M., in Frankfurt im IG-Gebäude zu empfangen. (Nach kurzer Unterhaltung darüber, daß Major Schroeder diesen Empfang vermitteln soll): Sie müssen sich aber darüber klar sein, daß der General nicht viel mehr wird tun können, als die von Dr. Newman in Hessen getroffene Entscheidung aufrecht zu halten.

CARLEBACH: *Das ist mir vollständig unbegreiflich. In Hessen sagte man mir, man habe lediglich einen Berliner Befehl ausgeführt.*

TEXTOR: Wir haben hier in Berlin lediglich aufgrund der Berichte entschieden, die uns Dr. Newman übermittelte.

CARLEBACH: *Sie wissen, daß mir darüber nie etwas mitgeteilt wurde. Ich habe bis heute nicht eine einzige Verwarnung erhalten und möchte endlich einmal wissen, welcher meiner Artikel zu beanstanden ist, oder ob vielleicht eine während meiner politischen Tätigkeit gehaltene Rede den Lizenzentzug veranlaßte.*

TEXTOR: So ist das nicht, keiner Ihrer Artikel und keine Ihrer Reden ist beanstandet worden, aber Ihre ganze Denkart („your whole thinking") ist für die Militärregierung nicht mehr tragbar.

CARLEBACH: *Herr Oberst, eine derartige Argumentation ist mir nicht unbekannt, ich habe sie zehn Jahre lang von der Gestapo erlebt. Von den Vertretern einer demokratischen Regierung hätte ich konkrete Vorwürfe und Vorlage von Beweisen erwartet.*

TEXTOR: (schweigt)

CARLEBACH: *Es würde mich weiter interessieren, wie Sie dazu gekommen sind, nachdem Sie mich überhaupt nicht kennen, der AP gegenüber zu erklären, ich hätte „abwegige politische Ansichten", „nicht das nötige Vertrauen in die Zielsetzung der Militärregierung" und „ungenügende charakterliche Eignung".*

TEXTOR: Diese Erklärung stellt nicht meine Meinung dar, sondern gibt lediglich den Inhalt der Berichte Dr. Newmans wieder.

Keiner will Verantwortung tragen

Carlebach über seine Lizenzentziehung durch die USA-Behörde

Berlin, 5. September (Eig. Ber.). Die Arbeitsgemeinschaft SED-KPD hatte ausländische und deutsche Journalisten zu einer stark besuchten Pressekonferenz eingeladen, um dem ehemaligen Lizenzträger der „Frankfurter Rundschau", Emil Carlebach, Gelegenheit zu geben, auch vor Berliner Journalisten zur Frage seiner Lizenzentziehung durch die amerikanische Militärregierung Stellung zu nehmen.

Carlebach erklärte, er habe sich nunmehr, da er von keiner anderen Stelle eine stichhaltige Begründung für den Lizenzentzug bekommen könne, an General Clay in Berlin gewandt. General Clay, der in diesen Tagen stark besetzt gewesen sei, habe ihm einen Empfang für Montag in Frankfurt a. M. zugesichert.

Oberst Textor, mit dem er in Berlin sprach, habe ihm erklärt, die Begründung, daß er, Carlebach, nicht das genügende Vertrauen in die Militärregierung habe und daß er außerdem nicht qualifiziert genug sei, stamme nicht von ihm, sondern sei auf die Ansicht der Militärregierung Hessen zurückzuführen. Major Schröder von der amerikanischen Militärregierung in Hessen erklärte aber, er habe nur einen Befehl von Berlin ausgeführt. Nach alledem, so sagte Carlebach, könne er sich des Eindrucks nicht erwehren, daß es sich weniger um eine persönliche Sache gegen ihn, als vielmehr um ein Vorgehen gegen die Kommunistische Partei handle. Es sei immerhin interessant, daß von den anfänglich fünf kommunistischen Lizenzträgern in der US-Zone jetzt nur noch zwei von 85 übriggeblieben seien. Obwohl die Kommunistische Partei sich inzwischen verdoppelt habe, seien ihre Lizenzträger auf mehr als die Hälfte reduziert worden.

Selbstverständlich, so erklärte Carlebach, sei er in seinen Artikeln stets für eine Entnazifizierung und Entmilitarisierung und auch für die Einheit Deutschlands eingetreten, aber er könne sich nicht vorstellen, daß er damit gegen die Ansichten der Militärregierung verstoßen habe, und warum man ihm u. a. ungenügendes Verständnis für die Demokratie vorwerfe.

Versteckspielen um den Fall Carlebach

Pressekonferenz bei dem gemaßregelten Lizenzträger der „Frankfurter Rundschau"

Berlin, 5. September (EB). „Mir ist die Lizenz mit dem ausdrücklichen schriftlichen Bescheid entzogen worden, daß dafür keine Begründung gegeben werden könne", erklärte heute der ehemalige Lizenzträger der „Frankfurter Rundschau", E m i l C a r l e b a c h, auf einer Pressekonferenz der Arbeitsgemeinschaft SED-KPD. Die Amerikanische Militärregierung in Hessen habe ihn, Carlebach, außerdem wissen lassen, daß sie lediglich auf Befehl aus Berlin handele. Um so überraschter sei er dann gewesen, als unmittelbar darauf in Berlin Oberst G o r d o n E. T e x t o r, der Direktor der Nachrichtenkontrolle der Amerikanischen Militärregierung für Deutschland, der Oeffentlichkeit mitgeteilt habe, die Lizenzentziehung sei wegen „politischer Unzulänglichkeit" und deshalb erfolgt, weil Carlebach „das Vertrauen in die Ziele der Amerikanischen Militärregierung fehle". In Berlin habe er nun selbst, so berichtete Carlebach weiter Oberst Textor über die Gründe der Lizenzentziehung befragt. Dieser habe ihm zu seiner noch größeren Ueberraschung ebenfalls erklärt daß er außerstande sei, eine Begründung zu geben. Was zudem seine in der Presse erschienene Mitteilung betreffe, so enthalte sie nicht sein eigenes Urteil, sondern gebe nur die Meinung der hessischen Militärregierung wieder.

In seinen weiteren Ausführungen stellte Carlebach fest, daß er während seiner zweijährigen Mitarbeit an der „Frankfurter Rundschau" bisher nicht einen einzigen Verweis erhalten habe. Daß man ihm jetzt einzig und allein seine Denkungsart vorwerfe, lasse den Schluß zu, daß er nur deshalb seine Tätigkeit bei der „Frankfurter Rundschau" habe aufgeben müssen, weil er Kommunist sei. Damit aber müsse der Eindruck entstehen, daß die Kommunistische Partei in der amerikanischen Zone aus dem Pressewesen ausgeschaltet, daß für sie die Pressefreiheit beseitigt werden soll. Diese Vermutung läge um so näher, als bis heute die Kommunistische Partei nicht ersucht worden sei, der Militärregierung einen Ersatzmann namhaft zu machen, obgleich bei früheren Lizenzentziehungen die Parteien stets aufgefordert worden seien, neue Persönlichkeiten vorzuschlagen.

Die Fragen der Pressevertreter beantwortend, schilderte Carlebach eingehend die Presseverhältnisse in der amerikanischen Zone. Gegenwärtig gebe es unter den 83 Lizenzträgern nur noch zwei Kommunisten; früher seien es fünf gewesen. Das sei ein Verhältnis, das von Anfang an keineswegs dem Stärkeverhältnis der Parteien entsprochen habe. Hinzu komme, daß die KPD inzwischen die Zahl ihrer Wähler verdoppelt habe; die Zahl der Lizenzträger sei jedoch zur gleichen Zeit mehr als halbiert worden. In den zahlreichen Zeitschriftenredaktionen gäbe es überhaupt keine Kommunisten. Von 30 der KPD nahestehenden Persönlichkeiten, die sich im letzten Jahr um Lizenzen beworben hätten, sei keine einzige akzeptiert worden.

Schließlich verwahrte sich Carlebach noch gegen den Vorwurf, er sei unfähig, die Grundsätze der Demokratie zu verstehen. Einen Beweis für diese Behauptung habe man bisher nicht vorbringen können.

Wie Carlebach weiter mitteilte, habe ihm General C l a y zugesagt, ihn in den nächsten Tagen in Frankfurt am Main zu empfangen.

Emil Carlebach In Berlin

Emil Carlebach, a member of the KPD (Communist Party) had his newspaper license revoked in August 1947. Carlebach was an editor of the "Frankfurter Rundschau" in the American zone. No reason was given by the Americans for withdrawing his license, but Colonel Dr. Newman, chief of the Office of Press Control in the American zone, said that Carlebach's character didn't meet the requirements. Carlebach was further accused of not having the necessary devotion to the aims of the American occupation.

Carlebach was told by the Americans in Frankfurt that he was dismissed on orders from above. When Carlebach went to Berlin and spoke to Colonel Textor, head of Information Control, he was told that he was dismissed because of information sent from Frankfurt!

Thus Carlebach's dismissal can only be part of an American scheme to get rid of all communist officials in West Germany. Of a total of 83 Germans with press licenses, 5 originally were communists and today only two are communists. Thus the communists have less than half their former number, while in the same period the communists votes at the elections more than doubled.

At a press conference in Berlin, an American correspondent asked him whether his "thoughts contrary to American principles" were the result of being a communist. Carlebach replied that it was his democratic right to be a communist. In his articles he stood for denazification, demilitarization, and for the unity of Germany.

Carlebach said that in his two years with the "Frankfurter Rundschau" he had not received a single reprimand. Thus his dismissal is not a personal matter, but part of American policy.

Carlebach said that in the last year 30 people friendly to the communists applied for press licenses, and all were turned down.

177

CARLEBACH: (aufstehend) Sie werden begreifen, Herr Oberst, daß ich mit dieser Unterhaltung in keiner Weise zufrieden sein kann. Ich werde am Montag meine Angelegenheit General Clay neuerlich vortragen.

Auch Oberst Textor wußte also „von nichts". Jeder schob es auf den anderen: „cant" hätte Shaw gesagt. Das hatte ich erwartet. Worum es mir ging, das war, eben diese Heuchelei bloßzustellen, möglichst vielen Menschen die Verlogenheit dieser Quasidemokratie, dieser Quasipressefreiheit vor Augen zu stellen. Es gelang in gewisser Weise, in begrenztem Maße natürlich nur — stand ich doch einer Weltmacht gegenüber, deren Mittel jederzeit ausreichten, um zu sichern, daß den Tatsachen „no publicity whatsoever" gegeben würde.

Immerhin: Am 8. September mußte mich General Clay empfangen, der Skandal hatte Kreise gezogen. Meine Aktennotiz vom selben Abend:

Frankfurt/Main, den 8. September 1947
17.^{00}

Aktennotiz

Um 15.^{00} Uhr verabredungsgemäß im IG-Farben-Gebäude, Zimmer 140 a bei Capt. Donnan; warten bis 15.^{45} Uhr. Inzwischen Miß Weiss von DENA beim Capt. außerdem warten hinter mir der verantwortliche Redakteur der Europaausgabe der „Herald Tribune", Mr. Parsons, und sein Frankfurter Korrespondent Edwin Hartrich auf einen der amerikanischen Politiker, die sich in der Konferenz mit Clay befinden.
15.^{45} Uhr zu Clay gerufen, der keinen Dolmetscher dabei hat. Unterhaltung bis auf Details englisch geführt.
CARLEBACH: Sie werden meinen Fall, dessentwegen ich zu Ihnen komme, wohl kennen?
CLAY: Ich kenne den Fall nur oberflächlich und bin über Details nicht informiert.
CARLEBACH: Ich wurde nach zweijähriger Tätigkeit bei der Frankfurter Rundschau als einer der ersten Lizenzträger der US-Zone unter ausdrücklicher Ablehnung der Angabe von Gründen plötzlich durch die Militärregierung entlassen, ohne zuvor auch nur ein einziges Mal verwarnt worden zu sein. Nachdem einige Agenturen diese Tatsache erfahren hatten, erklärte Oberst Textor, Chief of ICD in Berlin, ich hätte „abwegige politische Ansichten", „nicht das nötige Vertrauen in die Zielsetzung der Militärregierung" und sei „charakterlich nicht geeignet". Es läge keine einzige Beanstandung einer Rede oder eines Artikels von mir vor, sondern meine „ganze Denkart" sei „für die Militärregierung untragbar". Als ich zu Oberst Textor nach Berlin fuhr und ihn darüber zur Rede stellte, erklärte er mir jedoch, diese Feststellung gebe nicht seine persönliche Meinung wieder, sondern entspreche den internen Berichten der hessischen Militärregierung. Offiziere der hessischen Militärregierung jedoch hatten mir gegenüber erklärt, sie führten nur einen Befehl aus Berlin aus, ohne eine Begründung zu kennen.
Ich habe mich deshalb an Sie, Herr General, gewandt, da ich der Meinung bin, daß solche Methoden unfair sind und daß ein Beschluß, wie er gegen mich gefaßt wurde, ohne mich zu hören oder Beweismaterial vorzulegen, den Methoden einer Geheimpolizei, nicht aber den Methoden von Vertretern einer demokratischen Regierung entspricht.
GENERAL: Ich bin nicht über alle Details des Falles im Bilde, weiß aber mit Sicherheit, daß die Angelegenheit geprüft wurde, bevor ein entsprechender Bescheid getroffen worden ist.
CARLEBACH: Das ändert nichts daran, daß die ganze Angelegenheit dadurch, daß ich niemals gehört oder gar verwarnt worden bin, einseitig und undemokratisch behandelt wurde, und daß jeder Bürger zu der Überzeugung kommen muß, es handele sich in meinem Fall um einen Versuch, die Freiheit der Presse für die Kommunistische Partei zu unterdrücken.
GENERAL: Ich bin nicht der Meinung, daß die Kommunistische Partei sich über Unterdrückungsmaßnahmen zu beklagen hat, auch nicht auf dem Gebiet der Pressefreiheit,

räume jedoch ein, daß es „unfair" ist, Beschuldigungen, wie sie gegen Sie erhoben wurden, auszusprechen, ohne Beweise dafür zu erbringen. Ich werde Anweisung geben, daß der Fall nochmals untersucht wird und Ihnen Bescheid zukommt.
(Deutet durch eine Geste an, daß er die Unterhaltung als beendet betrachtet. Beide stehen auf.)
CARLEBACH: *Ich danke Ihnen für diese Zusage und hoffe zuversichtlich auf das Ergebnis der Untersuchung. Ich erwarte Ihre Antwort.*

Draußen vor der Tür lauerten die amerikanischen Berichterstatter. „Was – der General empfängt Sie?" und „Sie wollen tatsächlich zu General Clay?", hatten sie mich vorher aufgeregt gefragt. Ich konnte mich davon überzeugen, daß die Herren genauso ängstlich zu einem General aufblickten, wie ich es bei meinen Landsleuten nur gar zu oft bemerkt hatte. Beim Hineingehen in den Sperrbezirk war ich Zeuge des beschämenden Schauspiels geworden, wie ein im Auto vorfahrender Offizier den Wachposten „zur Sau machte", weil dieser ihm — wie es

Clay to Study Editor Ouster

STUTTGART, Sept. 10 (AP)— Gen. Lucius D. Clay told correspondents yesterday he would personally review the recent dismissal of Emil Carlebach, Communist co-publisher of the influential Frankfurter Rundschau.

Carlebach was dismissed last month from his post. Military Government at first gave no reason for this, then later said he had "no understanding of the fundamental principles of democracy."

Clay talked briefly with the Communist newspaperman at U. S. Army headquarters in Frankfurt Monday.

Carlebach told reporters that Clay had disputed that the Communist Party in Germany had any reason to complain about any suppression of press freedom. "He (Clay) conceded that it is unfair to make charges without giving proof," Carlebach said.

11.9.47 — "Stars + Stripes"

Clay empfing Carlebach

Frankfurt a. Main, 8. September (ADN). Der ehemalige Lizenzträger der „Frankfurter Rundschau", Carlebach, wurde vom amerikanischen Militärgouverneur, General Clay, in Frankfurt am Main empfangen.

Bei der Unterredung hat General Clay eingeräumt, daß es ohne Beweise unfair sei, Beschuldigungen, wie sie gegen Carlebach erhoben worden seien, auszusprechen. Carlebach erklärte, Methoden wie die, daß man in Berlin „Feststellungen" der amerikanischen Militärregierung für Hessen und letztere wieder Befehle aus Berlin vorschiebe, seien nicht demokratisch. Er müsse vielmehr das Gefühl haben, die Pressefreiheit für die KPD werde unterdrückt. *37 9.9.47*

Noch einmal: Fall Carlebach. Stuttgart (AP). — Der amerikanische Militärgouverneur für Deutschland, General Lucius D. Clay, erklärte auf einer Pressekonferenz am 9. September in Stuttgart, er werde den Fall des kommunistischen Mitherausgebers der „Frankfurter Rundschau", Emil Carlebach, dem im August die Lizenz entzogen wurde, persönlich überprüfen. Carlebach war von Clay am 8. September zu einer kurzen Unterredung im Frankfurter Hauptquartier empfangen worden. In einer Aussprache mit den drei Vorsitzenden der Landesverbände der KPD in der amerikanischen Zone (Buchmann-Stuttgart, Fritz Sperling-München, Leopold Bauer-Frankfurt), die nach Angaben der kommunistischen Vertreter unter anderem durch die Angelegenheit Carlebach veranlaßt worden war, gab General Clay, laut Dena, die Erklärung ab, daß die KPD sich nach wie vor im Rahmen der für alle Parteien geltenden Richtlinien in der US-Zone frei betätigen könne.

Carlebach bei General Clay. Der ehemalige Lizenzträger der „Frankfurter Rundschau", Emil Carlebach, wurde (wie wir bereits in einem Teil der letzten Ausgabe meldeten) am Montag von General Clay empfangen, der ihm eine nochmalige Untersuchung seines Falles zusagte. Der Militärgouverneur erklärte, daß es unfair gewesen sei, keine Beweise als Begründung des Lizenzentzuges vorzulegen. (FNP)

FNP - 12.9.47

die Vorschrift verlangte — den Ausweis abverlangte, statt vor den Rangabzeichen Kotau zu machen.

Clay hatte also zugesagt, den „Fall Carlebach" neu zu überprüfen. Manche Journalisten glaubten nun wirklich, ich bekäme vielleicht die Lizenz zurück. Als man mich beim Verlassen des IG-Gebäudes allen Ernstes danach fragte, antwortete ich: „Einer von uns beiden muß gehen — Clay oder ich." Ich hatte den Eindruck, daß es bei manchen meiner Berufskollegen einige Zeit dauerte, bis der Groschen fiel.

Dann kam der Novembertag, soweit ich mich erinnere, war es ein Samstagnachmittag, als ein Sergeant vor meiner Wohnungstür stand, um mir einen Brief des Oberkommandierenden zu überbringen. Die Begründung für den Lizenzent-

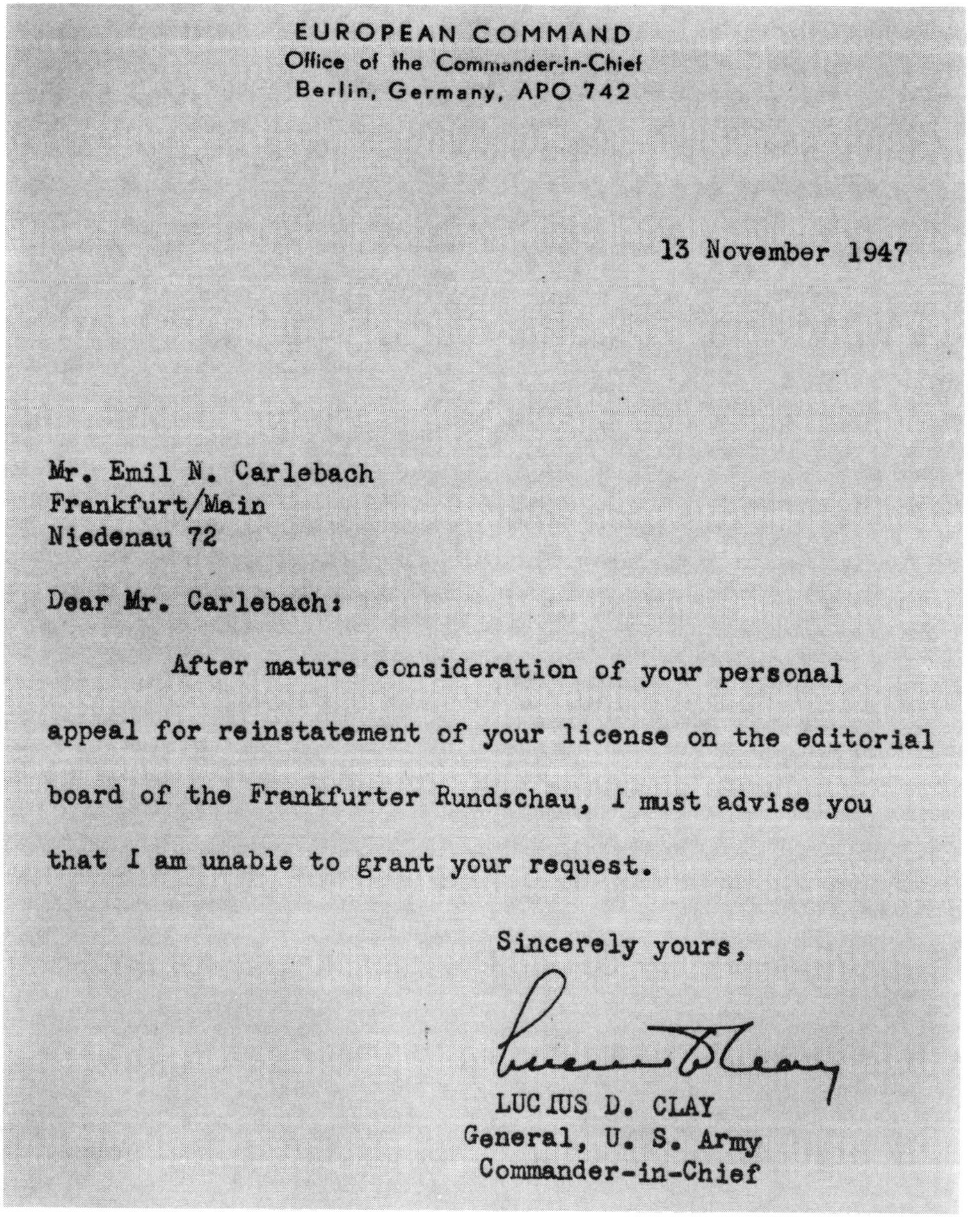

EUROPEAN COMMAND
Office of the Commander-in-Chief
Berlin, Germany, APO 742

13 November 1947

Mr. Emil N. Carlebach
Frankfurt/Main
Niedenau 72

Dear Mr. Carlebach:

After mature consideration of your personal appeal for reinstatement of your license on the editorial board of the Frankfurter Rundschau, I must advise you that I am unable to grant your request.

Sincerely yours,

LUCIUS D. CLAY
General, U. S. Army
Commander-in-Chief

zug gab es wieder nicht. Statt dessen die unwahre Behauptung, ich hätte um Wiedereinsetzung als Lizenzträger gebeten.

Nun, es war gekommen, wie es hatte kommen müssen. Der kalte Krieg hatte begonnen, und warum hätte er gerade mich verschonen sollen?

Ich schrieb den „offenen Brief" an Clay, den der Leser dieses Buches schon kennt; er erhielt in der US-Zone befehlsgemäß „no publicity whatsoever". Ein einziger junger Lizenzträger hatte den Mut, dem Befehl zu trotzen, er druckte den Brief und führte darüber eine öffentliche Diskussion mit mir.

Rund zwei Wochen nach meinem Hinauswurf schlug die US-Army zum zweitenmal zu – diesmal gegen meine Schwester. Diese war als Fünfzehnjährige mit dem letzten Kindertransport aus dem Hitlerreich nach England evakuiert worden und überlebte dadurch die Ausrottung unserer Familie. Bei Kriegsende erfuhr sie, daß ich überlebt hatte. Um ihren Bruder – den sie seit dem neunten Lebensjahr nicht mehr gesehen hatte – treffen zu können, meldete sie sich als Zivilangestellte zur US-Armee und erhielt eine Stelle in der amerikanischen Besatzungszone. Sie war – und ist bis heute – politisch völlig uninteressiert. Aber sie ist meine Schwester. Das genügte, um sie von einer Stunde zur anderen auf die Straße zu werfen.

Geben wir noch einmal Cedric Belfrage das Wort. Er schließt sein Erinnerungsbuch mit der Wiedergabe von zwei Pressemeldungen:

New York Herald Tribune, 21. August 1947. Roter Zeitungsherausgeber in Frankfurt durch US-Militärregierung entlassen — Emil Carlebach, kommunistischer Lizenzträger der Frankfurter Rundschau, einer der größten Zeitungen der US-Zone, wurde heute durch die US-Militärregierung seines Postens enthoben. US-Presseoffiziere gaben an, sie könnten „keinen Grund" angeben ...

St. Louis Post-Dispatch, 7. November 1947 — Frankfurt — Die US-Militärregierung eröffnet General Clays Presse- und Radiokampagne gegen den Kommunismus im Land Hessen heute mit der Verbreitung der Serie „Hinter dem Eisernen Vorhang" aus der New York Herald Tribune / St. Louis Post-Dispatch in 20 000 Exemplaren in deutscher Sprache.

Die Serie wurde auf den Druckmaschinen der Frankfurter Rundschau gedruckt, deren Herausgeber, Arno Rudert, gestern aus der Kommunistischen Partei ausgeschlossen wurde.

30 Jahre später: 1978 bei Cedric Belfrage in Mexiko.

Anmerkungen

1) Hurwitz, Stunde Null der deutschen Presse, Köln 1972, S. 320
2) Belfrage, Seeds of destruction, New York 1954, S. 141
3) Ebenda, S. 155
4) Ebenda, S. 156 ff.
5) Ebenda.
6) Belfrage / Aronson, Something to guard, New York 1978, S. 161
7) Borsdorf / Niethammer, Zwischen Befreiung und Besatzung, Wuppertal 1976, S. 95 ff.
8) Frankfurter Rundschau, 11. Mai 1963.
9) Overseas News Agency, 10.10.1951.
10) „die tat", Frankfurt, 30. Mai 1980.
11) Ebenda.
12) Borsdorf / Niethammer, S. 95.
13) Als der Krieg zuende war, Frankfurt 1980, S. 21.
14) Belfrage, S. 211.
15) Ebenda, S. 203.
16) Ebenda, S. 215.
17) Hurwitz, S. 318.
18) Ebenda, S. 318.
19) Ebenda, S. 320.
20) Belfrage, S. 185.
21) Ebenda, S. 203.
22) Ebenda, S. 205.
23) Ebenda, S. 193.
24) Ebenda, S. 194.
25) Ebenda, S. 212.
26) Hurwitz, S. 321.
27) Norden, Um die Nation, Berlin 1953, S. 385
28) H. Mayer, Deutscher auf Widerruf, Frankfurt 1982, S. 378.

Nachbemerkung und Anhang

Eine Zeitung hatten wir geschaffen, in der das journalistische Berufsethos allein maßgebend sein sollte, ohne Gewinninteressen von Verlag und Verleger. Eine Zeitung, in der das paritätische Mitbestimmungsrecht aller Arbeitenden, der Journalisten wie der Kolleginnen und Kollegen der Technik und des Vertriebs, gesichert war. Eine Zeitung, die — auch gegen die Intentionen der Herrschenden (ob es nun Amerikaner oder Deutsche waren) — den Kampf führte für ein demokratisches, antifaschistisches Deutschland, für eine einige, friedliche Welt, für die Koalition der Vernunft, wie sie siegreich aus dem Krieg hervorgegangen war.

Der Ukas eines Generals, das Millionengeschenk an zwei willfährige Männer zerschlugen die Anfänge. Aus dem Kampf gegen Reaktion und Faschismus wurde schließlich die Hereinnahme der Druckaufträge für Produkte des Axel Cäsar Springer. Man paßte sich an...

Rudert und Gerold starben 1954 bzw. 1973 als reiche Männer und Besitzer der Zeitung, die als Non-profit-Unternehmen gegründet worden war.

Gerst starb, über 80 Jahre alt, als der kämpferische Journalist, der er immer gewesen war. Rodemann starb als Herausgeber des „Darmstädter Echo"; Grossmann als Herausgeber des „Neuen Sport", der dann sein Erscheinen einstellte. Knothe war bis zu seinem Tode Landesvorsitzender der SPD in Hessen. Von Etzkorn habe ich nie wieder etwas gehört.

Fritz Schmidt (Kassel) und Dr. Rudolf Agricola (Heidelberg), außer mir die beiden einzigen kommunistischen Lizenzträger, wurden aus ihrer Arbeit geworfen.

Die Säuberung war vollkommen, die Zensur ohne Schere tat ihr Werk. Bis heute gilt das nie offen verkündete Berufsverbot gegen Kommunisten in der „überparteilichen" Presse der Bundesrepublik. Kein Chefredakteur stellt einen Kommunisten auch nur als Volontär ein: „no publicity..."

Was wir 1945 wollten — Journalismus unter Ausschluß von Profitinteressen —, wurde mit Hilfe der Zensur ohne Schere ins Gegenteil verkehrt: Profitinteressen im Gewande des Journalismus. Zwei Zitate mögen die Wende um 180 Grad belegen:

1947:
„Wir glauben, daß die Zeitungen die Wahrheit berichten sollen, die volle Wahrheit und nichts als die Wahrheit in allen Angelegenheiten, die für die Leser als Staatsbürger und als Glieder der Gemeinschaft und Gesellschaft von Bedeutung sind."
Leitartikel der „Frankfurter Rundschau" vom 17.4.1947

1977
„Im übrigen ist es ja so, daß in Brüssel genauso wie in Frankfurt, genauso wie in Bonn, aber anders als in Ostberlin die Journalisten Gott sei Dank schreiben dürfen, was sie für richtig halten, auch wenn es falsch ist. Sie dürfen sogar etwas schreiben, von dem sie wissen, daß es falsch ist. Das soll auch so bleiben."
Bundeskanzler Helmut Schmidt in der Sitzung des Bundestages am 19. 1. 1977

Frankfurter Rundschau

Druck und Verlag:
Druck- und Verlagshaus Frankfurt am Main GmbH
Geschäftsführer: Dr. Horst Engel (Vorsitzender), Franz Nabholz, Rudolf Kohlmeier
Postfach 10 06 60, Große Eschenheimer Straße 16—18, 6000 Frankfurt am Main 1

Chefredakteur und Vorsitzender der Redaktionsleitung:
Werner Holzer
Redaktionsleitung: Hans-Herbert Gaebel — Horst Wolf
Chef vom Dienst: Christian M. Schöne

Verantwortliche Redakteure: Dr. Gerhard Ziegler (Politik); Roderich Reifenrath (Innenpolitik); Dr. Karl Grobe-Hagel (Außenpolitik); Wolfgang Valentin (Nachrichten); Horst Köpke (Kulturpolitik und Feuilleton); Rainer Hupe (Wirtschaft); Horst Wolf (Frankfurt); Erwin Krauser (Hessen); Wolfgang Fleckenstein (Rhein-Main); Erich Stör (Sport); Peter Klinkenberg (Zeit und Bild und Wissenschaft); Reporter: Karl-Heinz Krumm. Weitere leitende Redakteure; Detlef Franke, Peter Iden, Jürgen Klotz, Ulrich Mackensen, Jutta Roitsch, Wolfram Schütte, Lothar Vetter, sämtliche Frankfurt am Main, Große Eschenheimer Straße 16—18. Bonner Büro: Eghard Mörbitz, Rolf-Dietrich Schwartz.

Herausgeber und Chefredakteur: 1946—1973 Karl Gerold

Auch so kann man die eigene Vergangenheit „bewältigen", man beachte die letzte Zeile des heutigen „Rundschau"-Impressums. Die Wahrheit ist:

1) Die FR hatte schon 1945 Herausgeber und Chefredakteure, sieben an der Zahl. Gerold gehörte nicht zu ihnen.

2) Auch 1946 gab es zunächst fünf Herausgeber und Chefredakteure — ohne Gerold. Dann: Rudert, Gerst, Carlebach und den dazugekommenen Gerold, vgl. nebenstehenden Ausschnitt aus der FR Nr. 31 / 46.

3) Bis 1954 gab es — außer Gerold — immer noch den Chefredakteur und Herausgeber Arno Rudert.

Was eine einzige Zeile doch alles verschweigen kann.

Neue Lizenzerteilung in der „Frankfurter Rundschau".

Am Mittwochnachmittag übergab Colonel Kleitz, Leiter der Nachrichtenkontrolle der Militärregierung für Groß-Hessen, begleitet von Colonel Phelps und anderen Herren der amerikanischen Militärregierung, Karl Gerold die Urkunde als neuem Lizenzträger der „Frankfurter Rundschau". Gleichzeitig erhielten die seitherigen Lizenzträger Arno Rudert, Wilh. Karl Gerst und Emil Carlebach eine Bestätigung ihrer seitherigen Lizenz durch neue Beurkundung.

Karl Gerold, ein gebürtiger Schwabe, ist in diesen Wochen aus der Schweizer Emigration zurückgekehrt, in der er seit Herbst 1933 lebte. Vorher war er in Südbaden als Funktionär der Sozialdemokratischen Partei und Mitarbeiter sozialdemokratischer Zeitungen tätig. Während seines Aufenthaltes in der Schweiz schuf er sich als Verfasser des Südtiroler demokratischen Freiheitsromans „Die Schmuggler von Plivio" und einiger Gedichtbände einen angesehenen Namen als Schriftsteller. Außerdem war er Mitarbeiter verschiedener Schweizer Zeitungen.

Die seitherigen Lizenzträger begrüßten den neuen Kollegen, dessen Berufung sie gern zugestimmt haben.

184

Lassalle 1863

Warum es so ist, daß Zeitungen lügen, obwohl sie „wissen, daß es falsch ist", daß hat ein anderer schon vor mehr als hundert Jahren erkannt — Ferdinand Lassalle, einer der Gründer der deutschen Sozialdemokratie:

(...) Je schlechter heute ein Blatt, desto größer ist sein Abonnentenkreis. Das sind ernste, sehr ernste Erscheinungen, und ich nehme, die Seele voll Trauer, keinen Anstand zu sagen: Wenn nicht eine totale Umwandlung unserer Presse eintritt, wenn diese Zeitungspest noch fünfzig Jahre so fortwütet, so muß dann unser Volksgeist verderbt und zugrunde gerichtet sein bis in seine Tiefen! Denn ihr begreift: wenn Tausende von Zeitungsschreibern, dieser heutigen Lehrer des Volks, mit hunderttausend Stimmen täglich ihre stupide Unwissenheit, ihre Gewissenlosigkeit, ihren Eunuchenhaß gegen alles Wahre und Große in Politik, Kunst und Wissenschaft dem Volke einhauchen, dem Volke, das gläubig und vertrauend nach diesem Gifte greift, weil es geistige Stärkung aus demselben zu schöpfen glaubt, nun, so muß dieser Volksgeist zugrunde gehen, und wäre er noch dreimal so herrlich! Nicht das begabteste Volk der Welt, nicht die Griechen hätten eine solche Presse überdauert. Und ihr begreift, daß, wenn auch fünf, zehn, zwölf unterrichtete ernsthafte und tüchtige Männer unter dieser Bande wären, dies an dem Gesagten nichts ändern kann, da ihre Stimme machtlos verhallen muß, in dem Schwall und Geräusch ihrer Kollegen.

Ich kann euch hier nicht die Geschichte der europäischen Presse geben. Genug, einst war sie wirklich der Vorkämpfer für die geistigen Interessen in Politik, Kunst und Wissenschaft, der Bildner, Lehrer und geistige Erzieher des großen Publikums. Sie stritt für Ideen und suchte zu diesen die große Masse emporzuheben. Allmählich aber begann die Gewohnheit der bezahlten Anzeigen, der sogenannten Annoncen oder Inserate, die lange gar keinen, dann einen sehr beschränkten Raum auf der letzten Seite der Zeitungen gefunden hatten, eine tiefe Umwandlung in dem Wesen derselben hervorzubringen. Es zeigte sich, daß diese Annoncen ein sehr ergiebiges Mittel seien, um Reichtümer zusammenzuschlagen, um immense jährliche Revenuen aus den Zeitungen zu schöpfen. Von Stund an wurde eine Zeitung eine äußerst lukrative Spekulation für einen kapitalbegabten oder auch für einen kapitalhungrigen Verleger. Aber um viele Anzeigen zu erhalten, handelte es sich zuvörderst darum, möglichst viele Abonnenten zu bekommen, denn die Anzeigen strömen natürlich in Fülle nur solchen Blättern zu, die sich eines großen Abonnentenkreises erfreuen. Von Stund an handelte es sich also nicht mehr darum, für eine große Idee zu streiten, und zu ihr langsam und allmählich das große Publikum hinaufzuheben, sondern, umgekehrt, solchen Meinungen zu huldigen, welche, wie sie auch immer beschaffen sein mochten, der größten Anzahl von Zeitungskäufern (Abonnenten) genehm sind. Von Stund an also wurden Zeitungen, immer unter Beibehaltung des Scheins, Vorkämpfer für geistige Interessen zu sein, aus Bildnern und Lehrern des Volks zu schnöden Augendienern der geldbesitzenden und also abonnierenden Bourgeoisie und ihres Geschmackes, die einen Zeitungen gefesselt durch den Abonnentenkreis, den sie bereits haben, die anderen durch den, den sie zu erwerben hoffen, beide immer in Hinsicht auf den eigentlich goldenen Boden des Geschäfts, die Inserate. Von Stund an wurden also die Zeitungen nicht nur zu einem ganz gemeinen, ordinären

Geldgeschäfte, wie jedes andere auch, sondern zu einem viel schlimmeren, zu einem durch und durch heuchlerischen Geschäfte, welches unter dem Scheine des Kampfes für große Ideen und für das Wohl des Volks betrieben wird (...)

Wenn jemand Geld verdienen will, so mag er Cotton fabrizieren oder Tuche oder auf der Börse spielen. Aber daß man um schnöden Gewinnstes willen alle Brunnen des Volksgeistes vergifte und dem Volke den geistigen Tod täglich aus tausend Röhren kredenze — — es ist das höchste Verbrechen, das ich fassen kann!
Aus Lassalle: „Die Presse, der Hauptfeind der gesunden Entwicklung"; in E. E. Kisch: „Klassischer Journalismus", Berlin 1982, S. 233 ff.)

Über Pressefreiheit in der Bundesrepublik

1.

Paul Sethe, langjähriger Mitherausgeber der „Frankfurter Allgemeinen Zeitung", in einem Leserbrief an den „Spiegel" vom 5. Mai 1965:

Das Verhängnis besteht darin, daß die Besitzer der Zeitungen den Redaktionen immer weniger Freiheit lassen, daß sie ihnen immer mehr ihren Willen aufzwingen. Da aber die Herstellung von Zeitungen und Zeitschriften immer größeres Kapital erfordert, wird der Kreis der Personen, die Presseorgane herausgeben können, immer kleiner. Damit wird unsere Abhängigkeit immer größer und immer gefährlicher. Auch scheint es ein soziologisches Gesetz zu sein, daß mit steigendem Reichtum der Respekt der Wohlhabenden vor der Individualität der Mitarbeiter immer geringer wird. Schließlich halten sie es für selbstverständlich, daß Journalisten nicht ihre Bundesgenossen, sondern ihre willenlosen Gefolgsleute sind... Im Grundgesetz stehen wunderschöne Bestimmungen über die Freiheit der Presse. Wie so häufig, ist die Verfassungswirklichkeit ganz anders als die geschriebene Verfassung. Pressefreiheit ist die Freiheit von 200 reichen Leuten, ihre Meinung zu verbreiten. Journalisten, die diese Meinung teilen, finden sie immer. Ich kenne in der Bundesrepublik keinen Kollegen, der sich oder seine Meinung verkauft hätte. Aber wer nun anders denkt, hat der nicht auch das Recht, seine Meinung auszudrücken? Die Verfassung gibt ihm das Recht, die ökonomische Wirklichkeit zerstört es. Frei ist, wer reich ist. Das ist nicht von Karl Marx, sondern von Paul Sethe. Aber richtig ist es trotzdem. Und da Journalisten nicht reich sind, sind sie auch nicht frei (jene wenigen Oasenbewohner ausgenommen).

2.

In einem Beitrag für die „Marxistischen Blätter (2 / 1972) schrieb ich u.a.:
Die Gewerkschaft Druck und Papier hat in der Dokumentation über die Konzentration der Macht über die Gehirne durch die Konzentration der Presse festgestellt: „Der Anteil der fünf größten Zeitungsgruppen: 1. Springer, 2. Gruppe Stuttgarter Zeitung (mit Münchner Merkur und Hannoversche Allgemeine), 3. Westdeutsche

Allgemeine Zeitung, 4. Gruppe Süddeutsche Zeitung (mit Stuttgarter Nachrichten), 5. Gruppe Frankfurter Allgemeine (mit Frankfurter Neue Presse) an der Gesamtzahl der verkauften Auflagen beträgt 45,2 Prozent. Beschränkt man das Bild auf Zeitungen über 50 000 Auflage, wird es noch erschreckender. Hier beträgt der Anteil der fünf Gruppen 81 v. H." Tendenzschutz und Pressekonzentration, Stuttgart 1971, S. 18/19.

Der Bundesvorsitzende der DJU, Eckart Spoo, hat darauf hingewiesen, daß in Bayern, in einem Gebiet, wo zehn Millionen Menschen wohnen, sieben Millionen von diesen nur eine einzige Zeitung zur Verfügung haben. Die „Pressefreiheit", die angebliche „Vielfalt der Presseerzeugnisse", kommt für Millionen Bundesbürger überhaupt nicht in Frage.

In der erwähnten Dokumentation der Gewerkschaft Druck und Papier wird an Beispielen die Auswirkung dieser Pressekonzentration gezeigt. Es heißt dort: „Selbst der Abonnent ist ein Posten in dieser Wirtschaftsrechnung ... Als Gesamtheit sicheres Objekt für den Anzeigenmarkt. Und nur hier werden, allen Unkenrufen zum Trotz, die Geschäfte gemacht, die die großen Zeitungen zu Wirtschaftsunternehmen bedeutenden Ranges in den unterschiedlichsten Bereichen machen. Nur zwei Beispiele seien hier aufgeführt. Ein Zeitungsunternehmen, das auch mit seinen Beteiligungen und Tochterunternehmen im Bereich Druck und Verlag bleibt, der Süddeutsche Verlag in München (Süddeutsche Zeitung). Die Gliederung sieht wie folgt aus: Süddeutscher Verlag GmbH – Münchner Stadtanzeiger — Erdinger Regionalanzeiger – Verlag Die Abendzeitung GmbH und Co. — Noris-Verlag GmbH Nürnberg — Stuttgarter Nachrichten Verlags GmbH, Beteiligung 25 Prozent — Bayrische Staatszeitung, Beteiligung 50 Prozent — Europa Fachpresse Verlag GmbH, Beteiligung 50 Prozent — Paul List Verlag, Beteiligung 50 Prozent — Karl Wenscho GmbH (Tiefdruck), 100 Prozent — T. R. Verlags-Union, Minderheitsbeteiligung.

Andere haben einen Mischkonzern aufgebaut, sind in die Diversifikation gegangen. Bestes Beispiel dafür ist die WAZ — Westdeutsche Allgemeine Zeitung. Zu dem Konzern gehören jeweils als 100prozentige Tochterunternehmen: Welt am Sonnabend GmbH — WAZ-Druck GmbH und Co. KG, Duisburg — Langenberger Kupfer- und Messing-Werke GmbH — Kickert und Söhne KG, Schloßfabrik Heiligenhaus (Rheinland).

Mit 25 Prozent ist der Konzern am Otto-Versand, Hamburg, und mit 50 Prozent an einem Überseeautospezialtransporter beteiligt, der für VW die Nordamerikaroute befährt." (Ebenda, S. 21/22).

Arbeiterpresse von Anfang an unterdrückt

Schon gar nicht gibt es eine Pressefreiheit für die Arbeiterpresse, für Presseerzeugnisse, die Arbeiterinteressen vertreten. Und dies war von Anfang an so. 1933 verbot und unterdrückte das Hitlerregime mit blutigem Terror jeden Versuch, die Interessen der Arbeiterschaft in eigenen Druckschriften irgendwie zum Ausdruck zu bringen. Als 1945 die amerikanischen, englischen und französischen Besatzungstruppen in Westdeutschland einrückten, wurde diese Politik mit anderen Mitteln fortgesetzt. In der amerikanischen Zone durfte bis 1949 überhaupt keine Zeitung der KPD oder auch der SPD erscheinen.

Ebenso wurden die Zeitungen der Gewerkschaftsbewegung so lange unterdrückt, bis sichergestellt war, daß sie keinen „Markt" in der Öffentlichkeit finden könnten. Zwar dürfen heute die Gewerkschaften des DGB Informationsblätter in Millionenauflage herausgeben — es ist aber seit Jahrzehnten dafür gesorgt, daß sie von der

„freien Presse", die die öffentliche Meinung beherrscht, normalerweise überhaupt nicht zur Kenntnis genommen werden. Wie dies organisiert wurde, darüber berichtet August Enderle, der damalige Chefredakteur der Gewerkschaftlichen Monatshefte, im „Journalist": „In den Zonen der drei westlichen Besatzungsmächte konnte der Wiederaufbau der Gewerkschaftspresse erst 1947 beginnen ... Erst 1949/50 erhielten die einzelnen Gewerkschaften und der für die ganze Bundesrepublik geschaffene einheitliche DGB die uneingeschränkte Freiheit — und das nötige Zeitungspapier — zur Schaffung einer Gewerkschaftspresse. (Journalist, 2. Bd., Bremen 1956).

Das Musterbeispiel „freiheitlicher" Unterdrückung der Arbeiterpresse lieferte die amerikanische Besatzungsmacht. Sie ließ, wie gesagt, bis 1949 keinerlei Zeitungen der marxistischen oder auch nichtmarxistischen Arbeiterbewegung zu und schuf statt dessen die sogenannten überparteilichen Lizenzzeitungen. Die Lizenz zur Herausgabe einer Zeitung erhielten solche Personen, die nach amerikanischer Beurteilung nicht mit nazistischer Vergangenheit belastet waren. Diese Lizenzträger waren Verleger, Herausgeber und Chefredakteure in einer Person. In ganz Bayern gab es vom ersten Tage an nicht einen einzigen Kommunisten unter den amerikanischen lizensierten Presseherausgebern. In Baden-Württemberg wurde ein Kommunist, Dr. Rudolf Agricola, mit einer Lizenz betraut, sie wurde ihm später entzogen mit der Begründung, seine Lehrtätigkeit an einer Universität sei mit der Zeitungsarbeit nicht vereinbar. In Hessen erhielten Lizenzen: Fritz Schmidt bei den „Hessischen Nachrichten" in Kassel, Arno Rudert und Emil Carlebach bei der „Frankfurter Rundschau".

Fritz Schmidt und Emil Carlebach wurde nacheinander 1946 und 1947 die Lizenz aus politischen Gründen entzogen — Rudert lief zu den Gegnern der KPD über, um seinen Posten zu behalten. Er und Gerold wurden dann von den Amerikanern zu Besitzern der „Frankfurter Rundschau" gemacht. Von August 1947 an gab es somit in der gesamten amerikanischen Besatzungszone nicht mehr einen einzigen Kommunisten, der Einfluß auf die Presse gehabt hätte.

In raffinierter Weise ließen die Amerikaner ihre Lizenzträger jahrelang im Schwebezustand, nur Treuhänder beschlagnahmter Druckereien und neu aufgebauter Zeitungsbetriebe zu sein. Der Drang, endlich Eigentümer zu werden, veranlaßte die Lizenzträger, sich eines Wohlverhaltens im Sinne ihrer amerikansichen Herren zu befleißigen. Es bedurfte keinerlei Gewaltmaßnahmen — der Hinauswurf der Kommunisten genügte, um die anderen zu disziplinieren und zum Gehorsam zu bringen, wofür ihnen denn auch die Existenz als Millionäre garantiert wurde.

Die Amerikaner verboten die Umwandlung ihrer Lizenzpresse in Stiftungen, wie es z.B. die Redakteure der „Frankfurter Rundschau" vor dem Lizenzentzug für den Katholiken Gerst und den Kommunisten Carlebach geplant hatten. Die Zeitungen sollten Privateigentum von Einzelpersonen werden, sie sollten von Besitzern geleitet und dirigiert werden, die sich als Millionäre der kapitalistischen Klasse und dem kapitalistischen System verbunden fühlten.

In der französischen und in der englischen Zone waren ursprünglich Parteizeitungen, auch Parteizeitungen der Kommunistischen Partei Deutschlands, zugelassen. Sie wurden sehr schnell durch Einschränkung der Papierzuteilung immer mehr auf einen möglichst geringen Leserkreis beschränkt.

Offene Zeitungsverbote

Die kommunistischen Zeitungen „Volksecho" (Dortmund), „Niedersächsische Volksstimme" (Hannover), „Freiheit" (Düsseldorf) wurden durch die englische Besatzungsmacht einfach verboten. Wenn an ihrer Stelle später unter anderem Namen neue Zeitungen gegründet werden konnten, so war deren Start durch die Gewalt-maßnahmen der Besatzungsmacht von vornherein entscheidend behindert worden. Darüber hinaus gab es massenhaft befristete Verbote: „Freies Volk", Zentralorgan der KPD in Westdeutschland, das am 3. Januar 1949 erst erscheinen konnte, wurde vom 10. August bis zum 9. November 1950 monatelang verboten; „Sozialistische Volkszeitung", Frankfurt: vom 2. August 1950 bis 3. November 1950 verboten, Druk-kerei geschlossen, Redaktion versiegelt; „Die Wahrheit", Hannover: am 9. August 1950 für drei Monate verboten, Verlagsgebäude beschlagnahmt, Volksdruckerei ge-schlossen, die Rotationsmaschine mit Brechstangen beschädigt — um nur einige Beispiele zu nennen. In Bayern wurden am 14. Juli 1948 der Einfachheit halber sämtliche KPD-Veröffentlichungen pauschal für die Dauer von einem Monat durch die amerikanische Besatzungsmacht verboten.

Als die Lizenzbestimmungen überhaupt aufgehoben wurden und auch alle alten Naziverleger wieder nach Belieben Zeitungen herausgeben konnten, wurde die Ver-folgung der noch existierenden Arbeiterpresse durch deutsche Gerichte übernommen. Die Strafen gegen die Redakteure der KPD-Presse allein in den Jahren von 1953 bis 1955 machten 149 Monate und sechs Wochen Gefängnis aus sowie 14 Jahre Berufs-verbot. Im einzelnen wurden darüber hinaus Redakteure oder Verlagsleiter monate-, ja jahrelang in Untersuchungshaft genommen. Der Verlagsleiter von „Freies Volk" (Düsseldorf), Erich Loch, wurde insgesamt zwei Jahre lang in Untersuchungshaft gehalten, bis er dann ohne Prozeß freigelassen wurde. Erich Loch hatte als Kommu-nist bereits in der Hitlerzeit zwölf Jahre im Gefängnis und im Konzentrationslager Buchenwald verbracht.

Damals nahm keine gesellschaftliche Organisation, nahmen kaum irgendwelche Einzelpersönlichkeiten von dieser Unterdrückung der Pressefreiheit Notiz. Der Anti-kommunismus wirkte derart stark, auch in den Gewerkschaften, daß es der Besat-zungsmacht und der Adenauer-Regierung möglich war, diese Maßnahmen durchzu-führen, während der allergrößte Teil der Öffentlichkeit durch die bürgerliche oder die Gewerkschaftspresse nicht einmal darüber informiert wurde. So stammen auch die im Vorstehenden angeführten Fakten aus einer Dokumentation, die nicht in Westdeutschland, sondern in der DDR erschien. Der Verband der Deutschen Presse in der DDR veröffentlichte diese Dokumentation im Jahre 1957 unter dem Titel „Pressefreiheit in Westdeutschland — Phrase und Wirklichkeit".

Entsprechend den Gesetzen des kapitalistischen Wirtschaftssystems war es ein wirksames Mittel, die Arbeiterpresse durch Anzeigensperre zu treffen. Am 28. März 1951 veröffentlichte die Regierung Adenauer einen Erlaß, in dem es hieß: „Firmen, die nach Erlaß dieser Warnung verfassungsfeindlichen Organisationen wirtschaftli-che Vorteile durch Leistung von Beiträgen, Aufgabe von Werbeanzeigen oder in son-stiger Weise zuwenden, können bei Aufträgen für Bundesbehörden sowie bei Aufträ-gen, die unter Einsatz von Mitteln des Bundeshaushaltes durchgeführt werden, nicht mehr berücksichtigt werden."

An erster Stelle der als „staatsfeindlich" abqualifizierten Organisationen wurde die KPD genannt; außerdem die Freie Deutsche Jugend, die Gesellschaft für Deutsch-Sowjetische Freundschaft, der Demokratische Kulturbund Deutschlands, der Demokratische Frauenbund Deutschlands und die Vereinigung der Verfolgten des Naziregimes (VVN).

1956, beim Erlaß des KPD-Verbots, wurde dann mit einem Schlage durch die Po-lizei die gesamte Presse der Kommunistischen Partei liquidiert. Es wurden beschlag-nahmt und geschlossen: Freies Volk, Düsseldorf — Sozialistische Volkszeitung, Frankfurt — Unser Tag, Mannheim — Volksstimme, Stuttgart — Hamburger Volkszeitung, Hamburg — Norddeutsches Echo, Kiel — Volksstimme, Köln —

Neue Volkszeitung, Essen — Niedersächsische Volksstimme, Hannover — Bayerisches Volksecho, München — Tribüne der Demokratie, Bremen — Neue Zeit, Saarbrücken sowie alle Monatsschriften und sonstigen Veröffentlichungen der Kommunistischen Partei Deutschlands.

Weit über zehn Jahre lang bewirkten diese Maßnahmen, daß nicht nur das Neuentstehen einer marxistischen Presse unmöglich gemacht wurde, sondern daß auch für das Bewußtsein von Millionen Bundesbürgern allein die Existenz einer solchen Presse geradezu als unmöglich erschien. Erst mit dem Aufbrechen der Unzufriedenheit in der zweiten Hälfte der sechziger Jahre begann sich dieses Bewußtsein zu ändern (...)

Die goldene Kette

Bis dahin aber war die feste Verankerung der absoluten Vorherrschaft der großkapitalistischen Presse bereits gesichert. Nachdem die Amerikaner ihre Lizenzträger zu Besitzern gemacht hatten, legten sie sie an die goldene Kette: Am 21. August 1951 teilte die amerikanische Beatzungsmacht mit, daß sie 15 Millionen Mark aus dem sogenannten „Garioa-Fonds" als Anleihe an westdeutsche Zeitungen verteile. So erhielten u.a.:

Frankfurter Rundschau	*1 600 000 DM*
Die Welt	*1 000 000 DM*
Westdeutsche Allgemeine, Essen	*600 000 DM*
Süddeutsche Zeitung, München	*500 000 DM*
Hannoversche Presse	*400 000 DM*
Kölnische Rundschau	*400 000 DM*
Weserkurier, Bremen	*400 000 DM*
Darmstädter Echo	*300 000 DM*
Freie Presse, Bielefeld	*250 000 DM*
Main-Echo, Aschaffenburg	*250 000 DM*
Neue Rhein-Zeitung	*250 000 DM*
Trierischer Volksfreund	*250 000 DM*
Gießener Freie Presse	*160 000 DM*
Rheinische Post, Düsseldorf	*150 000 DM*
Schwäbische Post, Aalen	*100 000 DM*
usw. usw.	

Der Pressereferent des amerikanischen Besatzungskommandeurs Clay, der Journalist Ernest Leiser, schrieb dazu: „Die Mitarbeiter des Hochkommissars haben keinen Zweifel daran gelassen, daß nur denjenigen Blättern eine Anleihe gewährt wird, die eine ausgeprägte prowestliche Richtung vertreten haben." (Overseas News Agency vom 10. 10. 1951).

Ein einziger Verleger verweigerte die Annahme der Gelder: Heinrich Kierzek, der Herausgeber der „Fuldaer Volkszeitung".

Als eigene Nachrichtenquelle für die Presse wurde 1949 dpa, die Deutsche Presse-Agentur, geschaffen, als kapitalistisches Genossenschaftsunternehmen eben jener Verleger, die Besitzer der Zeitungen waren (...)

Zur selben Zeit, da die Bundesregierung das Verbot der kommunistischen Presse unter dem Motto „Kampf gegen den Radikalismus" betrieb, gründete der Vorzimmerchef des Verteidigungsministers Strauß, Major Damerau, die berüchtigte Münchner „Soldatenzeitung", die heute als „Nationalzeitung" eine wesentliche Rolle bei der neonazistischen Vergiftung der Gehirne spielt. 1954 wurde bei einem Gerichtsverfahren enthüllt, daß die Bundesregierung Monat für Monat dieses Blatt mit einem Zuschuß von 13 000 Mark finanzierte.

Unter dem Namen „Frankfurter Allgemeine Zeitung" gründeten die Konzerne ihr eigenes Organ. Die „Wirtschaftspolitische Gesellschaft 1947" war Träger des Blattes, Geschäftsführer der ehemalige Finanzminister Otto Klepper. Hauptträger wurden der Salamander-Konzern, Zellstoff Waldhof und die Ruhrgas AG, Essen. In allen drei Unternehmen saß Hermann Abs, einer der Bankiers Hitlers, der zum Hauptfinanzberater Adenauers geworden war.

Nach 1968 konnte mit der UZ wieder eine kommunistische Zeitung in der Bundesrepublik gegründet werden — aber sie steht vor einer Mauer wirtschaftlicher Übermacht, durch welche das Bewußtsein von Millionen Menschen manipuliert wird. Die Sozialdemokratische Partei Deutschlands, die jahre- und jahrzehntelang den antikommunistischen Feldzug auch auf dem Gebiet der Presse mitgemacht hat, steht heute vor der Tatsache, daß ihre eigenen Zeitungen der wirtschaftlichen Übermacht kapitalistischer Konzerne erlegen sind.

Zu einem erheblichen Teil allerdings haben SPD-Führer selbst dazu beigetragen, ihre Zeitungen zu kastrieren und der Konzernpresse anzupassen.

Es geht um den Profit

So trifft die Kündigungswelle solche Journalisten, die für Pressefreiheit und gewerkschaftliche Freiheiten im Rahmen der großkapitalistischen Presse einzutreten versuchen. Bei der Kündigung des DJU-Redakteurs Otto Köhler durch den Spiegel jubilierte die Springer-Presse. „Der Hintergrund: 1971 sank das Anzeigenvolumen (des ‚Spiegel' — E.C.) gegenüber dem Vorjahr um 1074 Seiten, das sind 19,5 Prozent Verlust … Köhler mußte rausgeschmissen werden, um Anzeigenkunden zu trösten." (Welt am Sonntag vom 6. 2. 1972).

Mit Adenauer in Moskau 1955: Der „Geist von Genf" beginnt den kalten Krieg abzulösen. Die Verhandlungsdelegation aus Bonn in Moskau (von rechts): Globke, Arnold, Hallstein, Adenauer, v. Brentano, Kiesinger. An der Rückwand, Bildmitte, links von der Handkamera, Emil Carlebach als Vertreter des KPD-Zentralorgans „Freies Volk".

Hier wird am Einzelbeispiel brutal demonstriert, was die IG Druck und Papier in ihrer bereits erwähnten Dokumentation zur Frage Pressekonzentration vom Oktober 1971 mit den Worten formuliert hat: „Gewinnmaximierung im Anzeigengeschäft ist das eigentliche Motiv der Pressekonzentration ... der publizistische Inhalt der Presse ist entscheidend geprägt von den Möglichkeiten und Bedürfnissen des Anzeigengeschäftes ... Demgegenüber blieb die Versorgung des Lesers durch unabhängige und eigenständige Informationsquellen stets nur sekundär." (Tendenzschutz und Pressekonzentration, a. a. O., S. 5).

In der Springer-Presse stellen sich solche Probleme bisher weniger, da deren Redakteure „gesiebt" sind. Aber da seit der zweiten Hälfte der sechziger Jahre gewisse Zeitungen Wert darauf legten, sich ein „linkes" oder „liberales" Image zu geben, ist jetzt offenbar nach Meinung der Konzerne der Zeitpunkt gekommen, hier wieder „Ordnung zu schaffen". Ausgerechnet die Hamburger „Zeit", die sich so gerne selbst „liberal" gibt, höhnt anläßlich der Entlassung des DJU-Betriebsgruppenvorsitzenden Brumm beim „Spiegel": „Als er zum Spiegel kam, galt es dort noch als chic, sich die Linken frisch von der Universität zu holen ... Statuskümmernisse liegen im System, Brumm wie Köhler gehören der DJU-Betriebsgruppe des Spiegel an ... Am selben Tag, als Brumm seine Kandidatur für den Betriebsrat veröffentlichte, erhielt er die Kündigung." (Die Zeit, Hamburg, 11. 2. 1972).

Vor Jahren schrieb der bürgerlich-konservative Journalist Paul Sethe, die Pressefreiheit in der Bundesrepublik sei die Freiheit von 200 Personen, in ihren Zeitungen zu schreiben, was sie wollen. Inzwischen ist diese „Freiheit" längst zur Freiheit von nur noch wenigen Dutzenden Personen zusammengeschrumpft. Es ist bedeutsam, daß nunmehr auch Journalisten, die oft mit dem Marxismus überhaupt keine Berührung gehabt haben, begreifen, daß sie als Lohnabhängige den Kampf gegen die Diktatur der Zeitungsbesitzer auch in den Redaktionen führen müssen (...)

3.

Auf einer von den gewerkschaftlich engagierten Journalisten im November 1980 in Hannover durchgeführten Forumsveranstaltung führte ich aus:

Als kommunistischer Journalist möchte ich ein Tabu ansprechen: Die meisten Kollegen unterwerfen sich stillschweigend dem Gebot (ich formuliere so wie ein Staatsanwalt in Schleswig-Holstein nach dem KPD-Verbotsurteil), keine „Erinnerungswerbung" für die Kommunistische Partei zu betreiben. Ich erwarte von keinem Kollegen, daß er gut findet, was die DKP vorschlägt oder was in ihrer Zeitung „UZ" steht. Jedenfalls sollte man sich in einem Staat wie dem unseren mit allen, auch mit den Kommunisten, auseinandersetzen. Aber das ungeschriebene Gesetz, unter dem Journalisten arbeiten, verpflichtet sie im Gegenteil dazu, sich mit den Kommunisten nicht auseinanderzusetzen, sie möglichst überhaupt nicht zu erwähnen, allenfalls negativ.

Wenn in Darmstadt ein Lokalredakteur zur Anhörung beim Chefredakteur antanzen muß, weil er dreispaltig über eine DKP-Veranstaltung berichtet hat, und das gehört sich einfach nicht, wenn in Frankfurt am Main nach der Ermordung Hanns-Martin Schleyers eine DKP-Erklärung gegen den Terror nicht veröffentlicht wird, wenn sogar die Veröffentlichung des Textes in einer bezahlten Anzeige abgelehnt wird, dann geht das nicht nur mich an, sondern alle, die sich aus der Presse informieren möchten.

In Remscheid verbietet der örtliche Verleger den bei ihm tätigen Journalisten jetzt jegliches parteipolitische Engagement, also nicht nur für die DKP, sondern auch für die CDU oder FDP oder SPD. Wer das Verbot nicht befolgt, wird entlassen. Kommunisten sind seit langem von solchen Verboten und Erpressungsversuchen und Entlassungen betroffen, die nun auch auf andere ausgedehnt werden.

Als im Jahre 1947 die Presse von kommunistischen Antifaschisten gesäubert wurde — mein eigener Fall war einer der spektakulärsten —, gebrauchte der zuständige amerikanische Presseoffizier die Formel: „No publicity whatsoever", keinerlei irgendwie geartete Publizität! Diese Formel behielt jahrzehntelang Gültigkeit und bezog sich auch auf die Polizeimaßnahmen. Dokumentarisch nachgewiesen haben 6000 Kommunisten unter unserer freiheitlich-demokratischen Grundordnung im Gefängnis gesessen, darunter Dutzende meiner Journalistenkollegen. Die seriöse demokratische Presse von der „Süddeutschen" bis Flensburg hat davon höchstens einmal im Einzelfall mit drei Zeilen Kenntnis gegeben. Wenn ich heute in Versammlungen darüber spreche, kommt es vor, daß mir Leute vorwerfen, ich würde lügen. Sie sind fest überzeugt, daß ich lüge, denn sie haben nie zuvor davon erfahren. Ein grotesker Zustand.

Nach zwölf Jahren Verbot unter Hitler und nochmals zwölf Jahren Verbot unter Adenauer (wer spricht davon?) gibt es heute wieder eine legale kommunistische Zeitung, eben die „UZ". Legal? Im Herbst 1976 erklärte der damalige „liberale" Bundesinnenminister Werner Maihofer in Bielefeld öffentlich, wer die „UZ" abonniere, errege damit Zweifel an seiner Verfassungstreue, habe also mit Berufsverbot zu rechnen. Die Bundesvorsitzenden der Deutschen Journalisten-Union und des Verbandes Deutscher Schriftsteller in der IG Druck und Papier, die Kollegen Eckart Spoo und Bernt Engelmann, schrieben daraufhin einen gemeinsamen Brief an den Minister und baten um Aufklärung, ob diese Drohung tatsächlich beabsichtigt gewesen sei. Antwort des Ministers: Schweigen. Die Drohung steht also weiter im Raum. Und die Behörden verfahren entsprechend.

Es ist deutlich geworden, wie über Vietnam oder über Afrika berichtet und nicht berichtet wird. Es gibt viel Näherliegendes: In unmittelbarer Nachbarschaft gibt es einen sogenannten Staat, die sogenannte DDR, in sogenannten Gänsefüßchen geschrieben, mit einer sogenannten Regierung, die seit 30 oder 35 Jahren ununterbrochen die schlimmsten Grausamkeiten begeht, einen Staat, der seit seiner Gründung ununterbrochen zusammenbricht. 80 bis 90 Prozent der Berichterstattung über diesen Staat sind negativ, absichtlich negativ. Ich behaupte nicht, daß dort ein Paradies ist, wo alles schön ist. Aber jeder Journalist könnte sich mindestens darüber informieren, ob es vielleicht auch ein paar Dinge gibt, die nicht negativ sind, ob vielleicht die Leute da drüben für das, was sie tun, auch ein Argument haben oder ob sie es nur aus Bosheit oder Dummheit oder Brutalität tun. Wie viele Journalisten recherchieren in dieser Richtung? Mir ist klar, daß nicht jeder, der es läßt, ein sturer Antikommunist ist. Viele sagen: Das hat eh keinen Zweck, damit komme ich doch nicht durch. Aber sollten wir nicht gemeinsam etwas dagegen tun? Denn der Antikommunismus ist doch immer die erste Stufe einer Eskalation, die dann auch die anderen erfaßt.

Aus Engelmann u. a.: „Anspruch auf Wahrheit", Göttingen 1981, S. 64 f.

4.

Opportunistische wirtschaftliche Interessen

War es am Anfang vor allem die vollständige Abhängigkeit der neuen Lizenzträger von der Besatzungsmacht (die ihnen ja jederzeit die Lizenzen wieder abnehmen konnte), durch die die Eigeninitiativen von Lizenzträgerseite gelähmt wurden, so kamen bald bei vielen der per Beschluß der Amerikaner zu Verlegern gewordenen Journalisten opportunistische wirtschaftliche Interessen dazu.

Dies um so mehr, nachdem sich herausstellte, daß, wenn es um die Frage der wirtschaftlichen Demokratie im Pressewesen ging, nicht mehr solche US-Stellen das Sagen hatten, die sich um die Demokratisierung kümmerten, sondern die Abteilung für Eigentumskontrolle bei der amerikanischen Militärregierung („property control").

Das zeigte sich schon 1946 am Beispiel Hessen: Dort versuchten die Lizenzträger, die sich im „Verband der Hessischen Zeitungsverlage" zusammengeschlossen hatten, durchzusetzen, Zeitungsunternehmen nicht als kapitalistische Betriebe, sondern als gemeinnützige Stiftungen zu organisieren.

Vorgesehen war die Aufnahme von Betriebsräten in die Unternehmensleitungen — was bei der „Frankfurter Rundschau" auch zeitweise geschah — und eine gleichberechtigte Repräsentanz der Betriebsräte im „Verband der Hessischen Zeitungsverlage". Ähnlich Entwicklungen gab es in Nordrhein-Westfalen.

All diese Ansätze zu einer echten Demokratisierung und Mitbestimmung aber wurden bald durch die amerikanische „property control" gebremst und annulliert. US-Presseoffiziere, die sich selbst für wirtschaftliche Demokratisierung engagiert hatten, wurden abgelöst.

(Aus „Welt der Arbeit", Organ des DGB, 48 / 1979)

Wie links-liberal ist die Frankfurter Rundschau?

Das Versprechen, fortschrittliche Leser zu unterstützen

Nach einem Denkfehler, dem man leicht folgt, ist die „seriöse" Presse zuverlässiger als die Boulevardpresse. Wahrheit ist, sie ist unzuverlässiger. Die „seriöse" Presse lügt mit stärkerer Wirkung als Primitivzeitungen, weil ein Bankdirektor mit stärkerer Wirkung lügt als ein Teppichhändler. Eines der wirkungsvollsten Mittel, Leser zu täuschen, ist eine Eigenschaft der feinen Blätter, die die meisten von uns für ihren größten Vorzug halten: die Länge der Beiträge. Wir verwechseln Länge mit Ausführlichkeit, Geschwätzigkeit mit Information. Die Länge verbirgt, daß wesentliche Informationen fehlen. Bei den Primitivzeitungen erwartet jeder, daß sie weggelassen werden.

Die Redaktion der „FR" (16. 11. 1975) schreibt 214 Zeilen über die Arbeitslosigkeit im Oktober 1975. Anlaß war der Monatsbericht der Bundesanstalt für Arbeit, der höhere Arbeitslosenzahlen meldete als im September. Die erstaunliche Länge des Artikels kommt zustande, weil die Zeitung die Meinung mehrerer Parteipolitiker zu den höheren Zahlen abdruckt. Der Text ist zu kurz. Am gleichen Tag druckt die Zeitung der DKP, „Unsere Zeit", die Meldung, daß das „Institut der deutschen Wirtschaft" (IW) für die nächsten fünf Jahre eine Dauerarbeitslosigkeit „nicht ausschließt", und daß in fünf Jahren 2,2 Millionen Arbeiter und Angestellte vom Produktionsverbot betroffen sein könnten — fast zehn Prozent aller Hersteller. Diese Prognose fehlt in den 214 Zeilen. Sie hätte die Zeitungskäufer bestärkt, das private Kommando über unsere Wirtschaft für falsch zu halten.

Der Grund, warum die „FR" die Prognose verschweigt, ist nicht, daß sie in der „UZ" gestanden hat. Die „FR", wie andere Zeitungen, druckt Meldungen aus kommunistischen Organen ohne Einschränkung, wenn sie sich davon die Wirkung verspricht, sie nähmen den Lesern die Lust, Herstellungsanlagen zu übernehmen. (...)

Die „FR" teilt uns in jenem Arbeitslosenartikel mit, daß Arbeitslose weniger werden, wenn sie mehr werden: „Saisonbereinigt ist die Arbeitslosenzahl ... im Oktober sogar um 18 000 geschrumpft: dies ist der erste Rückgang seit November letzten Jahres." In den sozialistischen Ländern gibt es weder „saisonbereinigte" noch andere Arbeitslose. Wenn die Wirtschaftskrisen sich mehren und verlängern, wird die bürgerliche Sprache den „krisenbereinigten" Arbeitslosen erfinden. „Saisonbereinigt" heißt, die Arbeitslosen des Winters können wir ignorieren. Die freiheitlich-demokratische Grundordnung erlaubt nicht, den Winter abzuschaffen. (...)

Das Versprechen, fortschrittliche Leser zu unterstützen, ist die Geschäftsgrundlage der „FR".

Die Erfüllung des Versprechens wäre ihr Bankrott. Ohne das Versprechen würde sie von der „SZ" aus dem Markt gequetscht. (...)

Die linken Bauchrednerübungen im Feuilleton, in den Leserspalten und in manchen Reportagen haben nicht nur Folgen in den Wirtschaftsseiten. Die Redaktion muß die Anzeigenkunden auf den großen politischen Seiten eins und zwei überzeugen, daß die linken Versprechen marktbedingte Versprecher sind. Sie fühlt sich fortwährend gezwungen, das schwere, frivole Unternehmerglasauge zu befriedigen, das auf ihrer Glaubwürdigkeit ruht. Das brauchen „SZ" und „FAZ" nicht, „Die Welt" nicht und nicht der „Münchner Merkur".

Die Konkurrenten der „FR" belügen ihre Leser über die sozialistische Produktionsweise — wenn sie überhaupt etwas berichten — mit der Gelassenheit eines Bismarckdenkmals. Die „FR" schreit, ihr Antikommunismus klingt schrill, es ist unüberhörbar, daß sie sich schindet, den Unternehmern angenehm zu sein. Manchmal liest es sich, als glaube sie ihrem eigenen Kommunistenbild nicht. (...)

... in der Bundesrepublik sind ihnen sogar die Gewerkschaftsführer zu radikal. Am 10. 11. 1975 schreiben sie mit großer Schlagzeile auf der ersten Seite an oberster Stelle: „DGB-Chef lehnt Kompromiß ab": Kompromiß ist gut, Ablehnung schlecht. In einem grünen Balken über dem Zeitungskopf steht: „Waffengeklirr des DGB vor dem SPD-Parteitag in Mannheim (Seite 3)": Die Ablehnung, die schlecht ist, ist auch wirkungslos. Die aufwendigen Überschriften beziehen sich auf die Gewerkschaftsforderung nach paritätischer Mitbestimmung, die Vetter nach der Demonstration von 50 000 Teilnehmern in Dortmund am 8. November wiederholt hat. Der Text stellt die Forderungen dar als störrisch, rechthaberisch, taktisch unklug, unreif. Vetter hatte es abgelehnt, bei der Mitbestimmung die „leitenden Angestellten" als dritte Partei anzuerkennen, weil damit die Mitbestimmung den Namen nicht verdient. Die „FR" spottet über die Veranstaltung: „Die Hauptprügel auf der DGB-Demonstration erhielten natürlich die Arbeitgeber ..." Wer sollte sie sonst bekommen? „Die Heerschau der Arbeitnehmer in Dortmund, das Fest der roten Fahnen und Gesänge — wird dadurch etwas bewegt?" Es könnte mehr bewegt werden, wenn die „FR" über solche Veranstaltungen korrekter berichtete. Die Redaktion schrieb kein Wort über den Grund, warum die 50 000 zusammengekommen waren — viele waren mehrere hundert Kilometer an ihrem freien Wochenende angereist. Wenn sich zehn Bankdirektoren vor dem Schreibtisch des Schah versammeln, steht es auf der Titelseite. Von der arbeiterfeindlichen Unredlichkeit der „FR-Linkshaltung" kann sich jeder überzeugen, der untersucht, was von der Arbeiterpresse in die „FR"-Spalten gelangt. Streiks, auch wenn fünf bis siebentausend Beschäftigte an ihnen teilnehmen, werden von den Redakteuren meistens verschwiegen; Forderungen der Gewerkschaften entstellt wiedergegeben; Gewinnzahlen der Unternehmen gefälscht; Arbeitsunfälle, ihre Häufigkeit und ihre Ursachen — pro Jahr durchschnittlich sechseinhalbtausend Tote — übergangen.

In den Ausgaben vom 21. 11. und 25. 11. 1975 druckt die Zeitung über insgesamt drei Seiten — die fünffache Menge einer Romanfortsetzung — aus einer „Dokumentation" von „amnesty international" mit dem Titel „Politische Gefangene in der UdSSR". Die Quellen, die in der „Dokumentation" benutzt werden (außer Gesetzestexten der Sowjetrepubliken) sind „Berichte von Gefangenen selbst, ihrer Angehörigen und Freunde". Letztere Art Informationsmaterial besteht hauptsächlich in Form von „samisdat", das heißt in privaten Manuskripten aus dem Untergrund. Was auch immer in der „Dokumentation" — auf die kein Gericht der Welt bereit wäre, einen Schuldspruch aufzubauen außer Gerichten in Ländern wie Spanien — stimmt oder nicht stimmt oder übertrieben ist, die Riesigkeit der Darstellung macht glauben, die Redakteure seien gegenüber schlechter Behandlung von Menschen durch Behörden außerordentlich empfindlich. Der Eifer der „FR", das Leben in der Sowjetunion schöner zu machen, ist unübersehbar. Wenn Menschlichkeit die Redakteure treibt, müßte ihre Empfindlichkeit unteilbar sein.

„Unser Strafsystem gehört zu den schlimmsten Systemen der ... Welt. Wir verurteilen prozentual mehr Leute zu längeren Strafen als andere. Die Lebensbedingungen hinter den Gefängnismauern sind nirgendwo schlimmer." „Rund eine Million sitzen an jedem Tag hinter Gittern." „Gewalttaten und homosexuelle Vergewaltigungen sind zahlreich, zwei bis drei Gefangene müssen sich wöchentlich wegen zerrissener Mastdärme behandeln lassen ... von 2000 gemeldeten Verletzungen hatten nur 40 natürliche Ursachen ... zahllose Gefangene sterben nach Prügeleien, an Stichwunden oder aus ‚unbekannten Gründen' in jedem

Jahr ... Schlafsäle, Küchen, Vorratsräume, Medizinschränke sind von Moskitos, Kakerlaken, Mäusen und anderem Ungeziefer verseucht ... ein Schlafsaal hatte für 243 Gefangene eine Toilette ... viele Toiletten waren zerbrochen, überfließende Exkremente bedeckten den Boden."

„In Gruppensitzungen wird man von Mithäftlingen und Psychiatern solange attackiert, bis man jedes Selbstgefühl verliert. Wenn man schließlich in der Zelle, in Embryostellung auf dem Boden liegend, weint, gilt man zur Freude des Psychiaters als rehabilitiert."

Die Zitate stammen aus einem Bericht (27. 10. 75) über amerikanische Gefängnisse. Man stelle sich vor, eine Gruppe von Antikommunisten in der Sowjetunion würde solche Scheußlichkeiten über die Verhältnisse in sowjetischen Gefängnissen verbreiten — die „FR" würde ihr Layout umpflügen. Der Bericht über die amerikanischen Gefängnisse ist durch viele Seiten abgefedert, er steht auf Seite 16 und hat, wie beabsichtigt, kein Echo gefunden.

Am 22. 11. 1975 überschreibt die Redaktion eine Meldung von dpa/Reuter über die Mordpläne des CIA „Mit Hilfe der ‚Wiederkehr Christi‘ wollte der CIA Castro stürzen". Das ist eine Lüge. Da setzt die Empfindlichkeit der „FR"-Redakteure aus. Der CIA plante, Castro zu ermorden, wie der US-Senat bekanntgab.

Im Kleingedruckten steht dann auch „ermorden". Wenn ein US – amerikanischer Diplomat das Opfer ist, steht „ermorden" auch in der Überschrift. Zu den Enthüllungen durch den US-Senat schreibt die Redaktion einen Kommentar, dem man anmerkt, daß es dem Autor unmöglich war, eine Wut zu kriegen: „Manchmal verläuft die Politik der USA haarscharf so, wie es dem kleinen Fritz in Leipzig ... immer erklärt wird."

Wenn die Lehrer in der DDR endlich aufhören würden, den Schülern von CIA-Verbrechen zu erzählen, würden die Kapitalisten anständige Demokraten werden.

Dasselbe Aussetzen humanitärer Empfindlichkeit beobachten wir am 29. 10. 1975 in einem Text („Im Hintergrund"), in dem Klaus Pokatsky die widerrechtliche Besetzung Namibias durch Südafrika als „Ausdehnung der südafrikanischen Apartheidspolitik" auf Namibia bezeichnet. Der Löwe dehnt seine Diätpolitik auf ein Antilopenbaby aus.

In derselben Ausgabe zitiert die „FR" — auf der Titelseite — einen Chile-Vertreter in der UNO als Zeugen für die „Doppelzüngigkeit der Sowjetunion".

Wir beobachten das Aussetzen der Empfindlichkeit an einem Satz am 23. 10. 1975: „Außerdem gelten 925 namentlich bekannte Personen in Chile als ‚spurlos verschwunden‘." Dieser Satz steht in einem Artikelchen von 30 Zeilen. Er hat kein Vorher und kein Nachher. Von den 925 Personen — vermutlich ermordet — ist im Blatt nicht mehr die Rede, auch nicht in einer der nächsten Ausgaben. Wir können keine Bemühungen der Redakteure feststellen, herauszufinden, was mit den knapp 1000 Opfern der chilenischen Faschisten geschehen ist, nicht einmal eine Frage nach den „Verschwundenen".

Am 1. 11. 1975 meldet die Redaktion auf Seite 2 in 14 Zeilen und einer winzigen Überschrift — drei Millimeter hoch —, daß das Rote Kreuz in Santiago 33 000 Chilenen registriert habe, die aus Chile verschwunden sind, seit die Faschisten Allende ermordet haben.

(Aus E.A. Rauter: „Links verpackt und rechts gewickelt" in „rote blätter" Nr.1 / 1976)

Zum Beispiel: Anzeigen abgelehnt

Der Verlag Kiepenheuer & Witsch wollte in der Frankfurter Rundschau für die Bücher „Der Aufmacher" und „Zeugen der Anklage" von Günter Wallraff annoncieren. Da gab es Schwierigkeiten. Man verhandelte, konferierte und schickte Fernschreiben. Erst als im Auftrag des Verlags scharf protestiert und mit Öffentlichkeit gedroht wurde, erschien die Anzeige am 5. April. Dreimal vorher waren allerdings schon Werbeanzeigen, sogar im redaktionellen Teil, für das Anti-Wallraff-Buch „Der Fall Günter Wallraff" gebracht worden, das von einer unter dem Pseudonym Hans Bessermann auftretenden Autorengemeinschaft zusammengeschrieben sein soll.

Für dieses Buch betreibt Springer zur Zeit eine kostspielige Werbekampagne, u.a. in der Frankfurter Rundschau; und aufgrund solcher Werbung wurde das gegen

*Wallraff wie auch andere namhafte Autoren und führende Gewerkschafter polemi-
sierende Bessermann-Buch auch von zahlreichen Lesern erworben, die sich entsprechend der Anzeigentexte einen von Wallraff autorisierten Bericht versprachen. Wallraff selbst bezeichnet diese Art von Werbung als Etikettenschwindel. Allerdings bedurfte es in diesen Fällen bei der Frankfurter Rundschau keiner Verhandlungen,
Konferenzen und Protestfernschreiben.*

*Zwei frühere gleichgelagerte Fälle sind leider viel zuwenig bekannt: Einmal geht
es um die Kontroverse zwischen dem Schriftsteller Peter Weiss und dem FR-Chefre-
dakteur Werner Holzer zur Berichterstattung über die sogenannten Vietnamflücht-
linge. Hier gibt es die schriftliche Ablehnung einer Anzeige, die u.a. von Peter Weiss
und Helmut Gollwitzer als „Antwort der Vietnamgeneration" unterzeichnet war. Der
zweite Fall betrifft eine Anzeige gegen Berufsverbote in der Bundesrepublik. Dieser
Text war immerhin unterzeichnet von Tony Benn, dem Vorsitzenden der britischen
Labour – Party, und von Max van der Bergh, dem Vorsitzenden der holländischen
Sozialdemokraten, sowie von zahlreichen weiteren Persönlichkeiten des In- und Auslandes. Die Veröffentlichung dieser Anzeige wurde ebenfalls von der Frankfurter
Rundschau abgelehnt.*

*Worauf ist eine solche auf den ersten Blick unbegreifliche Pressepolitik bei der
Frankfurter Rundschau zurückzuführen? Am ehesten wohl auf die neueren Verflech-
tungen dieser ehemals links-liberalen Zeitung mit dem Springer-Konzern. Es ist bekannt, daß seit einiger Zeit ein großer Prozentsatz der Bild-Zeitung Mitte im Verlag
der Rundschau in Frankfurt am Main gedruckt wird. Hierüber gibt es einen Zehn-
jahresvertrag mit Springer, es wurden kostspielige Investitionen vorgenommen, und
es stehen große Druckkapazitäten zur Verfügung, die genutzt werden müssen.*

(Aus „Feder". Organ der Deutschen Journalisten-Union, 5/1980

Zum Beispiel: Gezielt gekürzt

*„Im Wortlaut" veröffentlichte die Frankfurter Rundschau eine Erklärung zum 8. Mai.
„Zeichen des Friedens und der Versöhnung setzen" — so lautet die Überschrift einer Erklärung der Aktion Sühnezeichen in der DDR und der Aktion Sühnezeichen / Friedensdienste in
der BRD zum 8. Mai 1985. Zu Recht hielt es die „Frankfurter Rundschau" für nötig, diese Erklärung „Im Wortlaut" abzudrucken. Doch der ganze Wortlaut war der „liberalen" Rundschau doch nicht ganz geheuer: Flugs wurde gekürzt, und zwar das, was nicht in das Weltbild
paßte. Es wurde unter anderem die Aussage gestrichen: „Nicht zuletzt verdankte der nationalsozialistische Staat sein Entstehen den wirtschaftlichen Interessen der Großindustrie."*

*Und wenn schon die am Faschismus Schuldigen aus der Schußlinie genommen werden sol-
len, dann kann auch schlecht von den konsequenten Gegnern der Nazibarbarei die Rede sein.
Also griff man wieder zur Schere. Dieser fiel nun der deutsche Widerstand zum Opfer: „Wir
gedenken an diesem Tag dankbar der Frauen und Männer des deutschen Widerstandes, die
frühzeitig gewarnt und ihr Leben geopfert haben ... Wir stellen fest, daß der Anteil des kommunistischen Widerstandes in unseren Kirchen bislang nicht zureichend gewürdigt wird."*

Dabei soll es auch bleiben, wenn es nach der Rundschau geht.

*Denn nun muß man auch die andere Stelle der Erklärung streichen, in der Kommunisten
erwähnt werden: „Um die ‚großdeutschen' Pläne durchzusetzen, wurden Millionen Menschen
gequält und ermordet. Allein in der Sozialistischen Sowjetrepublik Bjelorußland ist ein Viertel
der Bevölkerung umgebracht worden. Im eigenen Land füllten sich die Zuchthäuser und Konzentrationslager mit Juden und Kommunisten, mit Sozialdemokraten, Liberalen und bekennen-
den Christen."*

*Nun ist der Text sauber: Von deutschem Widerstand, von Kommunisten und von den be-
sonderen Leiden der Sowjetvölker gereinigt.*

(Aus „rote blätter" Nr. 4/85)

Vom Umgang mit der Wahrheit

„Frankfurter Rundschau":

„Besondere Schwierigkeiten hat es uns gemacht, die Geschichte der ‚Frankfurter Rundschau' aufzuarbeiten. Auf Anfragen wurde uns von der ‚Frankfurter Rundschau' lediglich mitgeteilt, es gebe keine Unterlagen aus dieser Zeit, da Papierknappheit herrschte."
(Bericht einer Klasse der Anna-Schmidt-Schule in Frankfurt, die die Aufgabe hatte, aus Anlaß des 40. Jahrestages der Befreiung die Entstehung der neuen Zeitungen nach 1945 zu erforschen.)

„Süddeutsche Zeitung", München:

„Im Keller des Verlages drückte Oberst MacMahon, der Chef der Nachrichtenkontrolle bei der amerikanischen Militärregierung in Bayern, am Samstagmittag des 6. Oktober den Startknopf der Rotationsmaschine – und nach einer Viertelstunde war die erste überparteiliche Zeitung der damaligen US-Zone geboren."
(Seite 33 der Sonderbeilage vom 29. März 1985)
Tatsächlich aber gab es bereits vor jenem 6. Oktober 1945 in der US-Zone vier neue deutsche Zeitungen:
„Frankfurter Rundschau",
„Stuttgarter Zeitung",
„Rhein-Neckar-Zeitung", Heidelberg,
„Weser-Kurier", Bremen.

Vom selben Autor erschienen bisher:

Moskau mit den Augen des Westens gesehen (Düsseldorf 1955)

Von Brüning zu Hitler (Röderberg, Frankfurt am Main 1971)

Hitler war kein Betriebsunfall (Röderberg, Frankfurt am Main 1978; vierte Auflage 1983)

Reise in den Bolschewismus; Reportagen (VMB, Frankfurt am Main 1981)

Wir und die Sowjetunion (russ.; Progress, Moskau 1983)

Voyage au pays des Soviets (frz.; Progress, Moskau 1983)

Meldung als Waffe (mit Fritz Noll, Weltkreis-Verlag Dortmund 1982)

Kauf' Dir einen Minister (mit Kurt Bachmann, VMB, Frankfurt am Main 1985)

Beiträge u. a. in:

Zweimal geboren (Berlin 1959)

Die Kinder des roten Großvaters erzählen (Fischer TB, Frankfurt am Main 1976)

Fremd im eigenen Land (Fischer TB, Frankfurt am Main 1979)

Als der Krieg zu Ende war (Röderberg, Frankfurt am Main 1980)

Das Jahr 1945 (Röderberg, Frankfurt am Main 1980)

Geschichte in Geschichten (Weltkreis-Verlag, Dortmund 1980)

Willi Bleicher, Ein Leben für die Gewerkschaften (Nachrichten-Verlag, Frankfurt am Main 1982)

Die Junge Garde, Arbeiterjugendbewegung in Frankfurt a. M. 1904–1945 (Anabas, Gießen 1980)

Buchenwald, Mahnung und Verpflichtung (Berlin 1983)

Lidice (Röderberg, Frankfurt am Main 1983)

Hessische Gewerkschafter im Widerstand (Anabas, Gießen 1983)

Buchenwald, Ein Konzentrationslager (Röderberg-Verlag, Frankfurt am Main 1985)

Hauptsache Frieden (Röderberg-Verlag, Frankfurt am Main 1985)